초등 문해력

일3공

최상위 비문학

상위
일프로 3회독 공부법

사회·문화 편

초등 5, 6학년~ 예비 중학 추천 과정

이 책의 **특징**

수능 비문학 학습

1

왜
학습하나요?

• 우리 교재에서는 문해력을 기르면서 동시에 수능 국어 비문학을 미리 준비할 수 있도록 수능 형태의 지문과 수능형 문항을 제시하였습니다.

• **수능 국어 비문학 사회·문화 영역의 개념을 익히기 위한 좋은 지문을 제시하였습니다.**
- 법, 경제, 정치, 경영, 문화 등 다양한 세부 영역의 소재와 중학교 교과 연계 소재를 다듬은 지문 20개를 연습할 수 있어요.
- 균형감 있는 시각으로 잘 짜여진 1,400자 내외 분량의 글을 읽으면서 수능형 지문에 대한 감각과 독해력을 동시에 길러요.
- 최근 주목받고 있는 시의성 있는 내용을 포함하여 흥미 있게 학습할 수 있어요.

• **수능형 문항은 문해력을 확인할 수 있는 좋은 방법입니다.**
- 지문 내에 주어진 정보를 정확하게 파악했는지 효율적으로 확인할 수 있어요.
- 지문의 여러 부분에서 고루 문제가 출제되어 지문 내용을 꼼꼼히 들여다보게 해 줘요.
- 새로운 시각을 제공하는 <보기> 적용 문항이 제시되어 깊이 있는 독서를 하도록 이끌어요.

Q 수능 국어는 무엇인가요?

A 고등학교 3학년, 매년 11월 셋째 주에 치르는 '대학수학능력시험'(줄여서 '수능')의 과목 중 하나입니다.

시험 시간	문항 수 / 유형	과목		시험 내용
80분	45문항 / 다섯 개의 항목 가운데 정답 또는 가장 적당한 항 하나를 고르는 오지선다형	**공통 과목** 독서 | 문학 17문항 | 17문항	**선택 과목(택일)** 화법과 작문 | 언어와 매체 11문항 | 11문항 → 공통 과목(34문항)에 선택 과목(11문항) 중에서 하나를 선택해서 치름.	초등학교부터 고등학교까지의 국어과 교육 과정을 바탕으로 국어 능력을 측정함.

Q 비문학(독서) 학습은 왜 중요한가요?

A 수능 과목 중에서 비문학(독서)은 문학이 아닌 정보를 중심으로 한 글을 지문으로 제시하는 공통 과목입니다. '인문·예술', '사회·문화', '과학·기술'의 세부 영역 중에서 4개 내외의 지문이 출제되지요. 그런데 비문학(독서) 지문에서는 많은 양의 정보가 제시되거나 새로운 정보가 제시되기 때문에 이를 짧은 시간 안에 읽고 이해하기 어려운 경우가 많습니다. 수능에서 가장 많이 틀리는 오답률 베스트 문항에 비문학(독서)에서 출제된 문항들이 항상 상위에 올라 있다는 점에서도 이를 알 수 있어요. 따라서 어려운 비문학(독서) 지문도 해결할 수 있는 높은 수준의 독해 능력을 갖춘 학생들만이 수능 국어에서 좋은 점수를 받을 수 있답니다.

반복 읽기 학습

어떻게
학습하나요?

- **우리 교재에서는 같은 지문을 반복적으로 읽는 효율적인 독해 시스템을 적용하였습니다.**
- 한 번 읽어서 알고 있는 것 같은 글을 또다시 읽었을 때 내용을 더욱 깊이 있게 이해할 수 있어요.
- 글을 천천히, 꼼꼼하게, 반복해서 읽는 독해 과정을 거치면서 내용을 온전히 자신의 것으로 만드는 경험을 할 수 있어요. 이는 글을 정확하게 읽을 수 있다는 자신감을 기르는 데 도움을 줘요.

- **총 3번에 걸쳐서 같은 지문을 반복해서 읽으면서 읽기 연습을 하도록 구성하였습니다.**
- '1회독 – 첫 번째 읽기' 단계에서는 글 전체의 중심 내용과 글의 구조를 이해하면서 읽어요.
- '2회독 – 두 번째 읽기' 단계에서는 글을 각 문단으로 나누어 문장의 내용과 어휘 뜻을 꼼꼼하게 이해하면서 읽어요.
- '3회독 – 세 번째 읽기' 단계에서는 글을 통해 파악할 수 있는 정보를 수능형 문제로 확인하면서 읽어요.

1회독	2회독	3회독
구조 읽기	중심 내용과 어휘 읽기	수능형 문제로 문해력 점검하기

글의 구조 학습

무엇을
학습하나요?

- **우리 교재에서는 글의 구조를 파악하는 테마 학습을 반영하였습니다.**
- 글을 읽을 때 단어의 뜻이나 문장의 의미를 잘 아는 것은 매우 중요해요. 하지만 그에 못지않게 한 편의 글이 어떤 구조로 되어 있는지 이해하면서 읽는 것도 중요해요.
- 글의 짜임, 뼈대를 이해하면 더 중요한 내용과 덜 중요한 내용을 구분하면서 글을 읽을 수 있어요.
- 이어지는 내용에 어떤 내용이 나올지 생각해 보면서 글을 읽을 수 있어요. 글의 구조를 이해하는 것은 목적지에 도달하는 과정에서 내가 얼마나 왔는지, 얼마를 더 가야 하는지 지도를 볼 수 있는 것과 비슷해요.

- **5가지 글의 구조를 구분하여 학습할 수 있도록 제시하였습니다.**
- 글의 구조를 나열 구조, 비교·대조 구조, 사례 구조, 과정 구조, 문제 해결 구조의 5가지로 구분하여 글을 연습할 수 있도록 했어요. 앞으로 치르게 될 여러 국어 시험의 지문에서 자주 접하게 될 대표적인 글의 구조입니다. 타 교과의 긴 글들도 이러한 구조에 따라 만들어진 내용이 많아요.
- 자신이 설명문 또는 긴 글을 쓸 때 이러한 글의 구조를 고려하면서 내용을 구상하면 보다 체계적으로 글을 쓸 수 있어요.

나열 구조	비교·대조 구조	사례 구조	과정 구조	문제 해결 구조

3

이 책의 구성과 활용법

1회독 - 첫 번째 읽기

1

첫 번째 읽기 단계에서는 흥미 있게 글을 읽으면서
글 전체의 주제어와 글의 구조를 파악하도록 하였습니다.

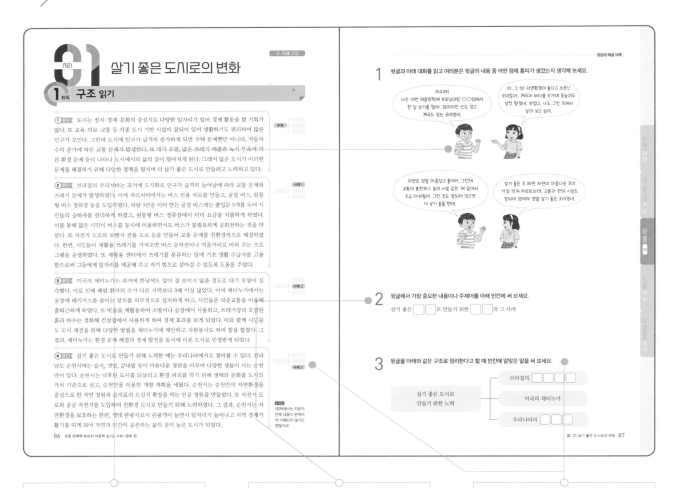

글과 관련된 **두 학생의 대화**를 제시하여 공감을 불러일으키면서 흥미를 유발하고, 학생의 생각을 표현할 수 있도록 하였습니다.

활용법

이 문항은 글에서 언급된 내용을 학생이 자유롭게 이야기하는 데 중점을 두고 학습하세요.

글의 **핵심어나 주제어**, 중요한 구절 등을 파악하면서 글의 내용을 요약하는 연습을 하도록 하였습니다.

활용법

이 문항은 글에서 가장 많이 등장하는 단어를 찾으면서 중요한 내용이 무엇인지 파악하는 데 중점을 두고 학습하세요.

각 문단의 성격을 정리하는 과정을 통해 **글 전체**가 어떤 **구조**로 되어 있는지 이해할 수 있도록 하였습니다.

활용법

이 문항은 도식 안의 빈칸을 채워 넣으면서 글의 구조를 이해하는 데 중점을 두고 학습하세요.

2회독 - 두 번째 읽기

두 번째 읽기 단계에서는 각 문단별로 나누어 글을 꼼꼼하게 읽으면서
핵심 내용과 어휘의 의미를 정확하게 파악하도록 하였습니다.

[내용 읽기]
각 문단을 이루고 있는 각 문장마다 밑줄과 체크 박스 장치를 두어 학생 스스로 **문장별 메타 인지***를 체크하도록 하였습니다. 또한 각 **문단의 중심 내용**을 요약하는 연습을 하기 위해 문단이 끝난 뒤마다 빈칸을 채우도록 하였습니다.

*메타 인지: 자신의 인지 과정에 대하여 한 차원 높은 시각에서 관찰·발견·통제하는 정신 작용.

활용법
이 활동은 각 문단의 내용을 꼼꼼하게 읽어 내려가면서 중심 내용을 파악하는 데 중점을 두고 학습하세요.

[어휘 읽기]
각 문단에서 의미를 더욱 정확하게 이해하면 도움이 되는 **어휘를 학습**할 수 있도록 그 뜻을 밝혔습니다. 또한 자신이 잘 모르는 어휘는 자기 주도적으로 찾아 학습하도록 하였습니다.

활용법
이 활동은 각 문장을 읽으면서 네모 표시된 단어의 뜻을 참고하면서 독해하는 데 중점을 두고 학습하세요.

각 문단의 내용을 잘 이해했는지 확인하기 위한 **확인 문제**를 제시하였습니다.

활용법
이 문항은 다음 박스에 들어 있는 기호의 단어가 지문의 어느 부분에 등장했는지를 찾아 동그라미 표시하면서 문단의 핵심 정보를 찾는 데 중점을 두고 학습하세요.

배경지식
각 문단에서 알아 두면 도움이 되는 개념들을 제시하였습니다.

3회독 - 세 번째 읽기

세 번째 읽기 단계에서는 글을 다시 읽으면서 수능형 문제를 해결하는 과정을 통해
자신의 문해력을 점검하도록 하였습니다.

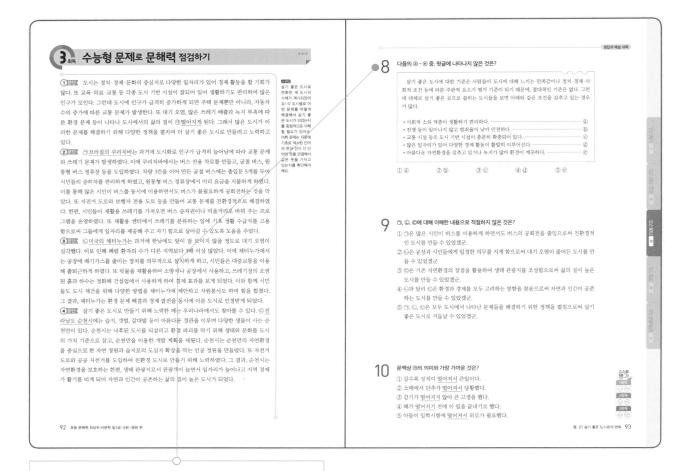

지문 내용에서 **핵심적인 내용**을 중심으로 '사실적 읽기'와 '추론적 읽기', '비판적 읽기'와 '창의적 읽기'를 확인할 수 있는 **수능 유형의 문항**을 제시하였습니다.

(활용법)

'사실적 읽기'와 '추론적 읽기' 문항은 지문의 각 문단에서 선지 내용의 근거를 구체적으로 찾아 연결하면서 지문 내용과 선지 내용이 일치하는지 또는 불일치하는지 확인하는 데 중점을 두고 학습하세요. 또 '비판적 읽기', '창의적 읽기' 문항은 지문과 연결하며 <보기> 내용의 적절성을 꼼꼼하게 확인하고 새로운 정보를 지문 내용에 적용하는 데 중점을 두고 학습하세요.

'**사실적 읽기**'는 글의 표면에 드러난 의미를 있는 그대로 이해하면서 읽는 것으로, 글 읽기의 기본이 됩니다. 글의 중심 내용과 주제 파악하기, 글의 전개 방법 파악하기, 어휘 확인 등이 사실적 읽기에 해당합니다.

'**추론적 읽기**'는 글의 전체 맥락 등을 활용하여 생략된 내용이나 숨겨진 주제를 파악하거나 글쓴이의 의도나 목적 등을 파악하며 읽는 것입니다.

'**비판적 읽기**'는 글에 드러난 관점이나 내용, 글에 쓰인 표현 방법, 글쓴이의 숨겨진 의도 등을 비판하며 읽는 것입니다. 주로 지문과 <보기>를 연결하면서 적절성을 파악하는 문항이 출제됩니다.

'**창의적 읽기**'는 글을 바탕으로 자신이나 사회의 문제를 해결하는 방법을 찾거나 글쓴이의 생각에 대한 대안을 찾는 것입니다. 주로 <보기>로 새로운 자료나 관점을 제시하면서 글과 연결하여 묻는 문항이 출제됩니다.

쉬어가기

정답과 해설

이 책의 차례

다섯 가지 글의 구조 미리 보기

I 나열 구조

A의 개념
● A의 크기
● A의 모양과 색깔
● A의 효능

　'나열'은 죽 벌여 놓거나 나란히 줄을 짓는다는 뜻입니다. 나열은 상위 개념을 설명할 때 대상의 특징이나 대상의 속성에 해당하는 비슷한 위상의 정보들을 하위 항목으로 설정하여 한 문단에 하나 정도씩 벌여 놓는 글의 내용 전개 방식이고, 이런 구조를 띤 것이 나열 구조입니다. 글의 첫 번째 문단에서 말하고자 하는 대상이 무엇인지 설명한 다음, 이어지는 문단들에서 그와 관련된 구체적인 하위 항목들을 나열하는 경우가 많습니다. 예를 들면 A라는 대상을 설명할 때, 1문단에서는 A의 개념, 2문단에서는 A의 크기, 3문단에서는 A의 모양과 색깔, 4문단에서는 A의 효능을 다루는 것입니다. 이는 A라는 상위 개념을 설명하기 위해 2~4문단에서 A의 하위 항목인 크기, 모양과 색깔, 효능을 다룬 것입니다.

나열 구조의 글 읽는 방법 나열 구조의 글에서는 각 문단의 중심 내용을 파악하는 것이 가장 중요합니다. 각 문단의 중심 내용을 생각하면서 이어지는 문단에 어떤 내용이 나올지 살피고, 대상이 어떤 특징이나 속성을 가지고 있는지 또는 몇 가지 특징이 있는지 등을 파악해야 합니다.

II 비교·대조 구조

● A, B의 공통점
A의 차이점　　B의 차이점

　'비교'는 둘 이상의 사물을 견주어 서로 간의 유사점, 차이점을 고찰하는 것이고 '대조'는 둘 이상인 대상의 내용을 맞대어 같고 다름을 검토하는 것입니다. 이렇게 두 대상이 함께 등장하여 특징을 설명하는 과정에서 대상 간의 공통점을 제시하기도 하고, 차이점을 제시하기도 하는 내용 전개 방식을 비교·대조라고 합니다. 그리고 이런 구조를 띤 글을 비교·대조 구조라고 합니다. 예를 들면 1문단에서 A, B의 공통점, 2문단에서 B와 다른 A의 개념 및 특징, 3문단에서 A와 다른 B의 개념 및 특징을 설명하는 것입니다. 비교·대조 구조는 둘을 함께 학습했을 때 두 대상에 대해 더 명확하고 쉽게 이해할 수 있을 때 주로 사용하는 글의 구조입니다.

비교·대조 구조의 글 읽는 방법 글의 전체 내용 중에서 두 가지 대상을 설명하는 부분이 등장하면, 두 대상의 공통점과 차이점이 무엇인지 생각하면서 글을 읽어 내려가야 합니다. 각 문단에서 대상의 공통점과 차이점을 구분하여 제시할 때도 있고, 한 문단 안에서 두 가지를 함께 제시할 때도 있다는 점을 염두에 두고 독해하는 것이 좋습니다.

III 사례 구조

주제 1 ●▶● 사례
주제 2 ●▶● 사례

'사례'는 어떤 일이 전에 실제로 일어난 예를 뜻합니다. '예'는 본보기가 될 만한 사물이라는 뜻인데, '예를 들어'와 같은 형태로 자주 활용됩니다. 사례 구조는 대상의 특징이나 특정 주제를 이해하기 위해 실제 일어난 일이나 예를 중심으로 설명해 나가는 내용 전개 방식을 띤 글의 구조입니다. 예를 들면 1문단에서 좋은 자기소개서의 개념을 설명한 후, 2문단에서는 잘 쓴 자기소개서의 사례를 소개합니다. 또 3문단에서 나쁜 자기소개서의 개념을 설명한 후, 4문단에서는 잘 못 쓴 자기소개서의 사례를 소개하는 것입니다.

사례 구조의 글 읽는 방법 먼저 제시된 내용이 사례인지를 파악해야 합니다. 그리고 제시된 사례가 주제와 꼭 들어맞는 알맞은 사례인지 또는 반대되는 내용을 드러낸 사례인지를 생각하면서 읽을 필요가 있습니다. 이때 '글쓴이가 이 사례를 왜 제시했을까?'를 생각하면서 독해하는 것이 바람직합니다. 사례 구조에서 주제를 중심으로 다양한 사례를 보여 주는 경우에 형식적으로 '나열 구조'와 비슷하게 느껴질 수 있습니다.

IV 과정 구조

주제 ●
　　● 과정 1
　　▼
　　● 과정 2
　　▼
　　● 과정 3

'과정'은 일이 되어 가는 경로를 뜻하는 말입니다. 과정은 일의 순서, 대상의 변화 과정, 작동 과정, 순서나 단계, 시간의 흐름 등에 따라 순차적으로 설명해 나가는 내용 전개 방식이고, 이런 구조를 띤 글을 과정 구조라고 합니다. 예를 들면 1문단에서 A의 개념과 기원을 설명하고, 2문단에서 19세기 초, 3문단에서 19세기 후반, 4문단에서 20세기에 나타난 A의 발전 과정을 시간 순서대로 설명하는 것입니다. '1단계-2단계-3단계' 등 과정이나 일의 순서에 따라 설명하는 것도 이에 해당합니다.

과정 구조의 글 읽는 방법 과정 구조의 글을 읽을 때는 시간에 따른 대상의 변화에 집중하면서 읽어야 합니다. 이때는 시간을 나타내는 말에 주목하는 것이 좋습니다. 또 단어, 구절, 문장을 이어 주는 구실을 하는 '먼저', '다음으로', '마지막으로'와 같은 접속어, 연결어를 잘 살피는 것이 도움이 될 수 있습니다.

V 문제 해결 구조

문제 1 ●
문제 2 ▼
　　● 해결 1
　　● 해결 2

'문제 해결'은 대상이나 현상의 문제점과 그 문제점에 대한 해결 방안을 제시하는 내용 전개 방식이고, 이런 구조를 띤 글을 문제 해결 구조라고 합니다. 문제 해결 구조는 일반적으로 특정 대상이나 현상과 관련된 한계, 단점, 문제점 등을 분석한 후, 그에 대한 해결 방안을 제시합니다. 예를 들면 1문단에서 소음의 개념, 2문단에서 도로에서 발생하는 소음 문제의 심각성 또는 문제점을 설명한 후, 3문단에서 도로의 소음을 해결하기 위한 방음벽, 4문단에서 도로의 소음을 해결하기 위한 소음 저감 장치에 대해 설명하는 것입니다.

문제 해결 구조의 글 읽는 방법 문제 해결 구조는 앞부분의 '문제점'에 나타난 문제가 뒷부분의 '해결 방안'에서 어떻게 해결되고 있는지를 확인하면서 읽어야 합니다. 또한 문제 해결 구조는 'A의 이러한 문제를 어떻게 해결할 수 있을까?'와 같이 질문하고 'A를 해결하기 위해서는 B가 필요하다.'와 같이 답변하는 '묻고 답하기' 형태로 나타나는 경우가 있다는 점을 참고하면서 읽으면 좋습니다.

I

나열 구조

01 정치
공정한 선거를 위한 제도와 기관

1회독 구조 읽기

①문단 선거를 민주적으로 치르기 위해서는 보통 선거, 평등 선거, 직접 선거, 비밀 선거의 원칙을 지키는 것이 중요하다. 보통 선거는 재산·신분·성별·교육 등에 따라 차별하지 않고 만 18세가 되면 누구에게나 선거권이 주어지는 선거이다. 평등 선거는 한 사람이 한 표씩 투표하는 선거로, 유권자 개개인의 투표권이 모두 같은 선거를 말한다. 직접 선거는 누구도 대신하지 않고 유권자가 직접 투표하는 선거이다. 마지막으로 비밀 선거는 유권자의 투표 내용을 남이 알지 못하게 비밀을 보장하는 선거를 뜻한다. 이러한 선거의 네 가지 원칙을 기본으로 갖춘 후에는 공정한 선거를 위한 제도와 기관이 필요하다.

주제

②문단 첫 번째로 공정한 선거를 위해 필요한 제도는 선거구 법정주의이다. 선거구란 대통령이나 국회 의원 등을 뽑기 위해 선거가 실시되는 하나의 단위가 되는 지역을 말한다. 선거구는 일반적으로 인구수와 행정 구역, 지리적 조건 등에 따라 나눈다. 그런데 이 선거구를 어떻게 나누느냐가 후보의 당락에 영향을 미칠 수 있다. 만약 누군가의 마음대로 선거구를 바꿀 수 있다면 특정 후보에게 유리할 수도 있고, 불리할 수도 있는 것이다. 이러한 점을 막기 위해 국회에서 미리 정한 법률에 따라 선거구를 정하는데, 이를 선거구 법정주의라고 한다.

나열 1

③문단 두 번째로 공정한 선거를 위해 필요한 제도는 선거 공영제이다. 선거 공영제는 선거에 필요한 비용의 일부를 국가나 지방 자치 단체에서 부담하고 이를 관리하는 제도이다. 만약 유능한 사람이 돈이 없어서 선거에 나오지 못하거나 특정 후보가 선거 과정에서 돈을 더 많이 써서 당선된다면 그 선거는 공정하다고 말하기 어려울 것이다. 이렇게 후보자들에게 경제력과 관계없이 선거 운동의 기회를 보장할 수 있도록 하는 것이 선거 공영제이다. 국가는 후보자들에게 법률로 정한 선거 비용의 한도 내에서 정해진 비율의 선거 비용을 선거가 끝난 후에 지원한다. 득표율이 15% 이상이면 선거 비용의 전부를 지원하고, 득표율이 10% 이상 15% 미만인 경우 선거 비용의 절반을 지원한다. 이는 당선인과 낙선인을 고려하지 않고 득표율로만 판단한다.

나열 2

④문단 세 번째로 공정한 선거를 위해 필요한 기관은 선거 관리 위원회이다. 선거 관리 위원회는 선거와 국민 투표를 공정하게 관리하고 정당에 관한 일을 처리하는 독립 기관이다. 선거 정보를 전달하고, 후보자 등록, 투표 및 개표 등 선거 전체를 공정하게 진행한다. 또한 선거 운동 등을 포함한 선거 전체 과정에서 선거에 관한 법률을 어기거나 선거의 공정성을 해치는 행위를 단속한다. 더불어 유권자들이 선거에 참여하도록 하는 다양한 홍보 활동을 통해 선거에 대한 올바른 인식을 심어 주기도 한다. 선거 관리 위원회 위원들은 중립적이어야 하므로 정치에 관여하는 활동을 할 수 없다.

나열 3

꿀팁
1회독에서는 지문의 전체 내용이 완벽하게 이해되지 않아도 괜찮아요!

1 윗글과 아래 대화를 읽고 여러분은 윗글의 내용 중 어떤 점에 흥미가 생겼는지 생각해 보세요.

> 지수야! 내가 본 기사에 따르면 21대 국회 의원 선거를 치르는 데 쓴 돈이 4,100억 원 정도이고, 한 표의 경제적 가치는 4,700만 원 정도래. 선거에 돈도 많이 들고 한 표 한 표에 큰 가치가 있나 봐.

> 그렇구나! 나는 이 글을 보면서 투표 자체도 중요하지만 공정한 선거가 이루어지는 것이 정말 중요한 일이구나 싶더라.

> 만약에 우리 반에서 잘못된 방법으로 반장 선거를 한다면…… 나는 투표를 다시 해야 한다는 생각이 들 것 같아.

> 민호 너의 그 말을 들으니 선거가 왜 공정해야 하는지 더 잘 느껴지는데? 그나저나 나도 얼른 만 18세가 되어서 대통령 선거 때 투표해 보고 싶다!

2 윗글에서 가장 중요한 내용이나 주제어를 아래 빈칸에 써 보세요.

□□□□□를 위한 제도와 기관

3 윗글을 아래와 같은 구조로 정리한다고 할 때 빈칸에 알맞은 말을 써 보세요.

공정한 선거를 위한 제도와 기관

- 선거구 법정주의
- 선거 공영제
- □□□□□□□

내용 읽기

❶ 각 문장을 읽고, 잘 이해했으면 ☐에 ✔처럼 체크해 보세요.
❷ 각 문장을 잘 이해하지 못했으면 점선을 따라 밑줄을 그어 보세요.

➔ 밑줄 그은 문장의 앞뒤 문장의 내용을 살펴보면서 다시 천천히 읽어 보세요.
또 문단별 중심 내용의 빈칸을 채워 보세요.

어휘 읽기

❶ 어려운 어휘는 날개에서 그 뜻을 밝혔어요.
❷ 어휘 이외에 잘 모르는 어휘는 스스로 어휘 표시하고 사전에서 뜻을 찾아 써 보세요.

➔ 어휘 뜻을 알고 문장을 다시 읽어 보세요.

❶문단 선거를 민주적으로 치르기 위해서는 보통 선거, 평등 선거, 직접 선거, 비밀 선거의 원칙을 지키는 것이 중요하다.☐ 보통 선거는 재산·신분·성별·교육 등에 따라 차별하지 않고 만 18세가 되면 누구에게나 선거권이 주어지는 선거이다.☐ 평등 선거는 한 사람이 한 표씩 투표하는 선거로, 유권자 개개인의 투표권이 모두 같은 선거를 말한다.☐ 직접 선거는 누구도 대신하지 않고 유권자가 직접 투표하는 선거이다.☐ 마지막으로 비밀 선거는 유권자의 투표 내용을 남이 알지 못하게 비밀을 보장하는 선거를 뜻한다.☐ 이러한 선거의 네 가지 원칙을 기본으로 갖춘 후에는 공정한 선거를 위한 제도와 기관이 필요하다.☐

1문단 중심 내용 민주 선거의 네 가지 원칙 - ☐☐ 선거, ☐☐ 선거, ☐☐ 선거, ☐☐ 선거

- **선거**: 선거권을 가진 사람이 공직에 임할 사람 또는 집단의 대표를 투표로 뽑는 일.
- **민주적**: 국민이 모든 결정의 중심에 있는 것.
- **원칙**: 어떤 행동이나 이론 따위에서 일관되게 지켜야 하는 기본적인 규칙이나 법칙.
- **투표하다**: 선거를 하거나 찬반을 결정할 때 투표용지에 자신이 당선되기를 바라는 후보자 또는 찬반을 표시하여 내다.
- **유권자**: 선거할 권리를 가진 사람.
- **보장하다**: 어떤 일이 어려움 없이 이루어지도록 조건을 마련하여 보증하거나 보호하다.
- **공정하다**: 공평하고 올바르다.
- _____

4 1문단을 읽고, ㉠~㉤ 중에서 **1**~**5**의 괄호 안에 들어갈 알맞은 기호를 찾아 쓰세요.

| ㉠ 보통 선거 | ㉡ 비밀 선거 | ㉢ 직접 선거 |
| ㉣ 평등 선거 | ㉤ 공정한 선거 | |

➕꿀팁 각 문단에서 기호의 단어를 찾아 동그라미 표시하면 더 쉽게 풀 수 있어요!

1 재산·신분·성별·교육 등에 따른 차별 없이 만 18세가 되면 누구에게나 선거권이 주어지는 선거는 무엇인가요? (　　)

2 한 사람이 한 표씩 투표하는 선거로, 유권자 개개인의 투표권이 모두 같은 선거는 무엇인가요? (　　)

3 누구도 대신하지 않고 유권자가 직접 투표하는 선거는 무엇인가요? (　　)

4 유권자의 투표 내용을 남이 알지 못하게 비밀을 보장하는 선거는 무엇인가요? (　　)

5 민주적 선거의 네 가지 원칙

보통 선거	재산·신분·성별·교육 등에 따라 차별하지 않고 만 18세가 되면 누구에게나 선거권이 주어지는 선거
평등 선거	한 사람이 한 표씩 투표하는 선거로, 유권자 개개인의 투표권이 모두 같은 선거
직접 선거	누구도 대신하지 않고 유권자가 직접 투표하는 선거
비밀 선거	유권자의 투표 내용을 남이 알지 못하게 비밀을 보장하는 선거

민주적 선거의 네 가지 원칙을 기본으로 갖춘 후에는 (　　　　)를 위한 제도와 기관이 필요함.

2문단 첫 번째로 공정한 선거를 위해 필요한 제도는 선거구 법정주의이다. 선거구란 대통령이나 국회 의원 등을 뽑기 위해 선거가 실시되는 하나의 단위가 되는 지역을 말한다. 선거구는 일반적으로 인구수와 행정 구역, 지리적 조건 등에 따라 나눈다. 그런데 이 선거구를 어떻게 나누느냐가 후보의 당락에 영향을 미칠 수 있다. 만약 누군가의 마음대로 선거구를 바꿀 수 있다면 특정 후보에게 유리할 수도 있고, 불리할 수도 있는 것이다. 이러한 점을 막기 위해 국회에서 미리 정한 법률에 따라 선거구를 정하는데, 이를 선거구 법정주의라고 한다.

2문단 중심 내용 공정한 선거를 위해 필요한 제도와 기관 ①
- ☐☐☐ ☐☐☐☐

- **제도**: 관습이나 도덕, 법률 따위의 규범이나 사회 구조의 체계.
- **행정 구역**: 행정 기관의 권한이 미치는 범위의 일정한 구역. 특별시, 광역시, 도, 군, 읍, 면 따위이다.
- **지리적**: 지구상의 기후, 생물, 자연, 도시, 교통, 주민, 산업 따위의 상태에 관한 것.
- **당락**: 당선과 낙선을 아울러 이르는 말. 당선은 선거에서 뽑히는 것을, 낙선은 선거에서 떨어지는 것을 말한다.
- **유리하다**: 이익이 있다. 이롭다.
- **불리하다**: 이롭지 아니하다.
- _____

배경지식

게리맨더링(gerrymandering)

자기 정당에 유리하게 선거구를 변경하는 일. 1812년 미국의 매사추세츠 주지사인 게리(Gerry, E.)가 고친 선거구의 모양이 전설상의 괴물 샐러맨더(salamander), 곧 도롱뇽과 비슷하다고 하여 반대당에서 게리의 이름을 붙여 게리맨더라고 야유한 데서 유래한다. 당시 게리가 속한 정당인 공화당은 다른 정당인 민주당과 비슷한 득표수를 얻었지만 훨씬 많은 당선자를 냈다. 이는 공화당에 유리하게 선거구가 분할되었기 때문에 발생한 문제로, 선거구가 미리 법률로 정해져야 함을 보여 주는 대표적인 사례이다.

정답과 해설 2쪽

---

5 2문단을 읽고, ㉠~㉤ 중에서 **1**~**4**의 괄호 안에 들어갈 알맞은 기호를 찾아 쓰세요.

㉠ 국회	㉡ 당락	㉢ 선거구
㉣ 인구수	㉤ 선거구 법정주의	

1 대통령이나 국회 의원 등을 뽑기 위해 선거가 실시되는 하나의 단위가 되는 지역을 무엇이라고 하나요? ( )

2 누군가가 마음대로 선거구를 바꾸었을 때 일어날 수 있는 공정하지 않은 선거의 결과는 무엇인가요?

> 특정 후보에게 유리할 수도 있고 불리할 수도 있어서 후보의 ( )에 영향을 미치게 됨.

3 국회에서 미리 정한 법률에 따라 선거구를 정하는 제도는 무엇인가요? ( )

4

선거구 법정주의	
선거구의 개념	• 정의: 대통령이나 국회 의원 등을 뽑기 위해 선거가 실시되는 하나의 단위가 되는 지역 • 선거구를 나누는 일반적인 기준: ( ), 행정 구역, 지리적 조건 등

선거구를 특정 개인이 나누었을 때

특정 후보의 당락에 영향을 미칠 수 있음.	→	공정하지 않은 선거가 진행될 수 있음.

공정한 선거를 위해 선거구를 나누는 방법

( )에서 미리 정한 법률에 따라 선거구를 정함.	→	선거구 법정주의

3 문단 두 번째로 공정한 선거를 위해 필요한 제도는 선거 공영제이다.□ 선거 공영제는 선거에 필요한 비용의 일부를 국가나 지방 자치 단체에서 부담하고 이를 관리하는 제도이다.□ 만약 유능한 사람이 돈이 없어서 선거에 나오지 못하거나 특정 후보가 선거 과정에서 돈을 더 많이 써서 당선된다면 그 선거는 공정하다고 말하기 어려울 것이다.□ 이렇게 후보자들에게 경제력과 관계없이 선거 운동의 기회를 보장할 수 있도록 하는 것이 선거 공영제이다.□ 국가는 후보자들에게 법률로 정한 선거 비용의 한도 내에서 정해진 비율의 선거 비용을 선거가 끝난 후에 지원한다.□ 득표율이 15% 이상이면 선거 비용의 전부를 지원하고, 득표율이 10% 이상 15% 미만인 경우 선거 비용의 절반을 지원한다.□ 이는 당선인과 낙선인을 고려하지 않고 득표율로만 판단한다.□

3문단 중심 내용 공정한 선거를 위해 필요한 제도와 기관 ②
- □□□□□

- **비용**: 어떤 일을 하는 데 드는 돈.
- **부담하다**: 어떠한 의무나 책임을 지다.
- **유능하다**: 어떤 일을 남들보다 잘하는 능력이 있다.
- **경제력**: 경제 행위를 하여 나가는 힘. 개인의 경우는 보통 재산의 정도를 이름.
- **한도**: 일정한 정도. 또는 한정된 정도.
- **득표율**: 전체 투표수에서 찬성표를 얻은 비율.
- _____

6 3문단을 읽고, ⊙~⊙ 중에서 **1**~**4**의 괄호 안에 들어갈 알맞은 기호를 찾아 쓰세요.

⊙ 비용　　　　ⓒ 전부　　　　ⓒ 절반
ⓔ 경제력　　　ⓜ 선거 공영제

1 선거에 필요한 비용의 일부를 국가나 지방 자치 단체에서 부담하고 이를 관리하는 제도는 무엇인가요?　　　（　　　）

2 선거 공영제의 목적은 무엇인가요?

후보자들에게 （　　　）과 관계없이 선거 운동의 기회를 보장할 수 있도록 하기 위함.

3 후보자는 선거가 끝난 후에 국가로부터 선거 비용의 얼마를 지원받을 수 있나요?

득표율이 15% 이상이면 선거 비용의 전부를, 득표율이 10% 이상 15% 미만이면 선거 비용의 （　　　）을 지원함.

4

선거 공영제	
선거 공영제의 목적	후보자들에게 경제력과 관계없이 선거 운동의 기회를 보장할 수 있도록 하기 위함.

선거 공영제의 개념

정의	선거에 필요한 （　　　）의 일부를 국가나 지방 자치 단체에서 부담하고 이를 관리하는 제도
방법	후보자들에게 법률로 정한 선거 비용의 한도 내에서 정해진 비율의 선거 비용을 선거가 끝난 후에 지원함.
지원 비율	• 득표율 15% 이상: 선거 비용의 （　　　） • 득표율 10% 이상 15% 미만: 선거 비용의 절반

4문단 세 번째로 공정한 선거를 위해 필요한 기관은 선거 관리 위원회이다.□ 선거 관리 위원회는 선거와 국민 투표를 공정하게 관리하고 정당에 관한 일을 처리하는 독립 기관이다.□ 선거 정보를 전달하고, 후보자 등록, 투표 및 개표 등 선거 전체를 공정하게 진행한다.□ 또한 선거 운동 등을 포함한 선거 전체 과정에서 선거에 관한 법률을 어기거나 선거의 공정성을 해치는 행위를 단속한다.□ 더불어 유권자들이 선거에 참여하도록 하는 다양한 홍보 활동을 통해 선거에 대한 올바른 인식을 심어 주기도 한다.□ 선거 관리 위원회 위원들은 중립적이어야 하므로 정치에 관여하는 활동을 할 수 없다.□

4문단 중심 내용 공정한 선거를 위해 필요한 제도와 기관 ③

- □□□ □□ □□□

- **기관**: 사회생활의 영역에서 일정한 역할과 목적을 위하여 설치한 기구나 조직.
- **국민 투표**: 선거 이외에, 나라 정치의 중요한 사항에 대하여 국민이 행하는 투표.
- **정당**: 정치적인 주의나 주장이 같은 사람들이 정권을 잡고 정치적 이상을 실현하기 위하여 만든 단체.
- **독립 기관**: 헌법에서, 직무상 독립적인 지위를 갖는 기관.
- **개표**: 투표함을 열고 투표의 결과를 검사함.
- **선거 운동**: 선거에서 특정한 후보자를 당선시키기 위하여 선거인을 대상으로 벌이는 여러 가지 활동.
- **단속하다**: 규칙이나 법령, 명령 따위를 지키도록 통제하다.
- **중립적**: 어느 편에도 치우치지 않고 중간적인 입장에 서는 것.
- _____
  _____

정답과 해설 2쪽

7 4문단을 읽고, ㉠~㉤ 중에서 **1**~**4**의 괄호 안에 들어갈 알맞은 기호를 찾아 쓰세요.

㉠ 공정성	㉡ 중립적	㉢ 독립 기관
㉣ 홍보 활동	㉤ 선거 관리 위원회	

1 선거와 국민 투표를 공정하게 관리하고 정당에 관한 일을 처리하는 기관은 무엇인가요? ( )

2 직무상 독립적인 지위를 갖는 기관을 뜻하는 말로, 선거 관리 위원회가 해당되는 기관은 무엇인가요? ( )

3 선거 관리 위원회 위원들이 정치에 관여하는 활동을 할 수 없는 이유는 무엇인가요?

> 정치적으로 ( ) 이어야 하기 때문임.

4

선거 관리 위원회

개념	선거와 국민 투표를 공정하게 관리하고 정당에 관한 일을 처리하는 독립 기관

선거 관리 위원회의 역할

- 선거 정보를 전달하고 후보자 등록, 투표 및 개표 등 선거 전체를 공정하게 진행함.
- 선거에 관한 법률 위반과 선거의 ( )을 해치는 행위를 단속함.
- 유권자들에게 선거에 대한 올바른 인식을 심어 주는 다양한 ( )을 함.

선거 관리 위원회 위원들이 갖추어야 할 태도

중립적 태도

❶문단 선거를 민주적으로 치르기 위해서는 보통 선거, 평등 선거, 직접 선거, 비밀 선거의 원칙을 지키는 것이 중요하다. 보통 선거는 재산·신분·성별·교육 등에 따라 차별하지 않고 만 18세가 되면 누구에게나 선거권이 주어지는 선거이다. 평등 선거는 한 사람이 한 표씩 투표하는 선거로, 유권자 개개인의 투표권이 모두 같은 선거를 말한다. 직접 선거는 누구도 대신하지 않고 유권자가 직접 투표하는 선거이다. 마지막으로 비밀 선거는 유권자의 투표 내용을 남이 알지 못하게 비밀을 보장하는 선거를 뜻한다. 이러한 선거의 네 가지 원칙을 기본으로 갖춘 후에는 공정한 선거를 위한 제도와 기관이 필요하다.

❷문단 첫 번째로 공정한 선거를 위해 필요한 제도는 선거구 법정주의이다. 선거구란 대통령이나 국회 의원 등을 뽑기 위해 선거가 실시되는 하나의 단위가 되는 지역을 말한다. 선거구는 일반적으로 인구수와 행정 구역, 지리적 조건 등에 따라 나눈다. 그런데 이 선거구를 어떻게 나누느냐가 후보의 당락에 영향을 미칠 수 있다. 만약 누군가의 마음대로 선거구를 바꿀 수 있다면 특정 후보에게 유리할 수도 있고, 불리할 수도 있는 것이다. 이러한 점을 막기 위해 국회에서 미리 정한 법률에 따라 선거구를 정하는데, 이를 선거구 법정주의라고 한다.

❸문단 두 번째로 공정한 선거를 위해 필요한 제도는 선거 공영제이다. 선거 공영제는 선거에 필요한 비용의 일부를 국가나 지방 자치 단체에서 부담하고 이를 관리하는 제도이다. 만약 유능한 사람이 돈이 없어서 선거에 나오지 못하거나 특정 후보가 선거 과정에서 돈을 더 많이 써서 당선된다면 그 선거는 공정하다고 말하기 어려울 것이다. 이렇게 후보자들에게 경제력과 관계없이 선거 운동의 기회를 보장할 수 있도록 하는 것이 선거 공영제이다. 국가는 후보자들에게 법률로 정한 선거 비용의 한도 내에서 정해진 비율의 선거 비용을 선거가 끝난 후에 지원한다. 득표율이 15% 이상이면 선거 비용의 전부를 지원하고, 득표율이 10% 이상 15% 미만인 경우 선거 비용의 절반을 지원한다. 이는 당선인과 낙선인을 고려하지 않고 득표율로만 판단한다.

❹문단 세 번째로 공정한 선거를 위해 필요한 기관은 선거 관리 위원회이다. 선거 관리 위원회는 선거와 국민 투표를 공정하게 관리하고 정당에 관한 일을 처리하는 독립 기관이다. 선거 정보를 전달하고, 후보자 등록, 투표 및 개표 등 선거 전체를 공정하게 진행한다. 또한 선거 운동 등을 포함한 선거 전체 과정에서 선거에 관한 법률을 어기거나 선거의 공정성을 해치는 행위를 단속한다. 더불어 유권자들이 선거에 참여하도록 하는 다양한 홍보 활동을 통해 선거에 대한 올바른 인식을 심어 주기도 한다. 선거 관리 위원회 위원들은 중립적이어야 하므로 정치에 관여하는 활동을 할 수 없다. [A]

✦꿀팁
선거 관리 위원회의 세 가지 역할이 무엇인지 각각의 개념을 구분하며 문제에 적용해 봅시다. 지문의 특정 부분이 기호로 제시되면서 문제로 출제되면 보다 구체적인 내용을 확인해야 하는 경우가 많으므로, 기호 부분과 선지 내용을 꼼꼼하게 연결하면서 읽을 필요가 있어요!

8 윗글을 통해 알 수 있는 내용으로 적절하지 <u>않은</u> 것은?

① 보통, 평등, 직접, 비밀 선거는 민주적 선거가 갖추어야 할 기본 원칙이다.

② 선거구를 특정 개인이 나누게 되면 공정한 선거가 이루어지지 않을 수 있다.

③ 선거 공영제는 후보자들의 경제력이 당락에 영향을 미치도록 하는 제도이다.

④ 국가는 선거 결과 득표율이 13%에 이른 낙선인에게 선거 비용의 절반을 지원한다.

⑤ 선거구 법정주의는 지역 상황을 고려하여 국회에서 미리 정한 법률에 따라 선거구를 나누는 것이다.

9 다음은 윗글의 [A]에서 언급된 내용을 바탕으로 작성한 모집 안내문이다. ㉠~㉤ 중, 회장 선거에서 선거 관리 위원회의 역할로 적절하지 <u>않은</u> 것은?

○○ 초등학교 선거 관리 위원회 위원을 모집합니다.

안녕하세요. 다음 달에는 우리 학교의 회장 선거가 있습니다. 공정하게 회장 선거가 치러질 수 있도록 선거를 준비하고 진행할 선거 관리 위원회를 조직하려고 합니다. 선거 관리 위원회 활동은 선거의 과정을 이해하고 생생하게 체험해 볼 수 있는 좋은 경험이 될 것입니다. 위원으로 활동하고 싶은 학생들의 지원을 바랍니다.

• 자격 요건(모집 인원): 우리 학교 6학년 재학생(총 10명)
• 제한 조건: 선거 전후 일정 기간 동안 활동이 가능한 학생
• 신청 기간: 2022년 ○○월 ○○일부터 ○○일까지(일주일간)

[선거 관리 위원회의 역할]
• 선거의 공정성을 해치는 행위에 대해 감시하고 단속을 펼칩니다. ┈┈┈┈ ㉠
• 후보자 등록, 투표 및 개표 과정 등 선거를 진행해 당선인을 결정합니다. ┈┈┈ ㉡
• 투표에 참여하지 않는 유권자에게 특정 후보에게 투표할 것을 호소합니다. ┈┈┈ ㉢
• 유권자에게 후보자의 공약 등 선거 정보를 전달하고, 후보자 토론회를 개최합니다. ┈┈┈┈┈ ㉣
• 유권자가 보다 적극적으로 투표할 수 있도록 다양한 방법으로 홍보 활동을 합니다. ┈┈┈┈┈ ㉤

---

① ㉠   ② ㉡   ③ ㉢   ④ ㉣   ⑤ ㉤

02 자산 관리 방법
경제

1회독 구조 읽기

1문단 자산은 현금, 예금, 부동산 등 개인이나 단체가 가지고 있는 경제적 가치가 있는 모든 재산을 뜻한다. 개인은 전 생애에 걸쳐 소득과 소비가 일정하지 않기 때문에 자산을 늘리면서 합리적으로 관리해야 경제생활을 유지할 수 있다. 이를 위해 저축이나 투자에 대한 계획을 세우고 행하는 것을 자산 관리라고 한다. 어떤 자산을 얼마나 사고 언제 팔지 등을 선택하는 것이다. 자산 관리를 위한 금융 상품에는 예적금, 주식, 펀드, 보험, 연금 등이 있다.

주제

2문단 은행 등의 금융 기관에 돈을 맡기고 이자를 받는 예적금은 대표적인 금융 상품이다. 이자는 남에게 돈을 빌려 쓴 대가로 치르는 일정한 비율의 돈이다. 예금자가 은행에 돈을 맡기는 것은 은행이 예금자에게 돈을 빌리는 것과 같다. 따라서 은행은 예금자에게 이자를 지불해야 한다. 요구불 예금은 예금자가 은행에 맡긴 돈 전체를 언제든지 찾아 쓸 수 있는 예금으로, 이자율이 낮은 편이다. 정기 예금은 예금자가 일정한 기간 동안 돈을 찾아 쓰지 않겠다고 약속하며 원금을 맡기는 것이다. 일정 기간이 지난 다음에 원금과 약속된 이자를 돌려받는다. 정기 적금은 예금자가 일정한 기간 동안 돈을 찾아 쓰지 않겠다고 약속하며 일정 금액씩 정기적으로 돈을 맡기는 것이다. 마찬가지로 일정 기간이 지나면 원금과 약속된 이자를 돌려받는다. 정기 적금은 요구불 예금에 비해 이자율이 높은 편이다.

나열 1

3문단 주식은 주식회사가 사업 자금을 마련하기 위하여 발행하는 증권이다. 투자자가 회사의 주식을 직접 구매하면 그 회사의 주주가 된다. 회사가 이익을 얻을 경우 주주는 배당금을 받을 수 있다. 회사의 이익을 주주에게 나누어 주는 돈이 배당금이다. 주가는 주식 가격을 의미하는데, 회사의 실적이나 경제 상황에 따라 자주 바뀐다. 따라서 주주는 자신이 구매한 주식의 가격보다 주가가 오를 경우에 오른 금액만큼 이익을 얻을 수 있다. 하지만 주가가 내릴 경우 가치가 적어져 원금이 손실될 수도 있다. 펀드는 자산 운용사가 투자자로부터 모은 큰 규모의 자금을 주식 등에 투자하는 것이다. 자산 운용사는 투자로 인해 얻은 이익을 투자자에게 나누어 준다. 펀드는 투자자가 전문가를 통해 간접적으로 투자할 수 있다는 장점이 있다.

나열 2, 3

4문단 보험은 재해나 사고가 일어날 경우의 경제적 손해에 대비하기 위한 것이다. 사고에 따른 경제적 손해를 피하고자 하는 사람들이 보험 회사의 보험에 가입하여 미리 일정한 돈을 함께 적립해 둔다. 그리고 가입자 중에서 누군가 사고를 당하게 되면 보험 회사가 그 사람에게 일정 금액을 내주는 상품이다. 보험은 가입자의 큰 손해를 막아 주는 역할을 한다. 연금은 노후의 안정적인 생활을 위한 금융 상품이다. 가입자가 청년기나 중년기에 번 소득의 일부를 미리 저축하고 노후에 정해진 돈을 받을 수 있도록 한다. 연금은 국가가 운영하는 국민연금과 개인이 직접 가입하는 개인연금 등이 있다.

나열 4, 5

+꿀팁
1회독에서는 지문의 전체 내용이 완벽하게 이해되지 않아도 괜찮아요!

1 윗글과 아래 대화를 읽고 여러분은 윗글의 내용 중 어떤 점에 흥미가 생겼는지 생각해 보세요.

내가 올해 설날에 받은 세뱃돈을 엄마에게 맡겨 놓았는데 엄마가 내 가방 사는 데 다 쓰셨다는 거 있지. 완전 허무했어. 지수 너는 세뱃돈을 어떻게 관리하고 있어?

아! 세뱃돈 다 쓴 거 정말 안타깝다. 나는 아빠가 내 이름으로 주식을 사는 게 어떠냐고 물으셔서 좋다고 했어. 앞으로 세뱃돈은 없는 거다 생각하라고 말씀하시면서.

와! 그렇구나. 너의 주식을 가지고 있다니 부럽다! 그러면 그 회사가 돈을 많이 벌면 너도 부자가 되는 거야?

응. 그런데 요즘은 손실이 심해서 차라리 정기 예금에 넣어 둘 걸 하시던데. 나는 앞으로는 전문가에게 맡기고 싶으니 펀드에 투자해 달라고 말씀드려 볼까 싶어!

2 윗글에서 가장 중요한 내용이나 주제어를 아래 빈칸에 써 보세요.

☐☐☐☐ 방법

3 윗글을 아래와 같은 구조로 정리한다고 할 때 빈칸에 알맞은 말을 써 보세요.

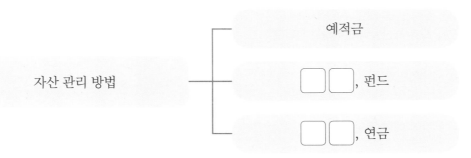

내용 읽기

❶ 각 문장을 읽고, 잘 이해했으면 □에 ✔처럼 체크해 보세요.
❷ 각 문장을 잘 이해하지 못했으면 점선을 따라 밑줄을 그어 보세요.

➡ 밑줄 그은 문장의 앞뒤 문장의 내용을 살펴보면서 다시 천천히 읽어 보세요.
또 문단별 중심 내용의 빈칸을 채워 보세요.

어휘 읽기

❶ 어려운 어휘는 날개에서 그 뜻을 밝혔어요.
❷ 어휘 이외에 잘 모르는 어휘는 스스로 어휘 표시하고 사전에서 뜻을 찾아 써 보세요.

➡ 어휘 뜻을 알고 문장을 다시 읽어 보세요.

1문단 자산은 현금, 예금, 부동산 등 개인이나 단체가 가지고 있는 경제적 가치가 있는 모든 재산을 뜻한다.□ 개인은 전 생애에 걸쳐 소득과 소비가 일정하지 않기 때문에 자산을 늘리면서 합리적으로 관리해야 경제생활을 유지할 수 있다.□ 이를 위해 저축이나 투자에 대한 계획을 세우고 행하는 것을 자산 관리라고 한다.□ 어떤 자산을 얼마나 사고 언제 팔지 등을 선택하는 것이다.□ 자산 관리를 위한 금융 상품에는 예적금, 주식, 펀드, 보험, 연금 등이 있다.□

1문단 중심 내용 □□ □□의 개념과 필요성

- **생애**: 살아 있는 한평생의 기간.
- **소득**: 일정 기간 동안의 근로 사업이나 자산의 운영 따위에서 얻는 수입.
- **소비**: 돈이나 물자, 시간, 노력 따위를 들이거나 써서 없앰.
- **합리적**: 이론이나 이치에 꼭 알맞은 것.
- **경제생활**: 사람이 살아가는 데 필요한 물건 등을 생산·교환·분배·소비하는 모든 활동.
- **투자**: 이익을 얻기 위하여 어떤 일이나 사업에 자본을 대거나 시간이나 정성을 쏟음.
- **금융 상품**: 각종 금융 기관에서 취급하는 적금과 예금을 비롯하여 기타 틀이 정해져 있는 상품.
- _____

4 1문단을 읽고, ㉠~㉤ 중에서 **1**~**4**의 괄호 안에 들어갈 알맞은 기호를 찾아 쓰세요.

| ㉠ 소득 | ㉡ 소비 | ㉢ 자산 |
| ㉣ 자산 관리 | ㉤ 금융 상품 | |

➕꿀팁 각 문단에서 기호의 단어를 찾아 동그라미 표시하면 더 쉽게 풀 수 있어요!

1 현금, 예금, 부동산 등 개인이나 단체가 가지고 있는 경제적 가치가 있는 모든 재산을 무엇이라고 하나요? ( )

2 경제생활을 유지할 수 있도록 자산을 합리적으로 관리해야 하는 이유는 무엇인가요?

개인은 전 생애에 걸쳐 ( )과 ( )가 일정하지 않기 때문에

3 저축이나 투자에 대한 계획을 세우고 행하는 것을 무엇이라고 하나요? ( )

4

자산 관리의 개념과 필요성	
자산	현금, 예금, 부동산 등 개인이나 단체가 가지고 있는 경제적 가치가 있는 모든 재산
자산 관리	• 저축이나 투자에 대한 계획을 세우고 행하는 것 • 어떤 자산을 얼마나 사고 언제 팔지 등을 선택하는 것
필요성	개인은 전 생애에 걸쳐 소득과 소비가 일정하지 않기 때문에 자산을 합리적으로 관리해야 경제생활을 유지할 수 있음.
자산 관리 ( )	예적금, 주식, 펀드, 보험, 연금 등

2문단 은행 등의 금융 기관에 돈을 맡기고 이자를 받는 예적금은 대표적인 금융 상품이다.□ 이자는 남에게 돈을 빌려 쓴 대가로 치르는 일정한 비율의 돈이다.□ 예금자가 은행에 돈을 맡기는 것은 은행이 예금자에게 돈을 빌리는 것과 같다.□ 따라서 은행은 예금자에게 이자를 지불해야 한다.□ 요구불 예금은 예금자가 은행에 맡긴 돈 전체를 언제든지 찾아 쓸 수 있는 예금으로, 이자율이 낮은 편이다.□ 정기 예금은 예금자가 일정한 기간 동안 돈을 찾아 쓰지 않겠다고 약속하며 원금을 맡기는 것이다.□ 일정 기간이 지난 다음에 원금과 약속된 이자를 돌려받는다.□ 정기 적금은 예금자가 일정한 기간 동안 돈을 찾아 쓰지 않겠다고 약속하며 일정 금액씩 정기적으로 돈을 맡기는 것이다.□ 마찬가지로 일정 기간이 지나면 원금과 약속된 이자를 돌려받는다.□ 정기 적금은 요구불 예금에 비해 이자율이 높은 편이다.□

2문단 중심 내용 자산 관리를 위한 금융 상품 ① - ☐☐☐

- **대표적**: 어떤 분야나 집단에서 무엇을 대표할 만큼 전형적이거나 특징적인 것.
- **대가**: 일을 하고 그에 대한 값으로 받는 보수.
- **예금자**: 금융 기관에 돈을 맡기는 사람.
- **지불하다**: 돈을 내어 주다. 또는 값을 치르다.
- **이자율**: 원금에 대한 이자의 비율.
- **일정하다**: 어느 하나이다. 또는 어느 하나로 정하여져 있다.
- **원금**: 꾸어 주거나 맡긴 돈에 이자를 붙이지 아니한 돈.
- **정기적**: 기한이나 기간이 일정하게 정하여져 있는 것.
- _____
- _____

배경지식

예금자 보호 제도
예금과 적금은 예금자 보호 제도를 통해 보호를 받는다. 예금자 보호 제도는 금융 기관의 영업 정지나 파산 따위로 고객이 맡긴 예금을 반환받지 못할 경우를 대비하여 일정 금액 한도 내에서 고객의 예금을 보호하는 제도이다. 금융 기관이 지급할 수 없는 경우 예금 보험 공사에서 1인당 최대 5천만 원(원금과 예금을 합한 금액)까지 돌려줄 수 있도록 한다.

정답과 해설 4쪽

5 2문단을 읽고, ㉠~㉤ 중에서 **1**~**5**의 괄호 안에 들어갈 알맞은 기호를 찾아 쓰세요.

| ㉠ 이자 | ㉡ 예적금 | ㉢ 정기 예금 |
| ㉣ 정기 적금 | ㉤ 요구불 예금 | |

1 예금자가 금융 기관에 돈을 맡기고 이자를 받는 대표적인 금융 상품은 무엇인가요? ( )

2 남에게 돈을 빌려 쓴 대가로 치르는 일정한 비율의 돈을 무엇이라고 하나요? ( )

3 예금자가 은행에 맡긴 돈 전체를 언제든지 찾아 쓸 수 있는 예금은 무엇인가요? ( )

4 예금자가 일정 기간 동안 일정 금액씩 정기적으로 돈을 맡기고 일정 기간이 지나면 원금과 약속된 이자를 돌려받는 상품은 무엇인가요? ( )

5 자산 관리 금융 상품 ① - 예적금

예적금의 개념과 종류

- 금융 기관에 돈을 맡기고 이자를 받는 상품
- 이자: 남에게 돈을 빌려 쓴 대가로 치르는 일정한 비율의 돈
- 예적금의 종류: 요구불 예금, 정기 예금, 정기 적금

요구불 예금	예금자가 은행에 맡긴 돈 전체를 언제든지 찾아 쓸 수 있는 예금
( )	예금자가 일정한 기간 동안 원금을 맡기고 원금과 이자를 돌려받는 것
정기 적금	예금자가 일정한 기간 동안 일정 금액씩 정기적으로 돈을 맡기고 원금과 이자를 돌려받는 것

3 문단 주식은 주식회사가 사업 자금을 마련하기 위하여 발행하는 증권이다.□ 투자자가 회사의 주식을 직접 구매하면 그 회사의 주주가 된다.□ 회사가 이익을 얻을 경우 주주는 배당금을 받을 수 있다.□ 회사의 이익을 주주에게 나누어 주는 돈이 배당금이다.□ 주가는 주식 가격을 의미하는데, 회사의 실적이나 경제 상황에 따라 자주 바뀐다.□ 따라서 주주는 자신이 구매한 주식의 가격보다 주가가 오를 경우에 오른 금액만큼 이익을 얻을 수 있다.□ 하지만 주가가 내릴 경우 가치가 적어져 원금이 손실될 수도 있다.□ 펀드는 자산 운용사가 투자자로부터 모은 큰 규모의 자금을 주식 등에 투자하는 것이다.□ 자산 운용사는 투자로 인해 얻은 이익을 투자자에게 나누어 준다.□ 펀드는 투자자가 전문가를 통해 간접적으로 투자할 수 있다는 장점이 있다.□

3문단 중심 내용 자산 관리를 위한 금융 상품 ②, ③
- □□과 □□

- **자금**: 사업을 경영하는 데에 쓰는 돈.
- **증권**: 증거가 되는 문서나 서류.
- **투자자**: 투자하는 사람.
- **실적**: 실제로 이룬 업적이나 공적.
- **손실되다**: 잃어버리거나 축나서 손해가 생기다.
- **자산 운용사**: 주식을 사고팔며 펀드를 운용하는 펀드 매니저가 소속된 회사.
- **전문가**: 어떤 분야를 연구하거나 그 일에 종사하여 그 분야에 상당한 지식과 경험을 가진 사람.
- **간접적**: 중간에 매개가 되는 사람이나 사물 따위를 통하여 연결되는 것.
- ________________

6

3문단을 읽고, ㉠~㉥ 중에서 1~5의 괄호 안에 들어갈 알맞은 기호를 찾아 쓰세요.

㉠ 주식	㉡ 펀드	㉢ 주주
㉣ 전문가	㉤ 배당금	㉥ 자산 운용사

1 주식회사의 주식을 구매한 사람을 무엇이라고 하나요? (　　)

2 회사가 이익을 얻을 경우 회사의 이익을 주주에게 나누어 주는 돈을 무엇이라고 하나요? (　　)

3 자산 운용사가 투자자로부터 모은 큰 규모의 자금을 주식 등에 투자하여 그 이익을 투자자에게 나누어 주는 상품은 무엇인가요? (　　)

4 투자자 입장에서 펀드의 장점은 무엇인가요?

(　　) 를 통해 간접적으로 투자를 할 수 있음.

5 자산 관리 금융 상품 ②, ③ - 주식, 펀드

(　　)	• 주식회사는 주식을 발행하여 투자자에게 팔아 사업 자금을 마련하고, 투자자는 주식을 구매하여 그 회사의 주주가 됨. • 주주는 회사가 이익을 낼 경우에 이익을 나누어 주는 배당금을 받을 수 있음. • 주주는 주가가 오를 경우 이익을 얻고, 주가가 내릴 경우 손실을 입을 수 있음.
펀드	• (　　) 가 투자자로부터 모은 큰 규모의 자금을 주식 등에 투자한 후 그 이익을 투자자에게 나누어 주는 금융 상품 • 투자자는 전문가를 통해 간접적으로 투자할 수 있음.

4 문단   보험은 재해나 사고가 일어날 경우의 경제적 손해에 대비하기 위한 것이다.☐ 사고에 따른 경제적 손해를 피하고자 하는 사람들이 보험 회사의 보험에 가입하여 미리 일정한 돈을 함께 적립해 둔다.☐ 그리고 가입자 중에서 누군가 사고를 당하게 되면 보험 회사가 그 사람에게 일정 금액을 내주는 상품이다.☐ 보험은 가입자의 큰 손해를 막아 주는 역할을 한다.☐ 연금은 노후의 안정적인 생활을 위한 금융 상품이다.☐ 가입자가 청년기나 중년기에 번 소득의 일부를 미리 저축하고 노후에 정해진 돈을 받을 수 있도록 한다.☐ 연금은 국가가 운영하는 국민연금과 개인이 직접 가입하는 개인연금 등이 있다.☐

4문단 중심 내용 자산 관리를 위한 금융 상품 ④, ⑤
- ☐☐과 ☐☐

- **재해**: 지진, 태풍, 홍수, 가뭄, 해일, 화재, 전염병 따위에 의하여 받게 되는 피해.
- **대비하다**: 앞으로 일어날지도 모르는 어떠한 일에 대응하기 위하여 미리 준비하다.
- **가입하다**: 조직이나 단체 따위에 들어가거나, 서비스를 제공하는 상품 따위를 신청하다.
- **적립하다**: 모아서 쌓아 두다.
- **노후**: 늙어진 뒤.
- **안정적**: 바뀌지 않고 일정한 상태를 유지하게 되는 것.
- **청년기**: 대개 20대 전후의 시기.
- **중년기**: 마흔 살 안팎의 나이로, 청년과 노년의 중간을 이름.

7 4문단을 읽고, ㉠~㉤ 중에서 **1**~**4**의 괄호 안에 들어갈 알맞은 기호를 찾아 쓰세요.

| ㉠ 노후 | ㉡ 보험 | ㉢ 연금 |
| ㉣ 보험 회사 | ㉤ 경제적 손해 | |

1 재해나 사고를 대비하기 위해 일정한 돈을 미리 적립해 두었다가 사고를 당하면 일정 금액을 받을 수 있도록 한 상품은 무엇인가요?   (   )

2 보험은 가입자가 재해나 사고를 당했을 때 무엇을 대비할 수 있나요?   (   )

3 청년기나 중년기에 번 소득의 일부를 미리 저축하고 노후에 정해진 돈을 받을 수 있도록 한 상품은 무엇인가요? (   )

4 자산 관리 금융 상품 ④, ⑤ - 보험, 연금

| 보험 | • (   ) 에 일정한 돈을 적립해 두었다가 재해나 사고를 당하면 일정 금액을 받는 상품
• 재해나 사고에 따른 가입자의 경제적 손해를 막아 줌. |
| 연금 | • 청년기나 중년기에 번 소득의 일부를 미리 저축하여 노후에 정해진 돈을 받을 수 있도록 한 상품
• (   ) 의 안정적인 생활을 유지할 수 있도록 함.
• 국가가 운영하는 국민연금, 개인이 직접 가입하는 개인연금 등이 있음. |

①문단 자산은 현금, 예금, 부동산 등 개인이나 단체가 가지고 있는 경제적 가치가 있는 모든 재산을 뜻한다. 개인은 전 생애에 걸쳐 소득과 소비가 일정하지 않기 때문에 자산을 늘리면서 ㉠합리적으로 관리해야 경제생활을 유지할 수 있다. 이를 위해 저축이나 투자에 대한 계획을 세우고 행하는 것을 자산 관리라고 한다. 어떤 자산을 얼마나 사고 언제 팔지 등을 선택하는 것이다. 자산 관리를 위한 금융 상품에는 예적금, 주식, 펀드, 보험, 연금 등이 있다.

②문단 은행 등의 금융 기관에 돈을 맡기고 이자를 받는 예적금은 ㉡대표적인 금융 상품이다. 이자는 남에게 돈을 빌려 쓴 대가로 치르는 일정한 비율의 돈이다. 예금자가 은행에 돈을 맡기는 것은 은행이 예금자에게 돈을 빌리는 것과 같다. 따라서 은행은 예금자에게 이자를 지불해야 한다. 요구불 예금은 예금자가 은행에 맡긴 돈 전체를 언제든지 찾아 쓸 수 있는 예금으로, 이자율이 낮은 편이다. 정기 예금은 예금자가 일정한 기간 동안 돈을 찾아 쓰지 않겠다고 약속하며 원금을 맡기는 것이다. 일정 기간이 지난 다음에 원금과 약속된 이자를 돌려받는다. 정기 적금은 예금자가 일정한 기간 동안 돈을 찾아 쓰지 않겠다고 약속하며 일정 금액씩 ㉢정기적으로 돈을 맡기는 것이다. 마찬가지로 일정 기간이 지나면 원금과 약속된 이자를 돌려받는다. 정기 적금은 요구불 예금에 비해 이자율이 높은 편이다. [A]

③문단 주식은 주식회사가 사업 자금을 마련하기 위하여 발행하는 증권이다. 투자자가 회사의 주식을 직접 구매하면 그 회사의 주주가 된다. 회사가 이익을 얻을 경우 주주는 배당금을 받을 수 있다. 회사의 이익을 주주에게 나누어 주는 돈이 배당금이다. 주가는 주식 가격을 의미하는데, 회사의 실적이나 경제 상황에 따라 자주 바뀐다. 따라서 주주는 자신이 구매한 주식의 가격보다 주가가 오를 경우에 오른 금액만큼 이익을 얻을 수 있다. 하지만 주가가 내릴 경우 가치가 적어져 원금이 손실될 수도 있다. 펀드는 자산 운용사가 투자자로부터 모은 큰 규모의 자금을 주식 등에 투자하는 것이다. 자산 운용사는 투자로 인해 얻은 이익을 투자자에게 나누어 준다. 펀드는 투자자가 전문가를 통해 ㉣간접적으로 투자할 수 있다는 장점이 있다.

④문단 보험은 재해나 사고가 일어날 경우의 경제적 손해에 대비하기 위한 것이다. 사고에 따른 경제적 손해를 피하고자 하는 사람들이 보험 회사의 보험에 가입하여 미리 일정한 돈을 함께 적립해 둔다. 그리고 가입자 중에서 누군가 사고를 당하게 되면 보험 회사가 그 사람에게 일정 금액을 내주는 상품이다. 보험은 가입자의 큰 손해를 막아 주는 역할을 한다. 연금은 노후의 ㉤안정적인 생활을 위한 금융 상품이다. 가입자가 청년기나 중년기에 번 소득의 일부를 미리 저축하고 노후에 정해진 돈을 받을 수 있도록 한다. 연금은 국가가 운영하는 국민연금과 개인이 직접 가입하는 개인연금 등이 있다.

✦꿀팁
각 금융 상품의 특징을 대략적으로 이해하고 있다고 하더라도 선지에 제시된 설명이 지문과 일치하는지를 꼼꼼하게 비교하면서 확인하는 것이 바람직해요! <보기>에 제시된 새로운 기준에 따라 지문 내용을 적용해야 하는 경우에도 지문에 근거가 있다는 점을 기억하세요!

8 윗글의 내용과 일치하는 것은?

① 자산 관리는 개인의 소비를 합리적으로 줄이면서 자산을 늘리는 것이다.

② 주주는 구매한 주식 가격의 상승과 배당금을 통해 이익을 얻기를 기대한다.

③ 펀드는 투자자가 자산 운용사로부터 자금을 모아 주식 등에 투자하는 것이다.

④ 보험 회사의 보험 상품에 가입하면 재해나 사고가 일어나는 것을 막을 수 있다.

⑤ 연금은 노후의 안정적인 생활을 위한 상품이므로 노후가 되어야 가입할 수 있다.

9 **보기** 를 참고하여 윗글의 [A]에 등장하는 금융 상품의 특징을 이해한 것으로 적절하지 **않은** 것은?

> **보기**
>
> 합리적인 자산 관리를 위해 금융 상품을 선택할 때는 안전성, 유동성, 수익성을 고려해야 한다. 원금을 잃지 않는 정도를 안전성, 필요할 때 쉽게 현금으로 바꿀 수 있는 정도를 유동성, 수익을 거둘 수 있는 정도를 수익성이라고 한다. 원금을 잃지 않을수록 안전성이 높다고 하고, 필요할 때 쉽게 현금으로 바꿀 수 있으면 유동성이 높다고 하며, 많은 수익을 거둘 수 있으면 수익성이 높다고 한다. 금융 상품의 종류에 따라 안전성, 유동성, 수익성이 다르기 때문에 어떤 상품을 선택하여 관리하는지가 중요하다.

① 정기 예금은 안전성이 낮다.

② 요구불 예금은 유동성이 높다.

③ 정기 예금과 정기 적금은 유동성이 낮다.

④ 요구불 예금과 정기 적금은 안전성이 높다.

⑤ 정기 적금은 요구불 예금에 비해 수익성이 높다.

10 ㉠~㉤의 사전적 의미로 적절하지 **않은** 것은?

① ㉠: 이론이나 이치에 꼭 알맞은 것.

② ㉡: 어떤 분야에서 무엇을 대표할 만큼 전형적이거나 특징적인 것.

③ ㉢: 기한이나 기간이 일정하게 정하여져 있는 것.

④ ㉣: 실제적이고 세밀한 부분까지 담고 있는 것.

⑤ ㉤: 바뀌어 달라지지 아니하고 일정한 상태를 유지하게 되는 것.

스스로
평가

1회독
☺ ☹

2회독
☺ ☹

3회독
☺ ☹

03 사이버 공간의 특성과 문제

문화

1회독 구조 읽기

1문단 우리는 사이버 공간에서 다양한 정보를 주고받으며 생산과 소비를 하고 있다. 현실 공간과 떼어서 생각할 수 없을 정도로 중요해진 사이버 공간은 개방성, 자율성, 익명성의 특성이 있다. 먼저 사이버 공간은 누구에게나 차별 없이 열려 있고 동등한 입장에서 정보를 주고받거나 공유할 수 있는 개방성이 있다. 다음으로 자신이 어떤 정보를 어떻게 활용할 것인지를 자유롭게 선택할 수 있는 자율성이 있다. 마지막으로 자신의 신분이나 정체성을 밝히지 않고 활동할 수 있는 익명성이 있다. 이러한 특성들은 사이버 공간의 자유로운 문화를 만든다. 하지만 이로 인해 자신 또는 다른 사람에게 해를 끼치는 문제가 생기기도 한다.

주제

2문단 사이버 공간에서 발생하는 문제 중 하나는 사생활 침해이다. 사생활은 개인의 사사로운 일상생활을 의미한다. 친구와 함께 찍은 사진을 무심코 누리 소통망(SNS)에 올렸다고 생각해 보자. 이렇게 공개된 친구의 모습 또는 개인 정보가 잘못 활용되면 친구가 방해받고 싶지 않은 영역이 침해될 수 있고 범죄에 악용될 수도 있다. 개인 정보는 이름, 주민 등록번호, 직업, 주소, 전화번호 등 개인에 대해 알 수 있는 모든 정보를 뜻한다. 사이버 공간에서 다른 사람의 개인 정보를 불법적으로 이용하거나 수집하는 것은 사생활 침해이다. 인터넷상에 있는 특정 인물의 사진을 몰래 써서 행하는 명예 훼손도 사생활 침해에 포함된다.

나열 1

3문단 사이버 공간에서 발생하는 문제 중 다른 하나는 인터넷 중독이다. 이는 주로 누리 소통망이나 게임을 하고자 하는 마음을 절제하지 못하여 집착하는 것으로 나타난다. 현실에서의 자신과 사이버 공간에서의 자신을 구별하지 못하기도 한다. 이로 인해 현실을 소홀히 하거나 일상생활에 영향을 받는 병적 상태가 되는 것이 인터넷 중독이다. 인터넷을 하지 않을 때 우울하거나 초조하다가 인터넷을 하게 되었을 때 그러한 현상이 사라지는 것을 금단 증상이라고 한다. 또 사이버 공간에 몰입하는 시간이 점점 길어지거나 더 자극적인 것을 찾게 되는 것을 내성이라고 한다. 금단 증상과 내성은 인터넷 중독에 포함된다.

나열 2

4문단 사이버 공간에서 발생하는 또 다른 문제는 사이버 폭력이다. 사이버 공간에서 다른 사람에게 피해를 주는 여러 폭력적인 표현과 행위를 사이버 폭력이라고 한다. 단체 대화방에서 여러 친구가 한 친구에게 끊임없이 욕설이나 인신공격적인 말을 한다고 생각해 보자. 이는 사이버 폭력의 대표적 사례인 언어폭력이다. 또한 사이버 공간에서 한 친구만 따로 떼어 멀리하는 것을 사이버 따돌림이라고 한다. 이렇게 괴롭힘을 당하는 친구는 큰 정신적 고통을 받을 것이다. 더구나 사이버 공간에서는 다른 사람에 대해 비방하거나 잘못된 정보를 퍼뜨리면 순식간에 공유되어 퍼지기도 하고 오래도록 남기도 한다. 이러한 명예 훼손 역시 사이버 폭력이다. 또한 상대방이 원하지 않는 정보를 일방적으로 전송하는 것과 같은 사이버 스토킹도 심각한 수준의 사이버 폭력에 해당한다.

나열 3

✚꿀팁
1회독에서는 지문의 전체 내용이 완벽하게 이해되지 않아도 괜찮아요!

1 윗글과 아래 대화를 읽고 여러분은 윗글의 내용 중 어떤 점에 흥미가 생겼는지 생각해 보세요.

난 요즘 게임 시간이 점점 늘어나고 있어서 고민이야. 방과 후에 시간을 정해서 하고 있는데 다른 시간에도 자꾸 생각이 나.

너 인터넷 중독 증상이 있는 거구나. 사실 나도 누리 소통망(SNS)을 안 하면 마음이 좀 이상해지더라. 괜히 초조하고 말야.

응, 공감! 그리고 이 글에서 사이버 공간의 문제를 접하고 나니 나도 앞으로 사이버 공간에서 더 많이 조심해야겠다고 느꼈어.

그런 의미에서 민호 너 우리 반 단체 대화방에서 나한테 장난치지 말아 줄래? 사이버 폭력이 될 수 있는 문제란 거 알겠지?

2 윗글에서 가장 중요한 내용이나 주제어를 아래 빈칸에 써 보세요.

☐☐☐☐☐의 특성과 문제

3 윗글을 아래와 같은 구조로 정리한다고 할 때 빈칸에 알맞은 말을 써 보세요.

☐☐☐☐☐

사이버 공간의 특성과 문제 ── 인터넷 중독

사이버 폭력

내용 읽기

❶ 각 문장을 읽고, 잘 이해했으면 □에 ✔처럼 체크해 보세요.
❷ 각 문장을 잘 이해하지 못했으면 점선을 따라 밑줄을 그어 보세요.

➡ 밑줄 그은 문장의 앞뒤 문장의 내용을 살펴보면서 다시 천천히 읽어 보세요.
또 문단별 중심 내용의 빈칸을 채워 보세요.

어휘 읽기

❶ 어려운 어휘는 날개에서 그 뜻을 밝혔어요.
❷ 어휘 이외에 잘 모르는 어휘는 스스로 어휘
표시하고 사전에서 뜻을 찾아 써 보세요.

➡ 어휘 뜻을 알고 문장을 다시 읽어 보세요.

1문단 우리는 사이버 공간에서 다양한 정보를 주고받으며 생산과 소비를 하고 있다.□ 현실 공간과 떼어서 생각할 수 없을 정도로 중요해진 사이버 공간은 개방성, 자율성, 익명성의 특성이 있다.□ 먼저 사이버 공간은 누구에게나 차별 없이 열려 있고 동등한 입장에서 정보를 주고받거나 공유할 수 있는 개방성이 있다.□ 다음으로 자신이 어떤 정보를 어떻게 활용할 것인지를 자유롭게 선택할 수 있는 자율성이 있다.□ 마지막으로 자신의 신분이나 정체성을 밝히지 않고 활동할 수 있는 익명성이 있다.□ 이러한 특성들은 사이버 공간의 자유로운 문화를 만든다.□ 하지만 이로 인해 자신 또는 다른 사람에게 해를 끼치는 문제가 생기기도 한다.□

1문단 중심 내용 사이버 공간의 세 가지 특성과 그로 인한 문제
- □□□□, □□□□, □□□□

• **사이버 공간**: 컴퓨터에서, 실제 세계와 비슷하게 가상적으로 구축한 환경. 정보 통신망을 통해 많은 정보를 교환하고 공유하는 가상 공간을 말한다.
• **생산**: 인간이 생활하는 데 필요한 각종 물건을 만들어 냄.
• **소비**: 욕망을 충족하기 위하여 물건 등을 소모하는 일.
• **동등하다**: 등급이나 정도가 같다.
• **공유하다**: 두 사람 이상이 한 물건을 공동으로 소유하다.
• **신분**: 개인의 사회적인 위치나 계급.
• **정체성**: 변하지 아니하는 성질을 가진 독립적 존재.
• **익명성**: 어떤 행위를 한 사람이 누구인지 드러나지 않는 특성.
• **해**: 이롭지 아니하게 하거나 손상을 입힘.
• _____
  _____

4 1문단을 읽고, ㉠~㉤ 중에서 ❶~❸의 괄호 안에 들어갈 알맞은 기호를 찾아 쓰세요.

| ㉠ 정보 | ㉡ 개방성 | ㉢ 익명성 |
| ㉣ 자율성 | ㉤ 정체성 | |

+꿀팁 각 문단에서 기호의 단어를 찾아 동그라미 표시하면 더 쉽게 풀 수 있어요!

❶ 누구에게나 차별 없이 열려 있고 동등한 입장에서 정보를 주고받거나 공유할 수 있는 사이버 공간의 특성은 무엇인가요? ( )

❷ 자신이 어떤 정보를 어떻게 활용할 것인지를 자유롭게 선택할 수 있는 사이버 공간의 특성은 무엇인가요? ( )

❸ 자신의 신분이나 정체성을 밝히지 않고 활동할 수 있는 사이버 공간의 특성은 무엇인가요? ( )

4 사이버 공간의 특성과 문제

사이버 공간의 역할과 특성

• 우리는 사이버 공간에서 다양한 ( )를 주고받으며 생산과 소비를 함.
• 현실 공간과 떼어서 생각할 수 없을 정도로 중요함.

개방성	누구에게나 차별 없이 열려 있고 동등하게 정보를 주고받거나 공유할 수 있음.
자율성	자신이 어떤 정보를 어떻게 활용할 것인지를 자유롭게 선택할 수 있음.
익명성	자신의 신분이나 ( )을 밝히지 않고 활동할 수 있음.

자신 또는 타인에게 해를 끼치는 문제가 생기기도 함.

2 문단 사이버 공간에서 발생하는 문제 중 하나는 사생활 침해이다.□ 사생활은 개인의 사사로운 일상생활을 의미한다.□ 친구와 함께 찍은 사진을 무심코 누리 소통망(SNS)에 올렸다고 생각해 보자.□ 이렇게 공개된 친구의 모습 또는 개인 정보가 잘못 활용되면 친구가 방해받고 싶지 않은 영역이 침해될 수 있고 범죄에 악용될 수도 있다.□ 개인 정보는 이름, 주민 등록 번호, 직업, 주소, 전화번호 등 개인에 대해 알 수 있는 모든 정보를 뜻한다.□ 사이버 공간에서 다른 사람의 개인 정보를 불법적으로 이용하거나 수집하는 것은 사생활 침해이다.□ 인터넷상에 있는 특정 인물의 사진을 몰래 써서 행하는 명예 훼손도 사생활 침해에 포함된다.□

2문단 중심 내용 사이버 공간에서 발생하는 문제 ①
- □□□□ □□

- **침해**: 침범하여 해를 끼침.
- **사사롭다**: 개인적인 범위나 관계의 성질이 있다.
- **악용되다**: 알맞지 않게 쓰이거나 나쁜 일에 쓰이다.
- **불법적**: 법에 어긋나는 것.
- **명예 훼손**: 공공연하게 다른 사람의 사회적 평가를 떨어뜨리는 사실 또는 허위 사실을 지적하는 일.
- _____

 배 경 지 식

누리 소통망(Social Network Service)
웹(web)상에서 소셜 네트워크를 형성하여 다른 사람들과 교류할 수 있도록 특정 관심이나 활동을 공유하는 온라인 서비스이다. 사용자 간에 자유롭게 의사소통하고 정보를 공유하며 인맥을 확대하는 등 사회적 관계를 맺고 강화해 주는 온라인 플랫폼을 뜻한다.

정답과 해설 6쪽

5 2문단을 읽고, ㉠~㉤ 중에서 ■~⑤의 괄호 안에 들어갈 알맞은 기호를 찾아 쓰세요.

㉠ 사생활 ㉡ 개인 정보 ㉢ 명예 훼손
㉣ 사생활 침해 ㉤ 사이버 공간

1 사이버 공간에서 발생하는 문제 중 친구와 함께 찍은 사진을 무심코 누리 소통망(SNS)에 올렸을 때 발생할 수 있는 문제는 무엇인가요? ( )

2 개인의 사사로운 일상생활을 무엇이라고 하나요? ( )

3 개인에 대해 알 수 있는 모든 정보로 개인의 이름, 주민 등록 번호, 직업, 주소, 전화번호 등은 무엇인가요? ( )

4 사생활 침해의 사례 중 인터넷상에 있는 특정 인물의 사진을 몰래 썼을 때 발생할 수 있는 문제는 무엇인가요? ( )

5

	사생활 침해
개념	( ) 에서 개인의 사생활이 공개되어 사생활이 침해되거나 개인 정보가 잘못 활용되는 것
사생활	개인의 사사로운 일상생활
개인 정보	이름, 주민 등록 번호, 직업, 주소, 전화번호 등 개인에 대해 알 수 있는 모든 정보

사생활 침해의 사례

- 사이버 공간에서 다른 사람의 개인 정보를 불법적으로 이용하거나 수집하는 것
- 인터넷상에 있는 특정 인물의 사진을 몰래 써서 명예를 훼손하는 것

I. 03 사이버 공간의 특성과 문제 **33**

3 문단 　사이버 공간에서 발생하는 문제 중 다른 하나는 인터넷 중독이다.☐ 이는 주로 누리 소통망이나 게임을 하고자 하는 마음을 절제하지 못하여 집착하는 것으로 나타난다.☐ 현실에서의 자신과 사이버 공간에서의 자신을 구별하지 못하기도 한다.☐ 이로 인해 현실을 소홀히 하거나 일상생활에 영향을 받는 병적 상태가 되는 것이 인터넷 중독이다.☐ 인터넷을 하지 않을 때 우울하거나 초조하다가 인터넷을 하게 되었을 때 그러한 현상이 사라지는 것을 금단 증상이라고 한다.☐ 또 사이버 공간에 몰입하는 시간이 점점 길어지거나 더 자극적인 것을 찾게 되는 것을 내성이라고 한다.☐ 금단 증상과 내성은 인터넷 중독에 포함된다.☐

3문단 중심 내용 사이버 공간에서 발생하는 문제 ②

- ☐☐☐☐☐☐

• **절제하다**: 정도에 넘지 아니하도록 알맞게 조절하여 제한하다.
• **집착하다**: 어떤 것에 늘 마음이 쏠려 잊지 못하고 매달리다.
• **구별하다**: 성질이나 종류에 따라 갈라놓다.
• **병적**: 정상을 벗어나 불건전하고 지나친 것.
• **초조하다**: 애가 타서 마음이 조마조마하다.
• **몰입하다**: 깊이 파고들거나 빠지다.
• _____

 배경지식

스몸비(smombie)
스마트폰(smartphone)과 좀비(zombie)의 합성어. 여기서 좀비는 영화 등에 등장하는 괴물 또는 되살아난 시체로, 움직이기는 하지만 이성적인 사고를 하지 못하는 존재를 의미한다. 스마트폰에 푹 빠져 외부 세계와 단절된 사람 또는 이성적 판단을 하지 못하는 사람을 스몸비라고 한다. 길거리에서 스마트폰을 보느라 주변을 살피지 않고 걷는 사람을 이르는 말이기도 하다. 승강기 안에서 휴대폰에만 집중하다가 내릴 층을 놓치는 경우도 있다. 스마트폰 중독 문제를 보여 주는 사회적 문제로 언급되고 있다.

---

6 3문단을 읽고, ㉠~㉥ 중에서 ①~⑤의 괄호 안에 들어갈 알맞은 기호를 찾아 쓰세요.

㉠ 내성	㉡ 몰입	㉢ 현실
㉣ 금단 증상	㉤ 병적 상태	㉥ 인터넷 중독

① 누리 소통망(SNS)이나 게임을 하고자 하는 마음을 절제하지 못하여 집착하게 되는 것을 무엇이라고 하나요?　（　　）

② 인터넷 중독은 사이버 공간 때문에 현실을 소홀히 하거나 일상생활에 영향을 받는 어떤 상태가 되는 것인가요?　（　　）

③ 인터넷을 하지 않을 때 우울, 초조하다가 인터넷을 하게 되었을 때 그러한 현상이 사라지는 것은 무엇인가요?　（　　）

④ 사이버 공간에 몰입하는 시간이 점점 길어지거나 더 자극적인 것을 찾게 되는 것을 무엇이라고 하나요?　（　　）

⑤

	인터넷 중독
사례	• 누리 소통망이나 게임을 하고자 하는 마음을 절제하지 못하고 집착함. • （　　）에서의 자신과 사이버 공간에서의 자신을 구별하지 못함.
개념	사이버 공간에 대한 마음을 절제하지 못하여 현실을 소홀히 하거나 일상생활에 영향을 받는 병적 상태가 되는 것

인터넷 중독으로 인해 나타나는 증상

• 금단 증상: 인터넷을 하지 않을 때 우울하거나 초조하다가 인터넷을 하게 되었을 때 그런 현상이 사라지는 것
• 내성: 사이버 공간에 （　　）하는 시간이 점점 길어지거나 더 자극적인 것을 찾게 되는 것

4 문단 사이버 공간에서 발생하는 또 다른 문제는 사이버 폭력이다.□ 사이버 공간에서 다른 사람에게 피해를 주는 여러 폭력적인 표현과 행위를 사이버 폭력이라고 한다.□ 단체 대화방에서 여러 친구가 한 친구에게 끊임없이 욕설이나 인신공격적인 말을 한다고 생각해 보자.□ 이는 사이버 폭력의 대표적 사례인 언어폭력이다.□ 또한 사이버 공간에서 한 친구만 따로 떼어 멀리하는 것을 사이버 따돌림이라고 한다.□ 이렇게 괴롭힘을 당하는 친구는 큰 정신적 고통을 받을 것이다.□ 더구나 사이버 공간에서는 다른 사람에 대해 비방하거나 잘못된 정보를 퍼뜨리면 순식간에 공유되어 퍼지기도 하고 오래도록 남기도 한다.□ 이러한 명예 훼손 역시 사이버 폭력이다.□ 또한 상대방이 원하지 않는 정보를 일방적으로 전송하는 것과 같은 사이버 스토킹도 심각한 수준의 사이버 폭력에 해당한다.□

4문단 중심 내용 사이버 공간에서 발생하는 문제 ③
-□□□ □□

- **인신공격:** 남의 신상에 관한 일을 들어 비난함. 여기서 신상은 한 사람의 몸이나 처신, 또는 그의 주변에 관한 일이나 형편을 뜻한다.
- **언어폭력:** 말로써 온갖 상스러운 이야기를 늘어놓거나 욕설, 협박 따위를 하는 일.
- **비방하다:** 남을 비웃고 헐뜯어서 말하다.
- **순식간:** 눈을 한 번 깜짝하거나 숨을 한 번 쉴 만한 아주 짧은 동안.
- **스토킹:** 특정한 사람을 그의 생각에 반하여 오랜 기간 동안 쫓아다니면서 정신적 · 신체적 피해를 입히고 두려움과 불안감을 조성하는 행위.
- ______

정답과 해설 6쪽

7

4문단을 읽고, ㉠~㉥ 중에서 1~5의 괄호 안에 들어갈 알맞은 기호를 찾아 쓰세요.

㉠ 폭력적	㉡ 언어폭력	㉢ 명예 훼손
㉣ 사이버 폭력	㉤ 사이버 따돌림	㉥ 사이버 스토킹

1 사이버 공간에서 다른 사람에게 피해를 주는 여러 폭력적인 표현과 행위를 무엇이라고 하나요? (　　)

2 단체 대화방 등에서 친구에게 욕설이나 인신공격적인 말을 하는 것을 무엇이라고 하나요? (　　)

3 사이버 폭력의 사례로, 사이버 공간에서 한 친구만 따로 떼어 멀리하는 것을 무엇이라고 하나요? (　　)

4 사이버 폭력의 사례로, 사이버 공간에서 다른 사람에 대해 비방하거나 잘못된 정보를 퍼뜨리는 것을 무엇이라고 하나요? (　　)

5 **사이버 폭력**

개념	사이버 공간에서 다른 사람에게 피해를 주는 여러 (　　　) 인 표현과 행위
피해	• 당한 사람은 큰 정신적 고통을 받게 됨. • 다른 사람에 대한 비방이나 잘못된 정보는 순식간에 공유되고 오래 남게 됨.

사이버 폭력의 예

- 언어폭력: 사이버 공간에서 욕설이나 인신공격적인 말을 하는 것
- 사이버 따돌림: 사이버 공간에서 한 친구만 따로 떼어 멀리하는 것
- 명예 훼손: 사이버 공간에 다른 사람에 대한 비방과 잘못된 정보를 퍼뜨리는 것
- (　　　) : 상대방이 원하지 않는 정보를 일방적으로 전송하는 것

1문단 우리는 사이버 공간에서 다양한 정보를 주고받으며 생산과 소비를 하고 있다. 현실 공간과 떼어서 생각할 수 없을 정도로 중요해진 사이버 공간은 개방성, 자율성, 익명성의 특성이 있다. 먼저 사이버 공간은 누구에게나 차별 없이 열려 있고 동등한 입장에서 정보를 주고받거나 공유할 수 있는 개방성이 있다. 다음으로 자신이 어떤 정보를 어떻게 활용할 것인지를 자유롭게 선택할 수 있는 자율성이 있다. 마지막으로 자신의 신분이나 정체성을 밝히지 않고 활동할 수 있는 익명성이 있다. 이러한 특성들은 사이버 공간의 자유로운 문화를 만든다. 하지만 이로 인해 자신 또는 다른 사람에게 해를 끼치는 문제가 생기기도 한다.

2문단 사이버 공간에서 발생하는 문제 중 하나는 사생활 침해이다. 사생활은 개인의 사사로운 일상생활을 의미한다. 친구와 함께 찍은 사진을 무심코 누리 소통망(SNS)에 올렸다고 생각해 보자. 이렇게 공개된 친구의 모습 또는 개인 정보가 잘못 활용되면 친구가 방해받고 싶지 않은 영역이 침해될 수 있고 범죄에 악용될 수도 있다. 개인 정보는 이름, 주민 등록 번호, 직업, 주소, 전화번호 등 개인에 대해 알 수 있는 모든 정보를 뜻한다. 사이버 공간에서 다른 사람의 개인 정보를 불법적으로 이용하거나 수집하는 것은 사생활 침해이다. 인터넷상에 있는 특정 인물의 사진을 몰래 써서 행하는 명예 훼손도 사생활 침해에 포함된다.

3문단 사이버 공간에서 발생하는 문제 중 다른 하나는 인터넷 중독이다. 이는 주로 누리 소통망이나 게임을 하고자 하는 마음을 절제하지 못하여 집착하는 것으로 나타난다. 현실에서의 자신과 사이버 공간에서의 자신을 구별하지 못하기도 한다. 이로 인해 현실을 소홀히 하거나 일상생활에 영향을 받는 병적 상태가 되는 것이 인터넷 중독이다. 인터넷을 하지 않을 때 우울하거나 초조하다가 인터넷을 하게 되었을 때 그러한 현상이 사라지는 것을 금단 증상이라고 한다. 또 사이버 공간에 몰입하는 시간이 점점 길어지거나 더 자극적인 것을 찾게 되는 것을 내성이라고 한다. 금단 증상과 내성은 인터넷 중독에 포함된다.

4문단 사이버 공간에서 발생하는 또 다른 문제는 사이버 폭력이다. 사이버 공간에서 다른 사람에게 피해를 주는 여러 폭력적인 표현과 행위를 사이버 폭력이라고 한다. 단체 대화방에서 여러 친구가 한 친구에게 끊임없이 욕설이나 인신공격적인 말을 한다고 생각해 보자. 이는 사이버 폭력의 대표적 사례인 언어폭력이다. 또한 사이버 공간에서 한 친구만 따로 떼어 멀리하는 것을 사이버 따돌림이라고 한다. 이렇게 괴롭힘을 당하는 친구는 큰 정신적 고통을 받을 것이다. 더구나 사이버 공간에서는 다른 사람에 대해 비방하거나 잘못된 정보를 퍼뜨리면 순식간에 공유되어 퍼지기도 하고 오래도록 남기도 한다. 이러한 명예 훼손 역시 사이버 폭력이다. 또한 상대방이 원하지 않는 정보를 일방적으로 전송하는 것과 같은 사이버 스토킹도 심각한 수준의 사이버 폭력에 해당한다.

◆꿀팁
지문에 제시된 사이버 공간에서 발생할 수 있는 세 가지 문제의 구체적 내용을 구분하면서 정확하게 이해하는 것이 중요합니다. <보기>는 지문에 제시된 내용의 실제 사례를 제시하면서 지문 내용을 잘 이해했는지 확인하도록 하는 경우가 많습니다. 여기서는 <보기>의 내용이 지문에 등장한 어떤 문제의 사례인지를 파악하는 것이 중요해요!

8 윗글에서 알 수 있는 내용으로 적절하지 <u>않은</u> 것은?

① 사이버 공간에 공개된 이름, 주민 등록 번호와 같은 개인 정보는 범죄에 악용될 수 있다.

② 사이버 공간에서 다른 사람에 대해 잘못된 정보를 퍼뜨리면 순식간에 공유되고 오래 남게 된다.

③ 사이버 공간은 자신이 어떤 정보를 어떻게 활용할 것인지를 자유롭게 선택할 수 있는 개방성이 있다.

④ 사이버 공간에서 상대방에게 욕설이나 인신공격적인 말을 하는 것은 사이버 폭력을 행사하는 것이다.

⑤ 사이버 공간에 집착하게 되어 자신을 절제하지 못하고 현실을 소홀히 하게 되는 병적 상태는 인터넷 중독이다.

9 윗글을 바탕으로 보기 의 [가], [나]의 상황을 이해한 것으로 적절하지 <u>않은</u> 것은?

> **보기**
>
> [가] ○○ 학교의 인터넷 게시판은 학생들이 자기 이름을 밝히지 않고 소통하는 곳인데, 최근에 여러 가지 문제로 논란이 되고 있다. 누군가가 이 학교에 다니는 A의 누리 소통망(SNS) 사진을 몰래 가져와 게시판에 올리고 그 옆에 이름과 신상 정보도 밝혔다. 여기에 A의 외모를 평가하거나 조롱하는 댓글이 다수 달려 있었다. 또 일부 학생들은 특정 학생에 대해 욕설을 한 글들을 반복하여 올리며 게시판을 사이버 따돌림의 장으로 사용하기도 하였다.
>
> [나] B는 처음에 공부하다가 스트레스가 쌓이면 잠시 동안 인터넷에서 누리 소통망을 하며 마음의 위안을 얻었다. 그런데 누리 소통망에 매달려 있는 시간이 계속 늘어나면서 식사를 거르는 일도 생겨났다. 그러다 B는 어느 순간부터 잠시라도 누리 소통망을 하지 않으면 마음이 불안해져 신경질적인 행동을 하게 되었다.

① [가]: '누군가'나 '일부 학생들'의 행위는 ○○ 학교의 인터넷 게시판이 익명성이 있다는 점을 악용한 사례로 볼 수 있다.

② [가]: A의 외모를 평가하거나 조롱하는 댓글, 특정 학생에 대해 욕설을 한 글에는 모두 사이버 폭력이 나타났다고 볼 수 있다.

③ [나]: B의 인터넷 사용 시간이 계속 늘어나고 있는 것은 인터넷을 더욱 오래 해야 만족하는 내성이 생겼기 때문으로 볼 수 있다.

④ [나]: B가 잠시라도 누리 소통망을 하지 않으면 마음이 불안해져 신경질적으로 행동하는 것은 인터넷 중독에 따른 금단 증상으로 볼 수 있다.

⑤ [가], [나]: A와 B가 겪은 일은 모두 누리 소통망에 올린 정보가 인터넷상에서 퍼져 피해를 본 사례로, 사이버 공간에서 발생하는 문제로 볼 수 있다.

헌법이 보장하는 기본권

1회독 구조 읽기

1문단 만약 다른 곳으로 이동할 때마다 누군가에게 미리 허락을 받아야 한다면 매우 불편하고 갑갑할 것이다. 인간이면 마땅히 자유롭게 살 수 있어야 하고, 어떤 경우에도 차별을 받지 않아야 한다. 이처럼 인간이면 누구나 당연히 누려야 할 권리를 인권이라고 한다. 인권을 보장받지 못하면 인간다운 삶을 살 수 없다. 이 때문에 대부분의 민주 국가에서는 헌법에 국민의 기본적 인권을 규정하여 보장하고 있다. 헌법이 보장하는 기본적 인권을 기본권이라고 한다. 우리나라 헌법에서 보장하는 기본권에는 평등권, 자유권, 참정권, 청구권, 사회권 등이 있다.

주제

2문단 첫째, 평등권은 생활의 모든 영역에서 부당하게 차별받지 않을 권리를 말한다. 모든 국민은 성별, 종교, 사회적 신분, 인종, 장애 등을 이유로 부당한 차별을 받지 않고, 동등하게 대우받을 권리를 지닌다. 예를 들어 옛날과 달리 이제는 여자도 군인을 양성하는 사관학교에 들어갈 수 있다.

나열 1
나열 2

3문단 둘째, 자유권은 국가 권력의 부당한 간섭을 받지 않고 자유롭게 생활할 권리를 말한다. 우리나라 헌법에서 보장하는 주요 자유권에는 신체의 자유, 직업 선택의 자유, 사생활의 자유, 표현의 자유, 재산권의 자유 등이 있다. 예를 들어 우리나라 국민은 법률에 의하지 않고는 체포당하거나 구속당하지 않을 권리인 신체의 자유가 있다.

4문단 셋째, 참정권은 대통령이나 국회 같은 국가 기관의 형성 과정과 국가의 의사 결정에 참여할 수 있는 권리를 말한다. 구체적인 참정권에는 대표를 뽑는 선거권, 국가 기관이나 공공 단체에서 어떤 역할을 맡을 수 있는 공무 담임권, 국가의 중요한 정책을 결정하는 데 참여할 수 있는 국민 투표권 등이 있다. 예를 들어 우리나라 국민은 공무 담임권이 있으므로 만 18세 이상이 되면 국회 의원 선거에 후보로 출마할 수 있다.

나열 3
나열 4

5문단 넷째, 청구권은 기본권이 침해되거나 침해당할 우려가 있을 때 국가에 대하여 특정한 행위를 요구할 수 있는 권리를 말한다. 구체적으로는 국가에 어떤 정책을 청구할 권리, 재판을 청구할 권리, 공무원의 불법 행위로 인한 손해에 대한 배상을 청구할 권리 등이 있다. 예를 들어 아파트 주민들이 아파트 입구에 있는 도로에 신호등을 설치해 달라고 요구하거나 위험한 시설물을 없애 달라고 국가 기관에 청구할 수 있다.

6문단 다섯째, 사회권은 국가에 인간다운 생활을 요구할 수 있는 권리를 말한다. 구체적으로는 교육받을 권리, 근로의 권리, 사회 보장을 받을 권리, 쾌적한 환경에서 생활할 권리 등이 있다. 예를 들어 우리나라는 가난한 사람들에게 최소한의 인간다운 삶에 필요한 돈이나 물건 등을 지원하고 있다.

제한 요건

나열 5

7문단 그런데 이러한 다섯 가지 기본권을 무제한으로 허용하면 다른 사람의 기본권과 충돌하거나 공공의 이익을 해칠 수 있다. 그래서 국가 안전 보장, 질서 유지, 공공복리를 위해 필요한 경우에만 법률로써 기본권을 제한할 수 있도록 규정하고 있다.

꿀팁
1회독에서는 지문의 전체 내용이 완벽하게 이해되지 않아도 괜찮아요!

1 윗글과 아래 대화를 읽고 여러분은 윗글의 내용 중 어떤 점에 흥미가 생겼는지 생각해 보세요.

지수야! '키 160cm 이상의 용모 단정한 여성 구함'이라는 카페 아르바이트 구인 광고를 보았는데, 이 광고는 어떤 점이 잘못된 거야?

성별과 외모로 차별하였으니 헌법에 규정된 평등권에 어긋나. 기본권은 누구에게나 평등하게 보장되어야 해.

그렇다면 범죄자에게도 기본권을 무조건 보장해야 하나? 범죄자는 법을 어기고 나쁜 짓을 저지른 사람이잖아. 그런데도 피해자와 동일하게 기본권을 보장해 주는 것은 뭔가 옳지 않은 것 같아.

그래서 범죄자에게는 기본권의 일부를 제한함으로써 벌을 내리는 거야. 가령 범죄자를 교도소에 가두어 두는 것은 자유권의 일부를 제한하는 거지.

2 윗글에서 가장 중요한 내용이나 주제어를 아래 빈칸에 써 보세요.

헌법이 보장하는 ☐☐☐

3 윗글을 아래와 같은 구조로 정리한다고 할 때 빈칸에 알맞은 말을 써 보세요.

내용 읽기

❶ 각 문장을 읽고, 잘 이해했으면 □에 ✔처럼 체크해 보세요.
❷ 각 문장을 잘 이해하지 못했으면 점선을 따라 밑줄을 그어 보세요.

➡ 밑줄 그은 문장의 앞뒤 문장의 내용을 살펴보면서 다시 천천히 읽어 보세요.
또 문단별 중심 내용의 빈칸을 채워 보세요.

어휘 읽기

❶ 어려운 어휘는 날개에서 그 뜻을 밝혔어요.
❷ 어휘 이외에 잘 모르는 어휘는 스스로 어휘 표시하고 사전에서 뜻을 찾아 써 보세요.

➡ 어휘 뜻을 알고 문장을 다시 읽어 보세요.

1문단 만약 다른 곳으로 이동할 때마다 누군가에게 미리 허락을 받아야 한다면 매우 불편하고 갑갑할 것이다.□ 인간이면 마땅히 자유롭게 살 수 있어야 하고, 어떤 경우에도 차별을 받지 않아야 한다.□ 이처럼 인간이면 누구나 당연히 누려야 할 권리를 인권이라고 한다.□ 인권을 보장받지 못하면 인간다운 삶을 살 수 없다.□ 이 때문에 대부분의 민주 국가에서는 헌법에 국민의 기본적 인권을 규정하여 보장하고 있다.□ 헌법이 보장하는 기본적 인권을 기본권이라고 한다.□ 우리나라 헌법에서 보장하는 기본권에는 평등권, 자유권, 참정권, 청구권, 사회권 등이 있다.□

1문단 중심 내용 □□□의 개념 및 종류

- **갑갑하다**: 좁고 닫힌 공간 속에 있어 꽉 막힌 느낌이 있다.
- **마땅히**: 그렇게 하거나 되는 것이 이치로 보아 옳게.
- **보장**: 어떤 일이 어려움 없이 이루어지도록 조건을 마련하여 보증하거나 보호함.
- **헌법**: 국가 통치 체제의 기초에 관한 각종 근본적인 법 규정의 전체.
- **기본적**: 사물의 근본이나 기초가 되는.
- **규정하다**: 규칙으로 정하다.
- _____

4 1문단을 읽고, ㉠~㉢ 중에서 **1**~**5**의 괄호 안에 들어갈 알맞은 기호를 찾아 쓰세요.

| ㉠ 인권 | ㉡ 헌법 | ㉢ 기본권 |
| ㉣ 자유권 | ㉤ 인간다운 삶 | |

✚꿀팁 각 문단에서 기호의 단어를 찾아 동그라미 표시하면 더 쉽게 풀 수 있어요!

1 인간이면 누구나 당연히 누려야 할 권리를 무엇이라고 하나요? ( )

2 대부분의 민주 국가에서는 국민의 기본권을 어디에 규정하고 있나요? ( )

3 헌법에 규정하여 보장하고 있는 기본적 인권을 무엇이라고 하나요? ( )

4 대부분의 민주 국가에서 헌법에 국민의 기본적 인권을 규정하는 이유는 무엇인가요?

국민이 ( )을 살 수 있도록 법으로써 인권을 보장하기 위해서임.

5 기본권의 개념 및 종류

인간이면 마땅히 자유롭게 살 수 있어야 하고, 어떤 경우에도 차별을 받지 않아야 함.

인권	인간이면 누구나 당연히 누려야 할 권리 ⇨ 인간다운 삶 가능
기본권의 개념	헌법의 규정을 통해서 보장하고 있는 기본적 인권 ⇨ 인권 > 기본권
기본권의 종류	• 평등권 · ( ) • 참정권 • 청구권 • 사회권

2 문단 첫째, 평등권은 생활의 모든 영역에서 부당하게 차별받지 않을 권리를 말한다.□ 모든 국민은 성별, 종교, 사회적 신분, 인종, 장애 등을 이유로 부당한 차별을 받지 않고, 동등하게 대우받을 권리를 지닌다.□ 예를 들어 옛날과 달리 이제는 여자도 군인을 양성하는 사관 학교에 입학할 수 있다.□

2문단 중심 내용 ⬜⬜⬜의 개념

3 문단 둘째, 자유권은 국가 권력의 부당한 간섭을 받지 않고 자유롭게 생활할 권리를 말한다.□ 우리나라 헌법에서 보장하는 주요 자유권에는 신체의 자유, 직업 선택의 자유, 사생활의 자유, 표현의 자유, 재산권의 자유 등이 있다.□ 예를 들어 우리나라 국민은 법률에 의하지 않고는 체포당하거나 구속당하지 않을 권리인 신체의 자유가 있다.□

3문단 중심 내용 ⬜⬜⬜의 개념 및 종류

- **인종**: 인류를 지역과 신체적 특성에 따라 구분한 종류.
- **동등하다**: 등급이나 정도가 같다.
- **대우**: 어떤 사회적 관계나 태도로 대하는 일.
- **양성하다**: 가르쳐서 유능한 사람을 길러 내다.
- **국가 권력**: 국가가 정치적 기능을 수행하기 위하여 행사하는 권력.
- **간섭**: 직접 관계가 없는 남의 일에 부당하게 참견함.
- **표현의 자유**: 자신의 생각, 의견, 주장 따위를 아무런 억압 없이 외부에 나타낼 수 있는 자유.
- **재산권**: 경제적 이익을 목적으로 하는 법적인 권리.
- **의하다**: 무엇에 의거하거나 기초하다.
- ·

 **배 경 지 식**

헌법 속 평등권
제11조 ① 모든 국민은 법 앞에 평등하다. 누구든지 성별·종교 또는 사회적 신분에 의하여 … 차별을 받지 아니한다.

헌법 속 자유권
제12조 ① 모든 국민은 신체의 자유를 가진다.
제15조 모든 국민은 직업 선택의 자유를 가진다.
제16조 모든 국민은 주거의 자유를 침해받지 아니한다. 주거에 대한 압수나 수색을 할 때에는 검사의 신청에 의하여 법관이 발부한 영장을 제시하여야 한다.
제23조 ① 모든 국민의 재산권은 보장된다.

정답과 해설 8쪽

5 2~3문단을 읽고, ㉠~㉥ 중에서 **1**~**5**의 괄호 안에 들어갈 알맞은 기호를 찾아 쓰세요.

| ㉠ 성별 | ㉡ 차별 | ㉢ 자유권 |
| ㉣ 평등권 | ㉤ 국가 권력 | ㉥ 신체의 자유 |

1 생활의 모든 영역에서 부당하게 차별받지 않을 권리를 무엇이라고 하나요? ( )

2 평등권에서 부당한 차별의 요인으로 제시한 것은 무엇인가요?
( ), 종교, 사회적 신분, 인종, 장애 등

3 국가 권력의 부당한 간섭을 받지 않고 자유롭게 생활할 권리를 무엇이라고 하나요? ( )

4 자유권의 종류 중, 법률에 의하지 않고는 체포당하거나 구속당하지 않을 권리는 무엇인가요? ( )

5

평등권의 개념	
평등권의 개념	생활의 모든 영역에서 부당하게 ( ) 받지 않을 권리 ⇨ 인권 > 기본권 > 평등권
부당한 차별 요인	성별, 종교, 사회적 신분, 인종, 장애 등

자유권의 개념 및 종류	
자유권의 개념	( ) 의 부당한 간섭을 받지 않고 자유롭게 생활할 권리 ⇨ 인권 > 기본권 > 자유권
자유권의 종류	신체의 자유, 직업 선택의 자유, 사생활의 자유, 표현의 자유, 재산권의 자유 등

4 문단 셋째, 참정권은 대통령이나 국회 같은 국가 기관의 형성 과정과 국가의 의사 결정에 참여할 수 있는 권리를 말한다.□ 구체적인 참정권에는 대표를 뽑는 선거권, 국가 기관이나 공공 단체에서 어떤 역할을 맡을 수 있는 공무 담임권, 국가의 중요한 정책을 결정하는 데 참여할 수 있는 국민 투표권 등이 있다.□ 예를 들어 우리나라 국민은 공무 담임권이 있으므로 만 18세 이상이 되면 국회 의원 선거에 출마할 수 있다.□

4문단 중심 내용 [　][　][　]의 개념 및 종류

5 문단 넷째, 청구권은 기본권이 침해되거나 침해당할 우려가 있을 때 국가에 대하여 특정한 행위를 요구할 수 있는 권리를 말한다.□ 구체적으로는 국가에 어떤 정책을 청구할 권리, 재판을 청구할 권리, 공무원의 불법 행위로 인한 손해에 대한 배상을 청구할 권리 등이 있다.□ 예를 들어 아파트 주민들이 아파트 입구에 있는 도로에 신호등을 설치해 달라고 요구하거나 위험한 시설물을 없애 달라고 국가 기관에 청구할 수 있다.□

5문단 중심 내용 [　][　][　]의 개념 및 종류

- **형성**: 어떤 형상을 이룸.
- **구체적**: 실제적이고 세밀한 부분까지 담고 있는 것.
- **공무**: 국가나 공공 단체의 일.
- **정책**: 정치적 목적을 실현하기 위한 방법.
- **출마하다**: 선거에 후보자로 나서다.
- **침해되다**: 침범받아 해를 입다.
- **우려**: 근심하거나 걱정함.
- **청구하다**: 상대편에 대하여 일정한 행위를 해 달라고 요구하다.
- **배상**: 남의 권리를 침해한 사람이 그 손해를 물어 주는 일.
- _____

헌법 속 참정권
제24조 모든 국민은 법률이 정하는 바에 의하여 선거권을 가진다.
제25조 모든 국민은 법률이 정하는 바에 의하여 공무 담임권을 가진다.

헌법 속 청구권
제26조 ① 모든 국민은 법률이 정하는 바에 의하여 국가 기관에 문서로 청원할 권리를 가진다.
제27조 ① 모든 국민은 헌법과 법률이 정한 법관에 의하여 법률에 의한 재판을 받을 권리를 가진다.

---

6 4~5문단을 읽고, ㉠~㉺ 중에서 1~5의 괄호 안에 들어갈 알맞은 기호를 찾아 쓰세요.

| ㉠ 기본권 | ㉡ 선거권 | ㉢ 참정권 |
| ㉣ 청구권 | ㉤ 불법 행위 | ㉥ 공무 담임권 |

1 국가 기관의 형성 과정과 국가의 의사 결정에 참여할 수 있는 권리를 무엇이라고 하나요? (　　)

2 참정권의 종류 중, 국가 기관이나 공공 단체에서 어떤 역할을 맡을 수 있는 권리는 무엇인가요? (　　)

3 기본권이 침해되거나 침해당할 우려가 있을 때 국가에 대하여 특정한 행위를 요구할 수 있는 권리는 무엇인가요? (　　)

4 청구권의 종류에는 무엇이 있나요?

청구권은 국가에 어떤 정책을 청구할 권리, 재판을 청구할 권리, 공무원의 (　　)로 인한 손해에 대한 배상을 청구할 권리 등이 있음.

5
참정권의 개념 및 종류	
참정권의 개념	국가 기관의 형성 과정과 국가의 의사 결정에 참여할 수 있는 권리 ⇨ 인권 > 기본권 > 참정권
참정권의 종류	(　　), 공무 담임권, 국민 투표권 등

청구권의 개념 및 종류	
청구권의 개념	(　　) 이 침해되거나 침해당할 우려가 있을 때 국가에 대하여 특정한 행위를 요구할 수 있는 권리 ⇨ 인권 > 기본권 > 청구권
청구권의 종류	국가에 어떤 정책을 청구할 권리, 재판을 청구할 권리, 공무원의 불법 행위로 인한 손해에 대한 배상을 청구할 권리 등

6 문단 다섯째, 사회권은 국가에 인간다운 생활을 요구할 수 있는 권리를 말한다.▨ 구체적으로는 교육받을 권리, 근로의 권리, 사회 보장을 받을 권리, 쾌적한 환경에서 생활할 권리 등이 있다.▨ 예를 들어 우리나라는 가난한 사람들에게 최소한의 인간다운 삶에 필요한 돈이나 물건 등을 지원하고 있다.▨

6 문단 중심 내용 ☐☐☐의 개념 및 종류

7 문단 그런데 이러한 다섯 가지 기본권을 무제한으로 허용하면 다른 사람의 기본권과 충돌하거나 공공의 이익을 해칠 수 있다.▨ 그래서 국가 안전 보장, 질서 유지, 공공복리를 위해 필요한 경우에만 법률로써 기본권을 제한할 수 있도록 규정하고 있다.▨

7 문단 중심 내용 기본권의 ☐☐ 요건

- **근로**: 부지런히 일함.
- **사회 보장**: 출산, 양육, 실업, 은퇴, 장애, 질병, 빈곤, 사망 같은 사회적 위험으로부터 국민을 보호하고 국민의 삶의 질을 유지, 향상하는 데 필요한 소득과 서비스를 국가 및 지방 자치 단체가 보장하는 일.
- **최소한**: 가장 적게 잡아도. 또는 일정한 조건에서 가능한 한 가장 적게.
- **지원하다**: 지지하여 돕다.
- **무제한**: 제한이 없음.
- **충돌하다**: 서로 맞부딪치거나 맞서다.
- **공공**: 국가나 사회의 구성원에게 두루 관계되는 것.
- **공공복리**: 사회 구성원 전체에 두루 관계되는 복지.
- **제한하다**: 일정한 한도를 정하거나 그 한도를 넘지 못하게 막다.
- _____
  _____

헌법 속 사회권
제31조 ① 모든 국민은 능력에 따라 균등하게 교육을 받을 권리를 가진다.
제34조 ① 모든 국민은 인간다운 생활을 할 권리를 가진다.
② 국가는 사회 보장, 사회 복지의 증진에 노력할 의무를 진다.

정답과 해설 8쪽

7 6~7문단을 읽고, ㉠~㉤ 중에서 ❶~❹의 괄호 안에 들어갈 알맞은 기호를 찾아 쓰세요.

㉠ 법률	㉡ 기본권	㉢ 사회권
㉣ 공공복리	㉤ 사회 보장	

❶ 국가에 인간다운 생활을 요구할 수 있는 권리를 무엇이라고 하나요? ( )

❷ 사회권의 종류에는 무엇이 있나요?

교육받을 권리, 근로의 권리, ( )을 받을 권리, 쾌적한 환경에서 생활할 권리 등

❸ 기본권을 제한할 수 있는 세 가지 요건은 무엇인가요?

국가 안전 보장, 질서 유지, ( )

❹

사회권의 개념 및 종류	
사회권의 개념	국가에 인간다운 생활을 요구할 수 있는 권리 ⇨ 인권 > 기본권 > 사회권
사회권의 종류	교육받을 권리, 근로의 권리, 사회 보장을 받을 권리, 쾌적한 환경에서 생활할 권리 등

기본권의 제한 요건	
제한 이유	기본권을 무제한으로 허용할 경우 다른 사람의 ( )과 충돌하거나 공공의 이익을 해칠 수 있음.
제한 요건	국가 안전 보장, 질서 유지, 공공복리를 위해 필요한 경우에만 ( )로써 제한하도록 규정하고 있음.

1문단 만약 다른 곳으로 이동할 때마다 누군가에게 미리 허락을 받아야 한다면 매우 불편하고 갑갑할 것이다. 인간이면 마땅히 자유롭게 살 수 있어야 하고, 어떤 경우에도 차별을 받지 않아야 한다. 이처럼 인간이면 누구나 당연히 누려야 할 권리를 인권이라고 한다. 인권을 보장받지 못하면 인간다운 삶을 살 수 없다. 이 때문에 대부분의 민주 국가에서는 헌법에 국민의 기본적 인권을 규정하여 보장하고 있다. 헌법이 보장하는 기본적 인권을 기본권이라고 한다. 우리나라 헌법에서 보장하는 기본권에는 평등권, 자유권, 참정권, 청구권, 사회권 등이 있다.

2문단 첫째, 평등권은 생활의 모든 영역에서 부당하게 차별받지 않을 권리를 말한다. 모든 국민은 성별, 종교, 사회적 신분, 인종, 장애 등을 이유로 부당한 차별을 받지 않고, 동등하게 대우받을 권리를 지닌다. 예를 들어 옛날과 달리 이제는 여자도 군인을 양성하는 사관학교에 들어갈 수 있다.

3문단 둘째, 자유권은 국가 권력의 부당한 간섭을 받지 않고 자유롭게 생활할 권리를 말한다. 우리나라 헌법에서 보장하는 주요 자유권에는 신체의 자유, 직업 선택의 자유, 사생활의 자유, 표현의 자유, 재산권의 자유 등이 있다. 예를 들어 우리나라 국민은 법률에 의하지 않고는 체포당하거나 구속당하지 않을 권리인 신체의 자유가 있다.

4문단 셋째, 참정권은 대통령이나 국회 같은 국가 기관의 형성 과정과 국가의 의사 결정에 참여할 수 있는 권리를 말한다. 구체적인 참정권에는 대표를 뽑는 선거권, 국가 기관이나 공공 단체에서 어떤 역할을 맡을 수 있는 공무 담임권, 국가의 중요한 정책을 결정하는 데 참여할 수 있는 국민 투표권 등이 있다. 예를 들어 우리나라 국민은 공무 담임권이 있으므로 만 18세 이상이 되면 국회 의원 선거에 후보로 출마할 수 있다.

5문단 넷째, 청구권은 기본권이 침해되거나 침해당할 우려가 있을 때 국가에 대하여 특정한 행위를 요구할 수 있는 권리를 말한다. 구체적으로는 국가에 어떤 정책을 청구할 권리, 재판을 청구할 권리, 공무원의 불법 행위로 인한 손해에 대한 배상을 청구할 권리 등이 있다. 예를 들어 아파트 주민들이 아파트 입구에 있는 도로에 신호등을 설치해 달라고 요구하거나 위험한 시설물을 없애 달라고 국가 기관에 청구할 수 있다.

6문단 다섯째, 사회권은 국가에 인간다운 생활을 요구할 수 있는 권리를 말한다. 구체적으로는 교육받을 권리, 근로의 권리, 사회 보장을 받을 권리, 쾌적한 환경에서 생활할 권리 등이 있다. 예를 들어 우리나라는 가난한 사람들에게 최소한의 인간다운 삶에 필요한 돈이나 물건 등을 지원하고 있다.

7문단 그런데 이러한 다섯 가지 기본권을 무제한으로 허용하면 다른 사람의 기본권과 충돌하거나 공공의 이익을 해칠 수 있다. 그래서 국가 안전 보장, 질서 유지, 공공복리를 위해 필요한 경우에만 법률로써 기본권을 제한할 수 있도록 규정하고 있다.

+꿀팁
다섯 가지 기본권을 구분하는 것이 지문의 핵심 내용입니다. 각 기본권의 개념을 이해할 때, 그 안에 포함되는 기본권의 종류가 무엇인지를 올바르게 연결해야 해요. 권리의 구체적인 내용을 제시하고, 그 권리가 어떤 기본권에 해당하는지를 묻는 문제가 출제될 수 있어요!

8 윗글에 대한 이해로 적절하지 <u>않은</u> 것은?

① 국민의 대표를 뽑는 선거에 참여할 수 있는 권리는 헌법에 규정되어 있군.
② 우리나라 국민은 모두 깨끗한 공기를 마실 수 있는 사회권을 지니고 있겠군.
③ 인간이면 누구나 가지는 인권이 헌법에 규정된 기본권보다 넓은 개념이겠군.
④ 법률에 의해서만 체포할 수 있도록 한 이유는 자유권을 보장하기 위해서로군.
⑤ 공무원이 질서 유지를 위해서라면 법률 없이 국민의 기본권을 제한할 수 있군.

9 다음은 우리나라 헌법 조항의 일부이다. 이와 가장 관련이 깊은 기본권으로 적절한 것은?

제31조 ① 모든 국민은 능력에 따라 균등하게 교육을 받을 권리를 가진다.
② 모든 국민은 그 보호하는 자녀에게 적어도 초등 교육과 법률이 정하는 교육을 받게 할 의무를 진다.
③ 의무 교육은 무상으로 한다.

① 평등권 ② 자유권 ③ 참정권 ④ 청구권 ⑤ 사회권

10 보기 의 ㉠~㉣에 해당하는 기본권을 바르게 짝지은 것은?

	㉠	㉡	㉢	㉣
①	사회권	참정권	자유권	청구권
②	참정권	청구권	사회권	자유권
③	참정권	청구권	자유권	사회권
④	청구권	자유권	참정권	사회권
⑤	청구권	참정권	사회권	자유권

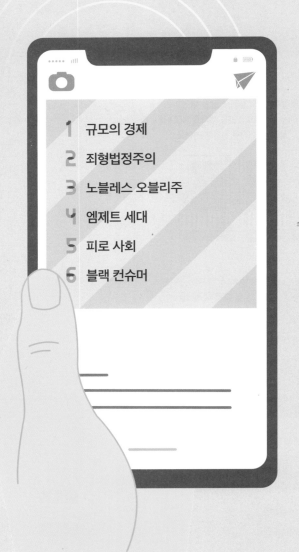

내 손안의 지식사전

1 규모의 경제
2 죄형법정주의
3 노블레스 오블리주
4 엠제트 세대
5 피로 사회
6 블랙 컨슈머

1 규모의 경제

규모의 경제는 생산량이 늘어남에 따라 평균 비용이 줄어드는 현상입니다. 일반적으로는 기업에서 재화나 서비스 생산량을 늘리면 평균 생산 비용도 늘어납니다. 그런데 일부 재화 및 서비스를 생산하는 경우에는 생산량이 늘어날수록 평균 비용이 감소하는 현상이 나타나기도 합니다. 이를 규모의 경제라고 합니다. 예를 들어 설렁탕을 열 그릇을 파는 것보다 백 그릇을 판매할 때 한 그릇당 판매 이익이 커지는 것을 들 수 있는데, 이는 재료를 많이 살수록 싸게 구입할 수 있다는 점 때문입니다. 이러한 규모의 경제는 초기 생산 단계에서 큰 투자 비용이 들어가지만 그 이후에 생산 자체에는 큰 비용이 들지 않는 분야에서 주로 나타납니다. 자동차, 철도, 통신, 전력 산업 등이 있습니다.

2 죄형법정주의

죄형법정주의는 범죄와 형벌은 법률로 정해져야 한다는 원칙입니다. 어떤 행위가 범죄인가 아닌가, 또는 그 범죄에 대하여 어떤 형벌을 내릴 것인가 하는 것은 법률에 의해서만 정할 수 있다는 원칙을 말합니다. 범죄를 이유로 범죄인에 대하여 형벌을 부과하는 형벌권을 어느 한 개인이 제멋대로 쓰거나 함부로 쓰는 것을 방지하여 국민의 인권을 보장하기 위해 만들어진, 형법의 기본 원칙입니다. 법률이 없으면 범죄가 없고 형벌도 없다는 것입니다. 이는 사회적으로 충분히 비난을 받을 행동을 한 사람일지라도 그 행동을 처벌할 법률이 범죄로 규정하지 않으면 처벌할 수 없음을 의미합니다.

3 노블레스 오블리주 (Noblesse oblige)

노블레스 오블리주는 사회 고위층 인사에게 요구되는 높은 수준의 도덕적 의무입니다. 로마 시대 초기 귀족들이 보여 준 도덕심과 다른 사람의 본보기가 되어 솔선수범하는 정신에서 비롯된 말입니다. 당시 귀족들은 공공 봉사나 기부하는 전통이 있었고, 이를 의무이면서 명예로 생각하는 경향이 있었습니다. 특히 고위층은 전쟁에 참여하여 희생되기도 했는데, 이러한 희생에 힘입어 로마는 스스로 힘을 더욱 키울 수 있었습니다. 근대와 현대에도 노블레스 오블리주는 계층 간 대립을 해결할 수 있는 방법이 되기도 했습니다. 미국 43대 대통령 조지 W. 부시는 상속세를 폐지하려고 하였습니다. 상속받은 돈에 대한 일정한 비율의 세금을 국가에 내는 것을 상속세라고 합니다. 부자일수록 상속세를 많이 내야겠지요. 그런데 미국 부자들은 상속세를 폐지하는 정책에 반대했습니다. 자신들의 이익과 상관없이 사업에 성공해서 돈을 번 사람들이 번 만큼 재산을 사회에 돌려주어야 한다는 것이었습니다.

4 엠제트 (MZ) 세대

엠제트 세대는 '밀레니엄(millennium) 세대'와 '제트(Z) 세대'를 아울러 이르는 말입니다. '밀레니엄 세대'는 1982년부터 2000년 사이에 태어난 세대를 말하고, '제트 세대'는 1965년 이후에 태어난 엑스(X) 세대의 자녀들로, 인터넷과 휴대폰이 없는 세상을 상상할 수 없는 세대를 말합니다. 엠제트 세대는 디지털 환경에 익숙하며, 모바일을 자유자재로 다루며, 최신 트렌드와 이색적 경험을 추구하는 경향이 있습니다. 또한 이 세대는 인구층이 얇고 평균 가족 수가 적은 특징이 있습니다.

5 피로 사회

피로 사회는 현대 사회에서 성과를 위하여 자발적으로 자신을 끊임없이 착취하고 소진하여 결국 사회 구성원 모두가 피로하게 되는 사회입니다. 철학자 한병철 교수는 우리를 피곤하게 하는 것은 강제, 의무, 규율, 금지와 같은 부정적 패러다임이 아니라 오히려 긍정적 패러다임이라고 주장했습니다. 아무도 강요하는 사람이 없는데도 능력, 성과, 과잉, 자기 주도와 같은 스스로의 의지로 일하게 된다는 것입니다. 이는 우리 사회에 널리 퍼져 있는 성과주의와도 관련이 있다고 하였습니다.

6 블랙 컨슈머 (black consumer)

블랙 컨슈머는 구매한 제품을 문제 삼아 피해를 본 것처럼 꾸며 악의적 민원을 제기하거나 보상을 요구하는 소비자입니다. 기업을 상대로 이익을 취하기 위한 행동으로 볼 수 있습니다. 제품을 구매한 후 일부러 반복적으로 민원을 제기하면서 반품이나 환불을 넘어 보상금을 요구하는 경우입니다. 피해를 본 것처럼 꾸며 보상을 요구하는 유형도 있습니다. 블랙 컨슈머는 다양한 상품에 나타나지만 식료품에 관한 것이 많은 편입니다. 그 이유는 식료품이 사람들의 건강에 직결되는 중요한 문제이기 때문이기도 하고, 식료품을 제조하거나 유통하는 과정에서 발생한 문제인지, 구입한 이후에 발생한 문제인지 명확하게 구별하기 어렵기 때문이기도 합니다. 블랙 컨슈머는 결과적으로 다른 소비자에게도 좋지 않은 영향을 주게 됩니다.

Ⅱ

비교·대조 구조

경제

01 합리적 소비와 윤리적 소비

1회독 구조 읽기

① 문단 우리가 살아가는 데에는 기본적으로 의식주가 필요하다. 또 우리가 이동하려면 버스나 지하철을 타야 하고, 아프면 의사의 진료를 받아야 하며, 영화나 공연과 같은 문화생활도 즐겨야 한다. 이러한 필요와 욕구를 충족하기 위해서 사람들은 옷, 음식, 집 등과 같은 재화나 교통, 의료, 교육, 문화 등과 같은 서비스를 구매해 이용하는데, 이를 소비라고 한다. 그런데 우리가 가진 돈이나 시간, 능력이 제한적이기 때문에 갖고 싶다고 해서 모든 것을 다 가질 수는 없다. 어느 하나를 선택하면 다른 하나를 포기해야 한다. 그래서 소비에서 합리적 선택이 중요하다.

② 문단 합리적인 선택을 하려면 비용과 편익을 고려해야 한다. 비용은 어떤 일을 하는 데 들어가는 돈, 노력, 시간 등을 뜻하고, 편익은 어떤 것을 선택할 때 얻는 이익이나 만족감을 뜻한다. 그런데 선택의 상황에서 비용에는 기회비용도 포함된다. 기회비용이란 어떤 하나를 선택함으로써 포기해야 하는 다른 것의 가치를 가리킨다. 예를 들어, 용돈으로 간식과 학용품 중 하나를 사려 할 때 학용품을 선택하면 간식을 포기해야 하는데, 이때 포기한 간식의 가치가 기회비용이 된다. 합리적 선택은 이 기회비용까지 고려해 최소의 비용으로 최대의 편익을 얻는 선택을 말하는데, 물건을 살 때 이러한 선택이 이루어져야 합리적 소비를 할 수 있다. 즉 상품의 비용이 같다면 편익이 큰 쪽을, 편익이 같다면 비용이 낮은 쪽을 선택해야 합리적 소비인 것이다.

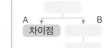

③ 문단 싼값의 질 좋은 물건을 사는 합리적 소비는 소비자로서 당연한 행위이다. 그러나 소비자가 싼값의 물건을 원할수록 기업에서는 상품 가격을 낮추는 대신 생산비를 줄여 이윤을 남기려고 한다. 이 과정에서 폐수를 몰래 버려 환경을 파괴하거나 노동자에게 낮은 임금과 과도한 노동을 요구하면서 인권을 무시하는 등의 문제를 일으키기도 한다. 이러한 문제를 막기 위해 등장한 것이 윤리적 소비이다. 윤리적 소비란 자신을 넘어 환경이나 사회에 미치게 될 영향까지 고려하여 소비를 실천하는 것을 말한다. 소비자의 이익만을 판단 기준으로 삼지 않고 환경이나 사회 등을 생각하며 소비하는 것이다. 그 예로 친환경 상품이나 동물 복지 상품, 사회적 책임을 다하는 기업의 물건 등을 사서 이용하는 것을 들 수 있다.

④ 문단 일반적으로 친환경 상품이 보통의 상품보다 더 비싸다. 이를 통해 윤리적 소비를 실천하려면 합리적 소비를 할 때보다 더 많은 비용이 든다는 것을 알 수 있다. 경제적 측면에서 보면 손해를 감수하면서 윤리적 소비를 하는 것은 합리적이지 않다. 하지만 현재뿐만 아니라 장기적 관점에서 미래의 삶까지 바라본다면 윤리적 소비의 필요성을 무시할 수 없다. 현재의 윤리적 소비가 앞으로 살아갈 미래 세대의 세상을 결정짓게 될 것이기 때문이다. 윤리적 가치가 실현된 사회의 혜택은 미래 세대도 누릴 수 있는 것이다.

➕ 꿀팁
1회독에서는 지문의 전체 내용이 완벽하게 이해되지 않아도 괜찮아요!

1 윗글과 아래 대화를 읽고 여러분은 윗글의 내용 중 어떤 점에 흥미가 생겼는지 생각해 보세요.

지수야, 넌 햄버거 세트를 먹겠다고? 음, 난 감자튀김을 좋아하지 않으니까 햄버거와 음료수를 하나씩 사야겠어.

민호야, 햄버거와 음료수를 각각 사면 7,000원이지만, 햄버거 세트를 사면 6,800원에 감자튀김까지 먹을 수 있어. 그러니까 햄버거 세트를 사는 게 더 합리적이야.

메뉴판	
햄버거 세트	6,800원
(햄버거+감자튀김+콜라)	
햄버거	5,000원
감자튀김	2,000원
음료수	2,000원

하지만 감자튀김을 안 먹으면 버려야 하잖아. 그건 바람직하지 않아. 그래도 손해를 안 보려면 햄버거 세트를 사는 게 더 낫긴 한데…… 고민되네.

뭘 고민해. 감자튀김은 날 주면 되지. 넌 200원을 덜 쓰면서 음식도 버리지 않아서 좋고, 난 네 덕분에 감자튀김을 더 먹어서 좋고. 하하하!

2 윗글에서 가장 중요한 내용이나 주제어를 아래 빈칸에 써 보세요.

소비에서의 ⬜⬜⬜⬜⬜ 와 ⬜⬜⬜⬜⬜

3 윗글을 아래와 같은 구조로 정리한다고 할 때 빈칸에 알맞은 말을 써 보세요.

소비의 개념과
소비에서 선택의 문제

⬜⬜과 편익을 고려한
합리적 소비

⬜⬜이나 사회를 고려한
윤리적 소비

윤리적 소비의 한계와 필요성

내용 읽기

① 각 문장을 읽고, 잘 이해했으면 □에 ✔처럼 체크해 보세요.
② 각 문장을 잘 이해하지 못했으면 점선을 따라 밑줄을 그어 보세요.

➡ 밑줄 그은 문장의 앞뒤 문장의 내용을 살펴보면서 다시 천천히 읽어 보세요.
또 문단별 중심 내용의 빈칸을 채워 보세요.

어휘 읽기

① 어려운 어휘는 날개에서 그 뜻을 밝혔어요.
② 어휘 이외에 잘 모르는 어휘는 스스로 어휘 표시하고 사전에서 뜻을 찾아 써 보세요.

➡ 어휘 뜻을 알고 문장을 다시 읽어 보세요.

1문단 우리가 살아가는 데에는 기본적으로 의식주가 필요하다.□ 또 우리가 이동하려면 버스나 지하철을 타야 하고, 아프면 의사의 진료를 받아야 하며, 영화나 공연과 같은 문화생활도 즐겨야 한다.□ 이러한 필요와 욕구를 충족하기 위해서 사람들은 옷, 음식, 집 등과 같은 재화나 교통, 의료, 교육, 문화 등과 같은 서비스를 구매해 이용하는데, 이를 소비라고 한다.□ 그런데 우리가 가진 돈이나 시간, 능력이 제한적이기 때문에 갖고 싶다고 해서 모든 것을 다 가질 수는 없다.□ 어느 하나를 선택하면 다른 하나를 포기해야 한다.□ 그래서 소비에서 합리적 선택이 중요하다.□

1문단 중심 내용 □□의 개념과 소비에서 선택의 문제

- **의식주**: 옷과 음식과 집을 통틀어 이르는 말. 인간 생활의 세 가지 기본 요소이다.
- **문화생활**: 문화와 관련된 활동을 하거나 즐기는 생활.
- **욕구**: 무엇을 얻거나 무슨 일을 하고자 바라는 일.
- **충족하다**: 일정한 양을 채워 모자람이 없게 하다.
- **재화**: 사람이 바라는 바를 충족시켜 주는 모든 물건.
- **서비스**: 제품을 직접 만들어 내는 것이 아닌, 판매, 관광, 금융, 의료 등과 같은 활동.
- **제한적**: 일정한 한도를 정하거나 그 한도를 넘지 못하게 막는 것.
- **합리적**: 이론이나 이치에 합당한. 또는 그런 것.
- _____

4 1문단을 읽고, ㉠~㉤ 중에서 ❶~❹의 괄호 안에 들어갈 알맞은 기호를 찾아 쓰세요.

| ㉠ 소비 | ㉡ 재화 | ㉢ 서비스 |
| ㉣ 제한적 | ㉤ 합리적 선택 | |

➕꿀팁 각 문단에서 기호의 단어를 찾아 동그라미 표시하면 더 쉽게 풀 수 있어요!

❶ 필요와 욕구를 충족하기 위해 재화나 서비스를 구매해 이용하는 행위를 무엇이라고 하나요? ( )

❷ 옷, 음식, 집과 같이 일상생활을 하는 데 필요한 모든 물건을 무엇이라고 하나요? ( )

❸ 소비를 할 때 자신이 갖고 싶은 것을 모두 가질 수 없는 이유는 무엇인가요?

소비에 들어가는 돈, 시간, 능력이 ( ) 이기 때문임.

4

소비

| 소비의 개념 | • 정의: 필요와 욕구 충족을 위해 재화나 서비스를 구매해 이용함.
• 재화: 옷, 음식, 집 등과 같은 물건
• ( ) : 교통, 의료, 교육, 문화 등 |

소비에서 선택의 문제

| 소비에 필요한 돈, 시간, 능력이 제한적임. | → | 갖고 싶은 것을 다 가질 수는 없어 선택의 문제가 생김. |

( ) 의 중요성

| 어느 하나를 선택하면 다른 하나를 포기해야 함. | → | 합리적 선택이 중요함. |

2문단 합리적인 선택을 하려면 비용과 편익을 고려해야 한다.■ 비용은 어떤 일을 하는 데 들어가는 돈, 노력, 시간 등을 뜻하고, 편익은 어떤 것을 선택할 때 얻는 이익이나 만족감을 뜻한다.■ 그런데 선택의 상황에서 비용에는 기회비용도 포함된다.■ 기회비용이란 어떤 하나를 선택함으로써 포기해야 하는 다른 것의 가치를 가리킨다.■ 예를 들어, 용돈으로 간식과 학용품 중 하나를 사려 할 때 학용품을 선택하면 간식을 포기해야 하는데, 이때 포기한 간식의 가치가 기회비용이 된다.■ 합리적 선택은 이 기회비용까지 고려해 최소의 비용으로 최대의 편익을 얻는 선택을 말하는데, 물건을 살 때 이러한 선택이 이루어져야 합리적 소비를 할 수 있다.■ 즉 상품의 비용이 같다면 편익이 큰 쪽을, 편익이 같다면 비용이 낮은 쪽을 선택해야 합리적 소비인 것이다.■

2문단 중심 내용 합리적 선택과 이에 따른 ☐☐☐ ☐☐

- **고려하다**: 생각하고 헤아려 보다.
- **만족감**: 만족한 느낌.
- **포함되다**: 어떤 사물이나 현상 가운데 함께 들어가거나 함께 넣어지다.
- **가치**: 사물이 지니고 있는 쓸모.
- **최소**: 양 따위가 가장 적음.
- **최대**: 수나 양, 정도 따위가 가장 큼.
- _____

배경지식

기회비용

기회비용은 한 품목의 생산이 다른 품목의 생산 기회를 놓치게 한다는 관점에서 접근한 것이다. 어떤 품목의 생산 비용을 그것 때문에 생산을 포기한 품목의 가격으로 계산한 것이다. 이는 어느 한 가지를 선택함으로써 포기하는 다른 대안의 가치 중에서 가장 큰 것이다. 사람마다 더 좋아하는 것이 각각 다르기 때문에 기회비용은 사람마다 다를 수 있다.

치킨 먹을래.

네 선택에 따른 비용에는 치킨 구입비 뿐만 아니라 피자를 먹었을 때의 만족감도 포함 되는 거야.

정답과 해설 10쪽

---

5 2문단을 읽고, ㉠~㉤ 중에서 1~4의 괄호 안에 들어갈 알맞은 기호를 찾아 쓰세요.

> ㉠ 비용 ㉡ 편익 ㉢ 기회비용
> ㉣ 합리적 선택 ㉤ 합리적 소비

1 어떤 하나를 선택할 때 포기해야 하는 다른 것의 가치로, 선택의 상황에서 드는 비용에 포함되는 것은 무엇인가요? (   )

2 최소의 비용으로 최대의 편익을 얻는 선택을 무엇이라고 하나요? (   )

3 합리적인 소비를 하기 위한 선택 방법은 무엇인가요?

> 상품의 비용이 같으면 (   ) 이 큰 것을, 편익이 같으면 (   ) 이 낮은 것을 선택해야 함.

4

합리적 소비	
합리적 선택을 위해 고려할 점	
비용	• 어떤 일을 하는 데 들어가는 돈, 노력, 시간 등 • 선택의 상황에서는 기회비용도 포함됨.
편익	어떤 것을 선택할 때 얻는 이익이나 만족감
합리적 선택	기회비용까지 고려해 최소의 비용으로 최대의 편익을 얻는 선택

합리적 선택에 따른 (   )

- 비용이 같으면 편익이 큰 쪽을 선택하는 소비
- 편익이 같으면 비용이 낮은 쪽을 선택하는 소비

Ⅱ. 01 합리적 소비와 윤리적 소비 53

③문단 싼값의 질 좋은 물건을 사는 합리적 소비는 소비자로서 당연한 행위이다.☐ 그러나 소비자가 싼값의 물건을 원할수록 기업에서는 상품 가격을 낮추는 대신 생산비를 줄여 이윤을 남기려고 한다.☐ 이 과정에서 폐수를 몰래 버려 환경을 파괴하거나 노동자에게 낮은 임금과 과도한 노동을 요구하면서 인권을 무시하는 등의 문제를 일으키기도 한다.☐ 이러한 문제를 막기 위해 등장한 것이 윤리적 소비이다.☐ 윤리적 소비란 자신을 넘어 환경이나 사회에 미치게 될 영향까지 고려하여 소비를 실천하는 것을 말한다.☐ 소비자의 이익만을 판단 기준으로 삼지 않고 환경이나 사회 등을 생각하며 소비하는 것이다.☐ 그 예로 친환경 상품이나 동물 복지 상품, 사회적 책임을 다하는 기업의 물건 등을 사서 이용하는 것을 들 수 있다.☐

3문단 중심 내용 ☐☐☐☐☐의 등장 배경과 개념

- **생산비**: 물질적 재화를 생산하는 데 드는 비용을 통틀어 이르는 말.
- **이윤**: 장사 따위를 하여 남은 돈.
- **폐수**: 공장이나 광산 등지에서 쓰고 난 뒤에 버리는 물.
- **과도하다**: 정도에 지나치다.
- **인권**: 인간으로서 당연히 가지는 기본적 권리.
- **친환경**: 자연환경을 오염하지 않고 자연 그대로의 환경과 잘 어울리는 일.
- **동물 복지**: 동물이 배고픔이나 질병 따위에 시달리지 않고 행복한 상태에서 살아갈 수 있도록 만든 정책이나 시설. 식용으로 소비되는 소나 돼지 따위의 가축이 열악하고 지저분한 환경에서 자라지 않고 최대한 청결한 곳에서 적절한 보호를 받으며 행복하게 살 권리를 포함한다.
- **사회적 책임**: 환경과 인권, 노동, 소비자, 지역 사회 참여 및 사회 개발 등에서 국가나 기업이 지켜야 할 공적 책임.

 배경지식

윤리적 소비의 사례

특정 상품을 구입하고 공유함으로써 자신의 취향이나 신념 따위를 표출하는 것을 미닝 아웃(meaning out)이라고 하는데, 윤리적 소비도 미닝 아웃의 한 형태이다. 윤리적 소비를 하는 사람들은 가격이 비싸지더라도 자신의 가치관에 맞는 상품을 구매하는 경향을 보인다. 그 예로 비건 화장품을 구매하는 것을 들 수 있다. 비건 화장품은 동물 실험을 거치지 않고 자연에서 나온 성분만을 사용하여 만든 화장품이다.

 6 3문단을 읽고, ㉠~㉻ 중에서 ■~❹의 괄호 안에 들어갈 알맞은 기호를 찾아 쓰세요.

㉠ 기업	㉡ 이익	㉢ 인권
㉣ 환경	㉤ 윤리적 소비	㉥ 합리적 소비

■ 싼값의 질 좋은 물건을 사는 소비 행위를 무엇이라고 하나요?
( )

❷ 윤리적 소비가 등장하게 된 배경은 무엇인가요?

( )들이 상품의 가격을 낮추는 대신 생산비를 줄여 이윤을 남기려는 과정에서 일으키는 환경 파괴, ( ) 무시 등의 문제를 막기 위해 등장함.

❸ 합리적 소비와 윤리적 소비의 차이점은 무엇인가요?

합리적 소비는 소비자의 ( )을 판단 기준으로 삼지만, 윤리적 소비는 ( )이나 사회를 고려함.

❹

윤리적 소비 ①	
윤리적 소비가 등장하게 된 배경	
소비자	싼값의 질 좋은 물건을 사는 합리적 소비를 원함.
기업	상품 가격을 낮추는 대신 생산비를 줄여 이윤을 남기려고 함.
환경 파괴, 인권 무시 등의 문제로 이어짐.	
환경이나 사회를 고려하는 ( )의 등장	
윤리적 소비의 개념	• 정의: 소비자의 이익만을 판단 기준으로 하지 않고 환경이나 사회에 미칠 영향까지 고려하여 소비를 실천하는 것 • 예: 친환경 상품, 동물 복지 상품, 사회적 책임을 다하는 기업의 상품 구매

4 문단 일반적으로 친환경 상품이 보통의 상품보다 더 비싸다.□ 이를 통해 윤리적 소비를 실천하려면 합리적 소비를 할 때보다 더 많은 비용이 든다는 것을 알 수 있다.□ 경제적 측면에서 보면 손해를 감수하면서 윤리적 소비를 하는 것은 합리적이지 않다.□ 하지만 현재뿐만 아니라 장기적 관점에서 미래의 삶까지 바라본다면 윤리적 소비의 필요성을 무시할 수 없다.□ 현재의 윤리적 소비가 앞으로 살아갈 미래 세대의 세상을 결정짓게 될 것이기 때문이다.□ 윤리적 가치가 실현된 사회의 혜택은 미래 세대도 누릴 수 있는 것이다.□

4문단 중심 내용 윤리적 소비의 한계와 ☐☐☐

- **실천하다**: 생각한 바를 실제로 행하다.
- **손해**: 물질적으로나 정신적으로 밑짐.
- **감수하다**: 괴롭고 힘든 일을 달갑게 받아들이다.
- **장기적**: 오랜 기간에 걸치는. 또는 그런 것.
- **관점**: 사물이나 현상을 관찰할 때, 그 사람이 보고 생각하는 태도나 방향 또는 처지.
- **필요성**: 반드시 요구되는 성질.
- **세대**: 같은 시대에 살면서 공통의 의식을 가지는 비슷한 연령층의 사람 전체.
- **실현되다**: 꿈, 기대 따위가 실제로 이루어지다.
- **혜택**: 은혜와 덕택을 아울러 이르는 말.
- _____

7 4문단을 읽고, ㉠~㉤ 중에서 ❶~❹의 괄호 안에 들어갈 알맞은 기호를 찾아 쓰세요.

| ㉠ 손해 | ㉡ 미래 세대 | ㉢ 윤리적 소비 |
| ㉣ 친환경 상품 | ㉤ 합리적 소비 | |

❶ 합리적 소비와 비교할 때 윤리적 소비가 합리적이지 않은 것은 무엇을 감수해야 하기 때문인가요? (   )

❷ 경제적인 측면에서 볼 때 윤리적 소비와 합리적 소비 중 소비자에게 더 이익이 되는 소비는 무엇인가요? (   )

❸ 장기적 관점에서 볼 때 윤리적 소비가 필요한 것은 누구에게까지 혜택이 미치기 때문인가요? (   )

❹ 윤리적 소비 ②

윤리적 소비의 한계
- 보통의 상품보다 (   )이 더 비쌈.
- 합리적 소비보다 윤리적 소비가 비용이 더 듦.

| 경제적 측면 | 윤리적 소비는 손해를 감수하는 소비이므로 합리적이지 않음. |

윤리적 소비의 필요성

| 장기적 관점 | • 환경이나 사회를 고려하는 (   )는 미래 세대의 삶을 결정지음.
• 윤리적 가치가 실현된 사회의 혜택을 미래 세대도 누리게 됨. |

①문단 우리가 살아가는 데에는 기본적으로 의식주가 필요하다. 또 우리가 이동하려면 버스나 지하철을 타야 하고, 아프면 의사의 진료를 받아야 하며, 영화나 공연과 같은 문화생활도 즐겨야 한다. 이러한 필요와 욕구를 충족하기 위해서 사람들은 옷, 음식, 집 등과 같은 재화나 교통, 의료, 교육, 문화 등과 같은 서비스를 구매해 이용하는데, 이를 소비라고 한다. 그런데 우리가 가진 돈이나 시간, 능력이 제한적이기 때문에 갖고 싶다고 해서 모든 것을 다 가질 수는 없다. 어느 하나를 선택하면 다른 하나를 포기해야 한다. 그래서 소비에서 합리적 선택이 중요하다.

②문단 합리적인 선택을 하려면 비용과 편익을 고려해야 한다. 비용은 어떤 일을 하는 데 들어가는 돈, 노력, 시간 등을 뜻하고, 편익은 어떤 것을 선택할 때 얻는 이익이나 만족감을 뜻한다. 그런데 선택의 상황에서 비용에는 기회비용도 포함된다. 기회비용이란 어떤 하나를 선택함으로써 포기해야 하는 다른 것의 가치를 가리킨다. 예를 들어, 용돈으로 간식과 학용품 중 하나를 사려 할 때 학용품을 선택하면 간식을 포기해야 하는데, 이때 포기한 간식의 가치가 기회비용이 된다. 합리적 선택은 이 기회비용까지 고려해 최소의 비용으로 최대의 편익을 얻는 선택을 말하는데, 물건을 살 때 이러한 선택이 이루어져야 ㉠합리적 소비를 할 수 있다. 즉 상품의 비용이 같다면 편익이 큰 쪽을, 편익이 같다면 비용이 낮은 쪽을 선택해야 합리적 소비인 것이다.

③문단 싼값의 질 좋은 물건을 사는 합리적 소비는 소비자로서 당연한 행위이다. 그러나 소비자가 싼값의 물건을 원할수록 기업에서는 상품 가격을 낮추는 대신 생산비를 줄여 이윤을 남기려고 한다. 이 과정에서 폐수를 몰래 버려 환경을 파괴하거나 노동자에게 낮은 임금과 과도한 노동을 요구하면서 인권을 무시하는 등의 문제를 일으키기도 한다. 이러한 문제를 막기 위해 등장한 것이 ㉡윤리적 소비이다. 윤리적 소비란 자신을 넘어 환경이나 사회에 미치게 될 영향까지 고려하여 소비를 실천하는 것을 말한다. 소비자의 이익만을 판단 기준으로 삼지 않고 환경이나 사회 등을 생각하며 소비하는 것이다. 그 예로 친환경 상품이나 동물 복지 상품, 사회적 책임을 다하는 기업의 물건 등을 사서 이용하는 것을 들 수 있다.

④문단 일반적으로 친환경 상품이 보통의 상품보다 더 비싸다. 이를 통해 윤리적 소비를 실천하려면 합리적 소비를 할 때보다 더 많은 비용이 든다는 것을 알 수 있다. 경제적 측면에서 보면 손해를 감수하면서 윤리적 소비를 하는 것은 합리적이지 않다. 하지만 현재뿐만 아니라 장기적 관점에서 미래의 삶까지 바라본다면 윤리적 소비의 필요성을 무시할 수 없다. 현재의 윤리적 소비가 앞으로 살아갈 미래 세대의 세상을 결정짓게 될 것이기 때문이다. 윤리적 가치가 실현된 사회의 혜택은 미래 세대도 누릴 수 있는 것이다.

✦꿀팁
이 글에서는 두 가지 관점을 소개하고 있기 때문에 둘을 구분하여 이해할 수 있는지를 묻는 문제가 출제될 수 있습니다. <보기>에 특정 상황이 제시되었다면, 동일한 상황에 대해 합리적 소비와 윤리적 소비에서 각각 어떤 반응을 보일지 차이점을 중심으로 확인하는 것이 중요해요!

8 윗글을 바탕으로 추론한 내용으로 가장 적절한 것은?

① 병원에서 진료를 받고 진료비를 냈다면 재화를 사서 이용한 것이다.

② 가격이 같은 짜장면과 짬뽕 중에서 짜장면을 선택했다면 편익을 고려한 것이다.

③ 치킨과 피자 중에서 치킨을 선택하고 피자를 포기했다면 치킨이 주는 만족감은 기회 비용이 된다.

④ 폐수를 몰래 버리는 회사의 물건을 구매하지 않는 선택을 하는 것은 합리적 소비를 실천하는 것이다.

⑤ 친환경 상품이 아니라 보통의 상품을 구매하는 것이 윤리적 가치가 실현된 사회를 위해 노력하는 것이다.

9 윗글을 읽은 후 보기 의 글을 접했다고 할 때, ㉠과 ㉡의 입장에서 보일 수 있는 반응으로 적절하지 <u>않은</u> 것은?

보기

맛 좋고 영양 만점인 아보카도의 두 얼굴

아보카도는 미국 유명 잡지에서 선정한 세계 10대 건강식품 중 하나로 꼽힌 열대 과일이다. 단백질, 칼륨, 비타민 등 다양한 영양소를 지니고 있으며, 각종 질병을 예방해 주는 효과가 있다. 이러한 사실이 알려지면서 전 세계적으로 아보카도의 소비량이 계속 늘어 가고 있다.

그런데 100m² 규모의 아보카도 농장을 운영하려면 1,000여 명이 하루 동안 사용할 수 있는 양의 물과 맞먹는 많은 물이 필요하다. 이에 아보카도 생산지에서는 동식물을 비롯하여 지역 주민들도 심각한 물 부족 문제를 겪고 있다. 또한 아보카도는 생산 및 유통 과정에서 지구 온난화의 원인인 이산화 탄소를 많이 발생시켜 환경 문제를 일으키는 원인이 되고 있다.

이처럼 아보카도는 맛 좋고 영양이 많은 과일이지만 지역 사회와 환경에 문제를 일으키는 과일이라는 두 얼굴을 가지고 있다.

① ㉠: 만족감이 비슷한 다른 과일에 비해 아보카도의 가격이 합리적인지도 판단해 보아야 해.

② ㉠: 아보카도가 비슷한 가격의 다른 과일에 비해 다양한 영양소가 들어 있고 효능이 높다는 점을 고려해서 구매를 결정해야 해.

③ ㉡: 환경적인 면을 고려해서 아보카도를 소비하는 것이 바람직한지 생각해 보아야 해.

④ ㉡: 아보카도의 가격만 판단 기준으로 삼지 말고 아보카도를 많이 사 먹어야 생산 지역 주민들에게 도움이 된다는 것을 염두에 두어야 해.

⑤ ㉡: 전 세계적으로 아보카도를 더 많이 소비하면 미래 세대는 이산화 탄소 발생으로 인해 지구 온난화가 심각해진 세상에서 살아가게 될 것임을 고려해야 해.

스스로
평가

1회독
☺ ☹

2회독
☺ ☹

3회독
☺ ☹

02 집단 사고와 집단 지성

사회

1회독 구조 읽기

①문단 집단 사고와 집단 지성은 모두 의사 결정의 과정에서 나타날 수 있는 현상들이다. 이들은 개인이 아닌 집단이 공동으로 의사를 결정해야 하는 상황에서 나타나는 현상이라는 점에서 공통적이다. 집단 사고란 응집력이 강한 집단의 구성원들이 어떤 현실적인 판단을 내릴 때 만장일치를 이루려고 하는 사고의 경향으로, 심리학자인 어빙 재니스가 제시한 개념이다. 한편 집단 지성은 다수의 개체들이 서로 협력하거나 경쟁하는 과정을 통해 얻게 된 집단의 지적 능력을 의미한다. 이러한 집단 지성은 한 개체의 지적 능력을 넘어서는 힘을 지닌다는 것이 특징이다. 곤충학자인 모턴 휠러는 개체로서의 개미는 작지만, 군집한 개미들이 협업하여 거대한 개미집을 만들어 내는 것을 보고 집단 지성이라는 개념을 제시하였다.

②문단 집단 사고와 집단 지성의 가장 큰 차이점은 집단 사고는 잘못된 의사 결정을 일으킬 가능성이 높은 반면, 집단 지성은 그렇지 않다는 점이다. 물론 집단 사고가 나쁜 것만은 아니다. 사소한 의사 결정을 해야 할 경우에는 시간을 절약하는 효과를 지니기도 한다. 그러나 국가 정책과 같이 중대한 의사 결정을 할 때 집단 사고에 빠지면 사회에 큰 손실을 입히게 된다. 1986년에 발생한 우주 왕복선 챌린저호 폭발 사고의 경우 집단 사고의 위험을 잘 보여 준다. 기술자들은 발사 전 챌린저호의 폭발 위험성을 경고하며 발사 날짜를 재고할 것을 건의했다. 그런데 이런 기술자들의 의견이 간부들에게 전달되지 않았고, 발사 전날 기술자 없이 이루어진 간부 회의에서 로켓을 예정대로 발사하기로 만장일치로 결정해 버린 것이다.

③문단 이러한 차이를 유발하는 큰 원인 중 하나는 집단 구성원의 성격이다. 만약 비슷한 생각을 지닌 특정 분야의 전문가들이 모이거나, 집단 내부의 구성원들 사이에 호감과 단결심이 클 경우에는 집단 사고가 일어날 가능성이 크다. 왜냐하면 비슷한 생각을 하는 사람들은 어떤 문제에 대해 비슷한 결론을 내어 합의할 가능성이 크기 때문이다. 또 집단 내부의 구성원들 사이에 호감과 단결심이 클 경우 공동의 의사에 반대되는 정보나 문제점을 제시하거나 고려하기가 어렵다. 한편 집단 지성을 발휘하는 집단의 경우 의사 결정에 참여하는 구성원들의 전문 분야가 각기 다르거나, 집단의 개방성이 높은 편이다. 대표적 사례로 온라인 백과사전인 위키피디아는 인터넷을 사용하는 사람이라면 누구나 항목 작성에 참여할 수 있고, 수정할 수 있다. 참여자의 수가 일정 수준에 도달하면 거짓 정보나 불완전한 정보는 수정되기 때문에 개인이나 소수 전문가의 힘으로는 이룰 수 없는 결과물을 만들 수 있다.

+꿀팁
1회독에서는 지문의 전체 내용이 완벽하게 이해되지 않아도 괜찮아요!

④문단 집단 사고를 방지하고 집단 지성을 높이기 위해서는 의사소통의 방식을 바꾸는 것이 하나의 방법이 될 수 있다. 예를 들어, 집단 구성원들에게 집단 사고의 원인과 결과에 대해 알리고, 한 명 이상의 구성원이 반대 의견을 제시하는 역할을 맡도록 하는 것이다. 또한 가능하다면 의사 결정 과정을 개방하여 많은 사람이 의견을 제시하도록 하는 것이다.

1 윗글과 아래 대화를 읽고 여러분은 윗글의 내용 중 어떤 점에 흥미가 생겼는지 생각해 보세요.

> 1961년 미국의 케네디 대통령은 쿠바를 정복하려고 아주 독특한 계획을 세웠는데, 당시 미국의 고급 관료들은 모두 이 계획이 성공할 것이라고 확신했다는 거야. 그런데 이 계획은 대실패로 돌아갔어.

> 그런 일이 있었구나! 아무래도 케네디 대통령과 미국 관료들은 다 비슷한 생각을 지닌 사람들이라 자신들의 계획이 잘못될 수도 있다는 생각을 못 했겠지?

> 맞아. 이 글을 읽으면서 집단 사고가 그런 점에서 위험하구나 하는 생각이 들었어. 이런 문제를 피하기 위해서 요즘은 의사 결정을 할 때 각기 다른 분야의 전문가들을 초빙하기도 한대.

> 집단 사고에 빠지지 않고, 집단 지성을 이룰 수 있도록 의사 결정을 하는 집단의 구성원을 관리하는 거구나.

2 윗글에서 가장 중요한 내용이나 주제어를 아래 빈칸에 써 보세요.

□□□□와(과) □□□□의 공통점과 차이점

3 윗글을 아래와 같은 구조로 정리한다고 할 때 빈칸에 알맞은 말을 써 보세요.

공동의 의사 결정 과정에서
나타나는 집단 사고와 집단 지성

집단 사고는 잘못된 의사 결정을
일으킬 가능성이 큼.

집단 지성은 집단 구성원의 전문 분야가
다양하고, □□□이 높음.

집단 사고를 방지하고 집단 지성을
이루려면 의사소통 □□을
바꾸는 것이 방법이 될 수 있음.

내용 읽기

① 각 문장을 읽고, 잘 이해했으면 □에 ✔처럼 체크해 보세요.
② 각 문장을 잘 이해하지 못했으면 점선을 따라 밑줄을 그어 보세요.

➡ 밑줄 그은 문장의 앞뒤 문장의 내용을 살펴보면서 다시 천천히 읽어 보세요. 또 문단별 중심 내용의 빈칸을 채워 보세요.

어휘 읽기

① 어려운 어휘는 날개에서 그 뜻을 밝혔어요.
② 어휘 이외에 잘 모르는 어휘는 스스로 어휘 표시하고 사전에서 뜻을 찾아 써 보세요.

➡ 어휘 뜻을 알고 문장을 다시 읽어 보세요.

1 문단 집단 사고와 집단 지성은 모두 의사 결정의 과정에서 나타날 수 있는 현상들이다.□ 이들은 개인이 아닌 집단이 공동으로 의사를 결정해야 하는 상황에서 나타나는 현상이라는 점에서 공통적이다.□ 집단 사고란 응집력이 강한 집단의 구성원들이 어떤 현실적인 판단을 내릴 때 만장일치를 이루려고 하는 사고의 경향으로, 심리학자인 어빙 재니스가 제시한 개념이다.□ 한편 집단 지성은 다수의 개체들이 서로 협력하거나 경쟁하는 과정을 통해 얻게 된 집단의 지적 능력을 의미한다.□ 이러한 집단 지성은 한 개체의 지적 능력을 넘어서는 힘을 지닌다는 것이 특징이다.□ 곤충학자인 모턴 휠러는 개체로서의 개미는 작지만, 군집한 개미들이 협업하여 거대한 개미집을 만들어 내는 것을 보고 집단 지성이라는 개념을 제시하였다.□

- **사고**: 심상이나 지식을 사용하는 마음의 작용. 이에 의하여 문제를 해결함.
- **지성**: 새로운 상황에 부딪혔을 때에, 맹목적이거나 본능적 방법에 의하지 아니하고 지적인 사고에 근거하여 그 상황에 적응하고 과제를 해결하는 성질.
- **집단**: 여럿이 모여 이룬 모임.
- **응집력**: 어떤 단체나 조직에 속하는 구성원들을 통합하는 힘.
- **구성원**: 어떤 조직이나 단체를 이루고 있는 사람.
- **만장일치**: 모든 사람의 의견이 같음.
- **개체**: 전체나 집단에 상대하여 하나하나의 낱개를 이르는 말.
- **지적**: 지식이나 지성에 관한.
- **군집하다**: 사람이나 건물 따위가 한곳에 모이다.
- **협업하다**: 많은 노동자들이 협력하여 계획적으로 노동하다.

1 문단 중심 내용 ☐☐☐☐ 와 ☐☐☐☐ 의 공통점

---

4 1문단을 읽고, ㉠~㉤ 중에서 1~4의 괄호 안에 들어갈 알맞은 기호를 찾아 쓰세요.

| ㉠ 집단 | ㉡ 개미집 | ㉢ 응집력 |
| ㉣ 집단 사고 | ㉤ 집단 지성 | |

✚꿀팁 각 문단에서 기호의 단어를 찾아 동그라미 표시하면 더 쉽게 풀 수 있어요!

1 응집력이 강한 집단의 구성원들이 어떤 현실적인 판단을 내릴 때 만장일치를 이루려고 하는 사고의 경향을 무엇이라고 하나요? ( )

2 다수의 개체들이 서로 협력하거나 경쟁하는 과정에서 얻게 된 집단의 지적 능력으로, 한 개체의 지적 능력을 넘어서는 것을 무엇이라고 하나요? ( )

3 모턴 휠러가 집단 지성이라는 개념을 확인할 수 있었던, 군집한 개미들의 협업 결과물은 무엇인가요? ( )

4 **집단 사고와 집단 지성의 공통점**

개인이 아닌 ( ) 이 공동으로 의사를 결정해야 하는 상황에서 나타나는 현상이라는 점

| 집단 사고의 개념 | • 심리학자인 어빙 재니스가 제시한 개념임.
• ( ) 이 강한 집단의 구성원들이 어떤 현실적인 판단을 내릴 때 만장일치를 이루려고 하는 사고의 경향 |
| 집단 지성의 개념 | • 곤충학자인 모턴 휠러가 제시한 개념임. → 군집한 개미들이 개미집을 만들어 내는 것을 보고 집단 지성 개념을 제시함.
• 다수의 개체들이 서로 협력하거나 경쟁하는 과정에서 얻게 된 집단의 지적 능력으로, 한 개체의 지적 능력을 넘어서는 것 |

2문단 집단 사고와 집단 지성의 가장 큰 차이점은 집단 사고는 잘못된 의사 결정을 일으킬 가능성이 높은 반면, 집단 지성은 그렇지 않다는 점이다.□ 물론 집단 사고가 나쁜 것만은 아니다.□ 사소한 의사 결정을 해야 할 경우에는 시간을 절약하는 효과를 지니기도 한다.□ 그러나 국가 정책과 같이 중대한 의사 결정을 할 때 집단 사고에 빠지면 사회에 큰 손실을 입히게 된다.□ 1986년에 발생한 우주 왕복선 챌린저호 폭발 사고의 경우 집단 사고의 위험을 잘 보여 준다.□ 기술자들은 발사 전 챌린저호의 폭발 위험성을 경고하며 발사 날짜를 재고할 것을 건의했다.□ 그런데 이런 기술자들의 의견이 간부들에게 전달되지 않았고, 발사 전날 기술자 없이 이루어진 간부 회의에서 로켓을 예정대로 발사하기로 만장일치로 결정해 버린 것이다.□

2문단 중심 내용 ☐☐ ☐☐와 ☐☐ ☐☐의 차이점 ①

- **사소하다:** 보잘것없이 작거나 적다.
- **중대하다:** 가볍게 여길 수 없을 만큼 매우 중요하고 크다.
- **손실:** 잃어버리거나 축나서 손해를 봄. 또는 그 손해.
- **기술자:** 어떤 분야에 전문적 기술을 가진 사람.
- **경고하다:** 조심하거나 삼가도록 미리 주의를 주다.
- **재고하다:** 어떤 일이나 문제 따위에 대하여 다시 생각하다.
- **간부:** 기관이나 조직체 따위의 중심이 되는 자리에서 책임을 맡거나 지도하는 사람.

 **배경지식**

우주 왕복선

기존의 우주선과는 달리 반복하여서 사용할 수 있는 유인 우주선. 여기서 '유인'은 비행기 따위에 그것을 작동하거나 운전하는 사람이 있다는 뜻이다. 1981년에 미국 항공 우주국이 개발하여 발사한 컬럼비아호를 시작으로 하여 챌린저호(제2호기), 디스커버리호(제3호기), 애틀랜티스호(제4호기) 따위가 발사되었다. 챌린저호는 1986년 1월 28일 이륙한 지 73초 만에 폭발했고, 타고 있던 승무원 7명이 모두 사망했다.

정답과 해설 12쪽

5 2문단을 읽고, ㉠~㉤ 중에서 **1**~**4**의 괄호 안에 들어갈 알맞은 기호를 찾아 쓰세요.

> ㉠ 손실   ㉡ 시간   ㉢ 의사 결정
> ㉣ 집단 사고   ㉤ 집단 지성

1 집단이 공동으로 의사를 결정하는 상황에서 잘못된 의사 결정을 일으킬 가능성이 높은 사고 경향은 무엇인가요?
( )

2 집단 사고의 장점은 무엇인가요?
> 사소한 의사 결정을 할 때, ( )을 절약하는 효과를 지님.

3 국가 정책과 같은 중대한 의사 결정을 할 때에는 집단 사고와 집단 지성 중 어떤 것이 필요한가요? ( )

4 집단 사고와 집단 지성의 차이점 ①

> 집단 사고는 잘못된 ( )을 일으킬 가능성이 높은 반면, 집단 지성은 그렇지 않음.

집단 사고의 장점	사소한 의사 결정을 해야 할 경우에는 시간을 절약하는 효과를 지님.

↕

집단 사고의 문제점	중대한 의사 결정을 할 때에는 사회에 큰 ( )을 입힐 수 있음.

> 집단 사고의 위험을 보여 주는 예

> 1986년 우주 왕복선 챌린저호 폭발 사고

3 문단 이러한 차이를 유발하는 큰 원인 중 하나는 집단 구성원의 성격이다.☐ 만약 비슷한 생각을 지닌 특정 분야의 전문가들이 모이거나, 집단 내부의 구성원들 사이에 호감과 단결심이 클 경우에는 집단 사고가 일어날 가능성이 크다.☐ 왜냐하면 비슷한 생각을 하는 사람들은 어떤 문제에 대해 비슷한 결론을 내어 합의할 가능성이 크기 때문이다.☐ 또 집단 내부의 구성원들 사이에 호감과 단결심이 클 경우 공동의 의사에 반대되는 정보나 문제점을 제시하거나 고려하기가 어렵다.☐ 한편 집단 지성을 발휘하는 집단의 경우 의사 결정에 참여하는 구성원들의 전문 분야가 각기 다르거나, 집단의 개방성이 높은 편이다.☐ 대표적 사례로 온라인 백과사전인 위키피디아는 인터넷을 사용하는 사람이라면 누구나 항목 작성에 참여할 수 있고, 수정할 수 있다.☐ 참여자의 수가 일정 수준에 도달하면 거짓 정보나 불완전한 정보는 수정되기 때문에 개인이나 소수 전문가의 힘으로는 이룰 수 없는 결과물을 만들 수 있다.☐

3문단 중심 내용 ☐☐☐☐ 와 집단 지성의 차이점 ②

- **유발하다**: 어떤 것이 다른 일을 일어나게 하다.
- **특정**: 특별히 지정함.
- **전문가**: 어떤 분야를 연구하거나 그 일에 종사하여 그 분야에 상당한 지식과 경험을 가진 사람.
- **호감**: 좋게 여기는 감정.
- **단결심**: 많은 사람이 한데 뭉치는 마음.
- **합의하다**: 서로 의견이 일치하다.
- **의사**: 무엇을 하고자 하는 생각.
- **발휘하다**: 재능, 능력 따위를 떨치어 나타내다.
- **개방성**: 태도나 생각 따위가 거리낌 없고 열려 있는 상태나 성질.
- **위키피디아**: 사용자 참여의 온라인 백과사전.
- _____

6 3문단을 읽고, ㉠~㉫ 중에서 **1**~**4**의 괄호 안에 들어갈 알맞은 기호를 찾아 쓰세요.

㉠ 성격	㉡ 개방성	㉢ 단결심
㉣ 전문가	㉤ 참여자	㉥ 위키피디아

1 집단 지성을 발휘하는 집단의 경우 집단의 어떠한 성격이 확보되어 있나요? (   )

2 집단 사고가 일어날 가능성이 큰 집단 구성원의 성격은 어떠한가요?

> 비슷한 생각을 지닌 특정 분야의 (   ) 들이 모이거나, 집단 내부의 구성원들 사이의 호감과 (   ) 이 큼.

3 집단 지성의 대표적 사례로, 사용자가 참여하는 온라인 백과사전을 무엇이라고 하나요? (   )

4 집단 사고와 집단 지성의 차이점 ②

의사 결정을 하는 집단 구성원의 ( ) 이 다름.	
집단 사고가 일어나는 집단	• 비슷한 생각을 지닌 특정 분야의 전문가들로 구성됨. → 비슷한 결론을 내어 합의할 가능성이 큼. • 구성원들 사이에 호감과 단결심이 큼. → 공동의 의사에 반대되는 정보나 문제점을 제시하거나 고려하기 힘듦.
↕	
집단 지성을 발휘하는 집단	• 의사 결정에 참여하는 구성원들의 전문 분야가 각기 다름. • 집단의 개방성이 높은 편임. • 대표적 사례인 위키피디아의 경우 ( ) 의 수가 일정 수준에 도달하면 거짓 정보나 불완전한 정보가 수정됨. → 소수 전문가 이상의 결과물

4 문단 집단 사고를 방지하고 집단 지성을 높이기 위해서는 의사소통의 방식을 바꾸는 것이 하나의 방법이 될 수 있다.☐ 예를 들어, 집단 구성원들에게 집단 사고의 원인과 결과에 대해 알리고, 한 명 이상의 구성원이 반대 의견을 제시하는 역할을 맡도록 하는 것이다.☐ 또한 가능하다면 의사 결정 과정을 개방하여 많은 사람이 의견을 제시하도록 하는 것이다.☐

4문단 중심 내용 집단 사고를 방지하고 ☐☐ ☐☐을 높이는 방법

- **방지하다**: 어떤 일이나 현상이 일어나지 못하게 막다.
- **의사소통**: 가지고 있는 생각이나 뜻이 서로 통함.
- **방식**: 일정한 방법이나 형식.
- **방법**: 어떤 일을 해 나가거나 목적을 이루기 위하여 취하는 수단이나 방식.
- **개방하다**: 금하거나 경계하던 것을 풀고 자유롭게 드나들거나 교류하게 하다.
- **제시하다**: 어떠한 의사를 말이나 글로 나타내어 보이게 하다.
- _____

정답과 해설 12쪽

7 4문단을 읽고, ㉠~㉤ 중에서 ❶~❹의 괄호 안에 들어갈 알맞은 기호를 찾아 쓰세요.

| ㉠ 개방 | ㉡ 반대 의견 | ㉢ 집단 사고 |
| ㉣ 원인과 결과 | ㉤ 의사소통의 방식 | |

❶ 집단 사고를 방지하고 집단 지성을 높이기 위해서는 무엇을 바꾸는 방법을 사용할 수 있나요?   (   )

❷ 집단 사고를 방지하기 위한 구체적인 방법에는 어떤 것이 있나요?

집단 구성원 중 한 명 이상이 (   ) 을 제시하는 역할을 맡도록 함.

❸ 집단 지성을 높이기 위해서는 어떤 방법을 사용할 수 있나요?

가능하다면 의사 결정 과정을 (   ) 하여 많은 사람이 의견을 제시할 수 있도록 함.

❹

> 집단 사고를 방지하고
> 집단 지성을 높이는 방법

(   ) 를 방지하고 집단 지성을 높이기 위해서는 의사소통의 방식을 바꾸는 것이 방법이 될 수 있음.

집단의 의사소통 방식을 바꾸는 구체적 방법

- 집단 구성원들에게 집단 사고의 (   ) 에 대해 알림.
- 한 명 이상의 구성원이 반대 의견을 제시하는 역할을 맡도록 함.
- 의사 결정 과정을 개방하여 많은 사람이 의견을 제시할 수 있도록 함.

1문단 집단 사고와 집단 지성은 모두 의사 결정의 과정에서 나타날 수 있는 현상들이다. 이들은 개인이 아닌 집단이 공동으로 의사를 결정해야 하는 상황에서 나타나는 현상이라는 점에서 공통적이다. 집단 사고란 응집력이 강한 집단의 구성원들이 어떤 현실적인 판단을 내릴 때 만장일치를 이루려고 하는 사고의 경향으로, 심리학자인 어빙 재니스가 제시한 개념이다. 한편 집단 지성은 다수의 개체들이 서로 협력하거나 경쟁하는 과정을 통해 얻게 된 집단의 지적 능력을 의미한다. 이러한 집단 지성은 한 개체의 지적 능력을 넘어서는 힘을 지닌다는 것이 특징이다. 곤충학자인 모턴 휠러는 개체로서의 개미는 작지만, 군집한 개미들이 협업하여 거대한 개미집을 만들어 내는 것을 보고 집단 지성이라는 개념을 제시하였다.

2문단 집단 사고와 집단 지성의 가장 큰 차이점은 집단 사고는 잘못된 의사 결정을 일으킬 가능성이 높은 반면, 집단 지성은 그렇지 않다는 점이다. 물론 집단 사고가 나쁜 것만은 아니다. 사소한 의사 결정을 해야 할 경우에는 시간을 절약하는 효과를 지니기도 한다. 그러나 국가 정책과 같이 중대한 의사 결정을 할 때 집단 사고에 빠지면 사회에 큰 손실을 입히게 된다. 1986년에 발생한 우주 왕복선 챌린저호 폭발 사고의 경우 집단 사고의 위험을 잘 보여 준다. 기술자들은 발사 전 챌린저호의 폭발 위험성을 경고하며 발사 날짜를 재고할 것을 건의했다. 그런데 이런 기술자들의 의견이 간부들에게 전달되지 않았고, 발사 전날 기술자 없이 이루어진 간부 회의에서 로켓을 예정대로 발사하기로 만장일치로 결정해 버린 것이다.

3문단 이러한 차이를 유발하는 큰 원인 중 하나는 집단 구성원의 성격이다. 만약 비슷한 생각을 지닌 특정 분야의 전문가들이 모이거나, 집단 내부의 구성원들 사이에 호감과 단결심이 클 경우에는 집단 사고가 일어날 가능성이 크다. 왜냐하면 비슷한 생각을 하는 사람들은 어떤 문제에 대해 비슷한 결론을 내어 합의할 가능성이 크기 때문이다. 또 집단 내부의 구성원들 사이에 호감과 단결심이 클 경우 공동의 의사에 반대되는 정보나 문제점을 제시하거나 고려하기가 어렵다. 한편 집단 지성을 발휘하는 집단의 경우 의사 결정에 참여하는 구성원들의 전문 분야가 각기 다르거나, 집단의 개방성이 높은 편이다. 대표적 사례로 온라인 백과사전인 ㉠위키피디아는 인터넷을 사용하는 사람이라면 누구나 항목 작성에 참여할 수 있고, 수정할 수 있다. 참여자의 수가 일정 수준에 도달하면 거짓 정보나 불완전한 정보는 수정되기 때문에 개인이나 소수 전문가의 힘으로는 이룰 수 없는 결과물을 만들 수 있다.

4문단 집단 사고를 방지하고 집단 지성을 높이기 위해서는 의사소통의 방식을 바꾸는 것이 하나의 방법이 될 수 있다. 예를 들어, 집단 구성원들에게 집단 사고의 원인과 결과에 대해 알리고, 한 명 이상의 구성원이 반대 의견을 제시하는 역할을 맡도록 하는 것이다. 또한 가능하다면 의사 결정 과정을 개방하여 많은 사람이 의견을 제시하도록 하는 것이다.

+꿀팁
이 글은 집단 사고와 집단 지성의 차이점을 중심으로 읽어야 해요! 집단 사고는 장점에 비해 단점이 크고, 그에 비교했을 때 집단 지성은 장점이 크다는 차이가 있으므로 이를 중심으로 지문을 이해해 봅시다. 집단 지성의 사례가 문제로 제시되었다는 점을 염두에 두고 독해할 필요가 있어요!

8 윗글의 내용과 일치하지 <u>않는</u> 것은?

① 응집력이 강한 집단이 의사 결정을 하게 되면 집단 사고를 피할 가능성이 높다.

② 사소한 의사 결정의 경우 집단 사고가 시간을 절약할 수 있다는 장점을 지닌다.

③ 국가 정책과 같은 중대한 의사 결정을 할 때에 집단 사고에 빠지면 사회에 큰 손실을 입히게 된다.

④ 집단 지성을 발휘하는 집단의 경우 의사 결정에 참여하는 구성원들의 전문 분야가 다른 경우가 많다.

⑤ 집단 사고와 집단 지성은 모두 집단이 공동으로 의사를 결정해야 하는 상황에서 나타나는 현상이다.

9 보기 는 ㉠의 한 항목이다. 윗글을 읽고 보기 를 이해한 내용으로 적절하지 <u>않은</u> 것은?

> **보기**
>
> | 문서 | 토론 | 　　　　　 | 읽기 | 편집 | 역사 보기 |
>
> **독서율**
>
> 위키피디아. 우리 모두가 만들어 가는 자유 백과사전.
>
> > 현재 이 문서는 특정 국가나 지역에 한정된 내용만을 다루고 있습니다.
> > 다른 국가·지역에 대한 내용을 보충하여 문서의 균형을 맞추어 주세요.
> > 내용에 대한 의견이 있으시면 토론 문서에서 나누어 주세요.
>
> 다음은 독서율에 관한 내용이다. 한국의 독서 시간은 평균 26분이다.(2007~2012) 성인 연간 독서율은 1994년 86.8%에서 2011년 68.8%로 낮아졌다.[1][2] 2013년은 연간 독서율 71.4%, 연간 독서량 9.2권, 평일 독서 시간은 23.5분이다.[3] 이에 문화 체육 관광부는 2018년까지 성인 독서율을 80% 수준까지 높이기 위해 도서 구입비 세제 지원 추진 등의 내용을 담은 독서 문화 진흥 계획(2014~2018년)을 발표했다.
>
> **출처** [편집]
>
> [1] ↑ http://www.mcst.go.kr/web/s_open/realnmPolicy/realnmPolicyView.jsp?pSeq=35
> [2] ↑ http://sbscnbc.sbs.co.kr/read.jsp?pmArticleId=10000609466
> [3] ↑ http://www.mcst.go.kr/web/s_notice/press/pressView.jsp?pMenuCD=0302000000&pSeq=13308
>
> 이 문서는 2022년 3월 12일 (토) 03:46에 마지막으로 편집되었습니다.
>
> － 독서율, 위키백과, cc-by-sa 3.0

① 작성에 참여할 수 있는 국가와 지역을 한정하여 정보의 범위를 제한하였구나.

② 마지막에 편집된 시점이 제시되어 있어 이 정보가 어느 시점의 정보인지 확인할 수 있겠구나.

③ 작성한 내용에 대한 출처가 제시되어 있으므로 정보의 신뢰성이 떨어진다면 내용을 수정할 수 있겠구나.

④ 게시된 내용에 대한 의견이 있으면 토론 문서에서 의견을 나눌 수 있다는 점에서 서로 견해가 다른 사람들 사이의 생각이 반영될 수도 있겠구나.

⑤ 인터넷을 이용할 수 있는 사람이라면 누구나 내용을 편집하거나 보충할 수 있다는 점에서 항목 작성에 참여하는 구성원의 성격이 폐쇄적이지 않구나.

스스로 평가
1회독 ☺ ☹
2회독 ☺ ☹
3회독 ☺ ☹

 법 03 카피라이트와 카피레프트

1회독 구조 읽기

①문단 카피라이트(copyright), 즉 저작권은 소설이나 시, 음악, 미술 등과 같은 저작물을 창작한 사람의 권리이다. 자신의 저작물을 복제, 공연, 전시, 방송 또는 전송하는 등 법이 정하고 있는 일정한 방식으로 스스로 이용하거나, 다른 사람들이 그러한 방식으로 이용하는 것을 허락할 수 있는 권리이다. 이 권리는 누구에게나 주장할 수 있는 독점적 성격이 있으며 법으로 규정되어 있다. 저작권법은 저작자의 권리와 이에 인접하는 권리를 보호하고 저작물의 공정한 이용을 도모함으로써 관련 산업의 발전에 도움이 되게 하고자 제정하였다.

②문단 저작권법은 저작 인격권과 저작 재산권으로 구분된다. 저작 인격권은 저작자가 저작물을 통해서 가지는 명예나 인격적 이익을 보호하는 권리이다. 이는 저작물을 세상에 드러내 알리는 공표를 하거나 하지 않을 권리, 저작물에 실명 또는 이명을 표시할 권리 등을 보호하는 것이다. 저작 인격권은 저작자 자신에 관해 전속되는 권리이기 때문에 양도할 수 없고 저작자가 죽으면 사라진다. 저작 재산권은 저작자의 저작물에 대한 모든 재산적 이익을 보호하는 권리이다. 저작자는 자신의 저작물에 대해 복제, 공연, 공중 송신, 전시, 배포, 대여, 이차적 저작물 작성을 할 권리가 있다. 이는 다른 사람이 저작자의 저작물에 대해 이러한 활동을 하려면 저작자의 허락을 받고 저작권료를 지불해야 함을 뜻한다. 저작 재산권은 저작자가 양도하거나 상속할 수 있고, 저작자가 살아 있는 동안과 사망 후 70년간 유지된다.

③문단 한편 저작물을 공유해야 한다는 입장을 가지고 저작물의 공유 캠페인인 카피레프트(copyleft)를 주장하는 이들도 있다. 이들은 기본적으로 자신과 다른 사람의 저작권을 존중한다. 다만 저작물 이용자들이 저작권법에 위배되거나 처벌되는 것에 대해 불안감을 느끼기 때문에 더욱 창의적이고 풍성한 정보 교류를 하는 데 방해가 된다고 본다. 이에 저작자들이 자신의 저작물에 일정한 이용 허락 조건을 표시해서 무료로 개방하는 저작물의 공유 캠페인을 벌이면 디지털 저작물의 생산이 더욱 활성화될 것으로 본다.

④문단 자유 이용 허락 표시(Creative Commons License) 저작물은 저작자가 일정한 조건하에 자신의 저작물을 다른 사람이 이용할 수 있도록 허락을 표시한 저작물이다. 이용 허락 조건은 <그림>과 같이 네 가지 기본 원칙에 기반하여 만들어진다. '저작권 정보 표시'는 저작물명, 저작자명, 출처, CCL 조건을 표시해야 한다는 것이고, '비영리'는 재산상의 이익을 꾀하는 영리 목적으로 사용할 수 없다는 것이다. '변경 금지'는 원저작물을 이용하여 새롭게 이차적 저작물을 제작하는 것을 금지한다는 것이며, '동일 조건 변경 허락'은 이차적 저작물을 제작하는 것을 허용하되, 새 저작물에 원저작물과 동일한 라이선스를 적용해야 한다는 것이다. CCL 저작물의 이용 허락은 6가지 이용 허락 조건으로 이루어진다.

 저작권 정보 표시
 비영리
 변경 금지
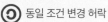 동일 조건 변경 허락

<그림>

꿀팁
1회독에서는 지문의 전체 내용이 완벽하게 이해되지 않아도 괜찮아요!

1 윗글과 아래 대화를 읽고 여러분은 윗글의 내용 중 어떤 점에 흥미가 생겼는지 생각해 보세요.

저작자가 저작물을 직접 사용하거나 사용할 수 있도록 허락하는 권리가 저작권이구나.

매장에서 음악을 틀면 공중 송신을 한 거니까 그 음악에 대해서도 저작권법을 지켜야 하겠네. 난 저작물을 사용하는 방식이 다양하다고 느꼈어.

나는 자유 이용 허락 표시를 하면 사용할 수 있는 저작물이 있다는 것을 처음 알게 되었어. 더 활발하게 저작물을 사용하게 될 것 같지?

응. 그런데 자유 이용 허락 표시 저작물도 무조건 허락하는 게 아니니까 조건을 지키면서 사용해야 할 것 같아.

2 윗글에서 가장 중요한 내용이나 주제어를 아래 빈칸에 써 보세요.

☐☐☐☐☐ 와 ☐☐☐☐☐

3 윗글을 아래와 같은 구조로 정리한다고 할 때 빈칸에 알맞은 말을 써 보세요.

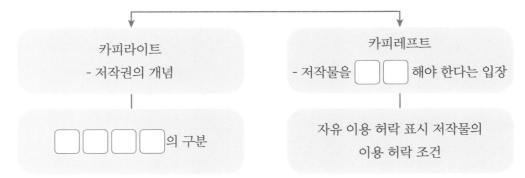

카피라이트
- 저작권의 개념

카피레프트
- 저작물을 ☐☐ 해야 한다는 입장

☐☐☐☐ 의 구분

자유 이용 허락 표시 저작물의 이용 허락 조건

내용 읽기

❶ 각 문장을 읽고, 잘 이해했으면 □에 ✔처럼 체크해 보세요.
❷ 각 문장을 잘 이해하지 못했으면 점선을 따라 밑줄을 그어 보세요.

➔ 밑줄 그은 문장의 앞뒤 문장의 내용을 살펴보면서 다시 천천히 읽어 보세요.
또 문단별 중심 내용의 빈칸을 채워 보세요.

어휘 읽기

❶ 어려운 어휘는 날개에서 그 뜻을 밝혔어요.
❷ 어휘 이외에 잘 모르는 어휘는 스스로 어휘 표시하고 사전에서 뜻을 찾아 써 보세요.

➔ 어휘 뜻을 알고 문장을 다시 읽어 보세요.

---

①문단 카피라이트(copyright), 즉 저작권은 소설이나 시, 음악, 미술 등과 같은 저작물을 창작한 저작자의 권리이다.□ 자신의 저작물을 복제, 공연, 전시, 방송 또는 전송하는 등 법이 정하고 있는 일정한 방식으로 스스로 이용하거나, 다른 사람들이 그러한 방식으로 이용하는 것을 허락할 수 있는 권리이다.□ 이 권리는 누구에게나 주장할 수 있는 독점적 성격이 있으며 법으로 규정되어 있다.□ 저작권법은 저작자의 권리와 이에 인접하는 권리를 보호하고 저작물의 공정한 이용을 도모함으로써 관련 산업의 발전에 도움이 되게 하고자 제정하였다.□

1문단 중심 내용 □□□의 개념과 저작권법의 제정 목적

- **저작물**: 저작권법 제2조에 따르면 저작물은 인간의 사상 또는 감정을 표현한 창작물을 말한다.
- **복제**: 인쇄, 녹화, 녹음과 같이 본디의 것과 똑같은 것을 만드는 것.
- **공연**: 상연, 상영, 연주, 가창 등의 방법으로 공개하는 것.
- **전송하다**: 글이나 사진 따위를 전류나 전파를 이용하여 먼 곳에 보내다.
- **독점적**: 물건이나 자리 따위를 독차지하는 것.
- **인접하다**: 이웃하여 있다. 또는 옆에 닿아 있다.
- **도모하다**: 어떤 일을 이루기 위하여 대책과 방법을 세우다.
- **제정하다**: 제도나 법률 따위를 만들어서 정하다.
- _____

---

4 1문단을 읽고, ㉠~㉤ 중에서 **1**~**4**의 괄호 안에 들어갈 알맞은 기호를 찾아 쓰세요.

| ㉠ 저작권 | ㉡ 저작물 | ㉢ 저작자 |
| ㉣ 저작권법 | ㉤ 독점적 성격 | |

꿀팁 각 문단에서 기호의 단어를 찾아 동그라미 표시하면 더 쉽게 풀 수 있어요!

1 저작물을 창작한 저작자의 권리를 무엇이라고 하나요?
( )

2 저작권은 특정 사람에게만 적용되는 것이 아니라 누구에게나 주장할 수 있는데, 이것은 어떤 성격이라고 할 수 있나요?
( )

3 저작권법을 제정한 목적은 무엇인가요?

( )의 권리와 이에 인접하는 권리를 보호하고 저작물의 공정한 이용을 도모함으로써 관련 산업의 발전에 도움이 되게 하고자 함.

4

저작권과 저작권법	
( )	소설이나 시, 음악, 미술 등과 같이 저작자가 창작한 것
저작권의 개념	• 저작물을 창작한 저작자의 권리 • 저작물을 법이 정한 일정한 방식으로 스스로 이용하거나, 다른 사람들이 그러한 방식으로 이용하는 것을 허락할 수 있는 권리
저작권의 성격	• 누구에게나 주장할 수 있는 독점적 성격이 있음. • 법으로 규정되어 있음.

( )의 제정 목적

• 저작자의 권리와 이에 인접하는 권리를 보호함. • 저작물의 공정한 이용을 도모함.	→	관련 산업의 발전에 도움이 되도록 하기 위함.

2문단 저작권법은 저작 인격권과 저작 재산권으로 구분된다.□ 저작 인격권은 저작자가 저작물을 통해서 가지는 명예나 인격적 이익을 보호하는 권리이다.□ 이는 저작물을 세상에 드러내 알리는 공표를 하거나 하지 않을 권리, 저작물에 실명 또는 이명을 표시할 권리 등을 보호하는 것이다.□ 저작 인격권은 저작자 자신에 관해 전속되는 권리이기 때문에 양도할 수 없고 저작자가 죽으면 사라진다.□ 저작 재산권은 저작자의 저작물에 대한 모든 재산적 이익을 보호하는 권리이다.□ 저작자는 자신의 저작물에 대해 복제, 공연, 공중 송신, 전시, 배포, 대여, 이차적 저작물 작성을 할 권리가 있다.□ 이는 다른 사람이 저작자의 저작물에 대해 이러한 활동을 하려면 저작자의 허락을 받고 저작권료를 지불해야 함을 뜻한다.□ 저작 재산권은 저작자가 양도하거나 상속할 수 있고, 저작자가 살아 있는 동안과 사망 후 70년간 유지된다.□

2문단 중심 내용 □□□□의 구분 – 저작 인격권과 저작 재산권

- **인격**: 권리 능력이 있고, 법률상 독자적 가치가 인정되는 자격.
- **이명**: 본명 외에 달리 부르는 이름.
- **전속되다**: 권리나 의무가 오직 특정한 사람이나 기관에 딸리다.
- **양도하다**: 권리나 재산, 법률에서의 지위 따위를 남에게 넘겨주다.
- **공중 송신**: 무선이나 유선으로 송신하는 것.
- **배포**: 신문이나 책자 따위를 널리 나누어 줌.
- **대여**: 물건이나 돈을 나중에 도로 돌려받기로 하고 얼마 동안 내어 줌.
- **이차적 저작물**: 원저작물을 바탕으로 번역, 편곡, 변형, 각색 등의 방법으로 작성한 창작물.
- **상속하다**: 일정한 친족 관계가 있는 사람 사이에서, 한 사람이 사망한 후에 다른 사람에게 재산에 관한 권리와 의무의 일체를 이어주다.

정답과 해설 14쪽

5 2문단을 읽고, ㉠~㉫ 중에서 ❶~❺의 괄호 안에 들어갈 알맞은 기호를 찾아 쓰세요.

㉠ 인격적 이익	㉡ 저작 인격권	㉢ 저작 재산권
㉣ 재산적 이익	㉤ 이차적 저작물	㉫ 사망 후 70년간

❶ 저작자가 저작물을 통해서 가지는 명예나 인격적 이익을 보호하는 권리는 무엇인가요? (　　　)

❷ 저작자의 저작물에 대한 모든 재산적 이익을 보호하는 권리는 무엇인가요? (　　　)

❸ 저작 재산권 종류에는 어떤 것들이 있나요?

복제권, 공연권, 공중 송신권, 전시권, 배포권, 대여권, (　　　) 작성권

❹ 저작 인격권과 저작 재산권은 각각 언제까지 보호되나요?

저작 인격권은 저작자가 살아 있는 동안까지 보호되고 저작자가 죽으면 사라짐. 저작 재산권은 저작자가 살아 있는 동안과 (　　　) 유지됨.

5 저작권법의 구분

저작 인격권	• 개념: 저작자가 저작물을 통해서 가지는 명예나 (　　　)을 보호하는 권리 • 종류: 공표권, 성명 표시권 등 • 양도 가능 여부: 양도 불가 • 보호 기간: 저작자 생존까지 유지되고 저작자가 죽으면 사라짐.
저작 재산권	• 개념: 저작자의 저작물에 대한 모든 (　　　)을 보호하는 권리 • 종류: 복제권, 공연권, 공중 송신권, 전시권, 배포권, 대여권, 이차적 저작물 작성권 → 이러한 활동을 하려면 저작권자의 허락을 받고 저작권료를 지불해야 함. • 양도 및 상속 가능 여부: 양도 및 상속 가능 • 보호 기간: 저작자 생존 및 사망 후 70년간 유지됨.

3 문단　한편 저작물을 공유해야 한다는 입장을 가지고 저작물의 공유 캠페인인 카피레프트(copyleft)를 주장하는 이들도 있다.☐ 이들은 기본적으로 자신과 다른 사람의 저작권을 존중한다.☐ 다만 저작물 이용자들이 저작권법에 위배되거나 처벌되는 것에 대해 불안감을 느끼기 때문에 더욱 창의적이고 풍성한 정보 교류를 하는 데 방해가 된다고 본다.☐ 이에 저작자들이 자신의 저작물에 일정한 이용 허락 조건을 표시해서 무료로 개방하는 저작물의 공유 캠페인을 벌이면 디지털 저작물의 생산이 더욱 활성화될 것으로 본다.☐

3문단 중심 내용 저작물의 ☐☐를 주장하는 입장 - 카피레프트

- **공유하다:** 두 사람 이상이 한 물건을 공동으로 소유하다.
- **위배되다:** 법률, 명령, 약속 따위가 지켜지지 않고 어겨지다.
- **교류:** 문화나 사상 따위가 서로 통함.
- **일정하다:** 어떻다. 또는 어떻게 정하여져 있다.
- **조건:** 일정한 일을 결정하기에 앞서 내놓는 요구나 견해.
- **활성화되다:** 사회나 조직 등의 기능이 활발해지다.
- _____
  _____

---

6 3문단을 읽고, ㉠~㉤ 중에서 **1**~**4**의 괄호 안에 들어갈 알맞은 기호를 찾아 쓰세요.

| ㉠ 저작권 | ㉡ 정보 교류 | ㉢ 카피레프트 |
| ㉣ 디지털 저작물 | ㉤ 이용 허락 조건 | |

1 저작물을 공유해야 한다는 입장을 가진 사람들이 주장하는 공유 캠페인은 무엇인가요?　　　　　　(　)

2 저작물의 공유 캠페인을 주장하는 이유는 무엇인가요?
> 저작물 이용자들이 저작권법에 위배되거나 처벌되는 것에 불안감을 느껴 창의적이고 풍성한 (　) 가 이루어지지 않기 때문임.

3 저작물의 공유 캠페인은 저작자들이 자신의 저작물에 무엇을 표시해서 무료로 개방하는 것인가요?　　　　　(　)

4

저작물을 공유해야 한다는 입장

카피레프트의 개념

전제	(　) 을 존중함.
배경	저작물 이용자들이 저작권법에 위배되거나 처벌되는 것에 대해 불안감을 느끼기 때문에 창의적이고 풍성한 정보 교류를 하는 데 방해가 된다고 봄.
방법	저작자들이 자신의 저작물에 일정한 이용 허락 조건을 표시해서 무료로 개방함.
기대 효과	(　) 의 생산이 더욱 활성화될 것으로 기대함.

4문단 　자유 이용 허락 표시(Creative Commons License) 저작물은 저작자가 일정한 조건하에 자신의 저작물을 다른 사람이 이용할 수 있도록 허락을 표시한 저작물이다.□ 이용 허락 조건은 <그림>과 같이 네 가지 기본 원칙에 기반하여 만들어진다.□ '저작권 정보 표시'는 저작물명, 저작자명, 출처, CCL 조건을 표시해야 한다는 것이고, '비영리'는 재산상의 이익을 꾀하는 영리 목적으로 사용할 수 없다는 것이다.□ '변경 금지'는 원저작물을 이용하여 새롭게 이차적 저작물을 제작하는 것을 금지한다는 것이며, '동일 조건 변경 허락'은 이차적 저작물을 제작하는 것을 허용하되, 새 저작물에 원저작물과 동일한 라이선스를 적용해야 한다는 것이다.□ CCL 저작물의 이용 허락은 6가지 이용 허락 조건으로 이루어진다.□

(ⓘ) 저작권 정보 표시
(Ⓢ) 비영리
(＝) 변경 금지
(↻) 동일 조건 변경 허락
<그림 >

- **기반하다**: 바탕이나 토대를 두다.
- **출처**: 사물이나 말 따위가 생기거나 나온 근거.
- **원저작물**: 이차적 저작물의 원형이 되는, 처음 만든 저작물.
- **라이선스**: 행정상의 허가나 면허.
- ＿＿＿＿＿＿＿＿＿＿＿
＿＿＿＿＿＿＿＿＿＿＿

4 문단 중심 내용 이용 허락 조건의 네 가지 ☐☐ ☐☐

정답과 해설 14쪽

7 4문단을 읽고, ㉠~㉡ 중에서 **1**~**5**의 괄호 안에 들어갈 알맞은 기호를 찾아 쓰세요.

㉠ 비영리　　　　㉡ 변경 금지　　　　㉢ 이용 허락 조건
㉣ 저작권 정보 표시　　㉤ 동일 조건 변경 허락
㉥ 자유 이용 허락 표시 저작물

1 저작자가 일정한 조건하에 자신의 저작물을 다른 사람이 이용할 수 있도록 허락을 표시한 저작물은 무엇인가요? (　　)

2 CCL 저작물의 이용 허락 조건을 만드는 원칙 중 저작자명, 출처, CCL 조건을 표시해야 한다는 원칙은 무엇인가요?
(　　)

3 CCL 저작물의 이용 허락 조건을 만드는 원칙 중 원저작물을 이용하여 새롭게 이차적 저작물을 제작하는 것을 금지한다는 원칙은 무엇인가요? (　　)

4 CCL 저작물의 이용 허락 조건을 만드는 원칙 중 재산상의 이익을 꾀하는 영리 목적으로 사용할 수 없다는 원칙은 무엇인가요? (　　)

5 자유 이용 허락 표시 저작물의 이용 허락 조건

자유 이용 허락 표시 저작물
저작자가 일정한 조건하에 자신의 저작물을 다른 사람이 이용할 수 있도록 표시한 저작물

(　　) 을 만드는 네 가지 기본 원칙	
저작권 정보 표시	저작자명, 출처, CCL 조건을 표시해야 한다는 것
비영리	재산상의 이익을 꾀하는 영리 목적으로 사용할 수 없다는 것
변경 금지	원저작물을 이용하여 새롭게 이차적 저작물을 제작하는 것을 금지한다는 것
(　　)	이차적 저작물을 제작하는 것을 허용하되, 새 저작물에 원저작물과 동일한 라이선스를 적용해야 한다는 것

CCL 저작물의 이용 허락은 기본 원칙에 기반하여 6가지 이용 허락 조건으로 이루어짐.

①문단 카피라이트(copyright), 즉 저작권은 소설이나 시, 음악, 미술 등과 같은 저작물을 창작한 사람의 권리이다. 자신의 저작물을 복제, 공연, 전시, 방송 또는 전송하는 등 법이 정하고 있는 일정한 방식으로 스스로 이용하거나, 다른 사람들이 그러한 방식으로 이용하는 것을 허락할 수 있는 권리이다. 이 권리는 누구에게나 주장할 수 있는 독점적인 성격이 있으며 법으로 규정되어 있다. 저작권법은 저작자의 권리와 이에 인접하는 권리를 보호하고 저작물의 공정한 이용을 도모함으로써 관련 산업의 발전에 도움이 되게 하고자 제정하였다.

②문단 저작권법은 저작 인격권과 저작 재산권으로 구분된다. 저작 인격권은 저작자가 저작물을 통해서 가지는 명예나 인격적 이익을 보호하는 권리이다. 이는 저작물을 세상에 드러내 알리는 공표를 하거나 하지 않을 권리, 저작물에 실명 또는 이명을 표시할 권리 등을 보호하는 것이다. 저작 인격권은 저작자 자신에 관해 전속되는 권리이기 때문에 양도할 수 없고 저작자가 죽으면 사라진다. 저작 재산권은 저작자의 저작물에 대한 모든 재산적 이익을 보호하는 권리이다. 저작자는 자신의 저작물에 대해 복제, 공연, 공중 송신, 전시, 배포, 대여, 이차적 저작물 작성을 할 권리가 있다. 이는 다른 사람이 저작자의 저작물에 대해 이러한 활동을 하려면 저작자의 허락을 받고 저작권료를 지불해야 함을 뜻한다. 저작 재산권은 저작자가 양도하거나 상속할 수 있고, 저작자가 살아 있는 동안과 사망 후 70년간 유지된다.

③문단 한편 저작물을 공유해야 한다는 입장을 가지고 저작물의 공유 캠페인인 카피레프트(copyleft)를 주장하는 이들도 있다. 이들은 기본적으로 자신과 다른 사람의 저작권을 존중한다. 다만 저작물 이용자들이 저작권법에 위배되거나 처벌되는 것에 대해 불안감을 느끼기 때문에 더욱 창의적이고 풍성한 정보 교류를 하는 데 방해가 된다고 본다. 이에 저작자들이 자신의 저작물에 일정한 이용 허락 조건을 표시해서 무료로 개방하는 저작물의 공유 캠페인을 벌이면 디지털 저작물의 생산이 더욱 활성화될 것으로 본다.

④문단 자유 이용 허락 표시(Creative Commons License) 저작물은 저작자가 일정한 조건하에 자신의 저작물을 다른 사람이 이용할 수 있도록 허락을 표시한 저작물이다. 이용 허락 조건은 <그림>과 같이 네 가지 기본 원칙에 기반하여 만들어진다. '저작권 정보 표시'는 저작물명, 저작자명, 출처, CCL 조건을 표시해야 한다는 것이고, '비영리'는 재산상의 이익을 꾀하는 영리 목적으로 사용할 수 없다는 것이다. '변경 금지'는 원저작물을 이용하여 새롭게 이차적 저작물을 제작하는 것을 금지한다는 것이며, '동일 조건 변경 허락'은 이차적 저작물을 제작하는 것을 허용하되, 새 저작물에 원저작물과 동일한 라이선스를 적용해야 한다는 것이다. CCL 저작물의 이용 허락은 6가지 이용 허락 조건으로 이루어진다.

ⓘ 저작권 정보 표시
Ⓢ 비영리
⊜ 변경 금지
↻ 동일 조건 변경 허락

<그림>

[A]

+꿀팁
저작권에 대한 두 입장인 카피라이트와 카피레프트를 구분하여 이해하는 것이 중요합니다. 저작권법 안에 두 가지 개념이 있으므로 구분하여 이해한 후 선지에 적용해야 해요! 또 자유 이용 허락 표시의 경우, 실제로 적용되는 구체적인 방법과 관련하여 [상황]이 <보기 1>에 제시된 6가지 유형 중 어디에 해당하는지를 파악해 봅시다.

8 윗글의 내용과 일치하는 것은?

① 저작 인격권은 저작자가 살아 있는 동안과 사망 후 70년간 유지된다.

② 저작권은 저작자가 자신의 저작물을 스스로 이용하거나 이용을 허락할 수 있는 권리이다.

③ 저작권법에는 저작권을 주장할 수 있는 사람과 저작권에 자유로운 사람이 규정되어 있다.

④ 저작물의 공유 캠페인을 벌이는 사람들은 모든 사람이 저작권을 동시에 소유하는 것이 문화 발전에 도움이 된다고 본다.

⑤ 다른 사람이 이차적 저작물을 작성할 때 저작권료를 지불하면 저작자가 허락하지 않아도 저작 재산권에 위배되지 않는다.

9 윗글의 [A]와 보기1 을 참고할 때, 보기2 의 빈칸에 들어갈 문자 표기로 적절한 것은?

보기1

라이선스	이용 조건	문자 표기
CC BY	저작권 정보 표시	CC BY
CC BY NC	저작권 정보 표시 - 비영리	CC BY NC
CC BY ND	저작권 정보 표시 - 변경 금지	CC BY ND
CC BY SA	저작권 정보 표시 - 동일 조건 변경 허락	CC BY SA
CC BY NC SA	저작권 정보 표시 - 비영리 - 동일 조건 변경 허락	CC BY NC SA
CC BY NC ND	저작권 정보 표시 - 비영리 - 변경 금지	CC BY NC ND

▲ CCL 저작물의 6가지 이용 허락 조건

보기2

　CCL 저작물 이용자는 저작물의 이용 허락 조건에 따라 이용해야 합니다. 조건 표기는 '저작물명 by 저작자명, 출처, CCL 조건(문자 표기)'과 같이 합니다.

　[예시] 공유마당 사이트(출처)에서 찾은 최철수(저작자명)가 창작한, 조건이 없는 흰망태버섯(저작물명)을 이용할 때
　- 흰망태버섯 by 최철수, 공유마당, CC BY
　[상황] 영희는 공유마당에서 '비영리'만 표시되어 있는 김진환의 징글 벨(Jingle Bell) 악보를 다운받아 친구들과 연주 목적으로만 사용하기로 하고 CCL 조건을 표기하여 출력하였습니다. CCL 조건 문자 표기는 어떻게 해야 할까요?
　- 징글 벨(Jingle Bell) 악보 by 김진환, 공유마당, ⬚

① CC BY NC　　② CC BY ND　　③ CC BY SA

④ CC BY NC SA　　⑤ CC BY NC ND

스스로 평가
1회독 ☺ ☹
2회독 ☺ ☹
3회독 ☺ ☹

수요와 공급에 따른 가격 결정

1회독 구조 읽기

1문단 사람들이 어떤 상품을 사고팔 때 가장 먼저 고려하는 것이 가격이다. 그런데 시장에서의 가격은 상품을 만든 사람이나 상품을 사고 싶어 하는 사람 각자가 원하는 대로 결정되는 것이 아니라, 수요와 공급에 따라 결정된다. 수요는 어떤 상품을 일정한 가격에 사고 싶어 하는 욕구로, 그 가격의 수준에서 수요자가 사고자 하는 상품의 양을 수요량이라 한다. 그리고 공급은 어떤 상품을 일정한 가격에 팔고자 하는 욕구로, 그 가격 수준에서 공급자가 팔고자 하는 상품의 양을 공급량이라 한다. 가격은 이 수요량과 공급량에 따라 결정된다.

2문단 <그림>에서 수요 곡선은 수요량과 가격의 관계를, 공급 곡선은 공급량과 가격의 관계를 나타낸다. 이를 바탕으로 가격이 결정되는 과정을 살펴보자. <그림>의 수요 곡선에서 보듯, 일반적으로 사람들은 상품의 가격이 낮으면 그 상품을 많이 사려고 하고, 상품의 가격이 높으면 덜 사려고 한다. 그런데 수요량이 공급량보다 많아져 <그림>과 같이 초과 수요가 발생하면 수요 곡선의 C점에서 형성된 가격이 변동된다.

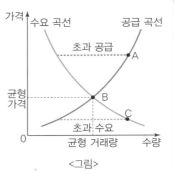

<그림>

예를 들어, 시장에서 파는 배추의 양보다 배추를 사려는 사람의 수가 더 많아지면 배추의 수요량이 공급량을 초과하는 일이 발생한다. 이때 수요자들은 돈을 더 내서라도 배추를 사려고 경쟁하고, 그 결과 C의 배춧값이 계속 오르게 된다. 이러한 상황에서 공급자는 이윤을 얻으려 공급량을 늘리지만, 수요자는 배추가 비싸 덜 사므로 수요량이 줄어 초과 수요가 점점 감소하면서 가격은 B로 조정된다.

3문단 <그림>의 공급 곡선에서 보듯, 가격이 오르면 공급량이 늘고 가격이 내려가면 공급량이 줄어든다. 수요량보다 공급량이 많아져 <그림>과 같이 초과 공급이 발생하면 공급 곡선의 A점에서 형성된 가격이 변동된다. 예를 들어, 사람들이 사려는 배추의 양보다 시장에 공급된 배추의 양이 더 많으면 결국 팔지 못하는 배추가 생기게 된다. 이때 공급자들은 가격을 낮춰서라도 남은 배추를 팔려고 경쟁을 하고, 그 결과 A의 배춧값이 계속 하락한다. 이렇게 되면 싼값의 배추를 사려는 사람들이 많아져 수요량이 늘어나고, 공급자는 손해를 덜 보기 위해 공급량을 줄이므로 초과 공급이 점점 감소하면서 가격은 B로 조정된다.

4문단 이처럼 초과 수요가 발생하면 초과 수요가 없어질 때까지 상품 가격이 올라가고, 초과 공급이 발생하면 초과 공급이 없어질 때까지 가격이 내려가면서, 수요량과 공급량이 조정된다. 이러한 과정이 반복되다 보면 수요량과 공급량이 일치하는 지점에 이르는데, 이때 상품의 가격이 오르거나 내리지 않는 균형 상태가 된다. 시장에서의 가격은 수요량과 공급량이 일치하는 지점, 즉 수요 곡선과 공급 곡선이 만나는 B점에서 결정된다. 이때의 가격을 균형 가격이라 하고, 이때 거래되는 양을 균형 거래량이라 한다.

꿀팁
1회독에서는 지문의 전체 내용이 완벽하게 이해되지 않아도 괜찮아요!

1 윗글과 아래 대화를 읽고 여러분은 윗글의 내용 중 어떤 점에 흥미가 생겼는지 생각해 보세요.

학교 나눔 장터에서 우리 반은 인형을 팔려고 하는데, 한 개 가격을 얼마로 하면 좋을지 의논해 보자.

작년에는 나눔 장터에서 인형을 1,000원에 팔았는데, 동생에게 주려고 사는 친구들이 많아서 금방 다 팔렸어. 올해는 2,000원씩 해도 잘 팔릴 것 같아.

나눔 장터의 물건 대부분이 1,000원 이하여서 2,000원이면 사려는 사람이 적을 것 같은데. 그래도 돈을 더 내고라도 사려는 친구들이 있을 테니까 1,500원은 어때?

그래. 1,500원이 가장 적당한 것 같아. 그래도 안 팔려서 남는 것이 있으면 그때 1,000원으로 할인해서 팔자.

2 윗글에서 가장 중요한 내용이나 주제어를 아래 빈칸에 써 보세요.

□□와 □□에 따른 가격 결정

3 윗글을 아래와 같은 구조로 정리한다고 할 때 빈칸에 알맞은 말을 써 보세요.

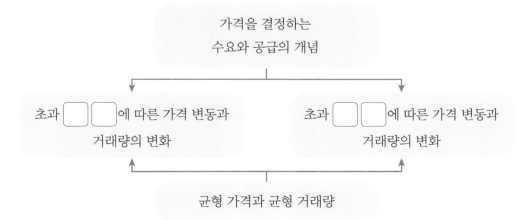

가격을 결정하는
수요와 공급의 개념

초과 □□에 따른 가격 변동과
거래량의 변화

초과 □□에 따른 가격 변동과
거래량의 변화

균형 가격과 균형 거래량

내용 읽기

❶ 각 문장을 읽고, 잘 이해했으면 □에 ✔처럼 체크해 보세요.
❷ 각 문장을 잘 이해하지 못했으면 점선을 따라 밑줄을 그어 보세요.

➡ 밑줄 그은 문장의 앞뒤 문장의 내용을 살펴보면서 다시 천천히 읽어 보세요.
   또 문단별 중심 내용의 빈칸을 채워 보세요.

어휘 읽기

❶ 어려운 어휘는 날개에서 그 뜻을 밝혔어요.
❷ 어휘 이외에 잘 모르는 어휘는 스스로 어휘 표시하고 사전에서 뜻을 찾아 써 보세요.

➡ 어휘 뜻을 알고 문장을 다시 읽어 보세요.

1문단 사람들이 어떤 상품을 사고팔 때 가장 먼저 고려하는 것이 가격이다.□ 그런데 시장에서의 가격은 상품을 만든 사람이나 상품을 사고 싶어 하는 사람 각자가 원하는 대로 결정되는 것이 아니라, 수요와 공급에 따라 결정된다.□ 수요는 어떤 상품을 일정한 가격에 사고 싶어 하는 욕구로, 그 가격의 수준에서 수요자가 사고자 하는 상품의 양을 수요량이라 한다.□ 그리고 공급은 어떤 상품을 일정한 가격에 팔고자 하는 욕구로, 그 가격 수준에서 공급자가 팔고자 하는 상품의 양을 공급량이라 한다.□ 가격은 이 수요량과 공급량에 따라 결정된다.□

1문단 중심 내용 가격 결정 요소인 □□와 □□의 개념

- **고려하다**: 생각하고 헤아려 보다.
- **시장**: 여러 가지 상품을 사고파는 일정한 장소.
- **결정되다**: 행동이나 태도가 분명하게 정해지다.
- **일정하다**: 얼마간이다. 또는 얼마간으로 정하여져 있다.
- **욕구**: 무엇을 얻거나 무슨 일을 하고자 바라는 일.
- **수요자**: 필요해서 사거나 얻고자 하는 사람.
- **공급자**: 공급하는 역할을 담당하는 사람이나 기관.
- _____

배경지식

수요 곡선과 공급 곡선

---

4 1문단을 읽고, ㉠~㉤ 중에서 ■~⑤의 괄호 안에 들어갈 알맞은 기호를 찾아 쓰세요.

㉠ 가격	㉡ 공급	㉢ 수요
㉣ 공급량	㉤ 수요량	

➕꿀팁 각 문단에서 기호의 단어를 찾아 동그라미 표시하면 더 쉽게 풀 수 있어요!

■ 사람들이 어떤 상품을 사거나 팔 때 가장 먼저 고려하는 것은 무엇인가요?　　　　　　　　　　　　　(　)

② 어떤 상품을 일정한 가격에 사고자 하는 욕구를 무엇이라고 하나요?　　　　　　　　　　　　　　　(　)

③ 어떤 상품을 일정한 가격에 팔고자 하는 욕구를 무엇이라고 하나요?　　　　　　　　　　　　　　　(　)

④ 시장에서 상품의 가격은 어떻게 결정되나요?

> 시장에서 상품의 가격은 개인의 마음대로 결정되는 것이 아니라, 수요량과 (　)에 따라 결정됨.

⑤ 가격 결정 요소인 수요와 공급의 개념

→ 시장에서의 가격 결정

어떤 상품을 사거나 팔 때 가장 먼저 가격을 고려함.

시장에서는 수요와 공급에 따라 가격이 결정됨.

수요와 공급의 개념

수요의 개념	• 어떤 상품을 일정한 가격에 사고 싶어 하는 욕구 • (　): 일정한 가격 수준에서 수요자가 사고자 하는 상품의 양
공급의 개념	• 어떤 상품을 일정한 가격에 팔고자 하는 욕구 • 공급량: 일정한 가격 수준에서 공급자가 팔고자 하는 상품의 양

2 문단 <그림>에서 수요 곡선은 수요량과 가격의 관계를, 공급 곡선은 공급량과 가격의 관계를 나타낸다.☐ 이를 바탕으로 가격이 결정되는 과정을 살펴보자.☐ <그림>의 수요 곡

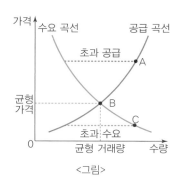

<그림>

선에서 보듯, 일반적으로 사람들은 상품의 가격이 낮으면 그 상품을 많이 사려고 하고, 상품의 가격이 높으면 덜 사려고 한다.☐ 그런데 수요량이 공급량보다 많아져 <그림>과 같이 초과 수요가 발생하면 수요 곡선의 C점에서 형성된 가격이 변동된다.☐ 예를 들어, 시장에서 파는 배추의 양보다 배추를 사려는 사람의 수가 더 많아지면 배추의 수요량이 공급량을 초과하는 일이 발생한다.☐ 이때 수요자들은 돈을 더 내서라도 배추를 사려고 경쟁하고, 그 결과 C의 배춧값이 계속 오르게 된다.☐ 이러한 상황에서 공급자는 이윤을 얻으려 공급량을 늘리지만, 수요자는 배추가 비싸 덜 사므로 수요량이 줄어 초과 수요가 점점 감소하면서 가격은 B로 조정된다.☐

2문단 중심 내용 ☐☐☐☐에 따른 가격 변동과 거래량의 변화

・**초과 수요**: 어떤 가격선에서 공급을 넘는 수요 부분. 수요량에서 공급량을 뺀 만큼이 초과 수요가 된다.
・**변동되다**: 바뀌어 달라지다.
・**초과하다**: 일정한 수나 한도 따위가 넘어가다. 또는 일정한 수나 한도 따위를 넘다.
・**이윤**: 장사 따위를 하여 남은 돈.
・**감소하다**: 양이나 수치가 줄다.
・**조정되다**: 어떤 기준이나 실정에 맞게 정돈되다.
・_____

배경지식

초과 수요가 발생했을 때의 상황

상품의 가격이 균형 가격보다 낮은 경우 → 수요량 > 공급량 → 수요자 간의 경쟁 → 가격 상승 요인이 됨.

정답과 해설 16쪽

5 2문단을 읽고, ㉠~㉤ 중에서 ①~④의 괄호 안에 들어갈 알맞은 기호를 찾아 쓰세요.

㉠ 경쟁　　　㉡ 공급량　　　㉢ 수요량
㉣ 수요 곡선　　㉤ 초과 수요

① 가격이 낮으면 수요량이 늘어나고 가격이 높으면 수요량이 줄어드는 관계를 나타낸 그래프는 무엇인가요?　　（　　）

② 초과 수요가 발생할 때 가격이 오르는 까닭은 무엇인가요?

　그 상품을 갖고 싶어 하는 수요자들이 더 비싼 가격으로라도 물건을 사려고 （　　）하기 때문임.

③ 초과 수요에 따른 가격 변동으로 수요량과 공급량은 어떻게 변화되나요?

　초과 수요에 따른 경쟁으로 상품의 가격이 오르면서 （　　）은 늘어나고 （　　）은 줄어듦.

④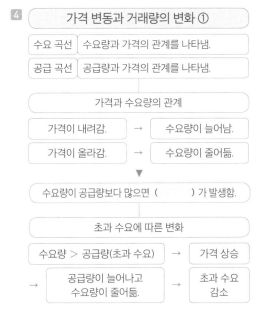

가격 변동과 거래량의 변화 ①

| 수요 곡선 | 수요량과 가격의 관계를 나타냄. |
| 공급 곡선 | 공급량과 가격의 관계를 나타냄. |

가격과 수요량의 관계

| 가격이 내려감. | → | 수요량이 늘어남. |
| 가격이 올라감. | → | 수요량이 줄어듦. |

수요량이 공급량보다 많으면 （　　）가 발생함.

초과 수요에 따른 변화

| 수요량 > 공급량(초과 수요) | → | 가격 상승 |
| → | 공급량이 늘어나고 수요량이 줄어듦. | 초과 수요 감소 |

③ 문단 <그림>의 공급 곡선에서 보듯, 가격이 오르면 공급량이 늘고 가격이 내려가면 공급량이 줄어든다.□ 수요량보다 공급량이 많아져 <그림>과 같이 초과 공급 이 발생하면 공급 곡선의 A점에서 형성된 가격이 변동된다.□ 예를 들어, 사람들이 사려는 배추의 양보다 시장에 공급된 배추의 양이 더 많으면 결국 팔지 못하는 배추가 생기게 된다.□ 이때 공급자들은 가격을 낮춰서라도 남은 배추를 팔려고 경쟁을 하고, 그 결과 A의 배춧값이 계속 하락한다.□ 이렇게 되면 싼값의 배추를 사려는 사람들이 많아져 수요량이 늘어나고, 공급자는 손해를 덜 보기 위해 공급량을 줄이므로 초과 공급이 점점 감소하면서 가격은 B로 조정된다.□

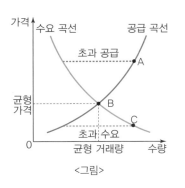

<그림>

• **초과 공급**: 공급량이 수요량보다 많은 상태. 공급량에 수요량을 뺀 만큼이 초과 공급이 된다.
• **하락하다**: 값이나 등급 따위가 떨어지다.
• **손해**: 물질적으로나 정신적으로 밑짐.
• _____

 **배경지식**

초과 공급이 발생했을 때의 상황

상품의 가격이 균형 가격보다 높은 경우 → 수요량 < 공급량 → 공급자 간의 경쟁 → 가격 하락 요인이 됨.

3문단 중심 내용 ☐☐ ☐☐ 에 따른 가격 변동과 거래량의 변화

---

6 3문단을 읽고, ㉠~㉤ 중에서 **1**~**4**의 괄호 안에 들어갈 알맞은 기호를 찾아 쓰세요.

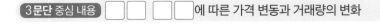

| ㉠ 공급량 | ㉡ 수요량 | ㉢ 가격 하락 |
| ㉣ 공급 곡선 | ㉤ 초과 공급 | |

1 공급량과 가격이 서로 영향을 미치는 관계를 보여 주는 그래프는 무엇인가요? (　　)

2 공급자들 간의 경쟁이 발생하여 가격이 내려가는 것은 수요량보다 무엇이 더 많기 때문인가요? (　　)

3 초과 공급에 따른 가격 변동으로 거래량은 어떻게 변하나요?

초과 공급으로 상품의 가격이 하락하면 (　　)은 늘어나고 공급량은 줄어듦.

4 가격 변동과 거래량의 변화 ②

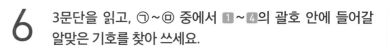

가격과 공급량의 관계

| 가격이 올라감. | → | 공급량이 늘어남. |
| 가격이 내려감. | → | 공급량이 줄어듦. |

▼

공급량이 수요량보다 많으면 (　　)이 발생함.

초과 공급에 따른 변화

| 수요량 < 공급량(초과 공급) | → | (　　) |
| → | 수요량이 늘어나고 공급량이 줄어듦. | → | 초과 공급 감소 |

4문단 이처럼 초과 수요가 발생하면 초과 수요가 없어질 때까지 상품 가격이 올라가고, 초과 공급이 발생하면 초과 공급이 없어질 때까지 가격이 내려가면서, 수요량과 공급량이 조정된다.☐ 이러한 과정이 반복되다 보면 수요량과 공급량이 일치하는 지점에 이르는데, 이때 상품의 가격이 오르거나 내리지 않는 균형 상태가 된다.☐ 시장에서의 가격은 수요량과 공급량이 일치하는 지점, 즉 수요 곡선과 공급 곡선이 만나는 B점에서 결정된다.☐ 이때의 가격을 균형 가격이라 하고, 이때 거래되는 양을 균형 거래량이라 한다.☐

4문단 중심 내용 수요량과 공급량이 일치하는 지점에서 결정되는 가격인
☐☐ ☐☐

- **일치하다**: 비교되는 대상들이 서로 어긋나지 아니하고 같거나 들어맞다.
- **균형**: 어느 한쪽으로 기울거나 치우치지 아니하고 고른 상태.
- **균형 가격**: 시장에서 수요량과 공급량이 일치하는 선에서 성립하는 가격.
- **거래되다**: 물건 따위가 사고 팔리다.
- **균형 거래량**: 수요량과 공급량이 일치하는 지점에서 거래되는 양.
- _____

정답과 해설 16쪽

7 4문단을 읽고, ㉠~㉤ 중에서 **1**~**5**의 괄호 안에 들어갈 알맞은 기호를 찾아 쓰세요.

| ㉠ 내려간다 | ㉡ 올라간다 | ㉢ 균형 가격 |
| ㉣ 균형 상태 | ㉤ 균형 거래량 | |

1 수요량이 공급량보다 많아 초과 수요가 발생하면 상품의 가격은 어떻게 변화하나요? ( )

2 초과 공급이 발생하면 초과 공급이 없어질 때까지 상품의 가격은 어떻게 변화하나요? ( )

3 수요 곡선과 공급 곡선이 만나는 지점에서 결정되는 가격을 무엇이라고 하나요? ( )

4 수요량과 공급량이 일치하여 상품의 가격이 오르거나 내리지 않는 상태를 무엇이라고 하나요? ( )

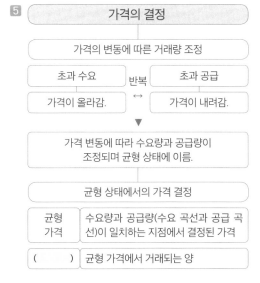

5

가격의 결정

가격의 변동에 따른 거래량 조정

| 초과 수요 | 반복 | 초과 공급 |
| 가격이 올라감. | ↔ | 가격이 내려감. |

▼

가격 변동에 따라 수요량과 공급량이 조정되며 균형 상태에 이름.

균형 상태에서의 가격 결정

| 균형 가격 | 수요량과 공급량(수요 곡선과 공급 곡선)이 일치하는 지점에서 결정된 가격 |

| ( ) | 균형 가격에서 거래되는 양 |

1문단 사람들이 어떤 상품을 사고팔 때 가장 먼저 고려하는 것이 가격이다. 그런데 시장에서의 가격은 상품을 만든 사람이나 상품을 사고 싶어 하는 사람 각자가 원하는 대로 결정되는 것이 아니라, 수요와 공급에 따라 결정된다. 수요는 어떤 상품을 일정한 가격에 사고 싶어 하는 욕구로, 그 가격의 수준에서 수요자가 사고자 하는 상품의 양을 수요량이라 한다. 그리고 공급은 어떤 상품을 일정한 가격에 팔고자 하는 욕구로, 그 가격 수준에서 공급자가 팔고자 하는 상품의 양을 공급량이라 한다. 가격은 이 수요량과 공급량에 따라 결정된다.

2문단 <그림>에서 수요 곡선은 수요량과 가격의 관계를, 공급 곡선은 공급량과 가격의 관계를 나타낸다. 이를 바탕으로 가격이 결정되는 과정을 살펴보자. <그림>의 수요 곡선에서 보듯, 일반적으로 사람들은 상품의 가격이 낮으면 그 상품을 많이 사려고 하고, 상품의 가격이 높으면 덜 사려고 한다. 그런데 수요량이 공급량보다 많아져 <그림>과 같이 초과 수요가 발생하면 수요 곡선의 C점에서 형성된 가격이 변동된다.

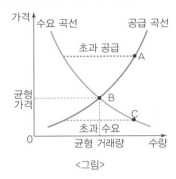

<그림>

예를 들어, 시장에서 파는 배추의 양보다 배추를 사려는 사람의 수가 더 많아지면 배추의 수요량이 공급량을 초과하는 일이 발생한다. 이때 수요자들은 돈을 더 내서라도 배추를 사려고 경쟁하고, 그 결과 C의 배춧값이 계속 오르게 된다. 이러한 상황에서 공급자는 이윤을 얻으려 공급량을 늘리지만, 수요자는 배추가 비싸 덜 사므로 수요량이 줄어 초과 수요가 점점 감소하면서 가격은 B로 조정된다.

3문단 <그림>의 공급 곡선에서 보듯, 가격이 오르면 공급량이 늘고 가격이 내려가면 공급량이 줄어든다. 수요량보다 공급량이 많아져 <그림>과 같이 초과 공급이 발생하면 공급 곡선의 A점에서 형성된 가격이 변동된다. 예를 들어, 사람들이 사려는 배추의 양보다 시장에 공급된 배추의 양이 더 많으면 결국 팔지 못하는 배추가 생기게 된다. 이때 공급자들은 가격을 낮춰서라도 남은 배추를 팔려고 경쟁을 하고, 그 결과 A의 배춧값이 계속 하락한다. 이렇게 되면 싼값의 배추를 사려는 사람들이 많아져 수요량이 늘어나고, 공급자는 손해를 덜 보기 위해 공급량을 줄이므로 초과 공급이 점점 감소하면서 가격은 B로 조정된다.

4문단 이처럼 초과 수요가 발생하면 초과 수요가 없어질 때까지 상품 가격이 올라가고, 초과 공급이 발생하면 초과 공급이 없어질 때까지 가격이 내려가면서, 수요량과 공급량이 조정된다. 이러한 과정이 반복되다 보면 수요량과 공급량이 일치하는 지점에 이르는데, 이때 상품의 가격이 오르거나 내리지 않는 균형 상태가 된다. 시장에서의 가격은 수요량과 공급량이 일치하는 지점, 즉 수요 곡선과 공급 곡선이 만나는 B점에서 결정된다. 이때의 가격을 균형 가격이라 하고, 이때 거래되는 양을 균형 거래량이라 한다.

꿀팁
수요와 공급에 따른 가격 결정 과정을 이해한 후, 이를 동일한 그래프에 적용해 보는 문제가 출제되었어요. 그래프에 숫자가 제시된 것일 뿐 지문 내용과 동일한 개념이 적용되었습니다. 다만 오르는지 내리는지 등의 관계를 지문 내용과 꼼꼼히 비교하고, 가격 변동에 따라 수요자들과 공급자들이 어떻게 하는지를 잘 살펴보아야 해요!

8 윗글을 통해 짐작할 수 있는 내용으로 적절하지 <u>않은</u> 것은?

① 공급자는 자신이 얻게 될 이윤이나 손해를 고려해서 공급량을 조절한다.

② 균형 가격에서 거래가 이루어져도 공급자나 수요자가 그 가격에 만족하지 않을 수 있다.

③ 초과 수요나 초과 공급이 발생하면 상품 가격이 올라가면서 수요량과 공급량이 조정된다.

④ 일반적으로 상품의 가격이 오르면 그 상품에 대한 수요는 줄어들지만 공급은 늘어나는 경향이 있다.

⑤ 특정 상품에 대한 수요자 간의 경쟁이나 공급자 간의 경쟁은 상품 가격의 변동에 영향을 줄 수 있다.

9 윗글을 바탕으로 보기 의 그래프를 이해한 내용으로 적절하지 <u>않은</u> 것은?

보기

다음은 시장에서의 배추의 수요량과 공급량, 가격의 관계를 그래프로 나타낸 것이다.

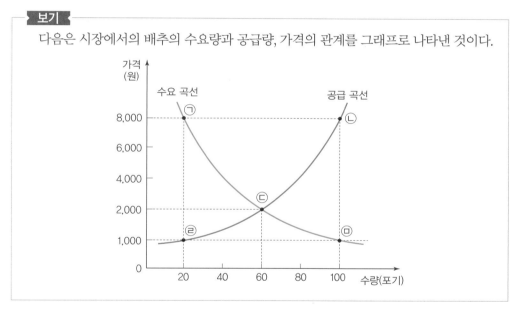

① 배춧값이 8,000원일 때는 ⓒ에서 ⓒ의 수량을 뺀 만큼의 초과 공급이, 배춧값이 1,000원일 때는 ⓓ에서 ⓔ의 수량을 뺀 만큼의 초과 수요가 발생하겠군.

② 배춧값이 8,000원일 때, 가격을 낮춰서라도 배추를 팔려는 공급자들이 나타나 경쟁하면 배춧값은 ⓒ에서보다 하락하겠군.

③ 배춧값이 1,000원일 때, 배추를 사려는 수요자들이 늘어나 배춧값이 상승하면 공급자들은 ⓔ보다 공급량을 줄이겠군.

④ 배춧값이 2,000원일 때, 배추의 공급량과 수요량이 일치하므로 ⓒ에서 거래되는 양이 균형 거래량이겠군.

⑤ 배추의 수요량과 공급량이 조정되어 ⓐ, ⓒ, ⓔ, ⓓ이 ⓒ의 지점으로 이동하면서 균형 가격이 형성되겠군.

스스로 평가
1회독
2회독
3회독

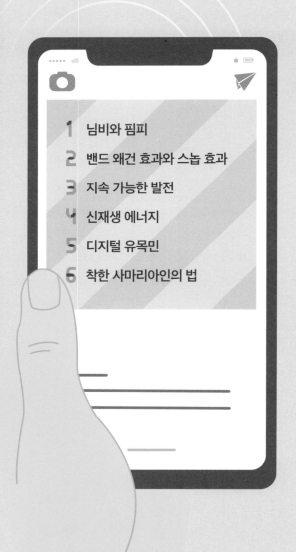

내 손안의 지식사전

1 님비와 핌피

님비와 핌피는 지역 이기주의를 의미합니다. 님비 (NIMBY) 현상은 'Not In My Back Yard'의 줄임말입니다. 자신이 속한 지역에 교도소나 쓰레기 소각장 같은 이롭지 못한 시설이 들어오는 것을 반대하는 현상이지요. 공공의 이익에는 부합하지만 자신이 속한 지역에는 이롭지 않다고 생각하는 일을 반대하는 이기적인 행동을 뜻합니다. 이와 반대로 자신이 속한 지역에 백화점, 지하철과 같이 경제적으로 도움이 되는 사업이나 이로운 시설을 유치하려는 것을 핌피(PIMFY) 현상이라고 합니다. 핌피 현상은 'Please In My Front Yard'의 줄임말입니다.

2 밴드 왜건 효과와 스놉 효과

밴드 왜건 효과와 스놉 효과는 소비 습관입니다. 밴드 왜건은 대열의 선두에서 행렬을 이끄는 음악대 차를 일컫습니다. 밴드 왜건 효과는 소비자가 다른 소비자들이 특정 제품을 쓰는 것을 보고 나서 영향을 받아 자신의 수요가 그 소비 형태를 따라가는 현상을 말합니다. 한편 스놉은 잘난 체하는 속물을 의미하는데, 스놉 효과는 제품을 살 때 다른 소비자를 신경 쓰지 않고 나만의 개성을 추구하는 방식의 의사 결정을 말합니다. 즉 특정 상품을 소비하는 사람이 많아지면 그 상품에 대한 수요가 감소하는 현상입니다. 스놉 효과는 소비자가 매우 드문 예술품이나 명품 같은 차별적인 재화를 소비하여 과시하려는 구매 심리에서 기인하지요. 이들은 단지 다른 소비자와 다른 것이 아니라 자신을 더 고급스럽게 표현해 줄 수 있다고 여기는 제품을 사는 경향이 있습니다.

3 지속 가능한 발전

지속 가능한 발전은 환경과 상호 보완하며 환경 문제를 개선하는 데 긍정적으로 작용하는 지속적 경제 성장을 뜻합니다. 지구 환경은 인간이 많은 양의 자원을 써서 소비하고 각종 오염 물질을 배출하였기 때문에 훼손되어 가고 있습니다. 지속 가능한 발전이란 미래 세대가 살아가는 데 필요한 자원이나 환경을 손상하지 않으면서 현재 우리의 욕구를 동시에 충족하는 발전을 가리킵니다. 이는 경제 성장, 환경 보전, 사회 공동체의 안정과 통합 등의 분야를 조화롭게 추구할 때 이룰 수 있습니다. 지속 가능한 발전을 위해서는 화석 연료의 사용량을 줄이고 신재생 에너지를 개발하는 데 힘써야 합니다. 또한 환경 문제는 한 국가의 노력으로 해결하기 어려우므로 지구촌이 함께 지구 환경을 지키기 위한 노력을 해야 합니다. 그리고 개인적 차원에서도 자원을 절약하고 재활용하며 대중교통을 이용하는 등의 친환경적 소비 생활을 해야 합니다.

4 신재생 에너지

신재생 에너지는 신에너지와 재생 에너지를 합친 말로, 화석 연료 사용에 따른 문제를 극복할 수 있는 에너지를 말합니다. 신에너지는 연료 전지, 수소 에너지와 같이 기술적으로 새로운 에너지이고, 재생 에너지는 태양열, 태양광, 수력, 풍력, 지열, 조력, 폐기물 등 일정 시간이 지나면 다시 보충되어 계속 이용할 수 있는 에너지입니다. 덴마크의 삼소섬은 축산업을 주산업으로 삼았었는데, 그로 인해 메탄가스가 많이 배출되었습니다. 그런데 주민들은 섬 전체를 휘도는 바람으로 풍력 터빈을 돌려 전기와 수송 에너지를 생산했습니다. 또한 태양광과 바이오 에너지를 이용해 자체적으로 난방 에너지를 생산했습니다. 이렇게 생산한 전력은 섬에서 사용한 후에도 남게 되었고, 이를 수출해 지역 경제에 도움을 주었습니다. 삼소섬 주민들은 화석 연료를 대체할 수 있고 고갈 위험이 적은 재생 에너지의 이용을 늘려서 에너지 자립을 이룬 것입니다.

5 디지털 유목민

디지털 유목민은 디지털 시대 새로운 인간관입니다. 자크 아탈리는 '디지털 노매드족'이라는 개념어를 제시하면서 미래 역사의 주인공이 그들이 될 것이라고 했습니다. 디지털 노매드족은 첨단 디지털 장비를 갖추고 여러 나라를 다니며 일하는 사람이나 그런 무리를 말합니다. 그들은 국경을 초월해서 전 세계를 무대로 끊임없이 움직이면서 새로운 가치를 창조하는 세력이라고 할 수 있습니다. 유목민은 물과 풀을 찾아 떠돌아다니는 생활을 하지만, 21세기형 디지털 유목민은 시간적·공간적 제약으로부터 자유로운 상태에서 자신의 삶의 질을 극대화하기 위해 떠돌이 생활을 합니다. 이는 인터넷, 휴대용 통신 기기 등 정보 통신 기술이 발달하여 이제 한곳에 정착할 필요가 없어졌다는 것을 뜻합니다. 즉 디지털 시스템이 갖추어진 인간의 삶은 정착을 거부하고 유목으로 점차 변모해 갈 수 있음을 의미합니다.

6 착한 사마리아인의 법

착한 사마리아인의 법은 자신에게 특별한 위험이 발생하지 않는 데에도 불구하고 곤경에 처한 사람을 구해 주지 않은 행위를 처벌하는 법입니다. 『성서』에서 강도를 만나 죽게 된 사람을 다들 모른 체 지나쳤지만 한 사마리아인이 구해 주었다는 데서 이름이 비롯되었습니다. 착한 사마리아인의 법은 도덕적인 의무를 법으로 규정하여 강제하는 것이고, 프랑스 형법에서는 실제로 이러한 법률을 규정하기도 하였습니다.

Ⅲ

사례 구조

지리 01 살기 좋은 도시로의 변화

1회독 구조 읽기

①문단 도시는 정치·경제·문화의 중심지로 다양한 일자리가 있어 경제 활동을 할 기회가 많다. 또 교육·의료·교통 등 각종 도시 기반 시설이 잘되어 있어 생활하기도 편리하여 많은 인구가 모인다. 그런데 도시에 인구가 급격히 증가하게 되면 주택 문제뿐만 아니라, 자동차 수의 증가에 따른 교통 문제가 발생한다. 또 대기 오염, 많은 쓰레기 배출과 녹지 부족에 따른 환경 문제 등이 나타나 도시에서의 삶의 질이 떨어지게 된다. 그래서 많은 도시가 이러한 문제를 해결하기 위해 다양한 정책을 펼치며 더 살기 좋은 도시로 만들려고 노력하고 있다.

주제

②문단 브라질의 쿠리치바는 과거에 도시화로 인구가 급격히 늘어남에 따라 교통 문제와 쓰레기 문제가 발생하였다. 이에 쿠리치바에서는 버스 전용 차로를 만들고, 굴절 버스, 원통형 버스 정류장 등을 도입하였다. 차량 3칸을 이어 만든 굴절 버스에는 출입문 5개를 두어 시민들의 승하차를 편리하게 하였고, 원통형 버스 정류장에서 미리 요금을 지불하게 하였다. 이를 통해 많은 시민이 버스를 동시에 이용하면서도 버스가 불필요하게 공회전하는 것을 막았다. 또 자전거 도로와 보행자 전용 도로 등을 만들어 교통 문제를 친환경적으로 해결하였다. 한편, 시민들이 재활용 쓰레기를 가져오면 버스 승차권이나 먹을거리로 바꿔 주는 프로그램을 운영하였다. 또 재활용 센터에서 쓰레기를 분류하는 일에 기초 생활 수급자를 고용함으로써 그들에게 일자리를 제공해 주고 자기 힘으로 살아갈 수 있도록 도움을 주었다.

사례 1

③문단 미국의 채터누가는 과거에 한낮에도 앞이 잘 보이지 않을 정도로 대기 오염이 심각했다. 이로 인해 폐렴 환자의 수가 다른 지역보다 3배 이상 많았다. 이에 채터누가에서는 공장에 배기가스를 줄이는 장치를 의무적으로 설치하게 하고, 시민들은 대중교통을 이용해 출퇴근하게 하였다. 또 빗물을 재활용하여 소방서나 공장에서 사용하고, 쓰레기장의 오염된 흙과 하수는 정화해 건설업에서 사용하게 하여 경제 효과를 보게 되었다. 이와 함께 시민들도 도시 재건을 위해 다양한 방법을 채터누가에 제안하고 자원봉사도 하며 힘을 합쳤다. 그 결과, 채터누가는 환경 문제 해결과 경제 발전을 동시에 이룬 도시로 인정받게 되었다.

사례 2

④문단 살기 좋은 도시로 만들기 위해 노력한 예는 우리나라에서도 찾아볼 수 있다. 전라남도 순천시에는 습지, 갯벌, 갈대밭 등이 아름다운 경관을 이루며 다양한 생물이 사는 순천만이 있다. 순천시는 낙후된 도시를 되살리고 환경 파괴를 막기 위해 생태와 문화를 도시의 가치 기준으로 삼고, 순천만을 이용한 개발 계획을 세웠다. 순천시는 순천만의 자연환경을 중심으로 한 자연 정원과 습지로의 도심지 확장을 막는 인공 정원을 만들었다. 또 자전거 도로와 공공 자전거를 도입하여 친환경 도시로 만들기 위해 노력하였다. 그 결과, 순천시는 자연환경을 보호하는 한편, 생태 관광지로서 관광객이 늘면서 일자리가 늘어나고 지역 경제가 활기를 띠게 되어 자연과 인간이 공존하는 삶의 질이 높은 도시가 되었다.

사례 3

＋꿀팁
1회독에서는 지문의 전체 내용이 완벽하게 이해되지 않아도 괜찮아요!

1 윗글과 아래 대화를 읽고 여러분은 윗글의 내용 중 어떤 점에 흥미가 생겼는지 생각해 보세요.

지수야!
나는 이번 여름방학에 부모님이랑 ○○섬에서
한 달 살기를 했어. 섬이지만 산도 있고
계곡도 있는 곳이었어.

아, 그 섬! 자연환경이 좋다고 소문난
곳이잖아. 계곡과 바다를 오가며 물놀이도
실컷 했겠네. 부럽다. 나도 그런 곳에서
살아 보고 싶어.

자연은 정말 아름답고 좋더라. 그런데
교통이 불편하고 놀이 시설 같은 게 없어서
조금 아쉬웠어. 그런 것도 잘되어 있으면
더 살기 좋을 텐데.

살기 좋은 곳 하면 자연이 아름다운 곳이
가장 먼저 떠오르는데, 교통과 편의 시설도
잘되어 있어야 정말 살기 좋은 곳이겠네.

2 윗글에서 가장 중요한 내용이나 주제어를 아래 빈칸에 써 보세요.

살기 좋은 ☐☐로 만들기 위한 ☐☐과 그 사례

3 윗글을 아래와 같은 구조로 정리한다고 할 때 빈칸에 알맞은 말을 써 보세요.

살기 좋은 도시로
만들기 위한 노력

├─ 브라질의 ☐☐☐☐

├─ 미국의 채터누가

└─ 우리나라의 ☐☐☐

내용 읽기

① 각 문장을 읽고, 잘 이해했으면 □에 ✔처럼 체크해 보세요.
② 각 문장을 잘 이해하지 못했으면 점선을 따라 밑줄을 그어 보세요.

➡ 밑줄 그은 문장의 앞뒤 문장의 내용을 살펴보면서 다시 천천히 읽어 보세요. 또 문단별 중심 내용의 빈칸을 채워 보세요.

어휘 읽기

① 어려운 어휘는 날개에서 그 뜻을 밝혔어요.
② 어휘 이외에 잘 모르는 어휘는 스스로 어휘 표시하고 사전에서 뜻을 찾아 써 보세요.

➡ 어휘 뜻을 알고 문장을 다시 읽어 보세요.

1문단 도시는 정치·경제·문화의 중심지로 다양한 일자리가 있어 경제 활동을 할 기회가 많다.□ 또 교육·의료·교통 등 각종 도시 기반 시설이 잘되어 있어 생활하기도 편리하여 많은 인구가 모인다.□ 그런데 도시에 인구가 급격히 증가하게 되면 주택 문제뿐만 아니라, 자동차 수의 증가에 따른 교통 문제가 발생한다.□ 또 대기 오염, 많은 쓰레기 배출과 녹지 부족에 따른 환경 문제 등이 나타나 도시에서의 삶의 질이 떨어지게 된다.□ 그래서 많은 도시가 이러한 문제를 해결하기 위해 다양한 정책을 펼치며 더 살기 좋은 도시로 만들려고 노력하고 있다.□

1문단 중심 내용 살기 좋은 □□로 만들기 위한 노력

- **도시 기반 시설**: 도시 생활에 필수적인 시설. 도로, 전기, 전화, 주택, 상하수도 따위를 말하며 병원, 학교, 위락 시설 따위를 포함하기도 한다.
- **급격히**: 변화의 움직임 따위가 급하고 격렬하게.
- **배출**: 안에서 밖으로 밀어 내보냄.
- **녹지**: 꽃과 나무 등 식물이 가득한 공간.
- **삶의 질**: 살아가는 것으로부터 얻어지는 가치, 의미, 만족의 정도.
- **정책**: 정치적 목적을 실현하기 위한 방책.
- _____

4 1문단을 읽고, ㉠~㉤ 중에서 1~5의 괄호 안에 들어갈 알맞은 기호를 찾아 쓰세요.

㉠ 도시	㉡ 일자리	㉢ 삶의 질
㉣ 교통 문제	㉤ 도시 기반 시설	

➕꿀팁 각 문단에서 기호의 단어를 찾아 동그라미 표시하면 더 쉽게 풀 수 있어요!

1 정치·경제·문화의 중심지로, 다양한 일자리가 있는 곳을 무엇이라고 하나요? ( )

2 교육·의료·교통 등과 같이 도시 생활을 편리하게 해 주는 필수적인 시설을 무엇이라고 하나요? ( )

3 도시에서 인구의 증가에 따라 자동차의 수가 늘어나면서 나타나는 문제는 무엇인가요? ( )

4 살기 좋은 도시를 만들기 위한 방법은 무엇인가요?

> 다양한 정책을 통해 주택, 교통, 환경 등의 도시 문제를 해결하여 도시에서의 ( )을 높여야 함.

5 살기 좋은 도시로 만들기 위한 노력

도시의 개념	• 정치·경제·문화의 중심지 • 다양한 ( ) 가 있어 경제 활동을 할 기회가 많음. • 교육·의료·교통 등 각종 도시 기반 시설이 잘되어 있어 생활이 편리함. • 많은 인구가 모임.

도시의 인구 급증에 따른 문제

• 주택 문제 • 교통 문제 • 환경 문제	→	도시에서의 삶의 질이 떨어지게 됨.

도시 문제 해결을 위한 노력

문제를 해결하기 위한 다양한 정책을 펼치며 더 살기 좋은 도시로 만들기 위해 노력함.

2문단 브라질의 쿠리치바는 과거에 도시화로 인구가 급격히 늘어남에 따라 교통 문제와 쓰레기 문제가 발생하였다.□ 이에 쿠리치바에서는 버스 전용 차로를 만들고, 굴절 버스, 원통형 버스 정류장 등을 도입하였다.□ 차량 3칸을 이어 만든 굴절 버스에는 출입문 5개를 두어 시민들의 승하차를 편리하게 하였고, 원통형 버스 정류장에서 미리 요금을 지불하게 하였다.□ 이를 통해 많은 시민이 버스를 동시에 이용하면서도 버스가 불필요하게 공회전하는 것을 막았다.□ 또 자전거 도로와 보행자 전용 도로 등을 만들어 교통 문제를 친환경적으로 해결하였다.□ 한편, 시민들이 재활용 쓰레기를 가져오면 버스 승차권이나 먹을거리로 바꿔 주는 프로그램을 운영하였다.□ 또 재활용 센터에서 쓰레기를 분류하는 일에 기초 생활 수급자를 고용함으로써 그들에게 일자리를 제공해 주고 자기 힘으로 살아갈 수 있도록 도움을 주었다.□

2문단 중심 내용 살기 좋은 도시로 만들기 위한 노력 사례 ①
- 브라질의 ☐☐☐☐

- **도시화**: 도시의 문화 형태가 도시 이외의 지역으로 발전·확대됨. 인구 밀도의 증가나 사회 상황의 변화도 포함한다.
- **굴절 버스**: 승객 수송량을 늘리기 위하여 일반 버스에 비하여 길이를 늘이고 중간 부분이 굴절될 수 있도록 하여 교차로에서의 회전이 쉽도록 만든 버스.
- **원통형**: 둥근 통의 모양과 같은 형.
- **도입하다**: 기술, 방법, 물자 따위를 끌어 들이다.
- **공회전**: 기계 따위가 헛도는 일.
- **보행자 전용 도로**: 보행자만 통행할 수 있도록 안전 표지나 그와 비슷한 인공 구조물로 표시한 도로.
- **친환경적**: 자연환경을 오염하지 않고 자연 그대로의 환경과 잘 어울리는.
- **분류하다**: 종류에 따라서 가르다.
- **기초 생활 수급자**: 국가로부터 기초 생활비를 지급받는 사람.

배경지식
쿠리치바의 굴절 버스

정답과 해설 18쪽

5 2문단을 읽고, ㉠~㉤ 중에서 ①~⑤의 괄호 안에 들어갈 알맞은 기호를 찾아 쓰세요.

㉠ 도시화   ㉡ 굴절 버스   ㉢ 재활용 쓰레기
㉣ 기초 생활 수급자   ㉤ 원통형 버스 정류장

① 과거 쿠리치바에 인구가 급격히 늘어나게 된 원인은 무엇인가요? ( )

② 쿠리치바에서 교통 문제를 해결하려고 도입한 것으로, 많은 시민을 동시에 태울 수 있는 버스는 무엇인가요? ( )

③ 쿠리치바에서 교통 문제를 해결하려고 도입한 것으로, 시민들이 버스에 오르기 전에 요금을 지불하는 곳은 어디인가요? ( )

④ 쿠리치바에서 쓰레기 문제와 빈민 문제를 동시에 해결한 방법은 무엇인가요?

재활용 센터를 운영하고 쓰레기 분류 작업을 ( )에게 맡겨 일자리를 줌으로써 그들이 스스로 살아갈 수 있게 도움.

5

브라질의 쿠리치바

과거의 도시 문제

도시화로 인구가 급격히 증가함.	→	교통 문제, 쓰레기 문제 발생

문제 해결을 위한 노력

교통 문제	• 버스 전용 차로, 굴절 버스, 원통형 버스 정류장 도입 • 차량 3칸을 이어 만든 굴절 버스와 미리 요금을 지불하는 원통형 버스 정류장을 통해 많은 시민이 동시에 버스를 이용하도록 함. • 자전거 도로, 보행자 전용 도로 건설
쓰레기 문제	• ( )를 버스 승차권, 먹을거리로 교환해 주는 프로그램을 운영함. • 재활용 센터의 쓰레기 분류 작업에 기초 생활 수급자를 고용해 그들이 스스로 살아갈 수 있도록 도움.

3문단 미국의 채터누가는 과거에 한낮에도 앞이 잘 보이지 않을 정도로 대기 오염이 심각했다.□ 이로 인해 폐렴 환자의 수가 다른 지역보다 3배 이상 많았다.□ 이에 채터누가에서는 공장에 배기가스를 줄이는 장치를 의무적으로 설치하게 하고, 시민들은 대중교통을 이용해 출퇴근하게 하였다.□ 또 빗물을 재활용하여 소방서나 공장에서 사용하고, 쓰레기장의 오염된 흙과 하수는 정화해 건설업에서 사용하게 하여 경제 효과를 보게 되었다.□ 이와 함께 시민들도 도시 재건을 위해 다양한 방법을 채터누가에 제안하고 자원봉사도 하며 힘을 합쳤다.□ 그 결과, 채터누가는 환경 문제 해결과 경제 발전을 동시에 이룬 도시로 인정받게 되었다.□

3문단 중심 내용 살기 좋은 도시로 만들기 위한 노력 사례 ②
- 미국의 ☐☐☐☐

- **배기가스**: 내연 기관 따위에서, 불필요하게 되어 배출하는 가스. 일산화 탄소 따위의 유해 성분을 함유한다.
- **의무적**: 마음이 어떻든 상관없이 해야만 하는. 또는 그런 것.
- **오염되다**: 더럽게 물들다.
- **정화하다**: 더러운 것이나 순수하지 않은 것을 깨끗하게 하다.
- **재건**: 허물어진 건물이나 조직 따위를 다시 일으켜 세움.
- **제안하다**: 의견이나 안건으로 내놓다.
- _____

6 3문단을 읽고, ㉠~㉤ 중에서 **1**~**5**의 괄호 안에 들어갈 알맞은 기호를 찾아 쓰세요.

㉠ 시민들　　　㉡ 대중교통　　　㉢ 배기가스
㉣ 경제 발전　　㉤ 폐렴 환자

1 과거 채터누가의 대기 오염이 심각했음을 보여 주는 것으로, 다른 지역보다 그 수가 3배 이상 많았던 것은 무엇인가요?
(　)

2 채터누가에서 대기 오염을 줄이기 위해 시민들에게 하게 한 행동은 무엇인가요?
(　) 을 이용해 출퇴근하게 함.

3 채터누가의 재건을 위한 방법을 제안하고 자원봉사를 하며 도시 변화 노력에 협조한 사람은 누구인가요? (　)

4 현재 채터누가는 환경 문제 해결과 함께 무엇을 이룬 도시로 인정받고 있나요? (　)

5

미국의 채터누가

과거의 도시 문제

대기 오염이 심각함.	→	폐렴 환자의 수가 다른 지역보다 3배 이상 많음.

문제 해결을 위한 노력과 결과

채터누가	・공장에 (　) 를 줄이는 장치를 의무적으로 설치하게 함. ・시민들에게 대중교통을 이용하여 출퇴근하게 함. ・빗물을 정화해 소방서나 공장에서 사용하게 하고, 정화한 흙・하수를 건설업에서 재활용함.
시민들	도시 재건을 위해 다양한 방법을 제안하고 자원봉사도 하며 힘을 합침.

▼

채터누가가 환경 문제 해결과 경제 발전을 동시에 이룬 도시로 인정받게 됨.

4문단 살기 좋은 도시로 만들기 위해 노력한 예는 우리나라에서도 찾아볼 수 있다.☐ 전라남도 순천시에는 습지, 갯벌, 갈대밭 등이 아름다운 경관을 이루며 다양한 생물이 사는 순천만이 있다.☐ 순천시는 낙후된 도시를 되살리고 환경 파괴를 막기 위해 생태와 문화를 도시의 가치 기준으로 삼고, 순천만을 이용한 개발 계획을 세웠다.☐ 순천시는 순천만의 자연환경을 중심으로 한 자연 정원과 습지로의 도심지 확장을 막는 인공 정원을 만들었다.☐ 또 자전거 도로와 공공 자전거를 도입하여 친환경 도시로 만들기 위해 노력하였다.☐ 그 결과, 순천시는 자연환경을 보호하는 한편, 생태 관광지로서 관광객이 늘면서 일자리가 늘어나고 지역 경제가 활기를 띠게 되어 자연과 인간이 공존하는 삶의 질이 높은 도시가 되었다.☐

4문단 중심 내용 살기 좋은 도시로 만들기 위한 노력 사례 ③
- 우리나라의 ☐☐☐

- **습지**: 습기가 많은 축축한 땅.
- **갯벌**: 밀물 때는 물에 잠기고 썰물 때는 물 밖으로 드러나는 모래 점토질의 평탄한 땅.
- **경관**: 산이나 들, 강, 바다 따위의 자연이나 지역의 풍경.
- **낙후되다**: 기술이나 문화, 생활 따위의 수준이 일정한 기준에 미치지 못하고 뒤떨어지게 되다.
- **생태**: 생물이 살아가는 모양이나 상태.
- **인공**: 자연적인 것이 아니라 사람의 힘으로 만들어 낸 것.
- **지역 경제**: 그 지역의 모든 경제 활동.
- **활기**: 활발한 기운.
- **공존하다**: 서로 도와서 함께 존재하다.

정답과 해설 18쪽

7 4문단을 읽고, ㉠~㉫ 중에서 1~5의 괄호 안에 들어갈 알맞은 기호를 찾아 쓰세요.

| ㉠ 문화 | ㉡ 생태 | ㉢ 순천만 |
| ㉣ 인공 정원 | ㉤ 자연 정원 | ㉫ 생태 관광지 |

1 순천시에서 습지, 갯벌, 갈대밭과 같은 아름다운 경관이 있으며 다양한 생물이 살고 있는 곳은 어디인가요? (　　)

2 순천시가 낙후된 도시를 되살리고 환경 파괴를 막기 위해 가치 기준으로 삼은 두 가지는 무엇인가요? (　　), (　　)

3 순천시에 습지로의 도심지 확장을 막는 동시에 관광지의 역할을 하도록 만들어진 것은 무엇인가요? (　　)

4 순천시의 지역 경제가 활기를 띠게 된 까닭은 무엇인가요?

(　　)로 변화되면서 순천시를 찾아오는 관광객이 늘어 일자리가 늘어났기 때문임.

5
우리나라의 전라남도 순천시

| 과거의 순천시 | 아름다운 경관과 다양한 생물이 사는 순천만이 있으나 도시가 낙후됨. |

친환경적 도시 개발

| 개발 방향 | 생태와 문화를 도시의 가치 기준으로 삼음. |

- 순천만 중심의 (　　)과 습지로의 도심지 확장을 막는 인공 정원을 만듦.
- 자전거 도로, 공공 자전거 등을 도입함.

▼

자연과 인간이 공존하는 도시

- 자연환경을 보호하면서 생태 관광지로 변화하여 지역 경제가 활기를 띰.
- 자연과 인간이 공존하는 삶의 질이 높은 도시가 됨.

① 문단 도시는 정치·경제·문화의 중심지로 다양한 일자리가 있어 경제 활동을 할 기회가 많다. 또 교육·의료·교통 등 각종 도시 기반 시설이 잘되어 있어 생활하기도 편리하여 많은 인구가 모인다. 그런데 도시에 인구가 급격히 증가하게 되면 주택 문제뿐만 아니라, 자동차 수의 증가에 따른 교통 문제가 발생한다. 또 대기 오염, 많은 쓰레기 배출과 녹지 부족에 따른 환경 문제 등이 나타나 도시에서의 삶의 질이 ⑦떨어지게 된다. 그래서 많은 도시가 이러한 문제를 해결하기 위해 다양한 정책을 펼치며 더 살기 좋은 도시로 만들려고 노력하고 있다.

② 문단 ㉠브라질의 쿠리치바는 과거에 도시화로 인구가 급격히 늘어남에 따라 교통 문제와 쓰레기 문제가 발생하였다. 이에 쿠리치바에서는 버스 전용 차로를 만들고, 굴절 버스, 원통형 버스 정류장 등을 도입하였다. 차량 3칸을 이어 만든 굴절 버스에는 출입문 5개를 두어 시민들의 승하차를 편리하게 하였고, 원통형 버스 정류장에서 미리 요금을 지불하게 하였다. 이를 통해 많은 시민이 버스를 동시에 이용하면서도 버스가 불필요하게 공회전하는 것을 막았다. 또 자전거 도로와 보행자 전용 도로 등을 만들어 교통 문제를 친환경적으로 해결하였다. 한편, 시민들이 재활용 쓰레기를 가져오면 버스 승차권이나 먹을거리로 바꿔 주는 프로그램을 운영하였다. 또 재활용 센터에서 쓰레기를 분류하는 일에 기초 생활 수급자를 고용함으로써 그들에게 일자리를 제공해 주고 자기 힘으로 살아갈 수 있도록 도움을 주었다.

③ 문단 ㉡미국의 채터누가는 과거에 한낮에도 앞이 잘 보이지 않을 정도로 대기 오염이 심각했다. 이로 인해 폐렴 환자의 수가 다른 지역보다 3배 이상 많았다. 이에 채터누가에서는 공장에 배기가스를 줄이는 장치를 의무적으로 설치하게 하고, 시민들은 대중교통을 이용해 출퇴근하게 하였다. 또 빗물을 재활용하여 소방서나 공장에서 사용하고, 쓰레기장의 오염된 흙과 하수는 정화해 건설업에서 사용하게 하여 경제 효과를 보게 되었다. 이와 함께 시민들도 도시 재건을 위해 다양한 방법을 채터누가에 제안하고 자원봉사도 하며 힘을 합쳤다. 그 결과, 채터누가는 환경 문제 해결과 경제 발전을 동시에 이룬 도시로 인정받게 되었다.

④ 문단 살기 좋은 도시로 만들기 위해 노력한 예는 우리나라에서도 찾아볼 수 있다. ㉢전라남도 순천시에는 습지, 갯벌, 갈대밭 등이 아름다운 경관을 이루며 다양한 생물이 사는 순천만이 있다. 순천시는 낙후된 도시를 되살리고 환경 파괴를 막기 위해 생태와 문화를 도시의 가치 기준으로 삼고, 순천만을 이용한 개발 계획을 세웠다. 순천시는 순천만의 자연환경을 중심으로 한 자연 정원과 습지로의 도심지 확장을 막는 인공 정원을 만들었다. 또 자전거 도로와 공공 자전거를 도입하여 친환경 도시로 만들기 위해 노력하였다. 그 결과, 순천시는 자연환경을 보호하는 한편, 생태 관광지로서 관광객이 늘면서 일자리가 늘어나고 지역 경제가 활기를 띠게 되어 자연과 인간이 공존하는 삶의 질이 높은 도시가 되었다.

+꿀팁
살기 좋은 도시로 변화한 세 도시의 사례가 제시되었어요! 각 도시별로 어떤 문제를 어떻게 해결해서 살기 좋은 도시가 되었는지를 중점적으로 이해할 필요가 있어요. 어휘 문제는 지문에 기호로 제시된 단어의 뜻과 선지 각 단어의 뜻을 연결해서 같은 뜻을 가지고 있는지를 확인해야 해요.

8 다음의 ⓐ~ⓔ 중, 윗글에 나타나지 <u>않은</u> 것은?

　　살기 좋은 도시에 대한 기준은 사람들이 도시에 대해 느끼는 만족감이나 정치·경제·사회적 조건 등에 따른 주관적 요소가 평가 기준이 되기 때문에, 절대적인 기준은 없다. 그런데 대체로 살기 좋은 곳으로 꼽히는 도시들을 보면 아래와 같은 조건을 갖추고 있는 경우가 많다.

* 사회적 소외 계층이 생활하기 편리하다. ──────────── ⓐ
* 전쟁 등이 일어나지 않고 범죄율이 낮아 안전하다. ──────── ⓑ
* 교통 시설 등의 도시 기반 시설이 충분히 확충되어 있다. ──── ⓒ
* 많은 일자리가 있어 다양한 경제 활동이 활발히 이루어진다. ── ⓓ
* 아름다운 자연환경을 갖추고 있거나 녹지가 많아 환경이 깨끗하다. ── ⓔ

① ⓐ　　　　② ⓑ　　　　③ ⓒ　　　　④ ⓓ　　　　⑤ ⓔ

9 ㉠, ㉡, ㉢에 대해 이해한 내용으로 적절하지 <u>않은</u> 것은?

① ㉠은 많은 시민이 버스를 이용하게 하면서도 버스의 공회전을 줄임으로써 친환경적인 도시를 만들 수 있었겠군.

② ㉡은 공장과 시민들에게 일정한 의무를 지게 함으로써 대기 오염이 줄어든 도시를 만들 수 있었겠군.

③ ㉢은 기존 자연환경의 장점을 활용하여 생태 관광지를 조성함으로써 삶의 질이 높은 도시를 만들 수 있었겠군.

④ ㉡과 달리 ㉢은 환경과 경제를 모두 고려하는 방향을 찾음으로써 자연과 인간이 공존하는 도시를 만들 수 있었겠군.

⑤ ㉠, ㉡, ㉢은 모두 도시에서 나타난 문제들을 해결하기 위한 정책을 펼침으로써 살기 좋은 도시로 거듭날 수 있었겠군.

10 문맥상 ㉠의 의미와 가장 가까운 것은?

① 갈수록 성적이 떨어져서 큰일이다.
② 소매에서 단추가 떨어져서 당황했다.
③ 감기가 떨어지지 않아 큰 고생을 했다.
④ 해가 떨어지기 전에 이 일을 끝내기로 했다.
⑤ 아들이 입학시험에 떨어져서 위로가 필요했다.

스스로 평가
1회독 ☺ ☹
2회독 ☺ ☹
3회독 ☺ ☹

02 경영 문화 차이를 고려한 판매 전략

1회독 구조 읽기

①문단 기업이 제품을 판매하려면 판매하려는 지역의 문화를 이해해야 한다. 문화는 환경에 적응하는 과정에서 형성된 사람들의 생활 양식으로, 사람들의 구매 행위에 큰 영향을 미치기 때문이다. 따라서 제품을 성공적으로 판매하기 위해서는 현지 문화에 영향을 미치는 지형, 기후 등의 자연환경과 의식주, 언어, 종교, 풍습, 경제 수준 등의 사회·문화적 환경을 분석하여 그에 맞는 제품을 판매해야 한다. 현지의 문화를 분석하여 판매 전략을 세우지 않고 시장에 진입하면 실패할 가능성이 높다. 문화 분석의 중요성을 보여 주는 사례를 살펴보자.

주제

②문단 미국의 한 패스트푸드 회사는 진출 국가의 문화를 제대로 분석하지 못해 판매 부진을 겪은 적이 있다. 이 회사가 브라질에 진출했을 당시 브라질에는 공공장소나 식당에서 음식을 먹을 때 반드시 포크와 나이프를 사용하는 문화가 있었다. 손으로 음식을 들고 입으로 뜯는 행위는 야만스럽다고 생각하는 인식이 있었기 때문이다. 따라서 식당에서 닭튀김을 손으로 들고 먹는 행위를 브라질 사람들이 받아들이기는 어려웠다. 또 브라질에는 식당에서 고객이 환대를 받고 자리를 안내받으며 식사가 끝나면 종업원이 직접 고객을 찾아와 계산하는 유럽식 식당 문화가 발달해 있었다. 그러나 패스트푸드는 줄을 서서 순서를 기다리고 원하는 음식을 주문한 후 즉석에서 계산해야 하므로 브라질 사람들에게는 친숙하지 않았다. 게다가 브라질 사람들에게 식사는 상대와 대화를 나누며 음식을 즐기는 문화적 행위였기 때문에 음식을 빨리 먹기 위한 패스트푸드 문화는 더욱 받아들여지기가 쉽지 않았다.

사례 1

③문단 독일의 한 스포츠용품 회사 또한 판매하려는 지역의 문화를 제대로 분석하지 못해 판매에 실패한 경험이 있다. 2011년 당시 이 회사는 아랍 에미리트의 독립 40주년을 맞이하여 아랍 에미리트 국기의 색상인 빨강, 하양, 초록이 들어간 운동화를 출시했다. 그런데 아랍 에미리트는 이슬람교의 영향이 큰 국가였기 때문에 신발을 천한 것으로 여기는 문화가 있었다. 이슬람교에서는 신발을 사람의 가장 밑바닥으로 생각하기에 비하의 의미를 지니고 있다고 생각하기 때문이다. 이에 아랍 에미리트 국민들은 신성한 국기의 색을 신발에 넣은 것을 자국에 대한 모독이라고 여겨 이 스포츠용품 회사의 제품에 대해 불매 운동을 벌였다. 결국 이 회사는 제품을 모두 회수한 후 아랍 에미리트의 국민들에게 공식 사과했다.

사례 2

④문단 한편 판매하려는 지역의 문화를 제대로 분석하여 판매에 성공한 사례도 있다. 미국의 한 인형 회사는 하얀 얼굴, 금발, 푸른 눈을 지닌 백인 여성의 모습을 한 인형으로 미국을 비롯한 세계 여러 나라에서 선풍적 인기를 끌었다. 그러나 이 회사는 인도에서 인형을 판매하기 위해 인형의 이목구비를 뚜렷하게 하고 피부색을 햇볕에 그을린 듯한 색으로 바꾸었으며, 인도 여성들이 즐겨 입는 인도의 전통 의상인 사리를 인형에 입혔다. 그 결과 많은 인형을 판매할 수 있었다.

사례 3

◆꿀팁
1회독에서는 지문의 전체 내용이 완벽하게 이해되지 않아도 괜찮아요!

1 윗글과 아래 대화를 읽고 여러분은 윗글의 내용 중 어떤 점에 흥미가 생겼는지 생각해 보세요.

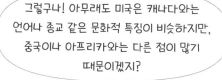

2 윗글에서 가장 중요한 내용이나 주제어를 아래 빈칸에 써 보세요.

☐☐☐☐를 고려한 판매 전략

3 윗글을 아래와 같은 구조로 정리한다고 할 때 빈칸에 알맞은 말을 써 보세요.

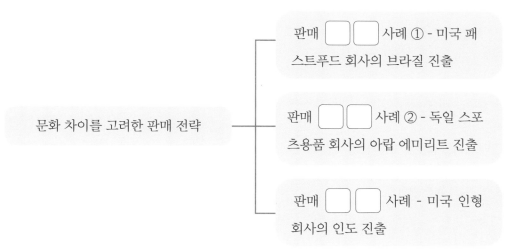

내용 읽기

❶ 각 문장을 읽고, 잘 이해했으면 □에 ✔처럼 체크해 보세요.
❷ 각 문장을 잘 이해하지 못했으면 점선을 따라 밑줄을 그어 보세요.

➡ 밑줄 그은 문장의 앞뒤 문장의 내용을 살펴보면서 다시 천천히 읽어 보세요.
또 문단별 중심 내용의 빈칸을 채워 보세요.

어휘 읽기

❶ 어려운 어휘는 날개에서 그 뜻을 밝혔어요.
❷ 어휘 이외에 잘 모르는 어휘는 스스로 어휘 표시하고 사전에서 뜻을 찾아 써 보세요.

➡ 어휘 뜻을 알고 문장을 다시 읽어 보세요.

1 문단 　기업이 제품을 판매하려면 판매하려는 지역의 문화를 이해해야 한다.□ 문화는 환경에 적응하는 과정에서 형성된 사람들의 생활 양식으로, 사람들의 구매 행위에 큰 영향을 미치기 때문이다.□ 따라서 제품을 성공적으로 판매하기 위해서는 현지 문화에 영향을 미치는 지형, 기후 등의 자연환경과 의식주, 언어, 종교, 풍습, 경제 수준 등의 사회·문화적 환경을 분석하여 그에 맞는 제품을 판매해야 한다.□ 현지의 문화를 분석하여 판매 전략을 세우지 않고 시장에 진입하면 실패할 가능성이 높다.□ 문화 분석의 중요성을 보여 주는 사례를 살펴보자.□

1 문단 중심 내용 ☐☐ 차이를 고려한 ☐☐☐☐

- **판매하다**: 상품 따위를 팔다.
- **문화**: 사회 구성원에 의하여 습득, 공유, 전달되는 행동 양식. 의식주를 비롯하여 언어, 풍습, 종교, 학문, 예술, 제도 따위를 모두 포함한다.
- **생활 양식**: 사회나 집단이 공통적으로 갖고 있는 생활에 대한 인식이나 생활하는 방식.
- **구매**: 물건 따위를 사들임.
- **현지**: 일을 실제 진행하거나 작업하는 그곳.
- **지형**: 땅의 생긴 모양이나 형세.
- **의식주**: 옷과 음식과 집을 통틀어 이르는 말.
- **풍습**: 풍속과 습관을 아울러 이르는 말.
- **전략**: 정치, 경제 따위의 사회적 활동을 하는 데 필요한 책략.
- **진입하다**: 향하여 내처 들어가다.
- _____
  _____

4 1문단을 읽고, ㉠~㉤ 중에서 ❶~❹의 괄호 안에 들어갈 알맞은 기호를 찾아 쓰세요.

| ㉠ 구매 | ㉡ 문화 | ㉢ 종교 |
| ㉣ 자연환경 | ㉤ 사회·문화적 환경 | |

➕꿀팁 각 문단에서 기호의 단어를 찾아 동그라미 표시하면 더 쉽게 풀 수 있어요!

❶ 환경에 적응하는 과정에서 형성된 사람들의 생활 양식을 무엇이라고 하나요?　　　　　　　(　　)

❷ 다음 빈칸에 들어갈 말은 무엇인가요?

　제품을 성공적으로 판매하기 위해서는 현지 문화에 영향을 미치는 지형, 기후 등의 (　　) 을 분석해야 함.

❸ 문화에 영향을 미치는 의식주, 언어, 종교, 풍습, 경제 수준 등을 무엇이라고 하나요?　　　　　　(　　)

4 　　　**문화 차이를 고려한 판매 전략**

| 문화 | • 환경에 적응하는 과정에서 형성된 사람들의 생활 양식
• 사람들의 (　　) 행위에 큰 영향을 미침. |

↓

기업이 제품을 성공적으로 판매하려면 판매하려는 지역의 문화를 이해하고 그에 맞는 제품을 판매해야 함.

현지 문화를 분석하기 위해 파악해야 하는 것들

| 자연환경 | 지형, 기후 등 |
| 사회·문화적 환경 | 의식주, 언어, (　　), 풍습, 경제 수준 등 |

2문단 미국의 한 패스트푸드 회사는 진출 국가의 문화를 제대로 분석하지 못해 판매 부진을 겪은 적이 있다.□ 이 회사가 브라질에 진출했을 당시 브라질에는 공공장소나 식당에서 음식을 먹을 때 반드시 포크와 나이프를 사용하는 문화가 있었다.□ 손으로 음식을 들고 입으로 뜯는 행위는 야만스럽다고 생각하는 인식이 있었기 때문이다.□ 따라서 식당에서 닭튀김을 손으로 들고 먹는 행위를 브라질 사람들이 받아들이기는 어려웠다.□ 또 브라질에는 식당에서 고객이 환대를 받고 자리를 안내받으며 식사가 끝나면 종업원이 직접 고객을 찾아와 계산하는 유럽식 식당 문화가 발달해 있었다.□ 그러나 패스트푸드는 줄을 서서 순서를 기다리고 원하는 음식을 주문한 후 즉석에서 계산해야 하므로 브라질 사람들에게는 친숙하지 않았다.□ 게다가 브라질 사람들에게 식사는 상대와 대화를 나누며 음식을 즐기는 문화적 행위였기 때문에 음식을 빨리 먹기 위한 패스트푸드 문화는 더욱 받아들여지기가 쉽지 않았다.□

- **패스트푸드**: 주문하면 즉시 완성되어 나오는 식품을 통틀어 이르는 말. 햄버거, 프라이드치킨 따위를 이른다.
- **부진**: 어떤 일이 이루어지는 기세나 힘 따위가 활발하지 아니함.
- **공공장소**: 사회의 여러 사람 또는 여러 단체에 공동으로 속하거나 이용되는 곳.
- **야만스럽다**: ① 미개하여 문화 수준이 낮은 데가 있다. ② 교양이 없고 무례한 데가 있다.
- **인식**: 사물을 분별하고 판단하여 앎.
- **환대**: 반갑게 맞아 정성껏 후하게 대접함.
- **즉석**: 어떤 일이 진행되는 바로 그 자리.
- **문화적 행위**: 사회 구성원 전체의 공통적인 생활 양식을 학습에 따라 태어난 후에 습득하여 반복적으로 하는 일이나, 사회 구성원들이 세련되고 교양 있다고 받아들이는 행동.

2문단 중심 내용 판매 실패 사례 ①
- 미국 □□□□□ 회사의 브라질 진출

정답과 해설 20쪽

5 2문단을 읽고, ㉠~㉤ 중에서 1~4의 괄호 안에 들어갈 알맞은 기호를 찾아 쓰세요.

㉠ 패스트푸드　　㉡ 문화적 행위　　㉢ 포크와 나이프
㉣ 유럽식 식당 문화　　㉤ 진출 국가의 문화

1 미국의 한 패스트푸드 회사가 브라질에서 판매 부진을 겪은 것은 무엇을 제대로 분석하지 않았기 때문인가요? (　　)

2 브라질 사람들이 공공장소나 식당에서 음식을 먹을 때 반드시 사용한 것은 무엇인가요? (　　)

3 다음 빈칸에 들어갈 말은 무엇인가요?

> 브라질에는 식당에서 고객이 환대를 받고 자리를 안내받으며, 식사 후에는 종업원이 직접 고객을 찾아와 계산하는 (　　)가 발달해 있었음.

4

판매 실패 사례 ①

미국의 (　　) 회사가
브라질에 진출하는 데 실패한 이유

브라질의 식습관 문화와 식당 문화를 고려하지 못해 판매 부진을 겪음.

- 브라질에는 손으로 음식을 들고 입으로 뜯는 행위는 야만스럽다고 생각하는 인식이 있었음.
- 브라질에는 유럽식 식당 문화가 발달하여 줄을 서서 순서를 기다리고 원하는 음식을 주문한 후 즉석에서 계산하는 문화가 친숙하지 않음.
- 브라질 사람들에게 식사는 상대와 대화를 나누며 음식을 즐기는 (　　)였기 때문에 음식을 빨리 먹기 위한 패스트푸드 문화가 낯설었음.

③ 문단 　독일의 한 스포츠용품 회사 또한 판매하려는 지역의 문화를 제대로 분석하지 못해 판매에 실패한 경험이 있다.■ 2011년 당시 이 회사는 아랍 에미리트의 독립 40주년을 맞이하여 아랍 에미리트 국기의 색상인 빨강, 하양, 초록이 들어간 운동화를 출시했다.■ 그런데 아랍 에미리트는 이슬람교의 영향이 큰 국가였기 때문에 신발을 천한 것으로 여기는 문화가 있었다.■ 이슬람교에서는 신발을 사람의 가장 밑바닥으로 생각하기에 비하의 의미를 지니고 있다고 생각하기 때문이다.■ 이에 아랍 에미리트 국민들은 신성한 국기의 색을 신발에 넣은 것을 자국에 대한 모독이라고 여겨 이 스포츠용품 회사의 제품에 대해 불매 운동을 벌였다.■ 결국 이 회사는 제품을 모두 회수한 후 아랍 에미리트의 국민들에게 공식 사과했다.■

3문단 중심 내용 판매 실패 사례 ②
　　　- 독일 ☐☐☐☐☐ 회사의 아랍 에미리트 진출

- **독립**: 한 나라가 정치적으로 완전한 주권을 행사함.
- **출시하다**: 상품을 시중에 내보내다.
- **이슬람교**: 610년에 아라비아의 예언자 마호메트가 창시한 세계 3대 종교의 하나. 오직 하나의 신만을 인정하는 종교로, 유일신 알라가 마호메트를 통하여 계시한 코란을 경전으로 한다. 성지 메카를 중심으로 아시아, 아프리카, 유럽 등지에 널리 퍼져 신도의 수는 4억 이상을 헤아린다.
- **천하다**: 하는 짓이나 생긴 꼴이 고상한 맛이 없다.
- **비하**: 업신여겨 낮춤.
- **신성하다**: 함부로 가까이할 수 없을 만큼 고결하고 거룩하다.
- **자국**: 자기 나라.
- **모독**: 말이나 행동으로 더럽혀 욕되게 함.
- **불매 운동**: 어떤 특정한 상품을 사지 아니하는 일.
- **회수하다**: 도로 거두어들이다.
- _____

 배경지식

아랍 에미리트(Arab Emirates)

페르시아만 남쪽 기슭에 있는 연방 국가. 연방국은 자치권을 가진 다수의 나라가 공통의 정치 이념 아래에서 연합하여 구성하는 국가를 말한다. 1971년에 영국의 보호령으로 있던 아부다비, 두바이, 앗샤리카, 아지만, 움알카이와인, 라스알카이마, 알푸자이라의 7개국이 연방을 결성하여 독립한 세계적인 산유국이다. 주민은 아랍인이고 공식 언어는 아랍어, 수도는 아부다비이다.

---

6 3문단을 읽고, ㉠~㉢ 중에서 **1**~**4**의 괄호 안에 들어갈 알맞은 기호를 찾아 쓰세요.

> ㉠ 모독　　　　㉡ 신발　　　　㉢ 이슬람교
> ㉣ 불매 운동　　㉤ 아랍 에미리트 국기

1 독일의 한 스포츠용품 회사는 아랍 에미리트의 독립 40주년을 기념하기 위해 운동화에 무엇의 색을 넣었나요? (　　　)

2 아랍 에미리트의 국민들이 신발을 천하게 여기는 문화를 지닌 것은 무엇의 영향을 받은 것인가요?　　　　　　　(　　　)

3 다음 빈칸에 들어갈 말은 무엇인가요?

> 아랍 에미리트 국민들은 독일의 한 스포츠용품 회사가 국기의 색을 신발에 넣은 것을 보고, 자국에 대한 모독이라고 여겨 (　　　)을 벌임.

4　　　　　판매 실패 사례 ②

> 독일의 스포츠용품 회사가
> 아랍 에미리트에 진출하는 데 실패한 이유

↓

> 아랍 에미리트의 독립 40주년을 맞이하여 국기의 색상인 빨강, 하양, 초록이 들어간 운동화를 출시함.

↓

> - 아랍 에미리트는 이슬람교의 영향으로 (　　　)을 천한 것으로 여기는 문화가 있었음.
> - 신성한 국기의 색을 신발에 넣은 것을 자국에 대한 (　　　)이라고 여긴 아랍 에미리트 국민들은 불매 운동을 벌임.

↓

> 이 회사는 제품을 모두 회수한 후 아랍 에미리트 국민들에게 공식 사과함.

4문단 한편 판매하려는 지역의 문화를 제대로 분석하여 판매에 성공한 사례도 있다.☐ 미국의 한 인형 회사는 하얀 얼굴, 금발, 푸른 눈을 지닌 백인 여성의 모습을 한 인형으로 미국을 비롯한 세계 여러 나라에서 선풍적 인기를 끌었다.☐ 그러나 이 회사는 인도에서 인형을 판매하기 위해 인형의 이목구비를 뚜렷하게 하고 피부색을 햇볕에 그을린 듯한 색으로 바꾸었으며, 인도 여성들이 즐겨 입는 인도의 전통 의상인 사리를 인형에 입혔다.☐ 그 결과 많은 인형을 판매할 수 있었다.☐

4문단 중심 내용 판매 성공 사례 - 미국 ☐☐ 회사의 인도 진출

- **비롯하다**: 여럿 가운데서 앞의 것을 첫째로 삼아 그것을 중심으로 다른 것도 포함하다.
- **선풍적**: 돌발적으로 일어나 사회에 큰 영향을 미치거나 관심의 대상이 될 만한.
- **이목구비**: 귀·눈·입·코를 중심으로 한 얼굴의 생김새.
- **그을리다**: 햇볕이나 불, 연기 따위를 오래 쬐어 검게 되다.
- **전통 의상**: 전통적인 방식대로 만든 의상.
- _____

  배경지식

사리(sari)

인도의 여성들이 입는 민속 의상. 인도 사람들은 바느질을 하지 않고, 재단하지 않은 옷을 좋게 여기는 경향이 있다. 사리 역시 바느질이 되어 있지 않은 큰 직사각형 천의 양쪽 끝으로 다리와 어깨를 감싸 입거나, 허리에 감고 어깨에 두르거나 머리에 덮어씌워 입는다. 사리의 천은 염색, 자수 등을 통해 다양한 색상이나 무늬를 추가할 수 있다. 주로 면이나 실크 소재로 되어 있다.

정답과 해설 20쪽

---

7 4문단을 읽고, ㉠~㉤ 중에서 **1**~**4**의 괄호 안에 들어갈 알맞은 기호를 찾아 쓰세요.

| ㉠ 사리 | ㉡ 인도 | ㉢ 선풍적 |
| ㉣ 피부색 | ㉤ 백인 여성 | |

1 미국의 한 인형 회사가 미국을 비롯한 세계 여러 나라에서 인기를 끈 인형은 누구의 모습을 닮아 있었나요? ( )

2 미국의 한 인형 회사가 인형의 이목구비, 피부색과 의상을 바꾼 것은 어느 곳에 진출하기 위해서였나요? ( )

3 다음 빈칸에 들어갈 말은 무엇인가요?

미국의 한 인형 회사는 인도에서 인형을 판매하기 위해서 미국을 비롯한 세계 여러 나라에서 ( ) 인기를 끈 백인 여성의 모습을 한 인형이 아니라 인도인과 비슷한 이목구비, 피부색, 전통 의상을 갖추어 진출하였음.

4

판매 성공 사례

미국의 인형 회사가
인도에서 인형 판매에 성공한 이유

백인 여성의 모습을 한 인형으로 미국을 비롯한 세계 여러 나라에서 선풍적 인기를 끌었음.

- 인도에서 인형을 판매하기 위해 인형의 이목구비를 뚜렷하게 하고 ( )을 햇볕에 그을린 듯한 색으로 바꿈.
- 인형에 인도 여성들이 즐겨 입는 인도의 전통 의상인 ( )를 입힘.

판매하려는 지역의 문화를 제대로 분석하여 많은 인형을 판매함.

①문단 기업이 제품을 판매하려면 판매하려는 지역의 문화를 이해해야 한다. 문화는 환경에 적응하는 과정에서 형성된 사람들의 생활 양식으로, 사람들의 구매 행위에 큰 영향을 미치기 때문이다. 따라서 제품을 성공적으로 판매하기 위해서는 현지 문화에 영향을 미치는 지형, 기후 등의 자연환경과 의식주, 언어, 종교, 풍습, 경제 수준 등의 사회·문화적 환경을 분석하여 그에 맞는 제품을 판매해야 한다. 현지의 문화를 분석하여 판매 전략을 세우지 않고 시장에 진입하면 실패할 가능성이 높다. 문화 분석의 중요성을 보여 주는 사례를 살펴보자.

②문단 미국의 한 패스트푸드 회사는 진출 국가의 문화를 제대로 분석하지 못해 판매 부진을 겪은 적이 있다. 이 회사가 브라질에 진출했을 당시 브라질에는 공공장소나 식당에서 음식을 먹을 때 반드시 포크와 나이프를 사용하는 문화가 있었다. 손으로 음식을 들고 입으로 뜯는 행위는 야만스럽다고 생각하는 인식이 있었기 때문이다. 따라서 식당에서 닭튀김을 손으로 들고 먹는 행위를 브라질 사람들이 받아들이기는 어려웠다. 또 브라질에는 식당에서 고객이 환대를 받고 자리를 안내받으며 식사가 끝나면 종업원이 직접 고객을 찾아와 계산하는 유럽식 식당 문화가 발달해 있었다. 그러나 패스트푸드는 줄을 서서 순서를 기다리고 원하는 음식을 주문한 후 즉석에서 계산해야 하므로 브라질 사람들에게는 친숙하지 않았다. 게다가 브라질 사람들에게 식사는 상대와 대화를 나누며 음식을 즐기는 문화적 행위였기 때문에 음식을 빨리 먹기 위한 패스트푸드 문화는 더욱 받아들여지기가 쉽지 않았다.

③문단 독일의 한 스포츠용품 회사 또한 판매하려는 지역의 문화를 제대로 분석하지 못해 판매에 실패한 경험이 있다. 2011년 당시 이 회사는 아랍 에미리트의 독립 40주년을 맞이하여 아랍 에미리트 국기의 색상인 빨강, 하양, 초록이 들어간 운동화를 출시했다. 그런데 아랍 에미리트는 이슬람교의 영향이 큰 국가였기 때문에 신발을 천한 것으로 여기는 문화가 있었다. 이슬람교에서는 신발을 사람의 가장 밑바닥으로 생각하기에 비하의 의미를 지니고 있다고 생각하기 때문이다. 이에 아랍 에미리트 국민들은 신성한 국기의 색을 신발에 넣은 것을 자국에 대한 모독이라고 여겨 이 스포츠용품 회사의 제품에 대해 불매 운동을 벌였다. 결국 이 회사는 제품을 모두 회수한 후 아랍 에미리트의 국민들에게 공식 사과했다.

④문단 한편 판매하려는 지역의 문화를 제대로 분석하여 판매에 성공한 사례도 있다. 미국의 한 인형 회사는 하얀 얼굴, 금발, 푸른 눈을 지닌 백인 여성의 모습을 한 인형으로 미국을 비롯한 세계 여러 나라에서 선풍적 인기를 끌었다. 그러나 이 회사는 인도에서 인형을 판매하기 위해 인형의 이목구비를 뚜렷하게 하고 피부색을 햇볕에 그을린 듯한 색으로 바꾸었으며, 인도 여성들이 즐겨 입는 인도의 전통 의상인 사리를 인형에 입혔다. 그 결과 많은 인형을 판매할 수 있었다.

✦꿀팁
지역의 문화를 잘 분석하지 못해 실패한 기업의 사례인지 문화를 잘 분석해서 성공한 기업의 사례인지 구분하면서 읽어 봅시다. 구체적 사례에 대해 선지에서 적절하게 평가했는지를 파악해야 해요. 새로운 상황에 대해 판매 전략이 적절한지를 묻는 문제도 결국에는 또 다른 사례임을 이해할 필요가 있어요.

8 윗글의 내용과 일치하지 <u>않는</u> 것은?

① 문화는 사람들이 물건을 선택하고 구매하는 행위에 영향을 미친다.

② 독일의 한 스포츠용품 회사는 아랍 에미리트의 종교적 인식을 파악하지 못해 제품 판매에 실패했다.

③ 미국의 한 패스트푸드 회사는 브라질의 식습관 문화와 식당 문화를 고려하지 않아 판매 부진을 겪었다.

④ 미국의 한 인형 회사는 인도인과 비슷하게 인형의 외형을 바꾸고, 인도의 전통 의상을 입혀 판매에 성공하였다.

⑤ 기업이 제품 판매 전략을 세울 때에는 현지의 자연환경보다는 사회·문화적 환경을 더욱 중요하게 고려해야 한다.

9 보기 는 한 피자 회사가 다른 나라로 진출하기 위해 회의한 내용입니다. 윗글을 읽고 보기 를 이해한 내용으로 적절하지 <u>않은</u> 것은?

보기

사장
이번에 우리 회사가 세계 여러 나라로 진출해 보려고 합니다. 세계 각국에서 우리 제품을 성공적으로 판매하려면 어떤 점을 고려해야 할지 이야기해 봅시다.

사원 1
인도인들은 종교적인 이유로 소고기를 먹지 않습니다. 그래서 인도에 진출하는 피자에는 소고기를 넣지 않아야 합니다.

사원 2
중국인들은 빨간색이나 자주색을 좋은 색으로 생각하는 전통이 있으니 피자를 포장하는 상자에 붉은색 계열을 사용하는 것이 판매에 도움이 될 것 같습니다.

사원 3
베트남은 밀이 자라지 않는 기후 때문에 사람들이 쌀을 많이 소비하니 쌀을 활용한 피자를 만들어 진출하는 것이 좋을 것 같습니다.

사원 4
오스트레일리아에는 캥거루가 많이 살아 현지에서 고기를 구하기 쉽고, 사람들이 캥거루 고기를 즐겨 먹으니 피자에 캥거루 고기를 넣어 보는 건 어떨까요?

① 사장은 제품 기획 단계에서 각 나라의 문화를 고려하려는 태도를 지니고 있다.

② 사원 1은 인도의 종교적 특성에 따른 문화를 고려하여 판매 전략을 세우고 있다.

③ 사원 2는 중국의 경제 수준에서 비롯된 문화를 고려하여 판매 전략을 세우고 있다.

④ 사원 3은 베트남의 기후에 따라 발달한 식재료 문화를 고려하여 판매 전략을 세우고 있다.

⑤ 사원 4는 오스트레일리아의 자연환경과 사회·문화적 환경을 모두 고려하여 판매 전략을 세우고 있다.

스스로
평가
1회독
2회독
3회독

03 법 재판의 이해

1회독 구조 읽기

1문단 재판은 소송 사건을 해결하기 위하여 법원 또는 법관이 판단을 내리는 것이다. 재판은 분쟁의 내용이나 성격에 따라 여러 종류로 나눌 수 있는데, 가장 대표적인 것이 민사 재판과 형사 재판이다. 민사 재판은 개인과 개인 간의 생활에서 발생하는 법률 관계에 대한 다툼을 해결하는 재판이다. 이와 달리 형사 재판은 폭행, 절도 등의 범죄가 발생하였을 때 국가가 범죄의 유무와 형벌의 정도를 결정하는 재판이다. 다음은 두 재판의 사례와 절차이다.

주제

2문단 A는 B에게 1년 후 갚기로 하고 천만 원을 빌렸다. 그러나 A는 1년이 지난 후에도 돈을 갚지 않았고, B의 연락을 피했다. 결국 B는 A를 상대로 돈을 갚으라는 소송을 제기하였다. 이때 민사 재판을 하게 되는데, 민사 재판에서 B는 소송을 제기하는 사람인 원고가 되고, A는 소송을 당한 사람인 피고가 된다. 민사 재판은 원고인 B가 법원에 소장을 제출하면서 시작된다. 법원에서는 피고 A에게 이 사실을 알리고, 그에 대한 답변서를 받는다. 그 이후 법정에서 원고 B와 피고 A는 증거를 제출하고 각자의 주장을 입증한다. 이 과정에서 필요한 경우 소송 대리인인 변호사의 도움을 받기도 한다. 법관은 양측의 주장과 증거, 법률 규정 등을 토대로 하여 판결을 내리게 되는데, 이 사건의 경우 '피고는 빌린 원금과 그에 대한 1년 동안의 이자를 원고에게 지급하라.'는 판결이 이루어졌다.

사례 1

3문단 사진 기자인 C는 국제 수영 대회에 갔다가 900만 원 상당의 카메라를 분실하였다. C는 이를 대회 주최 측과 경찰에 신고하였고, 경찰의 수사 결과 이 대회에 선수로 출전한 D의 가방 속에서 분실된 카메라가 발견되었다. 이런 경우에는 형사 재판을 하게 된다. 이 사건의 경우 검사가 사건에 대해 수사한 후 절도죄 혐의가 있는 피의자 D를 법원에 기소하면서 재판이 시작된다. 기소란 검사가 법원에 형사 재판을 청구하는 것을 말한다. 법정에서 검사는 증거를 제시하면서 피고인 D의 범죄 사실을 밝히고, 피고인은 변호인과 함께 자신의 입장을 변론한다. 이때 범죄의 피해자 C는 재판의 당사자는 아니나, 재판의 증인으로 참여하기도 한다. 법관은 관련된 법 조항을 적용하여 범죄의 유무와 형벌의 정도에 대한 판결을 내리게 된다. 이 사건의 경우 '피고인의 절도죄가 인정되어 벌금 100만 원에 처한다.'는 판결이 이루어졌다.

사례 2

4문단 민사 재판과 형사 재판 외에도 재판에는 여러 종류가 있다. 가족이나 친족 간의 다툼을 해결하는 가사 재판, 행정 기관의 잘못으로 국민의 권리가 침해당했을 때 이를 해결하는 행정 재판, 선거와 당선의 효력에 대한 다툼을 다루는 선거 재판 등이 있다. 사람들 사이에 갈등이 발생하면 대화나 타협을 통해 합의하여 해결하는 것이 가장 바람직하다. 그러나 재판을 통해 문제를 해결해야 하는 상황에 부닥쳤을 때 그 상황을 잘 이해하기 위해서는 분쟁의 성격과 재판의 절차 등을 알아 두는 것이 필요하다.

마무리

+꿀팁
1회독에서는 지문의 전체 내용이 완벽하게 이해되지 않아도 괜찮아요!

1 윗글과 아래 대화를 읽고 여러분은 윗글의 내용 중 어떤 점에 흥미가 생겼는지 생각해 보세요.

나는 이 글을 읽으면서 민사 재판과 형사 재판의 절차가 다르다는 점을 새롭게 알게 되었어.

맞아. 나도 형사 재판에서 범죄의 피해자는 재판의 당사자가 아니라는 사실을 이번에 처음 알게 되었어.

법률과 관련된 용어는 어렵다고 생각했었는데, 그 의미를 알고 보니 어렵지 않은 것 같아.

사회에서 일어나는 다양한 갈등을 이해하려면 법에 대한 상식을 쌓아야겠다는 생각이 들었어.

2 윗글에서 가장 중요한 내용이나 주제어를 아래 빈칸에 써 보세요.

☐☐의 개념과 사례

3 윗글을 아래와 같은 구조로 정리한다고 할 때 빈칸에 알맞은 말을 써 보세요.

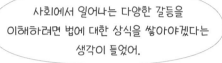

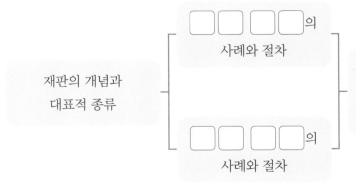

☐☐☐☐의
사례와 절차

재판의 개념과
대표적 종류

다양한 재판의
종류와 재판에 대한
이해의 필요성

☐☐☐☐의
사례와 절차

내용 읽기

① 각 문장을 읽고, 잘 이해했으면 □에 ✔처럼 체크해 보세요.
② 각 문장을 잘 이해하지 못했으면 점선을 따라 밑줄을 그어 보세요.

➡ 밑줄 그은 문장의 앞뒤 문장의 내용을 살펴보면서 다시 천천히 읽어 보세요.
또 문단별 중심 내용의 빈칸을 채워 보세요.

어휘 읽기

① 어려운 어휘는 날개에서 그 뜻을 밝혔어요.
② 어휘 이외에 잘 모르는 어휘는 스스로 어휘 표시하고 사전에서 뜻을 찾아 써 보세요.

➡ 어휘 뜻을 알고 문장을 다시 읽어 보세요.

1문단 재판은 소송 사건을 해결하기 위하여 법원 또는 법관이 판단을 내리는 것이다.□ 재판은 분쟁의 내용이나 성격에 따라 여러 종류로 나눌 수 있는데, 가장 대표적인 것이 민사 재판과 형사 재판이다.□ 민사 재판은 개인과 개인 간의 생활에서 발생하는 법률관계에 대한 다툼을 해결하는 재판이다.□ 이와 달리 형사 재판은 폭행, 절도 등의 범죄가 발생하였을 때 국가가 범죄의 유무와 형벌의 정도를 결정하는 재판이다.□ 다음은 두 재판의 사례와 절차이다.□

1문단 중심 내용 재판의 개념과 대표적 종류
- □□ 재판과 □□ 재판

- **소송**: 재판에 의하여 원고와 피고 사이의 권리나 의무 따위의 법률관계를 확정하여 줄 것을 법원에 요구함. 또는 그런 절차.
- **법관**: 법원에 소속되어 소송 사건을 심리하고, 분쟁이나 이해의 대립을 법률적으로 해결하고 조정하는 권한을 가진 사람.
- **분쟁**: 말썽을 일으키어 시끄럽고 복잡하게 다툼.
- **민사**: 사법적인 법률관계에서 일어나는 일.
- **형사**: 형법의 적용을 받는 사건.
- **법률관계**: 사회생활 가운데 법률에 의하여 규정되는 관계.
- **절도**: 남의 물건을 몰래 훔침. 또는 그런 사람.
- **유무**: 있음과 없음.
- **형벌**: 범죄에 대한 법률의 효과로서 국가 따위가 범죄자에게 제재를 가함. 또는 그 제재.

---

4 1문단을 읽고, ㉠~㉤ 중에서 ▮~▮의 괄호 안에 들어갈 알맞은 기호를 찾아 쓰세요.

㉠ 개인	㉡ 국가	㉢ 재판
㉣ 민사 재판	㉤ 형사 재판	

➕꿀팁 각 문단에서 기호의 단어를 찾아 동그라미 표시하면 더 쉽게 풀 수 있어요!

▮ 소송 사건을 해결하기 위하여 법원 또는 법관이 판단을 내리는 것을 무엇이라고 하나요?　　　　　　　(　)

▮ 개인과 개인 간의 생활에서 발생하는 법률관계에 대한 다툼을 해결하는 재판은 무엇인가요?　　　　　(　)

▮ 폭행, 절도 등의 범죄가 발생하였을 때 국가가 범죄의 유무와 형벌의 정도를 결정하는 재판은 무엇인가요?　(　)

▮ 형사 재판에서 범죄의 유무와 형벌의 정도를 결정하는 주체는 누구인가요?　　　　　　　　　　(　)

5 **재판의 개념과 종류**

재판의 개념

- 소송 사건을 해결하기 위하여 법원 또는 법관이 판단을 내리는 것
- 분쟁의 내용이나 성격에 따라 여러 종류의 재판으로 나눌 수 있음.
- 민사 재판과 형사 재판이 대표적임.

재판의 대표적 종류

민사 재판	(　　) 과 개인 간의 생활에서 발생하는 법률관계에 대한 다툼을 해결하는 재판
형사 재판	폭행, 절도 등의 범죄가 발생하였을 때 국가가 범죄의 유무와 형벌의 정도를 결정하는 재판

2 문단 A는 B에게 1년 후 갚기로 하고 천만 원을 빌렸다.☐ 그러나 A는 1년이 지난 후에도 돈을 갚지 않았고, B의 연락을 피했다.☐ 결국 B는 A를 상대로 돈을 갚으라는 소송을 제기하였다.☐ 이때 민사 재판을 하게 되는데, 민사 재판에서 B는 소송을 제기하는 사람인 원고가 되고, A는 소송을 당한 사람인 피고가 된다.☐ 민사 재판은 원고인 B가 법원에 소장을 제출하면서 시작된다.☐ 법원에서는 피고 A에게 이 사실을 알리고, 그에 대한 답변서를 받는다.☐ 그 이후 법정에서 원고 B와 피고 A는 증거를 제출하고 각자의 주장을 입증한다.☐ 이 과정에서 필요한 경우 소송 대리인인 변호사의 도움을 받기도 한다.☐ 법관은 양측의 주장과 증거, 법률 규정 등을 토대로 하여 판결을 내리게 되는데, 이 사건의 경우 '피고는 빌린 원금과 그에 대한 1년 동안의 이자를 원고에게 지급하라.'는 판결이 이루어졌다.☐

2문단 중심 내용 ☐☐ ☐☐ 의 사례와 절차

- **제기하다**: 소송을 일으키다.
- **소장**: 소송을 제기하기 위하여 제일심 법원에 제출하는 서류. 소장에는 법정 기재 사항인 당사자, 법정 대리인, 청구의 취지, 청구의 원인을 적어야 한다.
- **법정**: 법원이 소송 절차에 따라 송사를 심리하고 판결하는 곳.
- **입증하다**: 어떤 증거 따위를 내세워 증명하다.
- **대리인**: 대리를 할 수 있는 지위에 있는 사람. 의사 능력이 있는 사람이어야 하며 대리인이 한 행위의 효과는 본인에게 귀속된다. 민사 소송에는 소송 대리인, 형사 소송에는 변호인이 있다.
- **판결**: 법원이 변론을 거쳐 소송 사건에 대하여 판단하고 결정하는 재판.

재판의 역할
재판은 분쟁을 해결할 수 있는 합리적인 기준을 제시하여 분쟁에 관계된 사람들의 갈등을 해결하거나 분쟁을 예방하는 등 사회 질서를 유지하는 역할을 한다. 또한 국가의 법질서를 유지함으로써 국민의 이익을 보호하고 사회를 통합하는 데 도움이 된다. 법은 사회 정의를 지키고 인권을 보호하기도 한다.

정답과 해설 22쪽

5 2문단을 읽고, ㉠~㉤ 중에서 1~5의 괄호 안에 들어갈 알맞은 기호를 찾아 쓰세요.

> ㉠ 법정   ㉡ 원고   ㉢ 판결
> ㉣ 피고   ㉤ 민사 재판

1 민사 재판에서 소송을 제기하는 사람을 무엇이라고 하나요? ( )

2 민사 재판에서 소송을 당한 사람을 무엇이라고 하나요? ( )

3 민사 재판에서 원고와 피고는 어디에서 증거를 제출하고 각자의 주장을 입증하게 되나요? ( )

4 민사 재판에서 법관은 양측의 주장과 증거, 법률 규정 등을 토대로 무엇을 내리게 되나요? ( )

5

> **민사 재판의 사례와 절차**
>
> **민사 재판이 필요한 상황 사례**
>
> A는 B에게 천만 원을 빌렸으나 돈을 갚지 않음. B는 A를 상대로 돈을 갚으라는 소송을 제기함.
>
> ( ) 의 절차
>
> - 원고가 법원에 소장을 제출하면서 소송을 제기함.
>   ↓
> - 법원이 피고에게 이 사실을 알리고 답변서를 받음.
>   ↓
> - 법정에서 원고와 피고가 증거를 제출하고 각자의 주장을 입증함.
>   ↓
> - 법관은 양측의 주장과 증거, 법률 규정 등을 토대로 판결을 내리게 됨.

③문단 사진 기자인 C는 국제 수영 대회에 갔다가 900만 원 상당의 카메라를 분실하였다.■ C는 이를 대회 주최 측과 경찰에 신고하였고, 경찰의 수사 결과 이 대회에 선수로 출전한 D의 가방 속에서 분실된 카메라가 발견되었다.■ 이런 경우에는 형사 재판을 하게 된다.■ 이 사건의 경우 검사가 사건에 대해 수사한 후 절도죄 혐의가 있는 피의자 D를 법원에 기소하면서 재판이 시작된다.■ 기소란 검사가 법원에 형사 재판을 청구하는 것을 말한다.■ 법정에서 검사는 증거를 제시하면서 피고인 D의 범죄 사실을 밝히고, 피고인은 변호인과 함께 자신의 입장을 변론한다.■ 이때 범죄의 피해자 C는 재판의 당사자는 아니나, 재판의 증인으로 참여하기도 한다.■ 법관은 관련된 법 조항을 적용하여 범죄의 유무와 형벌의 정도에 대한 판결을 내리게 된다.■ 이 사건의 경우 '피고인의 절도죄가 인정되어 벌금 100만 원에 처한다.'는 판결이 이루어졌다.■

3문단 중심 내용 ☐☐☐☐의 사례와 절차

- **주최**: 행사나 모임을 주장하고 기획하여 엶.
- **수사**: 범죄의 혐의 유무를 명백히 하여 공소의 제기와 유지 여부를 결정하기 위하여서 범인을 발견·확보하고 증거를 수집·보전하는 수사 기관의 활동.
- **검사**: 검찰권을 행사하는 사법관. 범죄를 수사하고 공소를 제기하며 재판을 집행한다.
- **혐의**: 범죄를 저질렀을 가능성이 있다고 봄. 또는 그 가능성. 수사를 개시하는 동기가 된다.
- **피의자**: 범죄의 혐의가 있어서 정식으로 입건되었으나, 아직 공소 제기가 되지 아니한 사람.
- **피고인**: 형사 소송에서, 검사에 의하여 형사 책임을 져야 할 자로 공소 제기를 받은 사람.
- **변론하다**: 소송 당사자나 변호인이 법정에서 주장하거나 진술하다.
- **당사자**: 어떤 일이나 사건에 직접 관계가 있거나 관계한 사람.
- **증인**: 소송법에서, 법원 또는 법관에 대하여 소송 당사자가 아니면서 법원의 신문에 대하여 자기가 경험한 사실을 진술하는 사람. 신문은 말로 물어 조사하는 일을 말한다.
- **처하다**: 어떤 책벌이나 형벌에 놓이게 하다.
- _____

6 3문단을 읽고, ㉠~㉤ 중에서 **1**~**5**의 괄호 안에 들어갈 알맞은 기호를 찾아 쓰세요.

| ㉠ 검사 | ㉡ 기소 | ㉢ 증인 |
| ㉣ 피고인 | ㉤ 형사 재판 | ㉥ 형벌의 정도 |

1 검사가 법원에 형사 재판을 청구하는 것을 무엇이라고 하나요? ( )

2 검사가 사건에 대해 수사한 후 범죄 혐의가 있는 피의자를 법원에 기소하면 무엇이 시작되나요? ( )

3 다음 빈칸에 들어갈 말은 무엇인가요?

범죄의 피해자는 형사 재판의 당사자는 아니나 재판의 ( )으로 참여하기도 함.

4 법관이 형사 재판에서 법 조항을 적용하여 내리는 판결에 포함되어 있는 내용 중에서 범죄의 유무와 함께 제시되는 것은 무엇인가요? ( )

5
┌─────────────────────┐
│ 형사 재판의 사례와 재판 절차 │
└─────────────────────┘

┌─────────────────────┐
│ 형사 재판이 필요한 상황 사례 │
└─────────────────────┘

C는 900만 원 상당의 카메라를 분실하여 경찰에 신고함. 경찰의 수사 결과 D의 가방 속에서 분실된 카메라가 발견됨.

┌─────────────────────┐
│ 형사 재판의 절차 │
└─────────────────────┘

- ( ) 가 사건에 대해 수사한 후 범죄 혐의가 있는 피의자를 법원에 기소함.
  ↓
- 법정에서 검사는 증거를 제시하면서 ( ) 의 범죄 사실을 밝힘.
  ↓
- 피고인은 변호인과 함께 자신의 입장을 변론하고, 범죄의 피해자는 재판 당사자는 아니지만 증인으로 재판에 참여하기도 함.
  ↓
- 법관은 법 조항을 적용하여 판결을 내리게 됨.

④ 문단 민사 재판과 형사 재판 외에도 재판에는 여러 종류가 있다.□ 가족이나 친족 간의 다툼을 해결하는 가사 재판, 행정 기관의 잘못으로 국민의 권리가 침해당했을 때 이를 해결하는 행정 재판, 선거와 당선의 효력에 대한 다툼을 다루는 선거 재판 등이 있다.□ 사람들 사이에 갈등이 발생하면 대화나 타협을 통해 합의하여 해결하는 것이 가장 바람직하다.□ 그러나 재판을 통해 문제를 해결해야 하는 상황에 부닥쳤을 때 그 상황을 잘 이해하기 위해서는 분쟁의 성격과 재판의 절차 등을 알아 두는 것이 필요하다.□

4문단 중심 내용 다양한 ☐☐의 ☐☐와 재판에 대한 이해의 필요성

- **친족**: 배우자, 혈족, 인척을 통틀어 이르는 말.
- **가사**: 한집안의 사사로운 일.
- **행정 기관**: 국가 또는 지방 자치 단체의 행정 사무를 맡아보는 기관.
- **침해**: 침범하여 해를 끼침.
- **당선**: 선거에서 뽑힘.
- **효력**: 법률이나 규칙 따위의 작용.
- **타협**: 어떤 일을 서로 양보하여 협의함.

다양한 재판의 종류

소년 보호 재판은 19세 미만 소년의 범죄 사건 등에 대하여 소년의 환경을 바꾸고, 소년의 성격과 행동을 바르게 하기 위한 보호 처분을 행하는 재판이다. 특허 재판은 특허권 등의 분쟁을 다루는 재판이고, 군사 재판은 군인이 죄를 지은 경우에 받는 재판이다.

정답과 해설 22쪽

7 4문단을 읽고, ㉠~㉤ 중에서 ❶~❺의 괄호 안에 들어갈 알맞은 기호를 찾아 쓰세요.

| ㉠ 재판 | ㉡ 타협 | ㉢ 가사 재판 |
| ㉣ 선거 재판 | ㉤ 행정 재판 | |

❶ 가족이나 친족 간의 다툼을 해결하는 재판은 무엇인가요?
( )

❷ 행정 기관의 잘못으로 국민의 권리가 침해당했을 때 이를 해결하는 재판은 무엇인가요? ( )

❸ 선거와 당선의 효력에 대한 다툼을 다루는 재판은 무엇인가요? ( )

❹ 다음 빈칸에 들어갈 말은 무엇인가요?

사람들 사이에 갈등이 발생하면 대화나 ( ) 을 통해 합의하여 해결하는 것이 가장 바람직함.

❺

```
다양한 재판의 종류와
재판에 대한 이해의 필요성
```

다양한 재판의 종류

가사 재판	가족이나 친족 간의 다툼을 해결하는 재판
행정 재판	행정 기관의 잘못으로 국민의 권리가 침해당했을 때 이를 해결하는 재판
선거 재판	선거와 당선의 효력에 대한 다툼을 다루는 재판

( ) 에 대한 이해의 필요성

재판을 통해 문제를 해결해야 하는 상황을 잘 이해하기 위해서는 분쟁의 성격과 재판의 절차 등을 알아 두는 것이 필요함.

1 문단 재판은 소송 사건을 해결하기 위하여 법원 또는 법관이 판단을 내리는 것이다. 재판은 분쟁의 내용이나 성격에 따라 여러 종류로 나눌 수 있는데, 가장 대표적인 것이 민사 재판과 형사 재판이다. 민사 재판은 개인과 개인 간의 생활에서 발생하는 법률 관계에 대한 다툼을 해결하는 재판이다. 이와 달리 형사 재판은 폭행, 절도 등의 범죄가 발생하였을 때 국가가 범죄의 유무와 형벌의 정도를 결정하는 재판이다. 다음은 두 재판의 사례와 절차이다.

2 문단 A는 B에게 1년 후 갚기로 하고 천만 원을 빌렸다. 그러나 A는 1년이 지난 후에도 돈을 갚지 않았고, B의 연락을 피했다. 결국 B는 A를 상대로 돈을 갚으라는 소송을 제기하였다. 이때 민사 재판을 하게 되는데, 민사 재판에서 B는 소송을 제기하는 사람인 원고가 되고, A는 소송을 당한 사람인 피고가 된다. 민사 재판은 원고인 B가 법원에 소장을 제출하면서 시작된다. 법원에서는 피고 A에게 이 사실을 알리고, 그에 대한 답변서를 받는다. 그 이후 법정에서 원고 B와 피고 A는 증거를 제출하고 각자의 주장을 입증한다. 이 과정에서 필요한 경우 소송 대리인인 변호사의 도움을 받기도 한다. 법관은 양측의 주장과 증거, 법률 규정 등을 토대로 하여 판결을 내리게 되는데, 이 사건의 경우 '피고는 빌린 원금과 그에 대한 1년 동안의 이자를 원고에게 지급하라.'는 판결이 이루어졌다.

3 문단 사진 기자인 C는 국제 수영 대회에 갔다가 900만 원 상당의 카메라를 분실하였다. C는 이를 대회 주최 측과 경찰에 신고하였고, 경찰의 수사 결과 이 대회에 선수로 출전한 D의 가방 속에서 분실된 카메라가 발견되었다. 이런 경우에는 형사 재판을 하게 된다. 이 사건의 경우 검사가 사건에 대해 수사한 후 절도죄 혐의가 있는 피의자 D를 법원에 기소하면서 재판이 시작된다. 기소란 검사가 법원에 형사 재판을 청구하는 것을 말한다. 법정에서 검사는 증거를 제시하면서 피고인 D의 범죄 사실을 밝히고, 피고인은 변호인과 함께 자신의 입장을 변론한다. 이때 범죄의 피해자 C는 재판의 당사자는 아니나, 재판의 증인으로 참여하기도 한다. 법관은 관련된 법 조항을 적용하여 범죄의 유무와 형벌의 정도에 대한 판결을 내리게 된다. 이 사건의 경우 '피고인의 절도죄가 인정되어 벌금 100만 원에 처한다.'는 판결이 이루어졌다.

4 문단 민사 재판과 형사 재판 외에도 재판에는 여러 종류가 있다. 가족이나 친족 간의 다툼을 해결하는 가사 재판, 행정 기관의 잘못으로 국민의 권리가 침해당했을 때 이를 해결하는 행정 재판, 선거와 당선의 효력에 대한 다툼을 다루는 선거 재판 등이 있다. 사람들 사이에 갈등이 발생하면 대화나 타협을 통해 합의하여 해결하는 것이 가장 바람직하다. 그러나 재판을 통해 문제를 해결해야 하는 상황에 부닥쳤을 때 그 상황을 잘 이해하기 위해서는 분쟁의 성격과 재판의 절차 등을 알아 두는 것이 필요하다.

+ 꿀팁
재판의 개념과 다양한 재판의 종류를 구분하여 이해하되, 특히 민사 재판과 형사 재판의 개념과 진행 절차를 비교하면서 파악해야 해요. 두 재판을 구성하고 있는 사람의 명칭이 다르다는 점에 유의하면서 재판 진행 절차를 떠올려 보세요!

8 윗글에 나타난 재판에 대한 설명으로 적절하지 <u>않은</u> 것은?

① 가사 재판은 가족이나 친족 간의 다툼을 해결하는 재판이다.

② 선거 재판은 선거와 당선의 효력에 대한 다툼을 해결하는 재판이다.

③ 행정 재판은 행정 기관의 잘못으로 국민의 권리가 침해당했을 때 이를 해결하는 재판이다.

④ 형사 재판은 폭행이나 절도 등의 범죄가 발생하였을 때 국가가 범죄의 유무와 형벌의 정도를 결정하는 재판이다.

⑤ 민사 재판은 개인과 개인 간의 생활에서 발생하는 다툼이나 갈등을 대화와 타협을 통해 해결하도록 하는 재판이다.

9 윗글을 바탕으로 **보기**의 (가), (나)를 이해한 내용으로 적절하지 <u>않은</u> 것은?

> ▶ 보기 ◀
>
> (가) 갑이 을의 집 앞에 있던 낡은 건물을 사서 새로 지으면서 두 건물 사이가 매우 가까워졌다. 이 때문에 을의 집에는 햇빛이 잘 들지 않게 되었다. 이에 을은 갑에게 손해를 배상하라고 요구하였지만 거절당하자, 법원에 소송을 제기하였다.
>
> (나) 오락에 빠져 지내던 병은 돈이 부족해지자 친구인 정의 노트북을 훔치기로 했다. 병은 도서관에서 정이 잠들어 있는 틈을 타 노트북을 몰래 가지고 달아났다. 폐쇄 회로 텔레비전(CCTV)을 확인하여 이 사실을 알게 된 정은 병을 절도죄로 고소하였다.

① (가)의 을은 민사 재판의 원고가 되겠군.

② (가)의 재판에서는 법원이 갑에게 소송을 당했다는 사실을 알리겠군.

③ (나)의 정은 재판에 증인으로 참여할 수도 있겠군.

④ (나)의 병은 변호인과 함께 자신의 입장을 변론하겠군.

⑤ (나)의 정은 범죄 혐의가 있는 병을 법원에 기소하겠군.

10 윗글을 바탕으로 할 때, 다음의 ㉠과 ㉡에 들어갈 말이 바르게 짝지어진 것은?

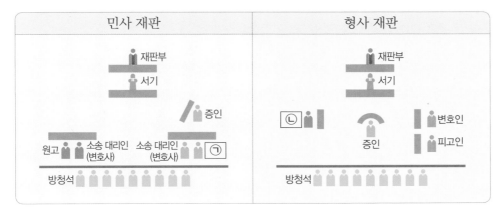

① ㉠: 검사, ㉡: 원고
② ㉠: 피고, ㉡: 검사
③ ㉠: 원고, ㉡: 형사
④ ㉠: 원고, ㉡: 변호사
⑤ ㉠: 검사, ㉡: 변호사

04 뉴 미디어가 대중문화에 미친 영향

문화

1회독 구조 읽기

1문단 대중문화는 대중이 형성하는 문화로 대중 매체를 통해 형성된다. 대중 매체는 다수의 사람에게 많은 정보를 동시에 전달하는 수단으로, 신문, 라디오, 텔레비전 등이 있다. 대중 매체는 사람들에게 새로운 지식과 정보를 빠르게 전달할 수 있고, 사회적 문제에 대한 사람들의 관심을 불러일으키거나 여론을 조성할 수도 있다. 이러한 대중 매체를 통해 접할 수 있는 방송 프로그램, 영화, 애니메이션, 대중가요 등이 대중문화의 영역에 포함된다. 대중문화는 빠른 전달 속도와 큰 파급력으로 사람들에게 영향력을 행사한다. 사람들은 대중문화를 통해 삶의 활력과 즐거움을 얻을 수 있다. 그러나 기존의 대중문화는 콘텐츠의 생산자가 불특정 다수의 사람에게 일방적으로 전달하는 특성이 강했다.

도입

2문단 그런데 뉴 미디어가 등장하면서 대중문화에 영향을 미치게 되었다. 뉴 미디어는 정보 통신 기술의 발전에 힘입어 새롭게 등장한 인터넷과 이를 기반으로 한 다양한 디지털 형식의 매체이다. 주로 스마트폰이나 컴퓨터를 전달 매체로 하는 경우가 많다. 뉴 미디어는 누리 소통망(SNS)이나 블로그처럼 기존 매체와는 다른 새로운 기술을 바탕으로 존재하기도 하고, 기존 매체가 인터넷 기술과 결합하여 더욱 발전된 형태로 구현되기도 한다. 뉴 미디어의 등장은 지식과 정보의 생산과 교환을 폭발적으로 증가시키는 결과를 낳았다.

주제

3문단 그 한 예로 스낵 컬처가 확산된 것을 들 수 있다. 스낵 컬처란 언제 어디서나 간편하게 즐길 수 있는 스낵에서 유래된 말이다. 시간과 장소에 구애받지 않고 출퇴근 시간이나 점심시간 등의 짧은 시간 동안 간편하게 즐길 수 있는 문화를 의미한다. 이러한 문화는 시간적·경제적 부담감을 느끼지 않는 범위에서 소소하게 문화와 여가를 즐기려는 현대인의 성향을 반영한 것으로, 뉴 미디어의 등장으로 스마트 기기가 대중화되면서 활성화되었다. 스낵 컬처를 대표하는 콘텐츠에는 웹툰, 웹 소설, 웹 드라마 등이 있으며 방송, 패션, 음식 등 다양한 분야에서 문화 콘텐츠가 쏟아져 나오고 있다.

사례 1

4문단 또 다른 예로는 덕후들이 가치 있는 콘텐츠의 생산자로 인정받게 된 문화를 들 수 있다. 덕후는 한 분야에 미칠 정도로 깊이 빠진 사람을 지칭하는 말로, 자신에게 특별한 의미를 가진 대상을 발견해 몰두하며 전문성을 쌓는다는 특징이 있다. 과거에는 취미 생활에 빠져서 본업에 충실하지 못하고 사교성도 부족할 것이라는 편견 때문에 덕후에 대한 인식이 부정적이었다. 그러나 최근에는 '특정 분야에 대한 전문가'라는 긍정적인 인식이 널리 퍼졌다. 덕후들이 자신의 취미 생활과 관련된 정보와 후기를 가치 있고 완성도 높은 콘텐츠로 제작하여 뉴 미디어를 통해 공유하고, 대중이 이를 즐기고 높이 평가하게 되었기 때문이다. 이러한 문화 덕분에 덕후들은 콘텐츠를 생산하는 생산자로 인정받는 동시에, 시장의 트렌드를 주도하는 주체로도 역할을 하게 되었다.

사례 2

➕꿀팁
1회독에서는 지문의 전체 내용이 완벽하게 이해되지 않아도 괜찮아요!

1 윗글과 아래 대화를 읽고 여러분은 윗글의 내용 중 어떤 점에 흥미가 생겼는지 생각해 보세요.

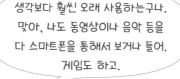

지수야! 내가 최근에 한국인의 하루 평균 스마트폰 사용 시간이 3시간 48분이라는 통계를 봤어.

생각보다 훨씬 오래 사용하는구나. 맞아, 나도 동영상이나 음악 등을 다 스마트폰을 통해서 보거나 들어. 게임도 하고.

그래. 우리가 누리는 대중문화의 많은 부분이 뉴 미디어를 통해 전달되고 있는 것 같아.

그 말을 들으니 뉴 미디어 등장 이전과 이후의 대중문화가 어떻게 달라졌는지 더 자세하게 알아보고 싶은 걸?

2 윗글에서 가장 중요한 내용이나 주제어를 아래 빈칸에 써 보세요.

☐☐☐☐가 대중문화에 미친 영향

3 윗글을 아래와 같은 구조로 정리한다고 할 때 빈칸에 알맞은 말을 써 보세요.

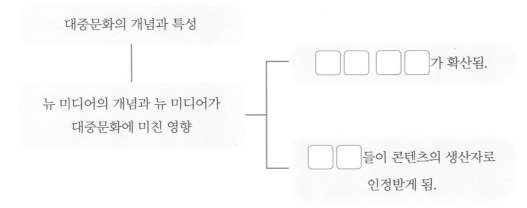

대중문화의 개념과 특성

뉴 미디어의 개념과 뉴 미디어가 대중문화에 미친 영향

☐☐☐☐가 확산됨.

☐☐들이 콘텐츠의 생산자로 인정받게 됨.

2 회독 중심 내용과 어휘 읽기

내용 읽기

❶ 각 문장을 읽고, 잘 이해했으면 □에 ✔처럼 체크해 보세요.
❷ 각 문장을 잘 이해하지 못했으면 점선을 따라 밑줄을 그어 보세요.

➡ 밑줄 그은 문장의 앞뒤 문장의 내용을 살펴보면서 다시 천천히 읽어 보세요.
또 문단별 중심 내용의 빈칸을 채워 보세요.

어휘 읽기

❶ 어려운 어휘는 날개에서 그 뜻을 밝혔어요.
❷ 어휘 이외에 잘 모르는 어휘는 스스로 어휘 표시하고 사전에서 뜻을 찾아 써 보세요.

➡ 어휘 뜻을 알고 문장을 다시 읽어 보세요.

❶ 문단 대중문화는 대중이 형성하는 문화로 대중 매체를 통해 형성된다.□ 대중 매체는 다수의 사람에게 많은 정보를 동시에 전달하는 수단으로, 신문, 라디오, 텔레비전 등이 있다.□ 대중 매체는 사람들에게 새로운 지식과 정보를 빠르게 전달할 수 있고, 사회적 문제에 대한 사람들의 관심을 불러일으키거나 여론을 조성할 수도 있다.□ 이러한 대중 매체를 통해 접할 수 있는 방송 프로그램, 영화, 애니메이션, 대중가요 등이 대중문화의 영역에 포함된다.□ 대중문화는 빠른 전달 속도와 큰 파급력으로 사람들에게 영향력을 행사한다.□ 사람들은 대중문화를 통해 삶의 활력과 즐거움을 얻을 수 있다.□ 그러나 기존의 대중문화는 콘텐츠의 생산자가 불특정 다수의 사람에게 일방적으로 전달하는 특성이 강했다.□

1문단 중심 내용 □□□□의 개념과 특성

- **대중**: 수많은 사람의 무리. 현대 사회를 구성하는 불특정 다수의 사람.
- **형성하다**: 어떤 형상, 모양이나 상태를 이루다.
- **매체**: 어떤 작용을 한쪽에서 다른 쪽으로 전달하는 물체. 또는 그런 수단.
- **수단**: 어떤 목적을 이루기 위한 방법. 또는 그 도구.
- **여론**: 사회 대중의 공통된 의견.
- **조성하다**: 분위기나 정세 따위를 만들다.
- **파급력**: 어떤 일의 여파나 영향이 차차 다른 데로 미치는 힘.
- **행사하다**: 부려서 쓰다.
- **활력**: 살아 움직이는 힘.
- **기존**: 이미 존재함.
- **콘텐츠**: 인터넷이나 컴퓨터 통신 등을 통하여 제공되는 각종 정보나 그 내용물.
- **불특정**: 특별히 정하지 아니함.
- **일방적**: 어느 한쪽으로 치우친 것.

---

4 1문단을 읽고, ㉠~㉤ 중에서 ❶~❹의 괄호 안에 들어갈 알맞은 기호를 찾아 쓰세요.

| ㉠ 여론 | ㉡ 파급력 | ㉢ 일방적 |
| ㉣ 대중문화 | ㉤ 대중 매체 | |

➕꿀팁 각 문단에서 기호의 단어를 찾아 동그라미 표시하면 더 쉽게 풀 수 있어요!

❶ 대중 매체를 통해 형성되는 문화는 무엇인가요? (　　)

❷ 다수의 사람에게 많은 정보를 동시에 전달하는 수단으로, 신문, 라디오, 텔레비전 등을 무엇이라고 하나요? (　　)

❸ 다음 빈칸에 들어갈 말은 무엇인가요?

대중 매체는 사람들에게 지식과 정보를 전달하고 사회적 문제에 대한 사람들의 관심을 불러일으키거나, (　　　)을 조성할 수도 있음.

4 | 대중문화의 개념과 특성 |

| 개념 | • 대중이 형성하는 문화로 대중 매체를 통해 형성됨.
• 대중 매체: 다수의 사람에게 많은 정보를 동시에 전달하는 수단으로, 신문, 라디오, 텔레비전 등이 있음.
• 방송 프로그램, 영화, 애니메이션, 대중가요 등이 포함됨. |
| 특성 | • 빠른 전달 속도와 큰 (　　　)으로 사람들에게 영향력을 행사함.
• 사람들에게 삶의 활력과 즐거움을 줌.
• 기존에는 콘텐츠의 생산자가 불특정 다수의 사람에게 (　　　)으로 정보를 전달한다는 특성이 강했음. |

2문단 그런데 뉴 미디어가 등장하면서 대중문화에 영향을 미치게 되었다.■ 뉴 미디어는 정보 통신 기술의 발전에 힘입어 새롭게 등장한 인터넷과 이를 기반으로 한 다양한 디지털 형식의 매체이다.■ 주로 스마트폰이나 컴퓨터를 전달 매체로 하는 경우가 많다.■ 뉴 미디어는 누리 소통망(SNS)이나 블로그처럼 기존 매체와는 다른 새로운 기술을 바탕으로 존재하기도 하고, 기존 매체가 인터넷 기술과 결합하여 더욱 발전된 형태로 구현되기도 한다.■ 뉴 미디어의 등장은 지식과 정보의 생산과 교환을 폭발적으로 증가시키는 결과를 낳았다.■

2문단 중심 내용 ☐☐☐☐의 등장

- **정보 통신**: 정보의 생산, 수집, 유통과 관계되는 기술과 기기 따위를 통틀어 이르는 말.
- **기반**: 기초가 되는 바탕. 또는 사물의 토대.
- **디지털**: 여러 자료를 유한한 자릿수의 숫자로 나타내는 방식.
- **구현되다**: 어떤 내용이 구체적인 사실로 나타나다.
- **폭발적**: 무엇이 갑작스럽게 일어나는 것.

배경지식
대중 매체의 발달 과정

인쇄 매체
문자와 사진을 이용하여 정보를 전달함.

음성 매체
소리를 이용하여 정보를 전달함.

영상 매체
소리와 영상을 이용하여 정보를 전달함.

뉴 미디어
문자, 사진, 소리, 동영상 등 다양한 수단으로 정보를 전달함.

정답과 해설 24쪽

5 2문단을 읽고, ㉠~㉤ 중에서 **1**~**4**의 괄호 안에 들어갈 알맞은 기호를 찾아 쓰세요.

| ㉠ 매체 | ㉡ 폭발적 | ㉢ 뉴 미디어 |
| ㉣ 누리 소통망 | ㉤ 스마트폰이나 컴퓨터 | |

1 정보 통신 기술의 발전으로 등장한, 인터넷과 이를 기반으로 하는 다양한 디지털 형식의 매체는 무엇인가요? ( )

2 뉴 미디어의 주된 전달 매체는 무엇인가요? ( )

3 다음 빈칸에 들어갈 말은 무엇인가요?

뉴 미디어는 ( )이나, 블로그처럼 기존 매체와는 다른 새로운 기술을 바탕으로 존재하기도 함.

4 **뉴 미디어의 등장**

| 개념 | 정보 통신 기술의 발전에 힘입어 새롭게 등장한 인터넷과 이를 기반으로 한 다양한 디지털 형식의 ( ) |
| 구현 방식 | • 누리 소통망이나 블로그와 같이 기존 매체와는 다른 새로운 기술을 바탕으로 존재하기도 함. • 기존 매체가 인터넷 기술과 결합하여 더욱 발전된 형태로 구현되기도 함. |

지식과 정보의 생산과 교환을 ( )으로 증가시키는 결과를 낳음.

3 문단 　그 한 예로 스낵 컬처가 확산된 것을 들 수 있다.■ 스낵 컬처란 언제 어디서나 간편하게 즐길 수 있는 스낵에서 유래된 말이다.■ 시간과 장소에 구애받지 않고 출퇴근 시간이나 점심시간 등의 짧은 시간 동안 간편하게 즐길 수 있는 문화를 의미한다.■ 이러한 문화는 시간적·경제적 부담감을 느끼지 않는 범위에서 소소하게 문화와 여가를 즐기려는 현대인의 성향을 반영한 것으로, 뉴 미디어의 등장으로 스마트 기기가 대중화되면서 활성화되었다.■ 스낵 컬처를 대표하는 콘텐츠에는 웹툰, 웹 소설, 웹 드라마 등이 있으며 방송, 패션, 음식 등 다양한 분야에서 문화 콘텐츠가 쏟아져 나오고 있다.■

3문단 중심 내용 뉴 미디어가 대중문화에 미친 영향을 보여 주는 예 ①
- ☐☐☐☐가 확산됨.

- **확산되다**: 흩어져 널리 퍼지게 되다.
- **유래되다**: 사물이나 일이 생겨나게 되다.
- **구애**: 거리끼거나 얽매임.
- **부담감**: 어떠한 의무나 책임을 져야 한다는 느낌.
- **소소하다**: 작고 대수롭지 아니하다.
- **성향**: 성질에 따른 경향.
- **대중화되다**: 대중 사이에 널리 퍼져 친숙해지다.
- **활성화되다**: 사회나 조직 등의 기능이 활발해지다.
- **웹툰**: 인터넷을 통하여 연재되는 만화.
- **웹 소설**: 인터넷을 통하여 연재하는 소설.
- **웹 드라마**: 인터넷을 통하여 방송하는 드라마. 대체로 길이가 짧다.
- _____
  _____

6 3문단을 읽고, ㉠~㉤ 중에서 1~5의 괄호 안에 들어갈 알맞은 기호를 찾아 쓰세요.

| ㉠ 웹툰 | ㉡ 콘텐츠 | ㉢ 스낵 컬처 |
| ㉣ 뉴 미디어 | ㉤ 스마트 기기 | ㉥ 현대인의 성향 |

1 시간과 장소에 구애받지 않고 출퇴근 시간이나 점심시간 등의 짧은 시간 동안 간편하게 즐길 수 있는 문화를 의미하는 말은 무엇인가요? 　　　　(　　)

2 뉴 미디어가 대중문화에 미친 영향은 무엇인가요?

뉴 미디어의 등장으로 (　　) 가 대중화되면서 스낵 컬처가 활성화됨.

3 스낵 컬처를 대표하는 콘텐츠에는 어떠한 것들이 있나요?

(　　), 웹 소설, 웹 드라마 등이 있음.

4 스낵 컬처는 무엇을 반영하여 만들어졌나요?

시간적·경제적 부담감을 느끼지 않는 범위에서 소소하게 문화와 여가를 즐기려는 (　　) 을 반영하여 만들어짐.

5

뉴 미디어가 대중문화에 미친 영향을 보여 주는 예 ①

스낵 컬처

(　　) 의 등장으로 스마트 기기가 대중화되면서 시간과 장소에 구애받지 않고 출퇴근 시간이나 점심시간 등의 짧은 시간 동안 간편하게 즐길 수 있는 문화인 스낵 컬처가 활성화됨.

스낵 컬처가 활성화된 이유

시간적·경제적 부담감을 느끼지 않는 범위에서 소소하게 문화와 여가를 즐기려는 현대인의 성향을 반영함.

스낵 컬처의 대표적 콘텐츠

웹툰, 웹 소설, 웹 드라마를 비롯하여 방송, 패션, 음식 등 다양한 분야에서 문화 (　　) 가 쏟아져 나오고 있음.

4문단 또 다른 예로는 덕후들이 가치 있는 콘텐츠의 생산자로 인정받게 된 문화를 들 수 있다.■ 덕후는 한 분야에 미칠 정도로 깊이 빠진 사람을 지칭하는 말로, 자신에게 특별한 의미를 가진 대상을 발견해 몰두하며 전문성을 쌓는다는 특징이 있다.■ 과거에는 취미 생활에 빠져서 본업에 충실하지 못하고 사교성도 부족할 것이라는 편견 때문에 덕후에 대한 인식이 부정적이었다.■ 그러나 최근에는 '특정 분야에 대한 전문가'라는 긍정적인 인식이 널리 퍼졌다.■ 덕후들이 자신의 취미 생활과 관련된 정보와 후기를 가치 있고 완성도 높은 콘텐츠로 제작하여 뉴 미디어를 통해 공유하고, 대중이 이를 즐기고 높이 평가하게 되었기 때문이다.■ 이러한 문화 덕분에 덕후들은 콘텐츠를 생산하는 생산자로 인정받는 동시에, 시장의 트렌드를 주도하는 주체로도 역할을 하게 되었다.■

4문단 중심 내용 뉴 미디어가 대중문화에 미친 영향을 보여 주는 예 ②
- ☐☐들이 콘텐츠의 생산자로 인정받게 됨.

- **지칭하다**: 어떤 대상을 가리켜 이르다.
- **몰두하다**: 어떤 일에 온 정신을 다 기울여 열중하다.
- **본업**: 주가 되는 직업.
- **사교성**: 남과 사귀기를 좋아하거나 쉽게 사귀는 성질.
- **편견**: 공정하지 못하고 한쪽으로 치우친 생각.
- **완성도**: 어떤 일이나 예술 작품 따위가 질적으로 완성된 정도.
- **공유하다**: 두 사람 이상이 한 물건을 공동으로 소유하다.
- **트렌드**: 사람들의 사고, 사상, 활동이나 일의 형세 따위가 움직여 가는 방향이나 추세.
- **주체**: 사물의 작용이나 어떤 행동의 주가 되는 것.
- _____

배·경·지·식

1인 미디어

1인 미디어는 개인이 혼자서 콘텐츠를 기획하고 진행, 촬영, 제작, 편집까지 모두 맡아 미디어를 운영하는 것이다. 2000년대 중반 개인이 상업적 의도 없이 콘텐츠를 직접 제작하여 인터넷상에 올리는 손수 제작물(UCC)이 유행하며 시작되었다. 최근 1인 미디어는 개인이 자신이 잘 아는 분야의 콘텐츠를 만들어 올려 유행을 만들고, 그로 인해 수익 창출을 기대하는 문화 창업 모델로 진화하고 있다. 이를 통해 미디어를 통한 생산자와 수용자의 소통이 더욱 활발하게 이루어지게 되었다.

정답과 해설 24쪽

---

7 4문단을 읽고, ㉠~㉤ 중에서 1~4의 괄호 안에 들어갈 알맞은 기호를 찾아 쓰세요.

㉠ 공유	㉡ 덕후	㉢ 편견
㉣ 전문가	㉤ 트렌드	

1 한 분야에 미칠 정도로 깊이 빠진 사람을 지칭하는 말은 무엇인가요? ( )

2 뉴 미디어의 등장 이후 덕후들이 인정받게 된 이유는 무엇인가요?

> 자신의 취미 생활과 관련된 정보와 후기를 가치 있고 완성도 높은 콘텐츠로 제작하여 뉴 미디어를 통해 대중과 ( ) 했기 때문임.

3 뉴 미디어의 등장 이후 덕후들은 어떤 역할을 하고 있나요?

> 콘텐츠를 생산하고 시장의 ( )를 주도하는 역할을 하고 있음.

4 뉴 미디어가 대중문화에 미친 영향을 보여 주는 예 ②

덕후에 대한 과거의 인식	덕후가 자신의 취미 생활에 빠져서 본업에 충실하지 못하고 사교성도 부족할 것이라는 ( ) 때문에 덕후에 대한 인식이 부정적이었음.

↓

뉴 미디어의 등장 이후

덕후들이 자신의 취미 생활과 관련된 정보와 후기를 가치 있고 완성도 높은 콘텐츠로 제작하여 뉴 미디어를 통해 공유함.

덕후에 대한 최근의 인식	• 특정 분야에 대한 ( ) • 덕후들은 콘텐츠의 생산자로 인정받는 동시에, 시장의 트렌드를 주도하는 주체로도 역할을 하게 됨.

①문단 대중문화는 대중이 형성하는 문화로 대중 매체를 통해 형성된다. 대중 매체는 다수의 사람에게 많은 정보를 동시에 전달하는 ⓐ수단으로, 신문, 라디오, 텔레비전 등이 있다. 대중 매체는 사람들에게 새로운 지식과 정보를 빠르게 전달할 수 있고, 사회적 문제에 대한 사람들의 관심을 불러일으키거나 여론을 ⓑ조성할 수도 있다. 이러한 대중 매체를 통해 접할 수 있는 방송 프로그램, 영화, 애니메이션, 대중가요 등이 대중문화의 영역에 포함된다. 대중문화는 빠른 전달 속도와 큰 파급력으로 사람들에게 영향력을 행사한다. 사람들은 대중문화를 통해 삶의 활력과 즐거움을 얻을 수 있다. 그러나 기존의 대중문화는 콘텐츠의 생산자가 ⓒ불특정 다수의 사람에게 일방적으로 전달하는 특성이 강했다.

②문단 그런데 뉴 미디어가 등장하면서 대중문화에 영향을 미치게 되었다. 뉴 미디어는 정보 통신 기술의 발전에 힘입어 새롭게 등장한 인터넷과 이를 ⓓ기반으로 한 다양한 디지털 형식의 매체이다. 주로 스마트폰이나 컴퓨터를 전달 매체로 하는 경우가 많다. 뉴 미디어는 누리 소통망(SNS)이나 블로그처럼 기존 매체와는 다른 새로운 기술을 바탕으로 존재하기도 하고, 기존 매체가 인터넷 기술과 결합하여 더욱 발전된 형태로 구현되기도 한다. 뉴 미디어의 등장은 지식과 정보의 생산과 교환을 ⓔ폭발적으로 증가시키는 결과를 낳았다.

③문단 그 한 예로 스낵 컬처가 확산된 것을 들 수 있다. 스낵 컬처란 언제 어디서나 간편하게 즐길 수 있는 스낵에서 유래된 말이다. 시간과 장소에 구애받지 않고 출퇴근 시간이나 점심시간 등의 짧은 시간 동안 간편하게 즐길 수 있는 문화를 의미한다. 이러한 문화는 시간적·경제적 부담감을 느끼지 않는 범위에서 소소하게 문화와 여가를 즐기려는 현대인의 성향을 반영한 것으로, 뉴 미디어의 등장으로 스마트 기기가 대중화되면서 활성화되었다. 스낵 컬처를 대표하는 콘텐츠에는 웹툰, 웹 소설, 웹 드라마 등이 있으며 방송, 패션, 음식 등 다양한 분야에서 문화 콘텐츠가 쏟아져 나오고 있다.

④문단 또 다른 예로는 덕후들이 가치 있는 콘텐츠의 생산자로 인정받게 된 문화를 들 수 있다. 덕후는 한 분야에 미칠 정도로 깊이 빠진 사람을 지칭하는 말로, 자신에게 특별한 의미를 가진 대상을 발견해 몰두하며 전문성을 쌓는다는 특징이 있다. 과거에는 취미 생활에 빠져서 본업에 충실하지 못하고 사교성도 부족할 것이라는 편견 때문에 덕후에 대한 인식이 부정적이었다. 그러나 최근에는 '특정 분야에 대한 전문가'라는 긍정적인 인식이 널리 퍼졌다. 덕후들이 자신의 취미 생활과 관련된 정보와 후기를 가치 있고 완성도 높은 콘텐츠로 제작하여 뉴 미디어를 통해 공유하고, 대중이 이를 즐기고 높이 평가하게 되었기 때문이다. 이러한 문화 덕분에 덕후들은 콘텐츠를 생산하는 생산자로 인정받는 동시에, 시장의 트렌드를 주도하는 주체로도 역할을 하게 되었다.

8 윗글의 내용과 일치하지 <u>않는</u> 것은?

① 대중문화는 대중 매체를 통해 형성된다.

② 대중문화는 사람들에게 삶의 활력과 즐거움을 주기도 한다.

③ 뉴 미디어는 스마트폰이나 컴퓨터를 전달 매체로 하는 경우가 많다.

④ 뉴 미디어의 등장 이후 덕후들은 취미 생활에 빠져 본업에 충실하지 못한 존재라는 편견이 심화되었다.

⑤ 뉴 미디어의 등장 이후 스마트 기기가 활성화되면서 짧은 시간 동안 간편하게 즐길 수 있는 문화가 발달하였다.

9 윗글을 읽고 **보기**의 ㉠, ㉡에 대해 이해한 내용으로 적절하지 <u>않은</u> 것은?

> **보기**
>
> ㉠ 유튜브 구독자 1억 명을 기록한 한 유튜버는 학생 시절 게임에 너무 몰두한 나머지 다니던 대학까지 중퇴했다고 한다. 이후 2010년에 게임 리뷰를 하는 유튜브 채널을 개설하여 10분 이내 시간의 게임 관련 콘텐츠를 만들어 올리기 시작했는데, 그로 인해 큰 인기와 성공을 얻게 되었다.
>
> ㉡ 국내의 한 온라인 패션 플랫폼 대표는 신발 덕후였다. 그는 고등학교 3학년 때 온라인 패션 커뮤니티를 만들어 자신의 패션을 공유했다. 이후 대학 때는 패션 웹진을 만들고, 대학 졸업 후에는 온라인 패션 스토어를 만들어 직접 상품을 판매했다. 이 회사는 2020년 의류 및 패션 전문 전자 상거래 업체로는 처음으로 기업 가치 1조 원 이상으로 인정받았다.

① ㉠에서 유튜버가 만든 게임 관련 콘텐츠는 스낵 컬처의 사례가 될 수 있겠군.

② ㉡의 온라인 패션 플랫폼 대표는 시장의 트렌드를 주도하는 주체라고 볼 수 있겠군.

③ ㉠, ㉡에는 모두 덕후들이 콘텐츠의 생산자가 되어 인정받은 모습이 드러나 있군.

④ ㉠, ㉡에서의 성공은 모두 컴퓨터와 스마트 기기의 대중화 덕분에 가능한 것이었군.

⑤ ㉠, ㉡에 등장하는 콘텐츠들은 모두 뉴 미디어가 아닌 기존의 대중 매체를 통해서도 향유할 수 있는 것들이군.

10 문맥을 고려할 때, ⓐ~ⓔ의 의미로 적절하지 <u>않은</u> 것은?

① ⓐ: 일을 처리하여 나가는 솜씨와 꾀.

② ⓑ: 분위기나 정세 따위를 만듦.

③ ⓒ: 특별히 정하지 아니함.

④ ⓓ: 기초가 되는 바탕.

⑤ ⓔ: 무엇이 갑작스럽게 일어나는 것.

스스로
평가

1회독
2회독
3회독

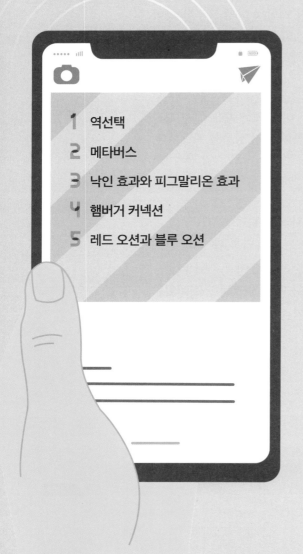

내 손안의 지식사전

1 역선택
2 메타버스
3 낙인 효과와 피그말리온 효과
4 햄버거 커넥션
5 레드 오션과 블루 오션

1 역선택

역선택은 자기에게 유리하게 하려고 상대편에게 불리한 것을 고르는 일입니다. 공급자와 수요자가 갖고 있는 정보가 각각 다르기 때문에 발생하는 경제 현상입니다. 예를 들어 보험 계약을 할 때 주로 보험금을 탈 가능성이 큰 사람이 자신에게 유리한 보험을 선택함으로써 보험 회사의 편에서는 불리한 조건을 선택하게 되는 경우가 해당합니다. 또는 금융 시장에서 신용도가 높은 사람은 대출을 덜 이용하고 신용도가 낮은 사람은 더 많이 대출을 받게 되는 사례도 있습니다. 역선택은 시장의 자원을 효율적으로 배분하지 못하고 위축시키는 문제를 발생시킬 수 있으므로 정보가 한쪽으로만 집중되는 현상을 없애는 등의 노력을 통해 완화하는 것이 바람직합니다.

2 메타버스(metaverse)

메타버스는 웹상에서 아바타를 이용하여 다양한 활동을 하는 것과 같이 가상 세계와 현실 세계의 경계가 허물어지는 것을 이르는 말입니다. 메타버스는 '가상', '초월'을 의미하는 '메타(Meta)'와 '우주'를 의미하는 '유니버스(Universe)'의 합성어로, 미국 SF 작가 닐 스티븐슨의 소설에 처음 등장한 개념입니다. 아바타가 게임이나 가상 현실을 경험하는 데에서 그치지 않고 더 나아가 실제 현실과 같은 사회, 경제, 문화적 활동이 이루어지는 3차원의 가상 세계를 의미합니다. 정보 통신 기술의 발달과 코로나 19 팬데믹에 따른 비대면의 일상화로 점차 주목받고 있습니다.

3 낙인 효과와 피그말리온 효과

낙인 효과는 과거의 좋지 않은 경력이 현재의 인물 평가에 부정적인 영향을 미치는 것입니다. 또는 한번 나쁜 사람으로 낙인이 찍히면 그 사람은 의식적·무의식적으로 올바른 행동을 하기보다는 범죄자가 될 가능성이 높은 현상을 뜻하기도 합니다. 과거에 부도를 일으킨 기업이나 국가가 그 이후에 건전성을 회복했다고 해도 시장이나 다른 국가들에게 신뢰를 얻기 어려워지는 것을 예로 들 수 있습니다. 또 낙인 이론을 제창한 하워드 S. 베커는 범죄를 처음 저지른 사람에게 낙인을 찍으면 스스로 범죄자라는 정체성을 갖고 다시 범죄를 저지를 가능성이 높다고 하였습니다. 이와 반대되는 개념은 피그말리온 효과입니다. 이는 타인의 긍정적인 기대나 관심이 개인의 능률이나 결과에 좋은 영향을 미친다는 것입니다.

4 햄버거 커넥션

햄버거 커넥션은 열대림이 파괴되는 과정을 뜻하는 말입니다. 햄버거 안에 들어 있는 패티를 만들기 위해서 필요한 소고기를 충당하기 위해 소를 대량 사육하게 됩니다. 이 과정에서 열대림을 파괴하여 목초지를 조성하게 됩니다. 햄버거 한 개를 먹을 때마다 열대림 나무가 한 그루씩 사라지는 반생태적 연결 고리를 햄버거 커넥션이라고 부릅니다. 열대림이 파괴되면 홍수, 지구 온난화, 기상 이변 등의 문제가 일어날 수 있습니다.

5 레드 오션과 블루 오션

레드 오션(red ocean)은 이미 잘 알려져 있는 시장에서 치열하게 경쟁하는 산업입니다. 출혈 경쟁을 비유하는 붉은색(red)과 시장을 의미하는 바다(ocean)가 합쳐진 말이 레드 오션입니다. 레드 오션의 기업들은 산업의 경계가 이미 정해져 있는 상황에서 같은 고객을 대상으로 더 많이 판매하고자 하는 같은 목표를 가지고 있습니다. 이 때문에 기업 간의 경쟁이 심해집니다. 서로 가격을 더 낮추는 가격 경쟁을 벌이기도 하고, 상품 외적인 서비스나 광고 등의 판매 전략에 매달리기도 합니다. 따라서 기업들은 레드 오션에 진입해서 성공을 거두기가 쉽지 않고 상품의 판매를 낙관적으로 바라보기 어렵습니다. 하지만 소비자는 기업 간의 이러한 경쟁으로 보다 나은 가격과 서비스를 접할 수 있게 되겠지요.

블루 오션(blue ocean)은 경쟁 시장에서 예전의 업종이나 고객 개념에 얽매이지 않고, 발상의 전환을 통하여 경쟁자가 없는 새로운 시장을 창출해 내는 전략입니다. 이는 레드 오션과 상반되는 개념입니다. 넓고 깊은 푸른색(blue) 바다(ocean)로 혼자 나아가는 어부는 두 가지의 상황을 맞게 될 수 있습니다. 아무도 물고기를 잡지 않은 바다이기 때문에 질 좋고 풍성한 어획을 할 수 있습니다. 또 누구의 도움도 받을 수 없는 위험한 문제 상황에 맞닥뜨릴 수도 있습니다. 어부는 먼바다, 즉 경쟁자가 없는 새로운 시장에 진출한 것입니다.

IV

과정 구조

경영 01 다국적 기업으로의 성장

1회독 구조 읽기

1문단 전 세계적으로 가장 많이 팔리는 장난감인 ○○ 인형의 제조사는 미국 기업이다. 하지만 이 인형은 미국이 아닌 다른 나라에 세워진 공장에서 생산되고 있다. 이처럼 본사가 있는 국가를 포함하여 여러 국가에 회사나 공장을 세워 제품을 생산하고 판매하는 활동을 하는 기업을 다국적 기업이라고 한다. 다국적 기업은 경제 활동의 세계화를 촉진하는 세계 무역 기구[WTO]가 등장하고 자유 무역 협정[FTA]이 확대되면서 그 수가 늘고 있다. 예전에는 제조업 위주였다면 최근에는 유통업, 금융업, 관광업 등 분야도 다양해지고 있다.

주제

2문단 그렇다면 기업은 어떤 과정을 거쳐 일반 국내 기업에서 세계적인 다국적 기업으로 성장할까? 일반적으로 기업은 자기 국가에서 단일 공장으로 사업을 시작하는데, 초창기에는 회사나 공장이 위치한 지역에서 주된 활동이 이루어진다. 그러다 기업이 점점 성장하면서 사업 규모가 커지면, 국내의 다른 지역에 영업 지점이나 생산 공장을 더 늘리면서 전국으로 시장을 넓힌다. 예를 들면, 세계적인 다국적 기업이 된 우리나라 △△ 회사는 처음에는 부산에 본사와 공장을 둔 기업으로 시작하였다. 이후에 제품 판매가 늘면서 경상도 등 다른 지역에 공장과 영업 지점을 더 세우며 전국으로 사업을 확장하였다. 그런데 이때까지는 국내 시장을 겨냥해 생산과 판매 활동이 이루어지므로 다국적 기업이라고 할 수 없다.

과정 1

3문단 국내에서 성장한 기업은 더 많은 이윤을 얻고자 해외 시장으로 진출하려고 한다. 이때 기업은 진출하려는 국가에 제품을 홍보하고 판매하기 위한 영업 대리점을 먼저 설치한다. 그 후에 제품에 대한 현지의 반응이 좋으면 본사의 지배를 받는 자회사 또는 본사의 일을 대신하는 지사를 설립한다. 이후 제품에 대한 수요가 점점 더 늘어나면, 기업에서는 생산비를 줄이기 위해 토지의 가격이 낮고 임금이 저렴한 개발 도상국에 생산 공장을 세운다. 그런데 일부 기업은 무역 장벽을 넘으려고 선진국에 공장을 두기도 한다. 무역 장벽은 국가가 자신의 교역 조건을 유리하게 하기 위한 법적 조치이다. 다국적 기업인 우리나라 □□ 회사가 미국 정부의 무역 장벽을 넘기 위해 미국에 세탁기 공장을 만든 것을 그 예로 들 수 있다. 이러한 과정을 거쳐 기업은 본사, 지사, 생산 공장을 여러 국가에 둔 다국적 기업이 된다.

과정 2

4문단 이렇게 성장한 다국적 기업은 진출하는 국가를 늘려 가며 사업을 확장한다. 다국적 기업의 진출로 생산 공장이 들어선 국가는 새로운 산업 단지가 만들어지므로 일자리가 늘어난다. 또 관련 산업이 발달하고 선진 기술을 넘겨받아 경제 발전도 이룬다. 그러나 다국적 기업과 비슷한 제품을 생산하는 국내의 기업이 어려움을 겪고, 국내에서 발생한 이윤의 많은 부분이 다국적 기업의 본사가 있는 국가로 빠져나가는 문제가 생기기도 한다. 그리고 다국적 기업이 생산 공장을 없애거나 철수할 경우에는 대규모 실업이나 경기 침체 등의 문제가 일어날 수 있다.

과정 3

+꿀팁
1회독에서는 지문의 전체 내용이 완벽하게 이해되지 않아도 괜찮아요!

1 윗글과 아래 대화를 읽고 여러분은 윗글의 내용 중 어떤 점에 흥미가 생겼는지 생각해 보세요.

○○ 운동화를 사려고 검색을 했는데, 미국 회사의 제품인 이 운동화가 어떤 것은 중국산, 어떤 것은 말레이시아산이라고 표시되어 있더라. 둘 중 하나는 가짜 상품인가?

가짜 상품이 아니야. ○○ 운동화의 본사는 미국에 있는데, 그것을 생산하는 공장은 여러 나라에 나누어져 있어. 그래서 생산 공장이 어느 국가에 있느냐에 따라 중국산, 말레이시아산이라고 하는 거야.

이렇게 본사와 생산 공장이 한 나라 안에 있지 않고 여러 나라에 있는 기업을 다국적 기업이라고 하는 거지? △△ 햄버거나 ☆☆ 콜라 회사도 다국적 기업이라고 하던데.

햄버거, 콜라 이야기하니까 갑자기 배가 고프네~ 민호야! 우리 햄버거와 콜라를 파는 다국적 기업의 매장에 가서 뭘 좀 먹을래?

2 윗글에서 가장 중요한 내용이나 주제어를 아래 빈칸에 써 보세요.

☐☐☐☐☐의 성장 과정

3 윗글을 아래와 같은 구조로 정리한다고 할 때 빈칸에 알맞은 말을 써 보세요.

다국적 기업의 개념과 성장 배경

│

☐☐ 시장에서의 성장

↓

☐☐ 시장에서의 성장

↓

다국적 기업의 사업 확장 및 진출 국가에 미치는 영향

내용 읽기

❶ 각 문장을 읽고, 잘 이해했으면 □에 ✔처럼 체크해 보세요.
❷ 각 문장을 잘 이해하지 못했으면 점선을 따라 밑줄을 그어 보세요.

➡ 밑줄 그은 문장의 앞뒤 문장의 내용을 살펴보면서 다시 천천히 읽어 보세요.
또 문단별 중심 내용의 빈칸을 채워 보세요.

어휘 읽기

❶ 어려운 어휘는 날개에서 그 뜻을 밝혔어요.
❷ 어휘 이외에 잘 모르는 어휘는 스스로 어휘 표시하고 사전에서 뜻을 찾아 써 보세요.

➡ 어휘 뜻을 알고 문장을 다시 읽어 보세요.

1문단　전 세계적으로 가장 많이 팔리는 장난감인 ○○ 인형의 제조사는 미국 기업이다.□ 하지만 이 인형은 미국이 아닌 다른 나라에 세워진 공장에서 생산되고 있다.□ 이처럼 본사가 있는 국가를 포함하여 여러 국가에 회사나 공장을 세워 제품을 생산하고 판매하는 활동을 하는 기업을 다국적 기업이라고 한다.□ 다국적 기업은 경제 활동의 세계화를 촉진하는 세계 무역 기구[WTO]가 등장하고 자유 무역 협정[FTA]이 확대되면서 그 수가 늘고 있다.□ 예전에는 제조업 위주였다면 최근에는 유통업, 금융업, 관광업 등 분야도 다양해지고 있다.□

1문단 중심 내용 □□□ □□의 개념과 성장 배경

• **제조사**: 물품을 만드는 일을 하는 회사.
• **본사**: 주가 되는 회사를 이르는 말.
• **다국적**: 여러 나라가 참여하거나 여러 나라의 것이 섞여 있음. 또는 그런 것.
• **촉진하다**: 다그쳐 빨리 나아가게 하다.
• **제조업**: 물품을 대량으로 만드는 사업.
• **유통업**: 상품 따위를 생산자에서부터 소비자, 수요자에게 전달하는 활동을 담당하는 산업.
• **금융업**: 자금을 융통하는 영업. 은행업, 신탁업, 증권업, 보험업 따위가 이에 해당한다.
• _____

📮 배경지식

세계 무역 기구[WTO]
자유 무역을 통한 세계 무역 증진을 위해 1995년에 세계 125개국이 참여하여 결성된 경제 기구. 자유 무역을 확대하고 회원국 간의 통상 분쟁을 해결하며 국가 간 교역을 촉진하기 위해 설립되었다.

자유 무역 협정[FTA]
둘 이상의 나라가 서로 수출입 관세와 시장 점유율 제한 등 상품 이동의 장애가 되는 장벽을 완화하거나 없앰으로써 당사국 간 무역을 활성화하는 협정이다.

4 1문단을 읽고, ㉠~㉺ 중에서 ❶~❹의 괄호 안에 들어갈 알맞은 기호를 찾아 쓰세요.

㉠ 제조업　　　㉡ 여러 국가　　　㉢ 다국적 기업
㉣ 세계 무역 기구[WTO]　㉤ 자유 무역 협정[FTA]

➕꿀팁 각 문단에서 기호의 단어를 찾아 동그라미 표시하면 더 쉽게 풀 수 있어요!

❶ 본사가 있는 국가를 포함하여 여러 국가에 회사나 공장을 세워 사업을 하는 기업을 무엇이라고 하나요?　　　（　　）

❷ 다국적 기업이 늘어나게 된 배경은 무엇인가요?

（　　）가 등장하고 자유 무역 협정[FTA]이 확대되면서 다국적 기업의 수가 늘어남.

❸ 예전에는 다국적 기업이 어떤 분야에 많았나요?　（　　）

4

다국적 기업의 개념과 성장 배경	
사례	○○ 인형의 제조사는 미국 기업이지만, 생산 공장은 다른 나라에 있음.

개념	본사가 있는 국가를 포함하여 （　　）에 회사나 공장을 세워 생산과 판매 활동을 하는 기업

다국적 기업의 성장 배경과 분야	
성장 배경	• 세계 무역 기구[WTO]의 등장 • （　　）의 확대
분야	• 예전: 제조업 위주 • 최근: 제조업뿐만 아니라 유통업, 금융업, 관광업 등 다양해짐.

②문단 　그렇다면 기업은 어떤 과정을 거쳐 일반 국내 기업에서 세계적인 다국적 기업으로 성장할까？□ 일반적으로 기업은 자기 국가에서 단일 공장으로 사업을 시작하는데, 초창기에는 회사나 공장이 위치한 지역에서 주된 활동이 이루어진다.□ 그러다 기업이 점점 성장하면서 사업 규모가 커지면, 국내의 다른 지역에 영업 지점이나 생산 공장을 더 늘리면서 전국으로 시장을 넓힌다.□ 예를 들면, 세계적인 다국적 기업이 된 우리나라 △△ 회사는 처음에는 부산에 본사와 공장을 둔 기업으로 시작하였다.□ 이후에 제품 판매가 늘면서 경상도 등 다른 지역에 공장과 영업 지점을 더 세우며 전국으로 사업을 확장하였다.□ 그런데 이때까지는 국내 시장을 겨냥해 생산과 판매 활동이 이루어지므로 다국적 기업이라고 할 수 없다.□

- **성장하다:** 사물의 규모나 세력 따위가 점점 커지다.
- **단일:** 단 하나로 되어 있음.
- **초창기:** 어떤 사업을 일으켜 처음으로 시작하는 시기.
- **규모:** 씀씀이의 계획성이나 일정한 한도.
- **영업:** 영리를 목적으로 하는 사업. 또는 그런 행위.
- **지점:** 본점에서 갈라져 나온 점포. 본점의 지휘와 명령에 따르면서도 부분적으로 독립한 기능을 가지고 있다.
- **확장하다:** 범위, 규모, 세력 따위를 늘려서 넓히다.
- **겨냥하다:** 행동의 대상으로 삼다.
- _____

2문단 중심 내용 다국적 기업의 성장 과정 ①
- ☐☐ 시장에서의 성장

5 2문단을 읽고, ㉠~㉤ 중에서 **1**~**4**의 괄호 안에 들어갈 알맞은 기호를 찾아 쓰세요.

| ㉠ 단일 | ㉡ 본사 | ㉢ 전국 |
| ㉣ 국내 시장 | ㉤ 영업 지점 | |

1 일반적으로 기업은 어떤 형태로 사업을 시작하나요?

　자기 국가에서 (　　　) 공장으로 사업을 시작함.

2 기업의 성장에 따라 기업의 활동 범위는 어떻게 변화하나요?

　국내의 다른 지역에 영업 지점이나 생산 공장 등을 더 늘리면서 (　　　)으로 시장을 넓힘.

3 기업이 국내에서 많은 공장과 지점을 가지고 성장했어도 다국적 기업으로 볼 수 없는 이유는 무엇인가요?

　생산과 판매 활동이 (　　　) 에서만 이루어지기 때문임.

4

국내 시장에서의 성장

국내에서 일반 기업의 성장 과정

| 초창기 | • 국내에서 단일 공장으로 사업을 시작함.
• 회사나 공장이 위치한 지역에서 활동함. |
| 기업의 성장 | • 국내의 다른 지역에 (　　　) 이나 생산 공장을 늘림.
• 전국으로 시장을 넓힘. |

국내에서 △△ 회사의 성장 과정 사례

| 부산에 (　　　) 와 공장을 둔 기업으로 시작함. | → | 다른 지역에 공장과 영업 지점을 더 세우며 시장을 넓힘. |

| 이때 △△ 회사가 다국적 기업이 아닌 이유 | 국내 시장을 겨냥해 생산과 판매 활동이 이루어지기 때문임. |

3 문단 국내에서 성장한 기업은 더 많은 이윤을 얻고자 해외 시장으로 진출하려고 한다.□ 이때 기업은 진출하려는 국가에 제품을 홍보하고 판매하기 위한 영업 대리점을 먼저 설치한다.□ 그 후에 제품에 대한 현지의 반응이 좋으면 본사의 지배를 받는 자회사 또는 본사의 일을 대신하는 지사를 설립한다.□ 이후 제품에 대한 수요가 점점 더 늘어나면, 기업에서는 생산비를 줄이기 위해 토지의 가격이 낮고 임금이 저렴한 개발 도상국에 생산 공장을 세운다.□ 그런데 일부 기업은 무역 장벽을 넘으려고 선진국에 공장을 두기도 한다.□ 무역 장벽은 국가가 자신의 교역 조건을 유리하게 하기 위한 법적 조치이다.□ 다국적 기업인 우리나라 □□ 회사가 미국 정부의 무역 장벽을 넘기 위해 미국에 세탁기 공장을 만든 것을 그 예로 들 수 있다.□ 이러한 과정을 거쳐 기업은 본사, 지사, 생산 공장을 여러 국가에 둔 다국적 기업이 된다.□

3문단 중심 내용 다국적 기업의 성장 과정 ②
－ □□ 시장에서의 성장

- **진출하다**: 어떤 방면으로 활동 범위나 세력을 넓혀 나아가다.
- **대리점**: 특정한 상품을 맡아 파는 가게.
- **현지**: 사물이 현재 있는 곳.
- **자회사**: 다른 회사와 자본적 관계를 맺어 그 회사의 지배를 받는 회사.
- **지사**: 본사에서 갈려 나가, 본사의 관할 아래 일정한 지역에서 본사의 일을 대신 맡아 하는 곳.
- **설립하다**: 단체나 기관 등을 새로 만들어 세우다.
- **저렴하다**: 물건 따위의 값이 싸다.
- **개발 도상국**: 산업의 근대화와 경제 개발이 선진국에 비하여 뒤떨어진 나라.
- **선진국**: 다른 나라보다 정치·경제·문화 따위의 발달이 앞선 나라.
- **교역**: 주로 나라와 나라 사이에서 물건을 사고팔고 하여 서로 바꿈.
- _____

6 3문단을 읽고, ㉠~㉡ 중에서 ❶~❺의 괄호 안에 들어갈 알맞은 기호를 찾아 쓰세요.

| ㉠ 지사 | ㉡ 생산비 | ㉢ 자회사 |
| ㉣ 무역 장벽 | ㉤ 다국적 기업 | ㉥ 영업 대리점 |

❶ 기업이 제품을 홍보하고 판매하면서 현지의 반응을 살펴보기 위해 진출하려는 국가에 설치하는 것은 무엇인가요? (　　)

❷ 기업이 진출하려는 국가에서 영업 대리점을 통해 좋은 반응을 확인한 후 설립하는, 본사의 지배를 받는 것은 무엇인가요?
(　　)

❸ 기업이 개발 도상국에 생산 공장을 세우는 이유는 무엇인가요?

> 기업이 토지의 가격이 낮고 임금이 저렴한 국가에 생산 공장을 세우는 이유는 (　　)를 줄이기 위해서임.

❹ 다국적 기업인 우리나라 □□ 회사가 미국에 세탁기 공장을 만든 것은 무엇을 넘기 위한 것이었나요? (　　)

❺ 해외 시장에서의 성장

다국적 기업으로의 성장 과정

진출하려는 국가에 제품 홍보 및 판매를 위한 영업 대리점을 먼저 설치해 현지 반응을 살핌.

↓ 현지 반응이 좋음.

진출 국가에 자회사나 (　　)를 설립함.

↓ 해외 수요 증가

여러 국가에 생산 공장을 세움.

- 생산비를 줄이기 위해 토지 가격이 낮고 임금이 저렴한 개발 도상국에 세움.
- 무역 장벽(국가가 자신의 교역 조건을 유리하게 하기 위한 법적 조치.)을 넘기 위해 선진국에 세우기도 함.

↓

본사, 지사, 생산 공장을 여러 국가에 둔 (　　)이 됨.

4문단 이렇게 성장한 다국적 기업은 진출하는 국가를 늘려 가며 사업을 확장한다.☐ 다국적 기업의 진출로 생산 공장이 들어선 국가는 새로운 산업 단지가 만들어지므로 일자리가 늘어난다.☐ 또 관련 산업이 발달하고 선진 기술을 넘겨받아 경제 발전도 이룬다.☐ 그러나 다국적 기업과 비슷한 제품을 생산하는 국내의 기업이 어려움을 겪고, 국내에서 발생한 이윤의 많은 부분이 다국적 기업의 본사가 있는 국가로 빠져나가는 문제가 생기기도 한다.☐ 그리고 다국적 기업이 생산 공장을 없애거나 철수할 경우에는 대규모 실업이나 경기 침체 등의 문제가 일어날 수 있다.☐

4문단 중심 내용 다국적 기업의 성장 과정 ③ - 다국적 기업의 사업 ☐☐ 및 ☐☐ 국가에 미치는 영향

- **산업 단지**: 산업 시설과 그 지원 시설을 집단적으로 설치하기 위하여 계획적으로 개발한 일정한 구역.
- **일자리**: 생계를 꾸려 나갈 수 있는 수단으로서의 직업.
- **선진 기술**: 기량이나 수준 따위가 앞선 기술.
- **이윤**: 기업의 총수입에서 임대, 지대, 이자, 감가상각비 따위를 빼고 남는 순이익.
- **철수하다**: 진출하였던 곳에서 시설이나 장비 따위를 거두어 가지고 물러나다.
- **실업**: 일할 의사와 노동력이 있는 사람이 일자리를 잃거나 일할 기회를 얻지 못하는 상태.
- **경기 침체**: 매매나 거래 따위가 활발하게 이루어지지 못하고 제자리에 머무름.

배경지식

일상생활에서 사용하는 다국적 기업의 제품

→ 리바○○: 미국에 있는 본사에서 디자인되었고, 베트남에서 만들어짐.

→ 아디○○: 독일에 있는 본사에서 디자인되었고, 인도네시아에서 만들어짐.

→ ○○전자: 한국에 있는 본사에서 기획 및 디자인되었고, 미국에서 만들어짐.

정답과 해설 26쪽

7 4문단을 읽고, ㉠~㉥ 중에서 **1**~**5**의 괄호 안에 들어갈 알맞은 기호를 찾아 쓰세요.

| ㉠ 이윤 | ㉡ 실업 | ㉢ 일자리 |
| ㉣ 선진 기술 | ㉤ 다국적 기업 | ㉥ 진출하는 국가 |

1 다국적 기업이 사업을 확장할 때 무엇을 늘리나요? (　　　)

2 다국적 기업의 진출로 생산 공장이 들어선 국가에 산업 단지가 조성되면 무엇이 늘어나게 되나요?　　(　　　)

3 기술적 측면에서 다국적 기업의 진출로 생산 공장이 들어선 국가가 얻을 수 있는 장점은 무엇인가요?

　(　　　) 을 넘겨받아 경제 발전을 이룰 수 있음.

4 다국적 기업의 진출로 어려움을 겪게 될 기업은 어디인가요?

　(　　　) 과 비슷한 제품을 생산하는 국내의 기업이 어려움을 겪게 됨.

5 ┌──────────────────────┐
　　다국적 기업의 확장과 영향
└──────────────────────┘

다국적 기업의 사업 확장

진출하는 국가를 늘려 가며 사업을 확장함.

다국적 기업이 진출 국가에 미치는 영향

| 긍정적 영향 | • 새로운 산업 단지가 만들어져 일자리가 늘어남.
• 관련 산업이 발달하고 선진 기술을 넘겨받아 경제 발전을 이룸. |
| 부정적 영향 | • 다국적 기업과 비슷한 제품을 만드는 국내의 기업이 어려움을 겪게 됨.
• (　　　) 의 많은 부분이 다국적 기업의 본사가 있는 국가로 빠져나감.
• 다국적 기업이 생산 공장을 없애거나 철수하면 대규모 (　　　) 이나 경기 침체 등의 문제가 일어날 수 있음. |

1문단 전 세계적으로 가장 많이 팔리는 장난감인 ○○ 인형의 제조사는 미국 기업이다. 하지만 이 인형은 미국이 아닌 다른 나라에 세워진 공장에서 생산되고 있다. 이처럼 본사가 있는 국가를 포함하여 여러 국가에 회사나 공장을 세워 제품을 생산하고 판매하는 활동을 하는 기업을 다국적 기업이라고 한다. 다국적 기업은 경제 활동의 세계화를 촉진하는 세계 무역 기구[WTO]가 등장하고 자유 무역 협정[FTA]이 확대되면서 그 수가 늘고 있다. 예전에는 제조업 위주였다면 최근에는 유통업, 금융업, 관광업 등 분야도 다양해지고 있다.

2문단 그렇다면 기업은 어떤 과정을 거쳐 일반 국내 기업에서 세계적인 다국적 기업으로 성장할까? 일반적으로 기업은 자기 국가에서 단일 공장으로 사업을 시작하는데, 초창기에는 회사나 공장이 위치한 지역에서 주된 활동이 이루어진다. 그러다 기업이 점점 성장하면서 사업 규모가 커지면, 국내의 다른 지역에 영업 지점이나 생산 공장을 더 늘리면서 전국으로 시장을 넓힌다. 예를 들면, 세계적인 다국적 기업이 된 우리나라 △△ 회사는 처음에는 부산에 본사와 공장을 둔 기업으로 시작하였다. 이후에 제품 판매가 늘면서 경상도 등 다른 지역에 공장과 영업 지점을 더 세우며 전국으로 사업을 확장하였다. 그런데 이때까지는 국내 시장을 겨냥해 생산과 판매 활동이 이루어지므로 다국적 기업이라고 할 수 없다.

3문단 국내에서 성장한 기업은 더 많은 이윤을 얻고자 해외 시장으로 진출하려고 한다. 이때 기업은 진출하려는 국가에 제품을 홍보하고 판매하기 위한 영업 대리점을 먼저 설치한다. 그 후에 제품에 대한 현지의 반응이 좋으면 본사의 지배를 받는 자회사 또는 본사의 일을 대신하는 지사를 설립한다. 이후 제품에 대한 수요가 점점 더 늘어나면, 기업에서는 생산비를 줄이기 위해 토지의 가격이 낮고 임금이 저렴한 개발 도상국에 생산 공장을 세운다. 그런데 일부 기업은 무역 장벽을 넘으려고 선진국에 공장을 두기도 한다. 무역 장벽은 국가가 자신의 교역 조건을 유리하게 하기 위한 법적 조치이다. 다국적 기업인 우리나라 □□ 회사가 미국 정부의 무역 장벽을 넘기 위해 미국에 세탁기 공장을 만든 것을 그 예로 들 수 있다. 이러한 과정을 거쳐 기업은 본사, 지사, 생산 공장을 여러 국가에 둔 다국적 기업이 된다.

4문단 이렇게 성장한 다국적 기업은 진출하는 국가를 늘려 가며 사업을 확장한다. 다국적 기업의 진출로 생산 공장이 들어선 국가는 새로운 산업 단지가 만들어지므로 일자리가 늘어난다. 또 관련 산업이 발달하고 선진 기술을 넘겨받아 경제 발전도 이룬다. 그러나 다국적 기업과 비슷한 제품을 생산하는 국내의 기업이 어려움을 겪고, 국내에서 발생한 이윤의 많은 부분이 다국적 기업의 본사가 있는 국가로 빠져나가는 문제가 생기기도 한다. 그리고 다국적 기업이 생산 공장을 없애거나 철수할 경우에는 대규모 실업이나 경기 침체 등의 문제가 일어날 수 있다.

+꿀팁
다국적 기업의 성장 과정을 다루고 있는 글의 성격을 이해하는 것이 중요해요. 국내에서 해외로 어떻게 진출하는지, 해외에서도 어떤 순서로 사업을 확장해 나가는지를 중심으로 독해해 봅시다. 과정을 다룬 글에서는 순서를 올바르게 이해했는지 확인하는 문제가 출제될 수 있어요. <보기>에서 복잡해 보이는 그림도 지문의 내용을 표현한 것이니 먼저 지문을 잘 읽어야 해요.

8 윗글을 통해 알 수 있는 내용으로 적절하지 <u>않은</u> 것은?

① 다국적 기업의 제품 중에는 본사가 있는 국가에서 생산되지 않는 것도 있다.

② 다국적 기업은 해외 시장뿐만 아니라 국내 시장을 겨냥한 생산과 판매 활동도 한다.

③ 다국적 기업이 진출 지역에서 철수하면 그 지역에는 일자리 감소로 인한 대규모 실업 문제가 발생하기도 한다.

④ 다국적 기업이 진출한 국가에서는 비슷한 제품을 생산하는 국내 기업과 다국적 기업 간의 경쟁이 일어나게 된다.

⑤ 세계 무역 기구가 등장하면서 제조 분야의 다국적 기업은 그 수가 줄어든 반면, 유통, 금융, 관광 분야의 다국적 기업은 그 수가 늘어나고 있다.

9 **보기**의 [가]는 다국적 기업의 성장 과정을 지도로 나타낸 것이고, [나]는 다국적 기업으로 성장한 사례이다. 윗글과 [가]를 바탕으로 [나]의 사례를 이해한 내용으로 적절하지 <u>않은</u> 것은?

> **보기**
>
> [가] 다국적 기업의 성장 과정
>
>
>
> [나] 다국적 기업으로 성장한 사례
>
> 　우리나라의 A 회사는 하나의 공장으로 사업을 시작하여 국내 제일의 자동차 회사로 성장하였다. 이후 세계 여러 나라로 진출하여 자동차를 생산하고 판매하는 다국적 기업으로 발전하였다. A 회사의 본사는 우리나라의 ○○에 있으며, 생산 공장은 주로 개발 도상국에 두었으나 일부는 선진국에 세우기도 하였다.

① A 회사는 ㉠의 단계에서 본사와 단일 공장이 있는 도시를 중심으로 성장하였겠군.

② A 회사는 ㉡의 단계에서 국내 여러 지역에 공장을 짓고 생산 능력을 키워 국내 제일의 자동차 회사로 성장하였겠군.

③ A 회사는 ㉢의 단계에서 해외 지사를 먼저 설립한 후, 현지 반응에 따라 영업 대리점을 설치해 자동차를 판매하였겠군.

④ A 회사는 ㉣의 단계에서 개발 도상국에 생산 공장을 세움으로써 자동차의 생산비를 줄일 수 있었겠군.

⑤ A 회사는 ㉣의 단계에서 일부 생산 공장을 선진국에 세움으로써 자동차를 수출할 때 부딪히게 되는 무역 장벽을 넘으려 하였겠군.

정치

02 민주 정치가 걸어온 길

1회독 구조 읽기

① 문단 민주주의란 권력을 지닌 소수가 아닌 다수의 시민에 의해 국가가 통치되는 정치 형태를 말한다. 또한 대화와 토론, 타협, 다수결의 원칙 등을 통해 공동체의 문제를 해결하려는 생활 방식을 의미하기도 한다. 민주 정치는 민주주의에 근본을 둔 정치이다. 민주 정치는 어떻게 발전해 왔을까? 민주 정치의 기원은 고대 그리스의 아테네에서 찾을 수 있다. 당시의 아테네는 영토가 작고 인구가 적은 도시 국가였기 때문에 시민이 국가의 의사 결정에 직접 참여하는 직접 민주제가 발전할 수 있었다. 하지만 시민 중에서 성인 남성만이 정치에 참여할 수 있는 권리인 참정권을 가졌고 여성, 노예, 외국인 등은 참정권을 가지지 못했다.

과정 1

② 문단 민주 정치는 고대 그리스 아테네 이후 사라졌다가 근대의 시민 혁명을 통해 다시 등장하였다. 시민 혁명은 자신이 축적한 재산을 가진 시민 계급이 군주가 절대적 권한을 가지는 정치 체제였던 절대 군주제를 깨뜨리고 자본주의적인 정치, 경제 체제를 확립한 사회 혁명으로, 프랑스 혁명(1789)이 대표적이다. 시민 계급은 왕이나 귀족의 지배에 맞서 자유와 권리를 찾고자 투쟁하였고, 그 결과 의회로 진출하여 국가의 의사 결정에 참여할 수 있게 되었다. 고대 아테네와 달리 근대에는 시민의 대표로 구성된 의회를 중심으로 국민이 간접적으로 정치에 참여하는 대의 민주제가 이루어진 것이다. 그러나 부를 축적한 도시의 상공업자들만이 시민의 자격을 얻어 정치에 참여할 수 있었고, 노동자, 여성, 농민, 빈민 등은 여전히 정치에 참여할 수 없었다.

과정 2

③ 문단 정치에 참여할 수 없었던 노동자, 여성, 흑인 등은 근대 시민 혁명 이후 참정권을 얻기 위해 오랜 세월 노력해야 했다. 이들은 영국 노동자들이 선거권 획득을 위해 펼친 운동인 차티스트 운동, 여성 참정권 운동, 흑인 민권 운동 등을 통해 선거권의 범위를 점차 확대해 나갔다. 그 결과, 20세기 중반에 대부분의 국가에서 선거인의 자격에 재산·신분·성별·교육 정도 따위의 제한을 두지 않고, 성년에 도달하면 누구에게나 선거권이 주어지는 선거 제도인 보통 선거 제도가 확립되었다. 그 후에 모든 사회 구성원이 정치에 참여할 수 있는 현대 민주 정치가 시작되었다.

과정 3

④ 문단 현대 민주 정치는 선거를 통하여 선출된 의원이 국민의 의사를 대표하여 정치를 담당하는 대의 민주제를 기본으로 하고 있다. 따라서 시민 개인의 의견이 정책의 결정 과정에 정확히 반영되기 어렵다. 이러한 한계를 보완하고자 오늘날 민주주의 국가에서는 국정의 중요한 사항에 대해 국민이 직접 투표하는 국민 투표 제도 등을 통해 시민의 참여를 제도적으로 보장하고 있다. 최근에는 정보 통신 기술의 발전으로 전자 민주주의가 가능해지면서 전자 매체를 통해 시민이 정치에 참여할 수 있는 기회가 늘어나고 있다.

과정 4

+꿀팁
1회독에서는 지문의 전체 내용이 완벽하게 이해되지 않아도 괜찮아요!

1 윗글과 아래 대화를 읽고 여러분은 윗글의 내용 중 어떤 점에 흥미가 생겼는지 생각해 보세요.

지수야! 고대 그리스 아테네에서는 나라에 중요한 일이 생기면 시민들이 광장에 모여 의논해서 문제를 해결했대.

그렇구나! 마치 학급 문제를 해결하기 위해 학급 회의를 하는 것과 유사하게 느껴지네.

맞아. 고대 그리스의 아테네는 영토가 작고 인구가 적은 도시 국가였기 때문에 학급 회의처럼 직접 민주주의가 가능했던 거야.

하지만 노예나 여성들처럼 정치에 참여하지 못하는 사람들이 있었던 점을 생각해 보면 학급 회의랑은 차이가 있어.

2 윗글에서 가장 중요한 내용이나 주제어를 아래 빈칸에 써 보세요.

□□□□가 발전해 온 과정

3 윗글을 아래와 같은 구조로 정리한다고 할 때 빈칸에 알맞은 말을 써 보세요.

□□ 그리스 아테네의 민주 정치

↓

□□□□을 통해 등장한 근대의 민주 정치

↓

근대 이후의 민주 정치

↓

현대의 민주 정치

2 회독 중심 내용과 어휘 읽기

내용 읽기

❶ 각 문장을 읽고, 잘 이해했으면 ☐에 ✔처럼 체크해 보세요.
❷ 각 문장을 잘 이해하지 못했으면 점선을 따라 밑줄을 그어 보세요.

➡ 밑줄 그은 문장의 앞뒤 문장의 내용을 살펴보면서 다시 천천히 읽어 보세요.
또 문단별 중심 내용의 빈칸을 채워 보세요.

어휘 읽기

❶ 어려운 어휘는 날개에서 그 뜻을 밝혔어요.
❷ 어휘 이외에 잘 모르는 어휘는 스스로 어휘 표시하고 사전에서 뜻을 찾아 써 보세요.

➡ 어휘 뜻을 알고 문장을 다시 읽어 보세요.

1문단 민주주의란 권력을 지닌 소수가 아닌 다수의 시민에 의해 국가가 통치되는 정치 형태를 말한다.☐ 또한 대화와 토론, 타협, 다수결의 원칙 등을 통해 공동체의 문제를 해결하려는 생활 방식을 의미하기도 한다.☐ 민주 정치는 민주주의에 근본을 둔 정치이다.☐ 민주 정치는 어떻게 발전해 왔을까?☐ 민주 정치의 기원은 고대 그리스의 아테네에서 찾을 수 있다.☐ 당시의 아테네는 영토가 작고 인구가 적은 도시 국가였기 때문에 시민이 국가의 의사 결정에 직접 참여하는 직접 민주제가 발전할 수 있었다.☐ 하지만 시민 중에서 성인 남성만이 정치에 참여할 수 있는 권리인 참정권을 가졌고 여성, 노예, 외국인 등은 참정권을 가지지 못했다.☐

1문단 중심 내용 민주 정치의 개념과 기원
- 고대 ☐☐☐☐ ☐☐에서 시작됨.

- **통치되다**: 나라나 지역이 도맡아져 다스려지다.
- **다수결의 원칙**: 의사 결정을 할 때, 다수의 의견을 따르는 방법.
- **근본**: 사물의 본질이나 본바탕.
- **기원**: 사물이 처음으로 생김. 또는 그런 근원.
- _____

배경지식

역사의 시대 구분 방법
역사의 흐름을 일정한 기준에 따라 나누는 것을 시대 구분이라고 한다. '고대, 중세, 근대'의 삼분법이 널리 쓰이고, '고대, 중세, 근대, 현대'의 사분법으로 구분하기도 한다.

원시 시대: 문명의 역사가 시작되기 이전 시대

고대(古代): 고조선 때부터 통일 신라 시대, 서양은 그리스 때부터 게르만 민족의 대이동 때까지의 시대
중세(中世): 고려 건국 초기부터 멸망까지, 서양에서는 5세기의 게르만 민족의 대이동에서 15세기 중엽 동로마 제국의 멸망에 이르는 시기
근대(近代): 1876년 항구를 개방한 이후부터 1919년 삼일 운동까지의 시기

현대(現代): 근대 이후부터 지금의 시대

---

4 1문단을 읽고, ㉠~㉤ 중에서 ❶~❹의 괄호 안에 들어갈 알맞은 기호를 찾아 쓰세요.

㉠ 참정권　　㉡ 민주주의　　㉢ 직접 민주제
㉣ 다수결의 원칙　　㉤ 고대 그리스 아테네

꿀팁 각 문단에서 기호의 단어를 찾아 동그라미 표시하면 더 쉽게 풀 수 있어요!

❶ 민주 정치의 기원을 찾을 수 있는 곳은 어디인가요? (　　)

❷ 정치에 참여할 수 있는 권리를 가리키는 말은 무엇인가요?
(　　)

❸ 다음에서 설명하는 개념은 무엇인가요? (　　)

- 권력을 지닌 소수가 아닌 다수의 시민에 의해 국가가 통치되는 정치 형태
- 대화와 토론, 타협, 다수결의 원칙 등을 통해 공동체의 문제를 해결하려는 생활 방식

4 민주 정치의 개념과 기원

민주 정치의 개념	• 권력을 지닌 소수가 아닌 다수의 시민에 의해 국가가 통치되는 정치 형태인 민주주의에 근본을 둔 정치 • 대화, 토론, 타협, (　　) 등을 통해 공동체의 문제를 해결하려는 생활 방식 • 고대 그리스 아테네에서 그 기원을 찾을 수 있음.

고대 그리스 아테네의 민주 정치

- 당시의 아테네는 영토가 작고 인구가 적은 도시 국가였음.
- 시민이 국가의 의사 결정에 직접 참여하는 정치 제도인 (　　) 가 발전함.
- 성인 남성만이 참정권을 가졌고, 여성, 노예, 외국인 등은 참정권을 가지지 못함.

②문단 민주 정치는 고대 그리스 아테네 이후 사라졌다가 근대의 시민 혁명을 통해 다시 등장하였다.☐ 시민 혁명은 자신이 축적한 재산을 가진 시민 계급이 군주가 절대적 권한을 가지는 정치 체제였던 절대 군주제를 깨뜨리고 자본주의적인 정치, 경제 체제를 확립한 사회 혁명으로, 프랑스 혁명(1789)이 대표적이다.☐ 시민 계급은 왕이나 귀족의 지배에 맞서 자유와 권리를 찾고자 투쟁하였고, 그 결과 의회로 진출하여 국가의 의사 결정에 참여할 수 있게 되었다.☐ 고대 아테네와 달리 근대에는 시민의 대표로 구성된 의회를 중심으로 국민이 간접적으로 정치에 참여하는 대의 민주제가 이루어진 것이다.☐ 그러나 부를 축적한 도시의 상공업자들만이 시민의 자격을 얻어 정치에 참여할 수 있었고, 노동자, 여성, 농민, 빈민 등은 여전히 정치에 참여할 수 없었다.☐

2문단 중심 내용 ☐☐의 민주 정치
- 시민 혁명을 통해 등장했으며, 대의 민주제가 이루어짐.

- **근대**: 중세와 현대 사이의 시대.
- **혁명**: 헌법의 범위를 벗어나 국가 기초, 사회 제도, 경제 제도, 조직 따위를 근본적으로 고치는 일.
- **계급**: 일정한 사회에서 신분, 재산, 직업 따위가 비슷한 사람들로 형성되는 집단.
- **군주**: 한집안의 자손들이 대대로 물려받는 방식으로 나라를 다스리는 최고 지위에 있는 사람.
- **절대 군주제**: 군주가 어떠한 법률이나 기관에도 구속받지 않는 절대적 권한을 가지는 정치 체제.
- **자본주의**: 생산 수단을 자본으로서 소유한 자본가가 이윤 획득을 위하여 생산 활동을 하도록 보장하는 사회 경제 체제.
- **지배**: 어떤 사람이나 집단, 조직, 사물 등을 자기의 의사대로 복종하게 하여 다스림.
- **투쟁하다**: 사회 운동, 노동 운동 따위에서 무엇인가를 쟁취하고자 견해가 다른 사람이나 집단 간에 싸우다.
- **의회**: 민선 의원으로 구성되고 입법 및 기타 중요한 국가 작용에 참여하는 권능을 가진 합의체.
- **대의 민주제**: 유권자가 뽑은 대의원을 통하여 국민이 간접적으로 정치에 참여하는 민주 정치 제도.
- **상공업자**: 상업과 공업에 종사하는 사람.
- **빈민**: 가난한 백성.
- _____

5 2문단을 읽고, ㉠~㉡ 중에서 ①~⑤의 괄호 안에 들어갈 알맞은 기호를 찾아 쓰세요.

| ㉠ 대표 | ㉡ 의회 | ㉢ 상공업자 |
| ㉣ 시민 혁명 | ㉤ 대의 민주제 | ㉥ 절대 군주제 |

① 왕이 절대적 권한을 가지는 정치 체제를 무엇이라고 하나요? (　　)

② 시민 계급이 절대 군주제를 깨뜨리고 자본주의적인 정치, 경제 체제를 확립한 사회 혁명을 무엇이라고 하나요? (　　)

③ 근대에 시민의 대표로 구성된 의회를 중심으로 국민이 간접적으로 정치에 참여할 수 있도록 이루어 낸 정치 제도는 무엇인가요? (　　)

④ 근대의 시민 계급이 자유의 권리를 찾고자 투쟁한 결과 국가의 의사 결정에 시민의 대표가 참여할 수 있게 된 곳은 어디인가요? (　　)

5 근대의 민주 정치

시민 혁명

- 재산을 가진 시민 계급이 주도함.
- 왕이 절대적 권한을 가지는 정치 체제인 절대 군주제를 깨뜨림.
- 자본주의적인 정치, 경제 체제를 확립한 사회 혁명임.
- 프랑스 혁명(1789)이 대표적임.

대의 민주제

근대에는 시민의 (　　)로 구성된 의회를 중심으로 국민이 간접적으로 정치에 참여하는 대의 민주제가 이루어짐.

| 한계 | 부를 축적한 도시의 (　　)들만이 시민의 자격을 얻어 정치에 참여할 수 있었고, 여성, 노동자, 농민, 빈민 등은 정치에 참여할 수 없었음. |

3 문단   정치에 참여할 수 없었던 노동자, 여성, 흑인 등은 근대 시민 혁명 이후 참정권을 얻기 위해 오랜 세월 노력해야 했다.■ 이들은 영국 노동자들이 선거권 획득을 위해 펼친 운동인 차티스트 운동, 여성 참정권 운동, 흑인 민권 운동 등을 통해 선거권의 범위를 점차 확대해 나갔다.■ 그 결과, 20세기 중반에 대부분의 국가에서 선거인의 자격에 재산·신분·성별·교육 정도 따위의 제한을 두지 않고, 성년에 도달하면 누구에게나 선거권이 주어지는 선거 제도인 보통 선거 제도가 확립되었다.■ 그 후에 모든 사회 구성원이 정치에 참여할 수 있는 현대 민주 정치가 시작되었다.■

> **3문단 중심 내용** 근대 이후의 민주 정치
> - 선거권이 확대되고 ☐☐ ☐☐ 제도가 확립됨.

- **선거권**: 선거에 참가하여 투표할 수 있는 권리.
- **신분**: 개인의 사회적인 위치나 계급. 중세 시대의 봉건 사회에서는, 사회관계를 구성하는 서열로, 제도상 등급에 따라 권리와 의무가 다르고 세습되는 것이 원칙이었다.
- **제한**: 일정한 한도를 정하거나 그 한도를 넘지 못하게 막음.
- **성년**: 민법에서, 법정 대리인의 동의 없이 법률 행위를 행사할 수 있는 나이. 만 19세 이상.
- **확립되다**: 체계나 견해, 조직 따위가 굳게 서다.
- **구성원**: 어떤 조직이나 단체를 이루고 있는 사람.
- _____

차티스트 운동(1838년~1848년)
영국 노동자의 참정권 확대 운동. 19세기 영국의 노동자들은 선거권의 확대를 요구하는 인민헌장(people's Charter)을 발표하고 운동을 전개하였다. 그로 인해 정부의 탄압을 받았으나, 나중에 그 요구 사항의 대부분이 실현되었다.

여성 참정권 운동(1910년대)
여성이 남성과 동등한 참정권을 보장받지 못한 것에 대해 참정권을 요구하는 운동을 벌였다.

흑인 민권 운동(1963년)
흑인의 권익과 사회적 지위 향상을 전제로 하여 경제적·사회적·정치적 분야에서 인종 사이의 평등을 추구하는 사회 운동. 흑인에 대한 각종 차별을 없애고 시민권을 보장할 것을 요구하였다.

---

6 3문단을 읽고, ㉠~㉤ 중에서 ❶~❹의 괄호 안에 들어갈 알맞은 기호를 찾아 쓰세요.

> ㉠ 여성   ㉡ 선거권   ㉢ 차티스트 운동
> ㉣ 보통 선거 제도   ㉤ 모든 사회 구성원

❶ 근대 시민 혁명 이후 영국 노동자들이 선거권 획득을 위해 펼친 운동은 무엇인가요?   (   )

❷ 다음에서 설명하는 것은 무엇인가요?   (   )

> 선거인의 자격에 재산·신분·성별·교육 정도 따위의 제한을 두지 않고, 성년에 도달하면 누구에게나 선거권이 주어지는 선거 제도

❸ 선거할 수 있는 권리를 이르는 말은 무엇인가요? (   )

❹

> **근대 이후의 민주 정치**
>
> 차티스트 운동, 여성 참정권 운동, 흑인 민권 운동
>
> 정치에 참여할 수 없었던 노동자, (   ), 흑인 등이 참정권을 얻기 위해 운동을 일으킴.
>
> ↓
>
> 보통 선거 제도(20세기 중반)
>
> 선거인의 자격에 재산·신분·성별·교육 정도 따위의 제한을 두지 않고, 성년에 도달하면 누구에게나 선거권이 주어지는 선거 제도
>
> ↓
>
> 현대 민주 정치의 시작
>
> (   )이 정치에 참여할 수 있게 됨.

4문단 현대 민주 정치는 선거를 통하여 선출된 의원이 국민의 의사를 대표하여 정치를 담당하는 대의 민주제를 기본으로 하고 있다.☐ 따라서 시민 개인의 의견이 정책의 결정 과정에 정확히 반영되기 어렵다.☐ 이러한 한계를 보완하고자 오늘날 민주주의 국가에서는 국정의 중요한 사항에 대해 국민이 직접 투표하는 국민 투표 제도 등을 통해 시민의 참여를 제도적으로 보장하고 있다.☐ 최근에는 정보 통신 기술의 발전으로 전자 민주주의가 가능해지면서 전자 매체를 통해 시민이 정치에 참여할 수 있는 기회가 늘어나고 있다.☐

4문단 중심 내용 ☐☐의 민주 정치
- 대의 민주제를 보완하기 위해 국민 투표 제도 등을 둠.

- **선출되다**: 여럿 가운데서 골라지다.
- **의사**: 무엇을 하고자 하는 생각.
- **정책**: 정치적 목적을 실현하기 위한 방책.
- **한계**: 사물이나 능력, 책임 따위가 실제 작용할 수 있는 범위. 또는 그런 범위를 나타내는 선.
- **보완하다**: 모자라거나 부족한 것을 보충하여 완전하게 하다.
- **국정**: 나라의 정치.
- **제도적**: 사회생활에 필요한 일정한 방식이나 기준 따위를 법률이나 제도로 규정하는 것.
- **보장하다**: 어떤 일이 어려움 없이 이루어지도록 조건을 마련하여 보증하거나 보호하다.
- **전자 민주주의**: 국민들이 인터넷을 통해서 정치에 참여하는 데 바탕을 둔 민주주의.

_____

_____

배경지식

국민 투표 제도
선거 이외에, 나라 정치의 중요한 사항에 대하여 국민이 행하는 투표이다. 우리나라에서 국민 투표를 붙일 수 있는 사안은 헌법 개정안과 대통령이 필요하다고 인정하는 외교·국방·통일 및 기타 국가 안위에 관한 중요 정책이다.

정답과 해설 28쪽

7 4문단을 읽고, ㉠~㉤ 중에서 **1**~**4**의 괄호 안에 들어갈 알맞은 기호를 찾아 쓰세요.

㉠ 시민　　　　㉡ 직접 투표　　　㉢ 대의 민주제
㉣ 전자 민주주의　　㉤ 국민 투표 제도

1 현대 민주 정치에서 시민 개인의 의견이 정책의 결정 과정에 정확히 반영되기 어려운 이유와 관련된 현대의 정치 형태는 무엇인가요?　　　　　　　　　(　　)

2 민주주의 국가에서 국정의 중요한 사항에 대해 국민이 직접 투표하는 제도는 무엇인가요?　　　　(　　)

3 다음 빈칸에 들어갈 말은 무엇인가요?

> 최근에는 정보 통신 기술의 발전으로 (　　　) 가 가능해지면서 전자 매체를 통해 시민이 정치에 참여할 수 있는 기회가 늘어나고 있음.

4
> **현대의 민주 정치**
>
> **대의 민주제**
> • 개념: 선거를 통하여 선출된 의원이 국민의 의사를 대표하여 정치를 담당함.
> • 한계: (　　　) 개인의 의견이 정책 결정 과정에 정확히 반영되기 어려움.
>
> **국민 투표 제도**
> • 대의 민주제의 한계를 보완하기 위해 시민의 참여를 제도적으로 보장함.
> • 국정의 중요 사항에 대해 국민이 (　　　) 함.
>
> **전자 민주주의**
> 최근 정보 통신 기술의 발전으로 전자 매체를 통해 시민이 정치에 참여할 수 있는 기회가 늘어남.

1문단 민주주의란 권력을 지닌 소수가 아닌 다수의 시민에 의해 국가가 통치되는 정치 형태를 말한다. 또한 대화와 토론, 타협, 다수결의 원칙 등을 통해 공동체의 문제를 해결하려는 생활 방식을 의미하기도 한다. 민주 정치는 민주주의에 ㉠근본을 둔 정치이다. 민주 정치는 어떻게 발전해 왔을까? 민주 정치의 ㉡기원은 고대 그리스의 아테네에서 찾을 수 있다. 당시의 아테네는 영토가 작고 인구가 적은 도시 국가였기 때문에 시민이 국가의 의사 결정에 직접 참여하는 직접 민주제가 발전할 수 있었다. 하지만 시민 중에서 성인 남성만이 정치에 참여할 수 있는 권리인 참정권을 가졌고 여성, 노예, 외국인 등은 참정권을 가지지 못했다.

2문단 민주 정치는 고대 그리스 아테네 이후 사라졌다가 근대의 시민 혁명을 통해 다시 등장하였다. 시민 혁명은 자신이 축적한 재산을 가진 시민 ㉢계급이 군주가 절대적 권한을 가지는 정치 체제였던 절대 군주제를 깨뜨리고 자본주의적인 정치, 경제 체제를 확립한 사회 혁명으로, 프랑스 혁명(1789)이 대표적이다. 시민 계급은 왕이나 귀족의 ㉣지배에 맞서 자유와 권리를 찾고자 투쟁하였고, 그 결과 의회로 진출하여 국가의 의사 결정에 참여할 수 있게 되었다. 고대 아테네와 달리 근대에는 시민의 대표로 구성된 의회를 중심으로 국민이 간접적으로 정치에 참여하는 대의 민주제가 이루어진 것이다. 그러나 부를 축적한 도시의 상공업자들만이 시민의 자격을 얻어 정치에 참여할 수 있었고, 노동자, 여성, 농민, 빈민 등은 여전히 정치에 참여할 수 없었다.

3문단 정치에 참여할 수 없었던 노동자, 여성, 흑인 등은 근대 시민 혁명 이후 참정권을 얻기 위해 오랜 세월 노력해야 했다. 이들은 영국 노동자들이 선거권 획득을 위해 펼친 운동인 차티스트 운동, 여성 참정권 운동, 흑인 민권 운동 등을 통해 선거권의 범위를 점차 확대해 나갔다. 그 결과, 20세기 중반에 대부분의 국가에서 선거인의 자격에 재산·신분·성별·교육 정도 따위의 ㉤제한을 두지 않고, 성년에 도달하면 누구에게나 선거권이 주어지는 선거 제도인 보통 선거 제도가 확립되었다. 그 후에 모든 사회 구성원이 정치에 참여할 수 있는 현대 민주 정치가 시작되었다.

4문단 현대 민주 정치는 선거를 통하여 선출된 의원이 국민의 의사를 대표하여 정치를 담당하는 대의 민주제를 기본으로 하고 있다. 따라서 시민 개인의 의견이 정책의 결정 과정에 정확히 반영되기 어렵다. 이러한 한계를 보완하고자 오늘날 민주주의 국가에서는 국정의 중요한 사항에 대해 국민이 직접 투표하는 국민 투표 제도 등을 통해 시민의 참여를 제도적으로 보장하고 있다. 최근에는 정보 통신 기술의 발전으로 전자 민주주의가 가능해지면서 전자 매체를 통해 시민이 정치에 참여할 수 있는 기회가 늘어나고 있다.

+꿀팁
민주 정치가 고대 아테네, 근대, 근대 이후, 현대에서 어떻게 이루어졌는지를 시간의 흐름대로 서술한 글입니다. 시대에 따라 민주 정치가 어떤 방향으로 변해 왔는지를 이해해야 해요. '대의 민주제'와 같이 지문에서 설명하고 있는 중요한 개념을 놓치면 문제 풀이에 어려움을 겪을 수 있어요. 지문에서 개념을 설명하고 있는 부분을 찾아 선지 내용과 잘 연결해 봅시다.

8 윗글의 내용과 일치하는 것은?

① 현대 민주 정치는 대의 민주제를 벗어나 직접 민주제의 경향이 강하다.

② 고대 그리스 아테네에서는 여성, 노예, 외국인이 참정권을 가지고 있었다.

③ 민주주의란 권력을 지닌 소수에 의해 국가가 통치되는 정치 형태를 말한다.

④ 차티스트 운동, 여성 참정권 운동은 보통 선거 제도를 확립하는 데 기여하였다.

⑤ 민주 정치는 고대 그리스 아테네 이후 현대에 이르기까지 지속적으로 이루어졌다.

9 다음은 프랑스 혁명 과정에서 발표된 인권 선언의 일부이다. 윗글을 참고하여 다음을 이해한 내용으로 적절하지 <u>않은</u> 것은?

> 인간과 시민의 권리 선언
>
> 제1조 모든 인간은 태어나면서부터 자유롭고 평등한 권리를 가진다.
> 제2조 자유, 재산, 안전, 그리고 억압에 대한 저항은 누구도 침해할 수 없는 권리이다. 국가의 목적은 이러한 권리를 보장하는 것이다.
> 제3조 모든 주권은 본질적으로 국민에게 있다.
> 제4조 모든 시민은 개인적으로, 또는 대표를 통해 법률 제정에 참여할 권리를 가진다.

① 제1조에서 모든 인간은 평등한 권리를 가진다는 내용은 정치에 참여할 수 있는 권리 또한 평등하다는 민주 정치의 근거가 되겠군.

② 제1조의 내용과 달리 근대의 민주 정치는 시민의 자격에 제한을 두었다는 점에서 민주주의의 정신을 온전히 실현했다고 보기는 어렵겠군.

③ 제2조에는 재산·신분·성별·교육 정도와 관계없이 국가가 동일하게 보장해야 하는 시민의 권리가 무엇인지 드러나 있군.

④ 제3조의 내용과 같은 생각을 지닌 사람들은 절대 군주제를 지지할 수 없겠군.

⑤ 제4조에는 대의 민주제가 직접 민주제보다 더 가치 있는 정치 형태라는 인식이 담겨 있군.

10 문맥을 고려할 때, ㉠~㉤의 의미로 적절하지 <u>않은</u> 것은?

① ㉠: 사물의 본질이나 본바탕.

② ㉡: 바라는 일이 이루어지기를 빎.

③ ㉢: 일정한 사회에서 신분, 재산 따위가 비슷한 사람들로 형성되는 집단.

④ ㉣: 어떤 사람이나 집단 등을 자기의 의사대로 복종하게 하여 다스림.

⑤ ㉤: 일정한 한도를 정하거나 그 한도를 넘지 못하게 막음.

스스로 평가
1회독 ☺ ☹
2회독 ☺ ☹
3회독 ☺ ☹

03 청소년이 아르바이트를 구하는 과정

법

1회독 구조 읽기

1문단 열여섯 살인 춘향이와 몽룡이가 아르바이트를 하려고 한다. 두 사람이 아르바이트를 하려면 어떤 과정을 거쳐야 하는지 알아보자. 가장 먼저 자신이 법적으로 일을 할 수 있는 나이인지를 확인해야 한다. 근로 기준법에 따르면, 원칙적으로 만 15세 이상부터 임금을 받는 일을 할 수 있다. 이때 반드시 만 나이로 따져야 한다. 우리나라에서 흔히 사용하는, 태어나자마자 한 살이 되는 세는나이는 인정하지 않는다. 춘향이와 몽룡이는 열여섯 살이라고 하지만, 이는 세는나이일 가능성이 높다. 따라서 생년월일을 기준으로 만 나이를 계산해야 한다. 다행히 두 사람은 모두 만 15세가 넘어 아르바이트를 할 수 있다.

2문단 다음으로, 자신에게 맞는 아르바이트 자리를 알아봐야 한다. 아르바이트 자리는 구인 광고지나 아르바이트 구인 사이트 등을 통해 알아볼 수 있다. 그러나 만 15세 이상이라도 모든 업종의 일을 할 수는 없다. 위험하거나 유해한 업종에서는 만 18세 미만의 청소년을 고용하지 못하도록 법에 규정되어 있기 때문이다. 청소년의 출입이 금지된 곳에서는 당연히 일할 수 없으며, 피시방이나 노래방, 만화방, 술을 파는 카페 같은 곳에서도 일할 수 없다. 컴퓨터를 잘 다루는 몽룡이가 피시방 아르바이트를 하고 싶더라도 할 수 없고, 노래 부르기를 좋아하는 춘향이가 노래방 아르바이트를 하고 싶더라도 역시 할 수 없다.

3문단 적당한 아르바이트 자리를 찾았다면, 그다음으로 면접을 보고 채용 담당자에게 취업 승낙을 받아야 한다. 이때 나이를 증명할 수 있는 신분증을 제시해야 한다. 그런데 채용 담당자에게 승낙을 받아 일을 하기로 약속하더라도 바로 일을 할 수 없다. 근로 기준법에 따라 만 18세 미만의 청소년은 부모인 친권자나 법정 후견인의 동의서와 가족 관계 증명서를 제출해야 하기 때문이다. 그리고 고용자는 이 서류를 일하는 곳에 갖추어 두어야 한다. 동의서는 별도로 정해진 양식이 없으므로 부모님이나 법정 후견인에게 이름, 주소 같은 인적 사항과 함께 "누가 어디에서 어떤 일을 하는 것에 동의한다."라는 내용을 적은 뒤에 서명을 해 달라고 하면 된다. 가족 관계 증명서는 구청이나 동 주민 센터 등에서 발급받아야 한다.

4문단 마지막으로 근로 계약서를 작성해야 한다. 근로 기준법에 따르면, 일을 하기로 계약하였을 경우에는 반드시 고용자와 근로자가 직접 근로 계약서를 작성해야 한다. 근로 계약서는 일을 시작하기 전에 작성하여 고용자와 근로자가 각각 한 부씩 나눠 가져야 한다. 한두 시간만 일하기로 했더라도 근로 계약서 작성은 필수이다. 만약 이를 어기면 고용자가 처벌을 받는다. 근로 계약서에는 업무 내용, 근로 시간, 휴게 시간, 임금 등 주요 근로 조건들이 명시되어야 한다. 특히 임금은 법에 규정된 최저 임금 이상이 되어야 한다. 어떤 이유로도 이보다 적은 임금을 주거나 약속된 임금을 깎아서는 안 된다. 또한 만 18세 미만의 청소년은 원칙적으로 하루에 7시간, 일주일에 35시간을 초과해서 일할 수 없다.

과정 1
↓
↓
↓

과정 2
↓
↓

과정 3
↓

↓
↓
과정 4

+꿀팁
1회독에서는 지문의 전체 내용이 완벽하게 이해되지 않아도 괜찮아요!

1 윗글과 아래 대화를 읽고 여러분은 윗글의 내용 중 어떤 점에 흥미가 생겼는지 생각해 보세요.

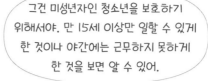

만 18세 미만의 청소년은 아르바이트를 하는 데 제약이 의외로 많네. 제출해야 할 서류도 있고.

그건 미성년자인 청소년을 보호하기 위해서야. 만 15세 이상만 일할 수 있게 한 것이나 야간에는 근무하지 못하게 한 것을 보면 알 수 있어.

그렇구나. 그래도 피시방이나 노래방에서 아르바이트를 할 수 없다는 것에는 좀 놀랐어. 그리고 아르바이트도 근로 계약서를 반드시 작성해야 한다는 것도 처음 알았어.

아르바이트도 고용자와 공식적으로 근로 계약을 한 것이기 때문이겠지? 근로 계약서를 작성하지 않으면 일을 하면서 부당한 일을 당했을 때 그것을 증명하기가 어려울 수 있대.

2 윗글에서 가장 중요한 내용이나 주제어를 아래 빈칸에 써 보세요.

청소년이 ☐☐☐☐☐를 구하는 과정

3 윗글을 아래와 같은 구조로 정리한다고 할 때 빈칸에 알맞은 말을 써 보세요.

청소년이 아르바이트를 구하는 과정 ① - 근로 가능 ☐☐ 확인

↓

청소년이 아르바이트를 구하는 과정 ② - 청소년 고용 금지 업종 확인

↓

청소년이 아르바이트를 구하는 과정 ③ - 동의서와 가족 관계 증명서 제출

↓

청소년이 아르바이트를 구하는 과정 ④ - ☐☐☐☐☐ 작성

2회독 **중심 내용**과 **어휘** 읽기

1문단　열여섯 살인 춘향이와 몽룡이가 아르바이트를 하려고 한다.□ 두 사람이 아르바이트를 하려면 어떤 과정을 거쳐야 하는지 알아보자.□ 가장 먼저 자신이 법적으로 일을 할 수 있는 나이인지를 확인해야 한다.□ 근로 기준법에 따르면 원칙적으로 만 15세 이상부터 임금을 받는 일을 할 수 있다.□ 이때 반드시 만 나이로 따져야 한다.□ 우리나라에서 흔히 사용하는, 태어나자마자 한 살이 되는 세는나이는 인정하지 않는다.□ 춘향이와 몽룡이는 열여섯 살이라고 하지만, 이는 세는 나이일 가능성이 높다.□ 따라서 생년월일을 기준으로 만 나이를 계산해야 한다.□ 다행히 두 사람은 모두 만 15세가 넘어 아르바이트를 할 수 있다.□

1문단 중심 내용 청소년의 아르바이트 구직 과정 ①
　　　- 법에 규정되어 있는 근로 가능 ☐☐ 확인

- **아르바이트**: 본래의 직업이 아닌, 임시로 하는 일.
- **근로 기준법**: 헌법에 의거하여 근로 조건의 기준을 정하여 놓은 법률.
- **원칙적**: 어떤 행동이나 이론 따위에서 일관되게 지켜야 하는 기본적인 규칙이나 법칙에 따르는.
- **임금**: 근로자가 노동의 대가로 사용자에게 받는 보수.
- **만 나이**: 갓 태어난 아이는 0세이며, 태어난 날부터 1년이 지나면 1세가 되는 식으로 세는 나이 산출 방법.
- **세는나이**: 태어난 해를 1년으로 쳐서 함께 세는 나이.
- _____
  _____

 배경지식

2022년 3월 1일 출생아의 나이

	만 나이	세는나이
2022년 3월 1일 (태어난 날)	0세	1세
2023년 3월 1일 (1년 뒤)	1세	2세

---

4 1문단을 읽고, ㉠~㉤ 중에서 **1**~**4**의 괄호 안에 들어갈 알맞은 기호를 찾아 쓰세요.

㉠ 임금	㉡ 만 나이	㉢ 만 15세
㉣ 세는나이	㉤ 근로 기준법	

➕꿀팁 각 문단에서 기호의 단어를 찾아 동그라미 표시하면 더 쉽게 풀 수 있어요!

1 아르바이트를 할 수 있는 나이는 어떤 법에 규정되어 있나요?
　　　　　　　　　　　　　　　　　　　　　　(　　)

2 임금을 받는 일을 할 수 있는 나이는 법적으로 몇 세 이상부터 인가요?
　　　　　　　　　　　　　　　　　　　　　　(　　)

3 근로 기준법에서 제시하는 '15세'는 만 나이와 세는나이 중 어떤 나이를 말하나요?
　　　　　　　　　　　　　　　　　　　　　　(　　)

4　　청소년의 아르바이트 구직 과정 ①

아르바이트를 할 수 있는 나이 확인

근로 기준법	원칙적으로 만 15세 이상부터 (　　)을 받는 일을 할 수 있음.
유의점	• '만 나이'만 인정되고 '세는나이'는 인정되지 않음. • 일하려는 청소년의 생년월일 기준으로 만 나이를 계산해야 함.
예	(　　)로 열여섯 살이라고 하더라도 만 나이로 열다섯 살이 되지 않으면 아르바이트를 할 수 없음.

2문단 다음으로, 자신에게 맞는 아르바이트 자리를 알아봐야 한다.☐ 아르바이트 자리는 <u>구인</u> 광고지나 아르바이트 구인 사이트 등을 통해 알아볼 수 있다.☐ 그러나 만 15세 이상이라도 모든 <u>업종</u>의 일을 할 수는 없다.☐ 위험하거나 <u>유해한</u> 업종에서는 만 18세 미만의 청소년을 <u>고용하지</u> 못하도록 법에 <u>규정되어</u> 있기 때문이다.☐ 청소년의 출입이 금지된 곳에서는 당연히 일할 수 없으며, 피시방이나 노래방, 만화방, 술을 파는 카페 같은 곳에서도 일할 수 없다.☐ 컴퓨터를 잘 다루는 몽룡이가 피시방 아르바이트를 하고 싶더라도 할 수 없고, 노래 부르기를 좋아하는 춘향이가 노래방 아르바이트를 하고 싶더라도 역시 할 수 없다.☐

2문단 중심 내용 청소년의 아르바이트 구직 과정 ②
- 법에 규정되어 있는 청소년 고용 금지 ☐☐ 확인

- **구인**: 일할 사람을 구함.
- **업종**: 직업이나 영업의 종류.
- **유해하다**: 해로움이 있다.
- **고용하다**: 일한 데 대한 대가로 주는 돈인 삯을 주고 사람을 부리다.
- **규정되다**: 규칙으로 정해지다.
- _____

5 2문단을 읽고, ㉠~㉤ 중에서 ❶~❹의 괄호 안에 들어갈 알맞은 기호를 찾아 쓰세요.

| ㉠ 출입 | ㉡ 청소년 | ㉢ 만 15세 |
| ㉣ 만 18세 | ㉤ 구인 광고지나 구인 사이트 | |

❶ 아르바이트 자리는 무엇을 통해 알아볼 수 있나요? (　　　)

❷ 만 15세인 춘향이와 몽룡이가 모든 업종의 일을 할 수 없는 이유는 무엇인가요?

（　　　） 이상이라도 위험하거나 유해한 업종에서는 （　　　） 미만의 청소년을 고용하지 못하도록 법에 규정되어 있기 때문임.

❸ 만 15세인 춘향이와 몽룡이가 일할 수 없는 곳은 어디인가요?

청소년의 （　　　） 이 금지된 곳, 피시방, 노래방, 만화방, 술을 파는 카페 등

❹ **청소년의 아르바이트 구직 과정 ②**

구인 광고지나 아르바이트 구인 사이트 등을 통해 아르바이트 자리 알아보기

아르바이트를 할 수 있는 업종 확인

근로 기준법	만 15세 이상이라도 위험하거나 유해한 업종에서는 만 18세 미만의 청소년은 고용할 수 없음.
근로 제한 업종	• （　　　） 의 출입이 금지된 곳 • 피시방, 노래방, 만화방, 술을 파는 카페 등
예	만 18세 미만인 춘향이와 몽룡이는 피시방이나 노래방, 만화방 등의 아르바이트를 할 수 없음.

Ⅳ. 03 청소년이 아르바이트를 구하는 과정　**141**

③ 문단 적당한 아르바이트 자리를 찾았다면, 그다음으로 면접을 보고 채용 담당자에게 취업 승낙을 받아야 한다.□ 이때 나이를 증명할 수 있는 신분증을 제시해야 한다.□ 그런데 채용 담당자에게 승낙을 받아 일을 하기로 약속하더라도 바로 일을 할 수 없다.□ 근로 기준법에 따라 만 18세 미만의 청소년은 부모인 친권자나 법정 후견인의 동의서와 가족 관계 증명서를 제출해야 하기 때문이다.□ 그리고 고용자는 이 서류를 일하는 곳에 갖추어 두어야 한다.□ 동의서는 별도로 정해진 양식이 없으므로 부모님이나 법정 후견인에게 이름, 주소 같은 인적 사항과 함께 "누가 어디에서 어떤 일을 하는 것에 동의한다."라는 내용을 적은 뒤에 서명을 해 달라고 하면 된다.□ 가족 관계 증명서는 구청이나 동 주민 센터 등에서 발급받아야 한다.□

> **3문단 중심 내용** 청소년의 아르바이트 구직 과정 ③
> - 친권자나 법정 후견인의 [ ][ ][ ]와 가족 관계 증명서 제출

- **면접**: 직접 만나서 인품이나 언행 등을 평가하는 시험.
- **채용**: 사람을 골라서 씀.
- **취업**: 일정한 직업을 잡아 직장에 나감.
- **친권자**: 친권을 행사할 권리와 의무를 가진 사람. 보통 부모가 됨.
- **법정 후견인**: 법률의 규정에 따라 친권자가 없는 미성년자의 법률 행위를 대리하는 후견인이 되는 사람.
- **고용자**: 일한 데 대한 대가로 주는 돈인 삯을 주고 사람을 부리는 사람.
- **인적 사항**: 이름, 나이, 주소와 같이 특정한 사람에 대한 여러 사항.
- **서명**: 자기의 이름을 써넣음. 또는 써넣은 것.
- _____

 배경지식

친권자(법정 후견인) 동의서 예시

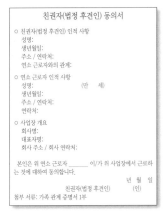

친권자(법정 후견인) 동의서
ㅇ 친권자(법정 후견인) 인적 사항
 성명:
 생년월일:
 주소 / 연락처:
 연소 근로자와의 관계:
ㅇ 연소 근로자 인적 사항
 성명: (만   세)
 생년월일:
 주소 / 연락처:
 연락처:
ㅇ 사업장 개요
 회사명:
 대표자명:
 회사 주소 / 회사 연락처:
본인은 위 연소 근로자 _____ 이/가 위 사업장에서 근로하는 것에 대하여 동의합니다.
                              년 월 일
            친권자(법정 후견인)   (인)
첨부 서류: 가족 관계 증명서 1부

---

6 3문단을 읽고, ㈀~㈁ 중에서 **1**~**5**의 괄호 안에 들어갈 알맞은 기호를 찾아 쓰세요.

> ㈀ 고용자　　　　㈁ 신분증　　　　㈂ 만 18세 미만
> ㈃ 가족 관계 증명서　　　　㈄ 친권자나 법정 후견인의 동의서

1 아르바이트 면접을 보러 갈 때 나이를 증명하기 위해 챙겨 가야 하는 것은 무엇인가요?　　　　　(　)

2 만 18세 미만의 청소년이 아르바이트를 할 때 제출해야 하는 서류 중 친권자나 법정 후견인의 서명을 받아야 하는 것은 무엇인가요?　　　　　(　)

3 만 18세 미만의 청소년이 아르바이트를 할 때 제출해야 하는 서류 중, 구청이나 주민 센터에서 발급받아야 하는 것은 무엇인가요?　　　　　(　)

4 고용자가 아르바이트생을 고용했을 경우에 관련 서류를 영업장에 갖추어 두어야 하는 연령 기준은 무엇인가요?　(　)

5 청소년의 아르바이트 구직 과정 ③

> 면접 후 채용 담당자에게 취업 승낙을 받음.

> 아르바이트를 할 때 제출해야 하는 서류

근로 기준법	만 18세 미만의 청소년은 부모인 친권자나 법정 후견인의 동의서와 가족 관계 증명서를 제출해야 함.
서류 준비	• 친권자나 법정 후견인의 동의서: 부모님이나 법정 후견인이 인적 사항과 함께 동의한다는 내용을 적은 뒤 서명해야 함. • 가족 관계 증명서: 구청이나 동 주민 센터 등에서 발급받음.
(　)	만 18세 미만을 고용할 때는 두 가지 서류를 일하는 곳에 갖추어 두어야 함.

4문단 　마지막으로 근로 계약서를 작성해야 한다.□ 근로 기준법에 따르면, 일을 하기로 계약하였을 경우에는 반드시 고용자와 근로자가 직접 근로 계약서를 작성해야 한다.□ 근로 계약서는 일을 시작하기 전에 작성하여 고용자와 근로자가 각각 한 부씩 나눠 가져야 한다.□ 한두 시간만 일하기로 했더라도 근로 계약서 작성은 필수이다.□ 만약 이를 어기면 고용자가 처벌을 받는다.□ 근로 계약서에는 업무 내용, 근로 시간, 휴게 시간, 임금 등 주요 근로 조건들이 명시되어야 한다.□ 특히 임금은 법에 규정된 최저 임금 이상이 되어야 한다.□ 어떤 이유로도 이보다 적은 임금을 주거나 약속된 임금을 깎아서는 안 된다.□ 또한 만 18세 미만의 청소년은 원칙적으로 하루에 7시간, 일주일에 35시간을 초과해서 일할 수 없다.□

4문단 중심 내용 청소년의 아르바이트 구직 과정 ④
　- ☐☐ ☐☐☐ 작성

- **근로 계약서**: 근로자와 고용자 사이에 계약이 성립되었음을 증명하기 위하여 작성하는 서류.
- **근로자**: 근로에 의한 소득으로 생활을 하는 사람.
- **필수**: 꼭 있어야 하거나 하여야 함.
- **명시되다**: 분명하게 드러내 보이다.
- **최저 임금**: 근로자에게 그 아래로 지급하여서는 안 된다고 정한 임금의 액수.
- **초과하다**: 일정한 수나 한도 따위가 넘어가다.
-

정답과 해설 30쪽

7 4문단을 읽고, ㉠~㉤ 중에서 ❶~❺의 괄호 안에 들어갈 알맞은 기호를 찾아 쓰세요.

| ㉠ 7시간 | ㉡ 고용자 | ㉢ 근로 조건 |
| ㉣ 최저 임금 | ㉤ 근로 계약서 | |

❶ 일을 시작하기 전에 고용자와 근로자가 반드시 작성해야 하는 서류는 무엇인가요?　　　　　　　　　　　　(　)

❷ 근로 계약서를 작성하지 않으면 누가 처벌받게 되나요?
　　　　　　　　　　　　　　　　　　　　　　(　)

❸ 근로 계약서에 명시되는 법에 규정된 임금의 최저 기준은 무엇인가요?　　　　　　　　　　　　　　　　　(　)

❹ 만 18세 미만의 청소년이 하루에 일할 수 있는 최대 시간은 얼마 동안인가요?　　　　　　　　　　　　　　(　)

❺　청소년의 아르바이트 구직 과정 ④

근로 계약서의 작성

근로 기준법	고용자와 근로자는 반드시 근로 계약서를 작성해서 각각 한 부씩 나눠 가져야 함.
근로 계약서 내용	주요 (　　　) 들을 명시해야 함. • 업무 내용 • 근로 시간 • 휴게 시간 • 임금
주의 사항	• 임금: 법에 규정된 최저 임금 이상이 되어야 함. • 만 18세 미만 청소년의 근로 시간: 하루 7시간, 일주일 35시간 이내여야 함.

①문단 열여섯 살인 춘향이와 몽룡이가 아르바이트를 하려고 한다. 두 사람이 아르바이트를 하려면 어떤 과정을 거쳐야 하는지 알아보자. 가장 먼저 자신이 법적으로 일을 할 수 있는 나이인지를 확인해야 한다. 근로 기준법에 따르면, 원칙적으로 만 15세 이상부터 임금을 받는 일을 할 수 있다. 이때 반드시 만 나이로 따져야 한다. 우리나라에서 흔히 사용하는, 태어나자마자 한 살이 되는 세는나이는 인정하지 않는다. 춘향이와 몽룡이는 열여섯 살이라고 하지만, 이는 세는나이일 가능성이 높다. 따라서 생년월일을 기준으로 만 나이를 계산해야 한다. 다행히 두 사람은 모두 만 15세가 넘어 아르바이트를 할 수 있다.

②문단 다음으로, 자신에게 맞는 아르바이트 자리를 알아봐야 한다. 아르바이트 자리는 구인 광고지나 아르바이트 구인 사이트 등을 통해 알아볼 수 있다. 그러나 만 15세 이상이라도 모든 업종의 일을 할 수는 없다. 위험하거나 유해한 업종에서는 만 18세 미만의 청소년을 고용하지 못하도록 법에 규정되어 있기 때문이다. 청소년의 출입이 금지된 곳에서는 당연히 일할 수 없으며, 피시방이나 노래방, 만화방, 술을 파는 카페 같은 곳에서도 일할 수 없다. 컴퓨터를 잘 다루는 몽룡이가 피시방 아르바이트를 하고 싶더라도 할 수 없고, 노래 부르기를 좋아하는 춘향이가 노래방 아르바이트를 하고 싶더라도 역시 할 수 없다.

③문단 적당한 아르바이트 자리를 찾았다면, 그다음으로 면접을 보고 채용 담당자에게 취업 승낙을 받아야 한다. 이때 나이를 증명할 수 있는 신분증을 제시해야 한다. 그런데 채용 담당자에게 승낙을 받아 일을 하기로 약속하더라도 바로 일을 할 수 없다. 근로 기준법에 따라 만 18세 미만의 청소년은 부모인 친권자나 법정 후견인의 동의서와 가족 관계 증명서를 제출해야 하기 때문이다. 그리고 고용자는 이 서류를 일하는 곳에 갖추어 두어야 한다. 동의서는 별도로 정해진 양식이 없으므로 부모님이나 법정 후견인에게 이름, 주소 같은 인적 사항과 함께 "누가 어디에서 어떤 일을 하는 것에 동의한다."라는 내용을 적은 뒤에 서명을 해 달라고 하면 된다. 가족 관계 증명서는 구청이나 동 주민 센터 등에서 발급받아야 한다.

④문단 마지막으로 근로 계약서를 작성해야 한다. 근로 기준법에 따르면, 일을 하기로 계약하였을 경우에는 반드시 고용자와 근로자가 직접 근로 계약서를 작성해야 한다. 근로 계약서는 일을 시작하기 전에 작성하여 고용자와 근로자가 각각 한 부씩 나눠 가져야 한다. 한두 시간만 일하기로 했더라도 근로 계약서 작성은 필수이다. 만약 이를 어기면 고용자가 처벌을 받는다. 근로 계약서에는 업무 내용, 근로 시간, 휴게 시간, 임금 등 주요 근로 조건들이 명시되어야 한다. 특히 임금은 법에 규정된 최저 임금 이상이 되어야 한다. 어떤 이유로도 이보다 적은 임금을 주거나 약속된 임금을 깎아서는 안 된다. 또한 만 18세 미만의 청소년은 원칙적으로 하루에 7시간, 일주일에 35시간을 초과해서 일할 수 없다.

+꿀팁
아르바이트를 구하는 과정을 일의 순서대로 제시한 글입니다. 각 과정에서 어떤 점에 유의해야 하는지를 중심으로 독해해 봅시다. 지문에서 설명한 내용이 실제 우리 생활에서 이루어지는 형태로 제시되면서 문제로 출제되기도 하지요. 이때 지문 내용과 잘 연결하며 파악하면 문제가 재미있고 유용하게 느껴질 수 있어요!

8 윗글에서 알 수 있는 내용으로 적절하지 <u>않은</u> 것은?

① 가족 관계 증명서는 아르바이트를 하려는 청소년의 부모가 작성해도 된다.
② 만 18세 미만의 청소년은 피시방이나 노래방에서 아르바이트를 할 수 없다.
③ 근로 계약서는 2부를 작성하여 고용자와 근로자가 1부씩 나눠 가져야 한다.
④ 한국식 세는나이로 열여섯 살이라고 하더라도 아르바이트를 못 할 수도 있다.
⑤ 고용자는 자신이 아는 청소년을 고용하더라도 관련 서류를 받아 보관해야 한다.

9 윗글을 참고하여 다음을 이해한 내용으로 적절하지 <u>않은</u> 것은?

> 올해 만 15세의 성춘향은 방학 기간에 아르바이트를 하기로 결정하고, 자기 집 근처에 있는 빵집에서 일하기로 하였다. 다음은 변학도와 성춘향이 직접 작성한 근로 계약서이다.
>
> ### 근로 계약서
>
> 변학도(이하 '고용자'라 함.)와 성춘향(이하 '근로자'라 함.)은 다음과 같이 근로 계약을 체결한다.
>
> 1. 근로 기간: 2022년 08월 01일부터 2022년 08월 26일까지
> 2. 근무 장소: 전라북도 남원시 ○○○로 ××, '변씨네 식빵' 내
> 3. 업무 내용: 상품의 관리 및 판매, 계산, 매장 청소 등
> 4. 근로 시간: 11시 00분부터 15시 00분까지(휴게 시간: 13시 00분~13시 30분)
> 5. 근무일: 매주 목요일, 금요일 근무(총 8일)
> 6. 임금: 시급으로 계산하되, 근로자가 초보자라는 사정을 고려하여 첫 이틀간의 시급은 올해 최저 임금의 90%로 정한다. 나머지 근무 시간은 100% 지급한다.
>   - 지급 방법 : 8월 26일에 근로자 이름으로 된 예금 통장에 고용자가 입금한다.
>   - 근로자가 집기나 상품을 훼손하였을 시는 그 금액만큼 총 임금에서 차감한다.
>   (중략)
> 10. 기타: 이 계약서에 정하지 않은 사항은 근로 기준법에 따른다.
>
> 2022년 07월 29일

① 변학도와 성춘향이 직접 작성한 근로 계약서에는 주요 근로 조건들이 명시되어 있군.
② 성춘향은 변학도에게 친권자나 법정 후견인의 동의서와 가족 관계 증명서를 제출하였겠군.
③ 성춘향은 초보자이므로 일에 익숙해질 때까지 임금을 적게 받는 것은 감수할 수밖에 없겠군.
④ 성춘향이 근무 도중에 집기나 상품을 훼손하였다고 임금에서 빼는 것은 옳지 않은 내용이군.
⑤ 만약 성춘향이 '변씨네 식빵'에서 단 하루만 일하기로 했더라도 근로 계약서를 작성하였겠군.

문화

e스포츠의 발전 과정

1 회독 구조 읽기

1 문단 컴퓨터 게임은 학생들의 공부를 방해하는 중독물일까, 아니면 대중성이 높은 스포츠일까? 컴퓨터 게임은 두 가지 성격을 모두 지니고 있기에 어떤 관점에서 보느냐에 따라 평가가 달라진다. 한국 콘텐츠 진흥원의 2020년 자료에 따르면, 10세부터 65세까지의 일반인 중 70.5%가 컴퓨터 게임을 즐기고 있으며, 10대와 20대는 각각 91.5%, 85.1%가 즐기고 있다. 이런 상황을 볼 때 우리나라에서 컴퓨터 게임이 e스포츠로 불리며 대중적인 인기를 얻고 있다는 점은 부정할 수 없다. 여기서 e스포츠는 컴퓨터 및 네트워크, 기타 영상 장비 등을 이용하여 승부를 겨루는 스포츠를 말한다. 우리나라의 e스포츠 발전 과정을 알아보자.

주제

2 문단 1970년대 말부터 1980년대 말까지 컴퓨터 게임은 청소년들에게 한정된 놀이였다. 피시(PC)가 대중화되기 전이라서 이 시기의 컴퓨터 게임은 대개 전자오락실을 중심으로 이루어졌다. 전자오락실은 불량 청소년의 탈선이 이루어지는 곳으로 인식되기도 하였으나 많은 청소년이 이에 아랑곳하지 않고 전자오락실을 찾아 게임을 즐겼다. 그러다 1980년대 말부터 피시가 대중화되면서 전자오락실을 가지 않아도 컴퓨터 게임을 즐길 수 있는 환경이 갖추어졌고, 집에서 컴퓨터 게임을 즐기는 청소년들이 늘기 시작하였다. 하지만 이때의 게임은 네트워크가 되지 않아 e스포츠라고 하기 어려웠다.

과정 1

3 문단 1990년대에 들어 피시를 이용한 컴퓨터 게임이 활성화되기 시작하였다. 그러다가 1990년대 말부터 피시방이 급증하고 초고속 인터넷이 보급되면서 온라인 게임이 폭발적인 인기를 끌었다. 그리고 1998년에 국민 게임이라고 불리던 스타크래프트가 출시되면서 청소년들만이 아니라 성인들도 점점 온라인 게임을 즐기기 시작하였다. 이 게임의 시합만 중계하는 방송이 생길 정도였다. 이후 2000년대 초에 다양한 게임의 전국 대회와 세계 대회들이 개최되기 시작하여 지금까지 이어지고 있다. 혼자 즐기던 컴퓨터 게임이 e스포츠로 발전한 것이다. e스포츠의 인기가 높아지면서 청소년들이 선망하는 직업으로 프로 게이머가 꼽히기도 하는 등 e스포츠는 하나의 문화 산업으로 자리 잡았다.

과정 2

4 문단 2010년대부터 e스포츠는 이전과 질적으로 다른 대우를 받고 있다. 우선 2012년에 e스포츠를 진흥시키고 전문 인력을 양성하는 것을 목적으로 하는 법률이 제정되어 공식적으로 정부의 지원을 받을 수 있게 되었다. 그리고 2022년부터는 e스포츠 팀을 운영하는 기업은 다른 스포츠 종목 팀과 동일한 조세 혜택도 받게 되었다. 게다가 e스포츠도 국제 스포츠계에서 점차 하나의 스포츠로 인정받고 있다. 2018년 자카르타-팔렘방 아시안 게임에서 시범 종목으로 채택되었고, 2023년 항저우 아시안 게임에서는 정식 종목으로 채택되었다. 이제 e스포츠는 어린이나 청소년만의 또래 문화에서 벗어나 전 연령대가 즐기는 놀이이자 스포츠가 되고 있다.

과정 3

+꿀팁
1회독에서는 지문의 전체 내용이 완벽하게 이해되지 않아도 괜찮아요!

1 윗글과 아래 대화를 읽고 여러분은 윗글의 내용 중 어떤 점에 흥미가 생겼는지 생각해 보세요.

지수야, 내가 가끔 집에서 컴퓨터 게임을 하거든. 그런데 엄마는 그때마다 나를 나무라시는데, 아빠는 나랑 같이 하시기도 해. 같은 부모님인데 왜 인식이 다를까?

어머니께서는 아무래도 부정적인 면을 걱정하시는 거고, 아버지께서는 컴퓨터 게임의 긍정적인 면을 아셔서 그런 게 아닐까?

요즘은 사용자들끼리 온라인으로 승부를 가리는 컴퓨터 게임을 e스포츠라고 한대. 그리고 그것을 근육을 쓰는 스포츠와 같은 것으로 보려는 움직임도 있다고 해.

옛날과 달리 컴퓨터 게임이 하나의 문화로 받아들여지면서 용어도 조금씩 달라진 게 아닐까? 실제로 어떤 e스포츠 대회는 전 세계에서 수백만 명이 시청하기도 한대.

2 윗글에서 가장 중요한 내용이나 주제어를 아래 빈칸에 써 보세요.

☐☐☐☐의 발전 과정

3 윗글을 아래와 같은 구조로 정리한다고 할 때 빈칸에 알맞은 말을 써 보세요.

e스포츠의 개념

e스포츠 발전 과정 ① - ☐☐☐☐년대 말 ~ 1980년대 말

e스포츠 발전 과정 ② - ☐☐☐☐년대 ~ 2000년대 초

e스포츠 발전 과정 ③ - ☐☐☐☐년대 이후 ~ 현재

내용 읽기

① 각 문장을 읽고, 잘 이해했으면 □에 ✔처럼 체크해 보세요.
② 각 문장을 잘 이해하지 못했으면 점선을 따라 밑줄을 그어 보세요.

➡ 밑줄 그은 문장의 앞뒤 문장의 내용을 살펴보면서 다시 천천히 읽어 보세요.
또 문단별 중심 내용의 빈칸을 채워 보세요.

어휘 읽기

① 어려운 어휘는 날개에서 그 뜻을 밝혔어요.
② 어휘 이외에 잘 모르는 어휘는 스스로 어휘 표시하고 사전에서 뜻을 찾아 써 보세요.

➡ 어휘 뜻을 알고 문장을 다시 읽어 보세요.

1문단 컴퓨터 게임은 학생들의 공부를 방해하는 중독물일까, 아니면 대중성이 높은 스포츠일까? □ 컴퓨터 게임은 두 가지 성격을 모두 지니고 있기에 어떤 관점에서 보느냐에 따라 평가가 달라진다. □ 한국 콘텐츠 진흥원의 2020년 자료에 따르면, 10세부터 65세까지의 일반인 중 70.5%가 컴퓨터 게임을 즐기고 있으며, 10대와 20대는 각각 91.5%, 85.1%가 즐기고 있다. □ 이런 상황을 볼 때 우리나라에서 컴퓨터 게임이 e스포츠로 불리며 대중적인 인기를 얻고 있다는 점은 부정할 수 없다. □ 여기서 e스포츠는 컴퓨터 및 네트워크, 기타 영상 장비 등을 이용하여 승부를 겨루는 스포츠를 말한다. □ 우리나라의 e스포츠 발전 과정을 알아보자. □

1문단 중심 내용 ☐☐☐☐의 개념

- **중독물**: 중독을 일으키는 물질이나 물체.
- **대중성**: 일반 대중(수많은 사람의 무리.)이 친숙하게 느끼고 즐기며 좋아할 수 있는 성질.
- **관점**: 사물이나 현상을 관찰할 때, 그 사람이 보고 생각하는 태도나 방향 또는 처지.
- **대중적**: 수많은 사람의 무리를 중심으로 한. 또는 그런 것.
- **네트워크**: 랜(LAN)이나 모뎀 따위의 통신 설비를 갖춘 컴퓨터를 이용하여 서로 연결시켜 주는 조직이나 체계.
- **장비**: 갖추어 차린 장치와 설비.
- _____

4 1문단을 읽고, ㉠~㉤ 중에서 **1**~**4**의 괄호 안에 들어갈 알맞은 기호를 찾아 쓰세요.

㉠ 대중성　　㉡ 스포츠　　㉢ 중독물
㉣ e스포츠　　㉤ 한국 콘텐츠 진흥원

꿀팁 각 문단에서 기호의 단어를 찾아 동그라미 표시하면 더 쉽게 풀 수 있어요!

1 컴퓨터 게임에 대한 부정적 인식을 비유적으로 표현한 말은 무엇인가요?　　　　　　　　(　)

2 글쓴이는 우리나라에서 컴퓨터 게임이 대중적인 인기를 얻고 있다는 주장을 하면서 어떤 기관의 자료를 인용하고 있나요?
(　)

3 컴퓨터 및 네트워크, 기타 영상 장비 등을 이용하여 승부를 겨루는 스포츠를 이르는 용어는 무엇인가요?　　(　)

4 e스포츠의 개념

우리나라의 컴퓨터 게임 이용 현황

상반된 관점	• 부정적: 학생들의 공부를 방해하는 중독물 • 긍정적: (　　　)이 높은 스포츠
이용 현황	• 한국 콘텐츠 진흥원의 자료에서 10세부터 65세까지의 일반인 중 70.5%가 컴퓨터 게임을 즐기고 있음. • 10대는 91.5%, 20대는 85.1%가 즐기고 있음.

e스포츠

개념	컴퓨터 및 네트워크, 기타 영상 장비 등을 이용하여 승부를 겨루는 (　　　)

2 문단　1970년대 말부터 1980년대 말까지 컴퓨터 게임은 청소년들에게 한정된 놀이였다.▫ 피시(PC)가 대중화되기 전이라서 이 시기의 컴퓨터 게임은 대개 전자오락실을 중심으로 이루어졌다.▫ 전자오락실은 불량 청소년의 탈선이 이루어지는 곳으로 인식되기도 하였으나 많은 청소년이 이에 아랑곳하지 않고 전자오락실을 찾아 게임을 즐겼다.▫ 그러다 1980년대 말부터 피시가 대중화되면서 전자오락실을 가지 않아도 컴퓨터 게임을 즐길 수 있는 환경이 갖추어졌고, 집에서 컴퓨터 게임을 즐기는 청소년들이 늘기 시작하였다.▫ 하지만 이때의 게임은 네트워크가 되지 않아 e스포츠라고 하기 어려웠다.▫

2문단 중심 내용 e스포츠 발전 과정 ①
- 1970년대 말~1980년대 말의 □□□□ □□

- **한정되다**: 수량이나 범위 따위가 제한하여 정해지다.
- **피시**: 개인이 사용하도록 만들어진 소형 컴퓨터.
- **대중화되다**: 대중 사이에 널리 퍼져 친숙해지다.
- **대개**: 일반적인 경우에.
- **전자오락실**: 동전을 넣으면 전자오락을 할 수 있도록 시설을 갖추어 놓고 영업하는 곳.
- **탈선**: 말이나 행동 따위가 나쁜 방향으로 빗나감.
- **인식되다**: 사물이 분간되고 판단되어 이해되다.
- **아랑곳하다**: 일에 나서서 참견하거나 관심을 두다.
- _____

---

5 2문단을 읽고, ㉠~㉥ 중에서 ① ~ ⑤의 괄호 안에 들어갈 알맞은 기호를 찾아 쓰세요.

| ㉠ e스포츠 | ㉡ 네트워크 | ㉢ 전자오락실 |
| ㉣ 1970년대 말 | ㉤ 1980년대 말 | ㉥ 피시의 대중화 |

① 1970년대 말부터 1980년대 말까지 청소년들이 컴퓨터 게임을 하기 위해 찾은 곳은 어디였나요?　　　　(　　　)

② 청소년들이 집에서 컴퓨터 게임을 즐길 수 있는 환경이 마련된 계기는 무엇인가요?　　　　　　(　　　)

③ 1980년대 말 청소년들이 집에서 즐기는 컴퓨터 게임이 e스포츠가 되기 어려웠던 이유는 무엇인가요?

　　(　　　)가 되지 않는 환경이었기 때문에

④ 피시가 대중화되기 시작한 시기는 언제인가요?　(　　　)

5 e스포츠 발전 과정 ①

（　　　）~1980년대 말의 컴퓨터 게임

특징	• 청소년들에게 한정된 놀이였음. • 주로 전자오락실에서 이루어짐.
전자오락실	• 불량 청소년의 탈선이 이루어지는 곳이라는 인식이 있었음. • 많은 청소년이 아랑곳하지 않고 게임을 즐기기 위해 방문함.
1980년대 말	피시의 대중화 → 집에서 컴퓨터 게임을 즐길 수 있는 환경이 갖추어짐.

한계

네트워크가 되지 않는 컴퓨터 게임
≠（　　　）

3 문단 1990년대에 들어 피시를 이용한 컴퓨터 게임이 활성화되기 시작하였다.■ 그러다가 1990년대 말부터 피시방이 급증하고 초고속 인터넷이 보급되면서 온라인 게임이 폭발적인 인기를 끌었다.■ 그리고 1998년에 국민 게임이라고 불리던 스타크래프트가 출시되면서 청소년들만이 아니라 성인들도 점점 온라인 게임을 즐기기 시작하였다.■ 이 게임의 시합만 중계하는 방송이 생길 정도였다.■ 이후 2000년대 초에 다양한 게임의 전국 대회와 세계 대회들이 개최되기 시작하여 지금까지 이어지고 있다.■ 혼자 즐기던 컴퓨터 게임이 e스포츠로 발전한 것이다.■ e스포츠의 인기가 높아지면서 청소년들이 선망하는 직업으로 프로 게이머가 꼽히기도 하는 등 e스포츠는 하나의 문화 산업으로 자리 잡았다.■

3문단 중심 내용 e스포츠 발전 과정 ②
- 1990년대~2000년대 초의 □□□□□

- **활성화되다**: 사회나 조직 등의 기능이 활발해지다.
- **급증하다**: 갑작스럽게 늘어나다.
- **보급되다**: 널리 퍼져서 많은 사람들에게 골고루 미치게 되어 누리게 되다.
- **폭발적**: 무엇이 갑작스럽게 일어나는. 또는 그런 것.
- **출시되다**: 상품이 시중에 나옴. 또는 상품을 시중에 내보냄.
- **개최되다**: 모임이나 회의 따위가 주최되어 열리다.
- **선망하다**: 부러워하여 바라다.
- **프로 게이머**: 네트워크상에서 벌어지는 게임 대회에 출전하는 직업 선수.
- _____

 배경지식

온라인 게임의 종류
- MUD: 멀티 유저 던전(Multi-User Dungeon). 게임 마스터의 역할은 서버가 맡고 사용자 간 대화는 자판으로 입력하면서 여러 명이 동시에 즐기는 텍스트 기반의 온라인 게임
- RPG: 롤플레잉 게임(Role Playing Game). 게임 속 등장인물의 역할을 수행하는 형식의 게임
- MMORPG: 대규모 다중 사용자 온라인 롤플레잉 게임(Massive Multiplayer Online Role Playing Game). 온라인으로 연결된 다수의 사용자가 같은 공간에서 동시에 즐길 수 있는 게임
- RTS: 실시간 전략(Real-Time Strategy) 게임. 게임상에서 주어진 모든 전략적 요소를 활용하여 적을 없애고 목적을 달성해야 하는 방식의 게임
- VR: 브이아르 게임(VR game). 기기 등을 이용하여 가상 현실을 체험할 수 있게 만든 게임

 6 3문단을 읽고, ㉠~㉕ 중에서 **1**~**5**의 괄호 안에 들어갈 알맞은 기호를 찾아 쓰세요.

| ㉠ 1998년 | ㉡ 피시방 | ㉢ e스포츠 |
| ㉣ 문화 산업 | ㉤ 1990년대 말 | ㉥ 2000년대 초 |

1 초고속 인터넷이 보급되면서 온라인 게임이 인기를 끌기 시작했던 시기에 무엇이 급증하였나요?　　　　　（　　　）

2 청소년들만이 아니라 성인들도 온라인 게임을 즐기는 계기가 된 게임은 몇 년도에 출시되었나요?　　　　　（　　　）

3 다양한 게임의 전국 대회와 세계 대회들이 개최되기 시작한 시기는 언제였나요?　　　　　　　　　　（　　　）

4 글쓴이는 2000년대 초반에 e스포츠가 인기를 끌게 되면서 무엇으로 자리 잡았다고 하였나요?　　　　　（　　　）

5 ┌─── e스포츠 발전 과정 ② ───┐

　　1990년대~2000년대 초 온라인 게임

　　　　　　　（　　　）

| • 피시방의 급증
• 초고속 인터넷의 보급 | → | 온라인 게임이 인기를 끌게 됨. |
| 1998년 스타크래프트 출시 | → | 성인들도 온라인 게임을 즐김. |

　　　　　　2000년대 초

| • 게임 대회 개최됨.
• 프로 게이머가 선망하는 직업으로 꼽힘. | → | e스포츠가 문화 산업으로 자리 잡음. |

　　온라인 컴퓨터 게임 = （　　　）

4 문단 2010년대부터 e스포츠는 이전과 질적으로 다른 대우를 받고 있다.☐ 우선 2012년에 e스포츠를 진흥시키고 전문 인력을 양성하는 것을 목적으로 하는 법률이 제정되어 공식적으로 정부의 지원을 받을 수 있게 되었다.☐ 그리고 2022년부터는 e스포츠 팀을 운영하는 기업은 다른 스포츠 종목 팀과 동일한 조세 혜택도 받게 되었다.☐ 게다가 e스포츠도 국제 스포츠계에서 점차 하나의 스포츠로 인정받고 있다.☐ 2018년 자카르타-팔렘방 아시안 게임에서 시범 종목으로 채택되었고, 2023년 항저우 아시안 게임에서는 정식 종목으로 채택되었다.☐ 이제 e스포츠는 어린이나 청소년만의 또래 문화에서 벗어나 전 연령대가 즐기는 놀이이자 스포츠가 되고 있다.☐

4문단 중심 내용 e스포츠 발전 과정 ③
- 2010년대 이후의 ☐☐☐☐

- **질적:** 사물의 속성, 가치, 유용성, 등급 따위의 총체와 관련된 것.
- **대우:** 어떤 사회적 관계나 태도로 대하는 일.
- **진흥:** 떨치어 일어남. 또는 떨치어 일으킴.
- **양성하다:** 가르쳐서 유능한 사람을 길러 내다.
- **제정되다:** 제도나 법률 따위가 만들어져서 정하여 지다.
- **조세:** 국가 또는 지방 공공 단체가 필요한 경비로 사용하기 위하여 국민이나 주민으로부터 강제로 거두어들이는 금전.
- **채택되다:** 작품, 의견, 제도 따위가 골라져서 다루어지거나 뽑혀 쓰이다.
- **또래:** 나이나 수준이 서로 비슷한 무리.
- ____________________

배경지식

항저우 아시안 게임의 e스포츠 정식 세부 종목
- 배틀 그라운드 모바일
- 리그 오브 레전드
- FIFA 온라인 4
- 도타 2
- 몽삼국 2
- 스트리트 파이터 5
- 펜타스톰
- 하스스톤

정답과 해설 32쪽

7 4문단을 읽고, ㉠~㉥ 중에서 1~5의 괄호 안에 들어갈 알맞은 기호를 찾아 쓰세요.

㉠ 2012년	㉡ 2018년	㉢ 2022년
㉣ 항저우	㉤ 스포츠	㉥ 자카르타-팔렘방

1 e스포츠를 진흥시키고 전문 인력을 양성하는 것을 목적으로 하는 법률은 언제 제정되었나요? ( )

2 e스포츠 팀을 운영하는 기업에게 조세 혜택을 부여하기 시작한 것은 몇 년도부터인가요? ( )

3 e스포츠가 최초로 시범 종목으로 채택된 아시안 게임은 몇 년도에 열렸나요? ( )

4 e스포츠가 최초로 정식 종목으로 채택된 아시안 게임이 개최되는 도시는 어디인가요? ( )

5 e스포츠 발전 과정 ③

2010년대 이후의 e스포츠

법적, 제도적 차원의 변화
- e스포츠 관련 법률이 제정되어 정부의 공식 지원을 받음.
- e스포츠 팀 운영 기업은 조세 혜택을 받게 됨.

국제 스포츠계 차원의 변화
- 2018년 ( ) 아시안 게임 시범 종목으로 채택됨.
- 2023년 항저우 아시안 게임 정식 종목이 됨.

e스포츠=
전 연령대가 즐기는 놀이이자 ( )

①문단 컴퓨터 게임은 학생들의 공부를 방해하는 중독물일까, 아니면 대중성이 높은 스포츠일까? 컴퓨터 게임은 두 가지 성격을 모두 지니고 있기에 어떤 관점에서 보느냐에 따라 평가가 달라진다. 한국 콘텐츠 진흥원의 2020년 자료에 따르면, 10세부터 65세까지의 일반인 중 70.5%가 컴퓨터 게임을 즐기고 있으며, 10대와 20대는 각각 91.5%, 85.1%가 즐기고 있다. 이런 상황을 볼 때 우리나라에서 컴퓨터 게임이 e스포츠로 불리며 대중적인 인기를 얻고 있다는 점은 부정할 수 없다. 여기서 e스포츠는 컴퓨터 및 네트워크, 기타 영상 장비 등을 이용하여 승부를 겨루는 스포츠를 말한다. 우리나라의 e스포츠 발전 과정을 알아보자.

②문단 1970년대 말부터 1980년대 말까지 컴퓨터 게임은 청소년들에게 한정된 놀이였다. 피시(PC)가 대중화되기 전이라서 이 시기의 컴퓨터 게임은 대개 전자오락실을 중심으로 이루어졌다. 전자오락실은 불량 청소년의 탈선이 이루어지는 곳으로 인식되기도 하였으나 많은 청소년이 이에 아랑곳하지 않고 전자오락실을 찾아 게임을 즐겼다. 그러다 1980년대 말부터 피시가 대중화되면서 전자오락실을 가지 않아도 컴퓨터 게임을 즐길 수 있는 환경이 갖추어졌고, 집에서 컴퓨터 게임을 즐기는 청소년들이 늘기 시작하였다. 하지만 이때의 게임은 네트워크가 되지 않아 e스포츠라고 하기 어려웠다.

③문단 1990년대에 들어 피시를 이용한 컴퓨터 게임이 활성화되기 시작하였다. 그러다가 1990년대 말부터 피시방이 급증하고 초고속 인터넷이 보급되면서 온라인 게임이 폭발적인 인기를 끌었다. 그리고 1998년에 국민 게임이라고 불리던 스타크래프트가 출시되면서 청소년들만이 아니라 성인들도 점점 온라인 게임을 즐기기 시작하였다. 이 게임의 시합만 중계하는 방송이 생길 정도였다. 이후 2000년대 초에 다양한 게임의 전국 대회와 세계 대회들이 개최되기 시작하여 지금까지 이어지고 있다. 혼자 즐기던 컴퓨터 게임이 e스포츠로 발전한 것이다. e스포츠의 인기가 높아지면서 청소년들이 선망하는 직업으로 프로 게이머가 꼽히기도 하는 등 e스포츠는 하나의 문화 산업으로 자리 잡았다.

④문단 2010년대부터 e스포츠는 이전과 질적으로 다른 대우를 받고 있다. 우선 2012년에 e스포츠를 진흥시키고 전문 인력을 양성하는 것을 목적으로 하는 법률이 제정되어 공식적으로 정부의 지원을 받을 수 있게 되었다. 그리고 2022년부터는 e스포츠 팀을 운영하는 기업은 다른 스포츠 종목 팀과 동일한 조세 혜택도 받게 되었다. 게다가 e스포츠도 국제 스포츠계에서 점차 하나의 스포츠로 인정받고 있다. 2018년 자카르타-팔렘방 아시안 게임에서 시범 종목으로 채택되었고, 2023년 항저우 아시안 게임에서는 정식 종목으로 채택되었다. 이제 e스포츠는 어린이나 청소년만의 또래 문화에서 벗어나 전 연령대가 즐기는 놀이이자 스포츠가 되고 있다.

✦꿀팁
컴퓨터 게임에 대한 인식이 e스포츠로 변해 가는 과정을 시간의 흐름에 따라 설명하고 있어요. 각 시기마다의 특징을 물을 수 있으므로, 연도나 숫자를 동그라미 치거나 표시해 놓으면 찾아보기 좋아요. <보기>에 특정 시기를 제시한 문제에서는, 그 시기를 설명한 문단을 한번 더 읽고 문제를 풀어 보세요!

8 윗글에서 알 수 있는 내용으로 적절하지 <u>않은</u> 것은?

① 2020년 기준으로 우리나라 10세에서 65세 사이의 일반인 중 절반 이상이 컴퓨터 게임을 즐기고 있다.

② 2010년대 초에 정부는 e스포츠를 진흥시키기 위해 공식적으로 지원할 수 있는 근거 법률을 제정하였다.

③ 2000년대 초에 게임 대회들이 개최되기 시작하면서 청소년들이 집에서 컴퓨터 게임을 즐기기 시작하였다.

④ 컴퓨터 게임은 주로 청소년들이 즐겼으나 1990년대 말부터 성인들도 점점 온라인 게임을 즐기기 시작하였다.

⑤ e스포츠는 2018년 아시안 게임에서 시범 종목으로 채택된 데 이어 2023년 항저우 아시안 게임에서 정식 종목으로 채택되었다.

9 윗글을 참고하여 [보기]를 이해한 내용으로 적절하지 <u>않은</u> 것은?

[보기]

▲ 1980년대 초 전자오락실 풍경

1980년대 초, 학교를 마친 아이들이 책가방을 등에 메거나 게임기 위에 올려놓고 컴퓨터 게임을 하고 있다. 몇몇 아이들은 자리에 앉아 게임을 하는 아이의 뒤에서 구경하거나 50원짜리 동전을 손에 든 채 게임이 끝나기를 기다리고 있다. 게임을 한 번 하려면 50원짜리 동전을 기계에 넣어야 했다.

① 이 시기에는 컴퓨터 게임을 하는 성인들의 수가 청소년들에 비해 훨씬 적었겠군.

② 이 시기의 컴퓨터 게임은 네트워크가 되지 않았기에 e스포츠라고 하기 어렵겠군.

③ 이 시기가 지나면 전자오락실이 아니라 피시방에서 게임을 하는 경우가 많아졌겠군.

④ 이 시기에 컴퓨터 게임을 즐기던 많은 청소년이 프로 게이머가 되는 것을 꿈꾸었겠군.

⑤ 이 시기에는 자녀가 전자오락실에 가는 것을 좋지 않게 생각하는 부모들이 있었겠군.

스스로
평가

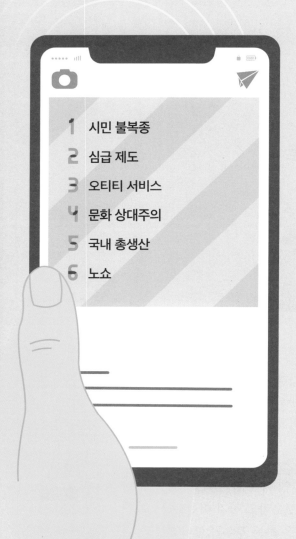

내 손안의 지식사전

1 시민 불복종

시민 불복종은 정부의 정책이나 법률 따위가 부당하다고 판단될 때, 시민들이 이를 따르지 아니하며 비폭력적으로 저항하는 일입니다. 시민 불복종은 국가에 의해 국민의 권리 또는 공익을 침해당했을 때 기본권과 헌법의 기본 질서를 보호하기 위한 행위입니다. 1990년 초 남아프리카 공화국 정부는 흑인의 직업, 거주지, 공공시설 사용 등을 제한하는 정책을 시행했고, 이에 반대하는 시위를 하던 사람들을 사살하기도 했습니다. 이에 시민들은 지속적인 시민 불복종을 하여 1991년 차별 정책이 폐지되었습니다. 시민 불복종은 기본적으로 국가에 저항하는 행동이기 때문에 이와 같은 시민 불복종이 정당화되기 위해서는 몇 가지 조건을 충족해야 합니다. 목적이 정당해야 하고, 최후의 수단이 되어야 합니다. 또 비폭력적인 방법을 사용하여 공개적으로 진행해야 하며, 위법 행위에 대해서 처벌을 받게 될 경우 그 처벌을 감수해야 합니다.

2 심급 제도

심급 제도는 하나의 소송 사건에 대하여 서로 다른 계급의 법원에서 반복하여 심판하는 상소 제도입니다. 공정한 재판을 위한 재판 운영의 원리로, 급을 달리하는 법원에서 여러 번 재판을 받을 수 있도록 하는 제도입니다. 우리나라는 삼심 제도를 취하고 있습니다. 하급 법원의 판결이 나면 이에 불복하는 사람은 상급 법원에서 다시 재판을 하도록 청구할 수 있습니다. 일심의 판결에 불복하여 이심에 재판을 청구하는 것을 항소라고 하고, 이심의 판결에 불복하여 삼심에 재판을 청구하는 것을 상고라고 합니다. 이러한 제도는 법관이 잘못된 판결을 내릴 가능성을 최소화하고 재판이 공정하게 이루어지도록 하기 위한 것입니다.

삼심
대법원

↑ 상고

이심
고등 법원 지방 법원 본원 합의부

↑ 항소

일심
지방 법원 및 지원 합의부 지방 법원 및 지원 단독 판사

▲ 민사·형사 사건의 심급 제도

3 오티티(OTT) 서비스

오티티 서비스는 인터넷과 같은 개방된 네트워크를 통해 가입자에게 영상, 음악, 오락, 교육, 정보 등의 멀티미디어 콘텐츠를 제공하는 서비스입니다. 오티티 (Over The Top)는 인터넷을 통해 볼 수 있는 TV 서비스를 의미하지만, 그 범위가 넓어져 인터넷 기반의 콘텐츠를 포괄하는 의미로 쓰입니다. 오티티 시장이 가장 큰 국가는 미국이고, 전 세계적으로 오티티 서비스 이용자가 꾸준히 증가하고 있습니다. 우리나라에서는 넷플릭스, 티빙, 왓챠, WAVVE, Seezn, 카카오TV, 쿠팡플레이, 디즈니+, Apple TV 등의 플랫폼이 서비스되고 있습니다.

4 문화 상대주의

문화 상대주의는 모든 문화가 각기 그 나름의 이유가 있으므로 문화의 우열을 가릴 수 없다고 보는 태도입니다. 즉 한 사회의 문화를 그 사회가 처한 환경과 사회적 맥락 속에서 이해해야 한다는 입장입니다. 문화 상대주의는 다른 문화의 의미를 편견 없이 이해할 수 있도록 도와줍니다. 이를 통해 문화 간 갈등과 분쟁을 해결할 수 있고 우리 문화를 더 잘 이해할 수 있습니다. 그러나 다른 문화에 대해 어떠한 판단도 하지 말아야 하는 것은 아닙니다. 전족이라는 중국의 옛 풍습이 있었는데, 어린 여자아이의 발가락들을 헝겊으로 힘껏 묶어 발이 자라지 못하도록 했습니다. 이렇게 인류의 보편적 가치를 침해하는 행동이나 가치까지도 인정하려는 태도를 극단적 문화 상대주의라고 합니다. 문화를 올바르게 이해하기 위해서는 극단적 문화 상대주의에 빠지지 않고 문화를 그 사회의 맥락 속에서 바라보려는 태도가 필요합니다.

5 국내 총생산(GDP)

국내 총생산은 일정 기간 동안 국경 안에서 새로 생산된 최종 생산물의 시장 가치의 합입니다. 국내 총생산은 한 나라의 전반적인 생산 활동을 나타내는 대표적인 경제 지표이고, 국가 간의 경제 규모를 비교하는 데 많이 활용됩니다. 국내 총생산은 한 나라의 국경 안에서 생산된 것, 그해에 새롭게 생산된 것만을 계산하고, 최종적으로 생산된 재화나 서비스의 가치만 계산합니다. 그리고 시장에서 거래되는 생산물만을 대상으로 합니다. 국내 총생산이 크다는 것은 해당 국가의 경제 규모가 크다는 것을 의미합니다. 그러나 이는 규모만을 의미하므로, 국내 총생산을 해당 국가의 총인구로 나눈 수치인 1인당 국내 총생산을 통해 국민들의 평균적인 소득 수준을 파악할 수 있습니다.

6 노쇼(No-Show)

노쇼는 오기로 한 사람이 예약이나 약속을 취소하지 않고 나타나지 않는 일입니다. 외식, 호텔, 항공 등의 업종에서 주로 사용하는 용어입니다. 취소한다는 연락도 없이 예약한 장소에 나타나지 않는 손님을 뜻하기도 합니다. 노쇼가 자주 발생하는 업종에서는 이로 인해 큰 손해를 입기도 합니다. 공정 거래 위원회는 2018년 노쇼의 문제점을 개선할 수 있는 소비자 분쟁 해결 기준 개정안을 시행했습니다. 그 내용은 예약자가 예약 시간 1시간 이내로 앞두고 예약을 취소하거나, 취소하지 않고 식당에 오지 않으면 미리 지불한 예약 보증금을 식당으로부터 돌려받을 수 없다는 것입니다.

V

문제 해결 구조

01 사회 저출생에 따른 인구 문제

1회독 구조 읽기

①문단 합계 출산율이 2.1명 이하이면 저출생 국가, 1.3명 이하이면 초저출생 국가에 해당한다. 여기서 합계 출산율이란 여성 한 명이 임신이 가능한 기간에 낳을 것으로 예상되는 평균 자녀 수를 말한다. 통계청 자료에 따르면, 우리나라는 2001년에 합계 출산율이 1.3명 이하인 초저출생 국가에 들어섰고, 2018년에 1.0명대 아래로 떨어졌으며, 2020년에는 약 0.837명으로 계속 감소하고 있다. 이러한 저출생 문제는 단순히 출생아 수의 감소로 끝나는 것이 아니라 인구 절벽으로 이어져 국가적 위기를 불러올 수 있다.

②문단 그렇다면 이러한 저출생 현상이 일어나는 원인은 무엇인가? 우리나라에서는 사회적·경제적 원인과 가치관 변화 등이 복합적으로 작용하면서 저출생 현상이 더욱 뚜렷해지고 있다. 남녀의 결혼 연령이 높아지면서 첫째 아이의 출산이 늦어지고 있는데, 이는 낮은 출생률로 이어진다. 또한 여성의 사회 활동 참여율은 높아졌지만, 임신과 출산, 육아에 대한 사회적 인식이나 고용 환경은 제대로 갖추어져 있지 않아 출산을 꺼리는 일도 늘고 있다. 게다가 주택 마련 비용과 자녀 양육 비용에 대한 경제적 부담 등이 증가하면서 출산은 물론 결혼까지 꺼리는 일이 늘고 있다. 이외에도 결혼과 자녀에 대한 가치관의 변화 등도 저출생에 영향을 주고 있다.

③문단 이러한 저출생 문제는 우리의 미래 사회에 부정적인 영향을 줄 수 있다. 우리나라의 65세 이상 고령 인구 비율은 2021년에 전체 인구의 16.5%로, 노인 인구가 20%를 넘는 초고령 사회를 향해 가고 있으며 2050년에는 약 40%에 이를 것으로 보인다. 고령화로 전체 인구에서 노년 인구가 차지하는 비율은 점점 높아지고 있는데, 저출생으로 전체 인구가 정체하거나 줄어들면서 인구 절벽 현상이 나타나고 있다. 이러한 현상이 계속되면 앞으로 우리 사회는 경제 활동이 가능한 젊은 층의 인구가 줄어 젊은 노동력이 부족해지고, 이 때문에 국가 경쟁력이 떨어지면서 경제 성장에 어려움을 겪게 될 수 있다. 또한 노년층 부양에 필요한 비용에 대한 젊은 층의 부담이 늘어나는 문제도 발생할 수 있다.

④문단 국가를 구성하는 기본 요소 중 하나가 국민이라는 점에서 인구 감소를 일으키는 저출생은 국가의 존립이 걸린 중대한 문제이다. 저출생 문제를 해결하기 위해서는 임신과 출산, 양육 등에 관한 비용을 지원하는 정책, 일과 육아를 병행할 수 있게 하는 제도 등이 이루어져야 하고, 아이 돌봄 서비스와 보육 시설을 늘리기 위한 노력이 있어야 한다. 또한 결혼, 자녀, 가족에 대한 인식의 변화 등도 필요하다. 무엇보다도 아이를 낳고 기를 수 있는 사회적 환경과 여건이 만들어져야 한다. 취업이나 직장 문제, 경제적 이유 등으로 결혼 자체를 포기하거나, 결혼을 하더라도 주택 마련, 육아 비용 등의 문제로 출산을 미루거나 아이를 낳지 않게 된다면 저출생 문제는 해결될 수 없기 때문이다.

＋꿀팁
1회독에서는 지문의 전체 내용이 완벽하게 이해되지 않아도 괜찮아요!

1 윗글과 아래 대화를 읽고 여러분은 윗글의 내용 중 어떤 점에 흥미가 생겼는지 생각해 보세요.

완전 대가족 사진이네.
너희 가족이 이렇게 많았어?
우리 가족 사진에는 엄마, 아빠, 나
셋밖에 없는데.

우리 가족도 엄마, 아빠,
나 셋이야. 이건 할아버지 생신 때 삼촌,
고모들이랑 다 같이 찍은 거야.
우리 아빠 형제들이 많아.

그런데 어른들은 많은데,
아이는 둘밖에 없네.
사진 안 찍은 아이들이 있는 거야?

아니. 사촌 오빠랑 나 둘이야.
그래서 친척들 모일 때 사촌 오빠가 안 오면 나 혼자
놀아야 해서 안 좋아. 저출생으로 아이들이 적어져
생기는 문제를 나도 겪고 있는 셈이야.

2 윗글에서 가장 중요한 내용이나 주제어를 아래 빈칸에 써 보세요.

☐☐☐으로 인한 문제점과 ☐☐☐☐

3 윗글을 아래와 같은 구조로 정리한다고 할 때 빈칸에 알맞은 말을 써 보세요.

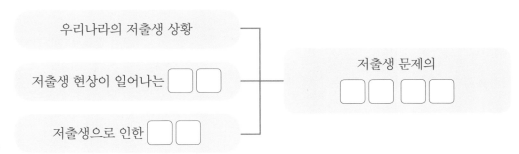

우리나라의 저출생 상황

저출생 현상이 일어나는 ☐☐

저출생으로 인한 ☐☐

저출생 문제의
☐☐☐☐

내용 읽기

❶ 각 문장을 읽고, 잘 이해했으면 □에 ✔처럼 체크해 보세요.
❷ 각 문장을 잘 이해하지 못했으면 점선을 따라 밑줄을 그어 보세요.

➡ 밑줄 그은 문장의 앞뒤 문장의 내용을 살펴보면서 다시 천천히 읽어 보세요.
또 문단별 중심 내용의 빈칸을 채워 보세요.

어휘 읽기

❶ 어려운 어휘는 날개에서 그 뜻을 밝혔어요.
❷ 어휘 이외에 잘 모르는 어휘는 스스로 어휘 표시하고 사전에서 뜻을 찾아 써 보세요.

➡ 어휘 뜻을 알고 문장을 다시 읽어 보세요.

---

1 문단 합계 출산율이 2.1명 이하이면 저출생 국가, 1.3명 이하이면 초저출생 국가에 해당한다.□ 여기서 합계 출산율이란 여성 한 명이 임신이 가능한 기간에 낳을 것으로 예상되는 평균 자녀 수를 말한다.□ 통계청 자료에 따르면, 우리나라는 2001년에 합계 출산율이 1.3명 이하인 초저출생 국가에 들어섰고, 2018년에 1.0명대 아래로 떨어졌으며, 2020년에는 약 0.837명으로 계속 감소하고 있다.□ 이러한 저출생 문제는 단순히 출생아 수의 감소로 끝나는 것이 아니라 인구 절벽으로 이어져 국가적 위기를 불러올 수 있다.□

1 문단 중심 내용 ☐☐☐☐☐을 통해 본 우리나라의 저출생 상황

- **저출생**: 일정한 기간에 태어난 사람의 수가 적음. '저출산'이라는 말은 '아이를 적게 낳음.'이라는 뜻으로, 인구 문제의 책임이 여성에게 있는 것으로 잘못 생각할 수 있어 '저출생'이라는 말로 바꾸어 사용하기 시작함.
- **감소하다**: 양이나 수치가 줄다. 또는 양이나 수치를 줄이다.
- **출생아**: 새로 태어난 아이.
- **인구 절벽**: 생산 가능 인구(생산 활동이 가능한 15~64세에 해당하는 인구)가 급격하게 줄어드는 현상.
- _____
  _____

---

4 1문단을 읽고, ㉠~㉶ 중에서 **1**~**5**의 괄호 안에 들어갈 알맞은 기호를 찾아 쓰세요.

㉠ 1.0명	㉡ 2.1명	㉢ 2001년
㉣ 2018년	㉤ 합계 출산율	㉥ 초저출생 국가

1 여성 한 명이 임신이 가능한 기간에 낳을 것으로 예상되는 평균 자녀 수를 무엇이라고 하나요? ( )

2 저출생 국가와 초저출생 국가의 차이점은 무엇인가요?

저출생 국가는 합계 출산율이 ( ) 이하인 국가이고, 초저출생 국가는 합계 출산율이 1.3명 이하인 국가임.

3 우리나라가 초저출생 국가로 들어선 연도는 언제인가요? ( )

4 우리나라의 합계 출산율이 1.0명대 이하로 떨어진 연도는 언제인가요? ( )

5 우리나라의 저출생 상황

저출생 관련 개념

저출생 국가	합계 출산율이 2.1명 이하인 국가
( )	합계 출산율이 1.3명 이하인 국가
합계 출산율	여성 한 명이 임신이 가능한 기간에 낳을 것으로 예상되는 평균 자녀 수

우리나라 합계 출산율의 변화

2001년	2018년	2020년
1.3명 이하로, 초저출생 국가 진입	→ ( )대 아래로 감소 →	약 0.837명으로, 계속 감소

출생아 수의 감소를 넘어 인구 절벽이 발생할 수 있음.

2문단 그렇다면 이러한 저출생 현상이 일어나는 원인은 무엇인가? 우리나라에서는 사회적·경제적 원인과 가치관 변화 등이 복합적으로 작용하면서 저출생 현상이 더욱 뚜렷해지고 있다. 남녀의 결혼 연령이 높아지면서 첫째 아이의 출산이 늦어지고 있는데, 이는 낮은 출생률로 이어진다. 또한 여성의 사회 활동 참여율은 높아졌지만, 임신과 출산, 육아에 대한 사회적 인식이나 고용 환경은 제대로 갖추어져 있지 않아 출산을 꺼리는 일도 늘고 있다. 게다가 주택 마련 비용과 자녀 양육 비용에 대한 경제적 부담 등이 증가하면서 출산은 물론 결혼까지 꺼리는 일이 늘고 있다. 이외에도 결혼과 자녀에 대한 가치관의 변화 등도 저출생에 영향을 주고 있다.

2문단 중심 내용 저출생 현상이 일어나는 ☐☐

- **가치관**: 가치에 대한 관점.
- **복합적**: 두 가지 이상이 합쳐 있는 것.
- **작용하다**: 어떠한 현상을 일으키거나 영향을 미치다.
- **연령**: 사람이나 동·식물 따위가 세상에 나서 살아온 햇수. =나이.
- **출생률**: 일정한 기간에 태어난 사람의 수가 전체 인구에 대하여 차지하는 비율.
- **육아**: 어린아이를 기름.
- **꺼리다**: 사물이나 일 따위가 자신에게 해가 될까 하여 피하거나 싫어하다.
- **양육**: 아이를 보살펴서 자라게 함.
- **부담**: 어떠한 의무나 책임을 짐.
- **증가하다**: 양이나 수치가 늘다.
- _____

정답과 해설 34쪽

5 2문단을 읽고, ㉠~㉤ 중에서 ■~■의 괄호 안에 들어갈 알맞은 기호를 찾아 쓰세요.

㉠ 주택　　　　㉡ 가치관　　　　㉢ 출생률
㉣ 고용 환경　　㉤ 경제적 부담

■ 남녀의 결혼 연령이 높아져 첫째 아이의 출산이 늦어지면서 영향을 받은 것은 무엇인가요?　　　　　　　（　　　）

■ 여성의 사회 활동 참여율은 높아졌지만 출산율은 낮아진 까닭은 무엇인가요?

> 여성의 사회 활동 참여율은 높아졌지만, 임신, 출산, 육아에 대한 사회적 인식이나 （　　　）은 제대로 갖추어지지 않아서임.

■ 저출생 현상이 일어나게 된 경제적인 원인은 무엇인가요?

> （　　　）마련 비용과 자녀 양육 비용에 대한 경제적 부담 등이 늘면서 출산을 꺼리게 됨.

■ 저출생 현상의 원인

사회적·경제적 원인과 （　　　）의 변화 등이 복합적으로 작용하여 저출생 현상에 영향을 줌.

↓

저출생 현상이 뚜렷해지는 원인

사회적 원인	• 남녀의 결혼 연령이 높아져 첫째 아이의 출산이 늦어지면서 출생률이 낮아짐. • 여성의 사회 활동 참여율은 높아졌지만 임신, 출산, 육아에 대한 사회적 인식이나 고용 환경은 갖추어지지 않아 출산을 꺼리게 됨.
경제적 원인	주택 마련 비용, 자녀 양육 비용 등에 대한 （　　　）이 늘면서 출산은 물론 결혼까지 꺼리게 됨.
가치관 변화	결혼과 자녀에 대한 가치관이 변화하면서 결혼이나 출산을 안 하게 됨.

③ 문단 이러한 저출생 문제는 우리의 미래 사회에 부정적인 영향을 줄 수 있다.▢ 우리나라의 65세 이상 고령 인구 비율은 2021년에 전체 인구의 16.5%로, 노인 인구가 20%를 넘는 초고령 사회를 향해 가고 있으며 2050년에는 약 40%에 이를 것으로 보인다.▢ 고령화로 전체 인구에서 노년 인구가 차지하는 비율은 점점 높아지고 있는데, 저출생으로 전체 인구가 정체하거나 줄어들면서 인구 절벽 현상이 나타나고 있다.▢ 이러한 현상이 계속되면 앞으로 우리 사회는 경제 활동이 가능한 젊은 층의 인구가 줄어 젊은 노동력이 부족해지고, 이 때문에 국가 경쟁력이 떨어지면서 경제 성장에 어려움을 겪게 될 수 있다.▢ 또한 노년층 부양에 필요한 비용에 대한 젊은 층의 부담이 늘어나는 문제도 발생할 수 있다.▢

3문단 중심 내용 저출생으로 인해 발생하게 될 ▢▢

- **고령 인구 비율**: 전체 인구 가운데 65세 이상의 노인 인구가 차지하는 비율.
- **고령화**: 한 사회에서 노인의 인구 비율이 높은 상태로 나타나는 일.
- **정체하다**: 사물이 발전하거나 나아가지 못하고 한 자리에 머물러 그치다.
- **노동력**: 생산품을 만드는 데에 드는 인간의 정신적·육체적인 모든 능력.
- **국가 경쟁력**: 한 나라의 유무형의 자산을 증대할 수 있는 전체적인 경쟁력.
- **경제 성장**: 국민 경제의 능력이 커지는 일. 국민 소득, 국민 총생산과 같은 국민 경제의 기본적 지표가 높아지는 것을 이른다.
- **부양**: 생활 능력이 없는 사람의 생활을 돌봄.
- _____

6 3문단을 읽고, ㉠~㉤ 중에서 **1**~**5**의 괄호 안에 들어갈 알맞은 기호를 찾아 쓰세요.

> ㉠ 부양 ㉡ 노동력 ㉢ 젊은 층
> ㉣ 인구 절벽 ㉤ 초고령 사회

1 전체 인구 중 65세 이상의 고령 인구가 차지하는 비율이 20%를 넘는 사회를 무엇이라고 하나요? ( )

2 저출생 현상과 고령화 현상이 계속 이어지면 나타날 수 있는 문제는 무엇인가요? ( )

3 저출생과 고령화가 계속되었을 때 국가 경쟁력에 미치는 영향은 무엇인가요?

> 저출생과 고령화가 계속되면 경제 활동이 가능한 젊은 층의 인구가 줄어 ( ) 부족으로 국가 경쟁력이 떨어지게 됨.

4 인구 절벽 문제가 발생하면 노년층 부양 비용에 대해 누구의 부담이 커지나요? ( )

5

저출생으로 인한 문제

우리나라의 65세 이상 고령 인구 비율의 변화 예상

2021년	→	2050년
전체 인구의 16.5%로, 초고령 사회(20% 이상)를 향해 가고 있음.		약 40%에 이를 것으로 보임.

저출생과 고령화에 따른 문제

인구 절벽	고령화로 전체 인구 대비 노인 인구는 늘어나지만, 저출생으로 전체 인구가 정체하거나 줄어들면서 경제 활동이 가능한 젊은 층의 인구가 줄어듦.

- 젊은 층의 인구가 줄어 젊은 노동력이 부족해지면서 국가 경쟁력이 떨어짐.
- 노년층 ( )에 필요한 비용에 대한 젊은 층의 부담이 늘어남.

④문단 국가를 구성하는 기본 요소 중 하나가 국민이라는 점에서 인구 감소를 일으키는 저출생은 국가의 존립이 걸린 중대한 문제이다.☐ 저출생 문제를 해결하기 위해서는 임신과 출산, 양육 등에 관한 비용을 지원하는 정책, 일과 육아를 병행할 수 있게 하는 제도 등이 이루어져야 하고, 아이 돌봄 서비스와 보육 시설을 늘리기 위한 노력이 있어야 한다.☐ 또한 결혼, 자녀, 가족에 대한 인식의 변화 등도 필요하다.☐ 무엇보다도 아이를 낳고 기를 수 있는 사회적 환경과 여건이 만들어져야 한다.☐ 취업이나 직장 문제, 경제적 이유 등으로 결혼 자체를 포기하거나, 결혼을 하더라도 주택 마련, 육아 비용 등의 문제로 출산을 미루거나 아이를 낳지 않게 된다면 저출생 문제는 해결될 수 없기 때문이다.☐

- **국가**: 일정한 영토와 거기에 사는 사람들로 구성되고, 주권(主權)에 의한 하나의 통치 조직을 가지고 있는 사회 집단. 국민·영토·주권의 삼요소를 필요로 한다.
- **존립**: 국가, 제도, 단체, 학설 따위가 그 위치를 지키며 존재함.
- **중대하다**: 가볍게 여길 수 없을 만큼 매우 중요하고 크다.
- **병행하다**: 둘 이상의 일을 한꺼번에 행하다.
- **아이 돌봄 서비스**: 국가나 공공 단체 따위에서 일정 시간 동안 아이를 돌볼 사람이 없는 가정에 아이 돌보미를 보내 주는 서비스.
- **보육 시설**: 유아의 보육을 위한 시설. 어린이집이나 유아원 따위가 이에 해당한다.
- **여건**: 주어진 조건.

④문단 중심 내용 저출생 문제를 ☐☐하기 위한 방안

정답과 해설 34쪽

7 4문단을 읽고, ㉠~㉤ 중에서 ❶~❹의 괄호 안에 들어갈 알맞은 기호를 찾아 쓰세요.

> ㉠ 국가   ㉡ 비용   ㉢ 육아
> ㉣ 사회적 환경   ㉤ 아이 돌봄 서비스

❶ 인구 감소가 국가의 존립에 영향을 주는 까닭은 무엇인가요?

> 국민은 (　　　　)를 구성하는 기본 요소로, 인구가 감소해 국민이 줄어들면 국가가 존립하기 어려워질 수 있음.

❷ 저출생 문제를 해결하기 위해 정부가 제도적으로 할 수 있는 일은 무엇인가요?

> 임신과 출산, 양육 등에 관한 (　　　　)을 지원하고, 일과 육아를 병행할 수 있게 하는 제도를 마련함.

❸ 저출생 문제의 해결을 위한 근본적인 해결책은 무엇인가요?

> 아이를 낳고 기를 수 있는 (　　　　)과 여건을 만듦.

❹

저출생 문제의 해결 방안

저출생 문제 해결의 필요성
국가를 이루는 국민(인구)의 수가 줄게 되면 국가의 존립에 위기가 닥침.

저출생 문제의 해결 방안

제도적 방안	• 임신, 출산, 양육의 비용을 지원하는 정책을 마련함. • 일과 (　　　)를 병행할 수 있게 하는 제도를 마련함. • (　　　)와 보육 시설을 늘림.
인식의 변화	결혼, 자녀, 가족에 대한 인식의 변화가 필요함.
근본적 해결책	결혼 자체를 포기하거나 출산을 미루지 않게 아이를 낳고 기를 수 있는 사회적 환경과 여건이 만들어져야 함.

①문단 합계 출산율이 2.1명 이하이면 저출생 국가, 1.3명 이하이면 초저출생 국가에 해당한다. 여기서 합계 출산율이란 여성 한 명이 임신이 가능한 기간에 낳을 것으로 예상되는 평균 자녀 수를 말한다. 통계청 자료에 따르면, 우리나라는 2001년에 합계 출산율이 1.3명 이하인 초저출생 국가에 들어섰고, 2018년에 1.0명대 아래로 떨어졌으며, 2020년에는 약 0.837명으로 계속 감소하고 있다. 이러한 저출생 문제는 단순히 출생아 수의 감소로 끝나는 것이 아니라 인구 절벽으로 이어져 국가적 위기를 불러올 수 있다.

②문단 그렇다면 이러한 ㉮저출생 현상이 일어나는 원인은 무엇인가? 우리나라에서는 사회적·경제적 원인과 가치관 변화 등이 복합적으로 작용하면서 저출생 현상이 더욱 뚜렷해지고 있다. 남녀의 결혼 연령이 높아지면서 첫째 아이의 출산이 늦어지고 있는데, 이는 낮은 출생률로 이어진다. 또한 여성의 사회 활동 참여율은 높아졌지만, 임신과 출산, 육아에 대한 사회적 인식이나 고용 환경은 제대로 갖추어져 있지 않아 출산을 꺼리는 일도 늘고 있다. 게다가 주택 마련 비용과 자녀 양육 비용에 대한 경제적 부담 등이 증가하면서 출산은 물론 결혼까지 꺼리는 일이 늘고 있다. 이외에도 결혼과 자녀에 대한 가치관의 변화 등도 저출생에 영향을 주고 있다.

③문단 이러한 저출생 문제는 우리의 미래 사회에 부정적인 영향을 줄 수 있다. 우리나라의 65세 이상 고령 인구 비율은 2021년에 전체 인구의 16.5%로, 노인 인구가 20%를 넘는 초고령 사회를 향해 가고 있으며 2050년에는 약 40%에 이를 것으로 보인다. 고령화로 전체 인구에서 노년 인구가 차지하는 비율은 점점 높아지고 있는데, 저출생으로 전체 인구가 정체하거나 줄어들면서 인구 절벽 현상이 나타나고 있다. 이러한 현상이 계속되면 앞으로 우리 사회는 경제 활동이 가능한 젊은 층의 인구가 줄어 젊은 노동력이 부족해지고, 이 때문에 국가 경쟁력이 떨어지면서 경제 성장에 어려움을 겪게 될 수 있다. 또한 노년층 부양에 필요한 비용에 대한 젊은 층의 부담이 늘어나는 문제도 발생할 수 있다.

④문단 국가를 구성하는 기본 요소 중 하나가 국민이라는 점에서 인구 감소를 일으키는 저출생은 국가의 존립이 걸린 중대한 문제이다. 저출생 문제를 해결하기 위해서는 ㉠임신과 출산, 양육 등에 관한 비용을 지원하는 정책, ㉡일과 육아를 병행할 수 있게 하는 제도 등이 이루어져야 하고, ㉢아이 돌봄 서비스와 보육 시설을 늘리기 위한 노력이 있어야 한다. 또한 ㉣결혼, 자녀, 가족에 대한 인식의 변화 등도 필요하다. 무엇보다도 ㉤아이를 낳고 기를 수 있는 사회적 환경과 여건이 만들어져야 한다. 취업이나 직장 문제, 경제적 이유 등으로 결혼 자체를 포기하거나, 결혼을 하더라도 주택 마련, 육아 비용 등의 문제로 출산을 미루거나 아이를 낳지 않게 된다면 저출생 문제는 해결될 수 없기 때문이다.

+꿀팁
저출생에 대해 원인, 문제, 해결 방안을 다루고 있는 글임을 이해해야 해요. 그중에서 해결 방안은 어떤 문제에 대한 해결 방안인지 정확히 구분할 필요가 있어요. 문제에 기호가 제시된 경우, 관련된 지문 부분을 반드시 읽어 보고 그 내용을 활용해서 문제를 해결해야 한다는 점을 기억하세요!

정답과 해설 35쪽

8 윗글을 통해 알 수 있는 내용으로 적절한 것은?

① 저출생 문제를 해결하기 위해서는 고령화 문제를 먼저 해결해야 한다.

② 남녀의 결혼이 늦어지는 현상은 출생률이 낮아지는 결과로 이어지고 있다.

③ 우리나라는 2001년부터 합계 출산율이 1.0명 아래로 떨어져 현재까지 초저출생 국가에 속해 있다.

④ 2021년에 우리나라는 전체 인구 중 65세 이상의 인구가 차지하는 비율이 20%가 넘는 초고령 사회에 진입하였다.

⑤ 저출생과 고령화가 계속되면 경제 활동이 가능한 인구가 늘어나지만 노년층 부양에 대한 젊은 층의 부담은 커진다.

9 다음은 ㉮의 질문에 대한 시민들의 의견입니다. 각 의견에 대해 ㉠~㉤을 대책으로 제시한 것으로 적절하지 <u>않은</u> 것은?

> 시민 1: 안정적인 주거 환경이 마련되어야 자녀를 키울 수 있을 텐데, 현실적으로 내 집을 마련하는 것이 쉽지 않기 때문에 아예 결혼을 하지 않는 경우도 있습니다.
>
> 시민 2: 육아 휴직 제도가 있어도 일부 기업에서는 육아 휴직을 제대로 쓰기 어렵습니다. 또 아이를 낳은 후 육아로 인해 경력이 단절되면 일자리를 얻기가 쉽지 않습니다.
>
> 시민 3: 맞벌이를 해도 아이를 키우고 교육을 시키는 데 비용이 많이 들어 경제적 부담이 크고, 아이 돌봄 서비스나 보육 시설이 부족해 아이들을 맡길 곳도 충분하지 못합니다.
>
> 시민 4: 아이가 없어도 부부끼리 행복하게 지낼 수 있고 아이가 있을 때보다 생활이 여유로울 수 있습니다. 그래서 반드시 아이를 낳지 않아도 괜찮다고 생각합니다.
>
> 시민 5: 국가 경제가 안정되고 좋은 일자리가 많아진다면 당연히 결혼이나 출산도 늘어날 것입니다. 하지만 지금 현실은 그렇지 못하여 출생률이 낮을 수밖에 없습니다.

① 시민 1의 의견과 관련해 ㉠의 혜택을 넓혀야겠군.

② 시민 2의 의견과 관련해 ㉡의 실효성을 높여야겠군.

③ 시민 3의 의견과 관련해 ㉢을 강화해야겠군.

④ 시민 4의 의견과 관련해 ㉣을 끌어낼 수 있는 대책을 마련해야겠군.

⑤ 시민 5의 의견과 관련해 ㉤을 만들기 위한 노력이 필요하겠군.

V. 01 저출생에 따른 인구 문제 165

02 경영 기업의 위기를 해결하는 피보팅

1회독 구조 읽기

① 문단 1984년 하버드 대학교의 마틴 와이츠먼 교수가 '공유 경제'라는 개념을 주장한 이래로 공유 경제를 대표하는 기업들이 점차 늘어나고 있다. 공유 경제는 여럿이 재화를 공유하여 사용하도록 하여 자원 활용을 극대화하는 경제 활동 방식이다. 목적지가 같은 사람끼리 한 대의 차량에 탑승할 수 있도록 차량을 공유하는 서비스를 제공하는 승차 공유 플랫폼 회사를 예로 들 수 있다. 이 회사는 최근 불필요한 소유를 줄이고 필요한 기능이나 서비스의 공유를 통해 낭비를 줄이려는 사람들이 늘어나면서 사업이 지속적으로 성장하고 있었다. 그런데 2019년 말 코로나 사태가 발생하면서 비대면이 일상의 키워드가 되었다. 그 결과 이 회사는 극심한 경영 적자를 겪게 되어 상당수의 직원을 해고하기에 이르렀다.

② 문단 하지만 이 회사는 경영 적자 문제를 해결하기 위해 승차 공유 플랫폼의 규모를 줄이고 음식 배달 플랫폼의 규모를 확장하여 한 분기 총매출액이 작년 대비 52% 상승하는 성과를 이루었다. 이는 일상생활 속에서 당연해진 비대면 상황에 맞게 사업 모델을 전환했기에 가능했던 것이다. 이처럼 기존 사업 모델로 지속해 오던 사업의 형태를 시대적 상황에 맞게 전환함으로써 소비자의 트렌드를 반영하고, 경쟁 기업과의 차별화를 꾀하는 것을 '피보팅(pivotiong)'이라고 한다. '피벗(pivot)'은 원래 농구나 핸드볼 등에서 사용하던 용어로 방향 전환을 위해 몸의 중심을 한쪽 발에서 다른 쪽 발로 옮기는 것을 뜻하는데, 이러한 개념을 적용해 기업의 사업 모델의 전환을 의미하게 되었다.

③ 문단 피보팅에는 여러 유형이 있다. 핵심 역량 피보팅은 기술이나 운영 노하우 등 회사가 가지고 있는 역량을 중심으로 사업 모델을 전환하는 것이다. 하드웨어 피보팅은 기업이 보유한 자산 중 시설 설비, 공간, 건물 등의 자원을 중심으로 사업 모델을 전환하는 것이다. 타깃 피보팅은 기존에 구축된 고객과 이들에 대한 정보를 중심으로 그들의 수요에 신속히 대응함으로써 사업 모델을 전환하는 것이다. 마지막으로 세일즈 피보팅은 상품 품목을 새로 기획하거나 판로를 새롭게 개척하여 사업 전환의 방법을 찾는 것이다. 이처럼 피보팅은 회사가 보유하고 있는 제품이나 서비스를 바꾸는 것 외에 제조, 생산, 설비와 공간의 이용 방식을 바꾸는 것도 포함한다.

④ 문단 피보팅은 시장 상황이 예상과 다르거나 성과가 예상보다 저조할 때 또는 개발 일정이 지연될 때 주로 행해진다. 이때 새로운 도전이 필요하므로 위험도가 큰 편이다. 하지만 위험도가 큰 만큼 큰 성과를 얻을 수도 있다. 최근에는 트렌드에 민감한 사회가 도래하면서 시장을 선점하기 위해서는 피보팅을 얼마나 빠르게 하는지가 기업의 생존을 결정지을 수 있다는 주장도 나온다. 관점의 전환, 혁신을 통한 차별화가 기업의 위기를 해결하는 데 있어 중요한 화두가 된 것이다.

꿀팁
1회독에서는 지문의 전체 내용이 완벽하게 이해되지 않아도 괜찮아요!

1 윗글과 아래 대화를 읽고 여러분은 윗글의 내용 중 어떤 점에 흥미가 생겼는지 생각해 보세요.

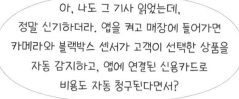

난 미국의 아마존이라는 기업이 무인 편의점을 운영한다는 기사를 읽었는데 정말 인상적이었어.

아, 나도 그 기사 읽었는데, 정말 신기하더라. 앱을 켜고 매장에 들어가면 카메라와 블랙박스 센서가 고객이 선택한 상품을 자동 감지하고, 앱에 연결된 신용카드로 비용도 자동 청구된다면서?

그러게 말이야! 계산하기 위해 줄을 설 필요도 없고. 이거야말로 아마존이 비대면을 기반으로 하는 온라인 노하우를 오프라인으로 전환한 사례 아니겠어?

오~ 기업의 핵심 역량을 기반으로 한 피보팅의 사례로 볼 수 있겠구나!

2 윗글에서 가장 중요한 내용이나 주제어를 아래 빈칸에 써 보세요.

시대적 상황에 맞게 사업 모델을 전환하는 기업의 ☐ ☐ ☐

3 윗글을 아래와 같은 구조로 정리한다고 할 때 빈칸에 알맞은 말을 써 보세요.

외부 상황의 변화로 어려움에
처한 기업

┬── 기업의 위기를 해결하는 ☐ ☐ ☐

├── 피보팅의 ☐ ☐

└── 피보팅의 기능과 효과

내용 읽기

❶ 각 문장을 읽고, 잘 이해했으면 □에 ✔처럼 체크해 보세요.
❷ 각 문장을 잘 이해하지 못했으면 점선을 따라 밑줄을 그어 보세요.

➡ 밑줄 그은 문장의 앞뒤 문장의 내용을 살펴보면서 다시 천천히 읽어 보세요.
또 문단별 중심 내용의 빈칸을 채워 보세요.

어휘 읽기

❶ 어려운 어휘는 날개에서 그 뜻을 밝혔어요.
❷ 어휘 이외에 잘 모르는 어휘는 스스로 어휘 표시하고 사전에서 뜻을 찾아 써 보세요.

➡ 어휘 뜻을 알고 문장을 다시 읽어 보세요.

①문단 1984년 하버드 대학교의 마틴 와이츠먼 교수가 '공유 경제'라는 개념을 주창한 이래로 공유 경제를 대표하는 기업들이 점차 늘어나고 있다.□ 공유 경제는 여럿이 재화를 공유하여 사용하도록 하여 자원 활용을 극대화하는 경제 활동 방식이다.□ 목적지가 같은 사람끼리 한 대의 차량에 탑승할 수 있도록 차량을 공유하는 서비스를 제공하는 승차 공유 플랫폼 회사를 예로 들 수 있다.□ 이 회사는 최근 불필요한 소유를 줄이고 필요한 기능이나 서비스의 공유를 통해 낭비를 줄이려는 사람들이 늘어나면서 사업이 지속적으로 성장하고 있었다.□ 그런데 2019년 말 코로나 사태가 발생하면서 비대면이 일상의 키워드가 되었다.□ 그 결과 이 회사는 극심한 경영 적자를 겪게 되어 상당수의 직원을 해고하기에 이르렀다.□

- **공유**: 두 사람 이상이 한 물건을 공동으로 소유함.
- **주창하다**: 주의나 사상을 앞장서서 주장하다.
- **극대화하다**: 아주 커지다. 아주 크게 하다.
- **탑승하다**: 배나 비행기, 차 따위에 올라타다.
- **플랫폼**: 정보 시스템 환경을 구축하고 개방하여 누구나 다양하고 방대한 정보를 쉽게 활용할 수 있도록 제공하는 기반 서비스.
- **지속적**: 어떤 상태가 오래 계속되는 것.
- **비대면**: 서로 얼굴을 마주 보고 대하지 않음.
- **경영**: 기업이나 사업 따위를 관리하고 운영함.
- **적자**: 지출이 수입보다 많아서 생기는 결손액. 장부에 기록할 때 붉은 글자로 기입한 데서 유래한다.
- **해고하다**: 고용주가 고용 계약을 해제하여 피고용인을 내보내다.
- _____

1문단 중심 내용 □□□□의 개념과
코로나 사태로 위기를 맞은 승차 공유 플랫폼 회사

---

4 1문단을 읽고, ㉠~㉤ 중에서 ①~④의 괄호 안에 들어갈 알맞은 기호를 찾아 쓰세요.

| ㉠ 소유 | ㉡ 적자 | ㉢ 비대면 |
| ㉣ 공유 경제 | ㉤ 자원 활용 | |

① 1984년 하버드 대학교의 마틴 와이츠먼 교수가 주창한 개념은 무엇인가요? ( )

② 2019년 말 코로나 사태 발생 후의 일상을 대표하는 키워드는 무엇인가요? ( )

③ 공유 경제를 대표하는 기업이 점차 늘어나고 있는 이유는 무엇인가요?

> 불필요한 ( )를 줄이고 필요한 기능이나 서비스의 공유를 통해 낭비를 줄이려는 사람들이 늘어남.

4 외부 상황의 변화로 어려움에 처한 기업

코로나 사태로 위기를 맞은 공유 경제 기업

| 공유 경제의 개념 | • 1984년 하버드 대학의 마틴 와이츠먼 교수가 주창한 개념으로, 이후 관련 기업이 늘어나고 있음.
• 여럿이 재화를 공유하여 사용하도록 하여 ( )를 극대화하는 경제 활동 방식임.
• 예: 목적지가 같은 사람끼리 한 대의 차량을 공유하는 서비스를 제공하는 승차 공유 플랫폼 회사 |

한 승차 공유 플랫폼 회사는 코로나 사태 발생 이후 극심한 경영 ( )를 겪게 되어 상당수의 직원을 해고함.

2문단 하지만 이 회사는 경영 적자 문제를 해결하기 위해 승차 공유 플랫폼의 규모를 줄이고 음식 배달 플랫폼의 규모를 확장하여 한 분기 총매출액이 작년 대비 52% 상승하는 성과를 이루었다.☐ 이는 일상생활 속에서 당연해진 비대면 상황에 맞게 사업 모델을 전환했기에 가능했던 것이다.☐ 이처럼 기존 사업 모델로 지속해 오던 사업의 형태를 시대적 상황에 맞게 전환함으로써 소비자의 트렌드를 반영하고, 경쟁 기업과의 차별화를 꾀하는 것을 '피보팅(pivoting)'이라고 한다.☐ '피벗(pivot)'은 원래 농구나 핸드볼 등에서 사용하던 용어로 방향 전환을 위해 몸의 중심을 한쪽 발에서 다른 쪽 발로 옮기는 것을 뜻하는데, 이러한 개념을 적용해 기업의 사업 모델의 전환을 의미하게 되었다.☐

- **규모**: 사물이나 현상의 크기나 범위.
- **확장하다**: 범위, 규모, 세력 따위를 늘려서 넓히다.
- **분기**: 일 년을 4등분 한 3개월씩의 기간.
- **총매출액**: 물건을 내다팔아서 생긴 돈을 모두 합한 금액. 주로 일별, 주별, 월별, 분기별, 연별 따위로 기간에 따라 매출액을 합산하여 확인한다.
- **전환하다**: 다른 방향이나 상태로 바꾸다.
- **트렌드**: 사람들의 사고, 사상, 활동이나 일의 형세 따위가 움직여 가는 방향이나 추세.
- **차별화**: 둘 이상의 대상을 각각 등급이나 수준 따위의 차이를 두어 구별된 상태가 되게 함.
- **용어**: 일정한 분야에서 주로 사용하는 말.

2문단 중심 내용 ☐☐☐을 통한 기업의 위기 극복과 피보팅의 개념

5 2문단을 읽고, ㉠~㉤ 중에서 **1**~**4**의 괄호 안에 들어갈 알맞은 기호를 찾아 쓰세요.

| ㉠ 전환 | ㉡ 피벗 | ㉢ 차별화 |
| ㉣ 트렌드 | ㉤ 피보팅 | |

1 기존 사업 모델로 지속해 오던 사업의 형태를 시대적 상황에 맞게 전환하여 소비자의 트렌드를 반영하고 경쟁 기업과의 차별화를 꾀하는 것을 무엇이라고 하나요? ( )

2 승차 공유 플랫폼 회사가 음식 배달 플랫폼의 규모를 확장한 것은 소비자의 무엇을 반영한 결과인가요? ( )

3 원래 농구나 핸드볼 등에서 사용하던 용어로, 방향 전환을 위해 몸의 중심을 한쪽 발에서 다른 쪽 발로 옮기는 것을 뜻하는 말은 무엇인가요? ( )

4 기업의 위기를 해결하는 피보팅

피보팅의 사례

- 코로나로 인한 경영 적자 문제를 해결하기 위해 승차 공유 플랫폼(대면)의 규모를 줄이고, 음식 배달 플랫폼(비대면)의 규모를 확장함.
- 이로 인해 한 분기 총매출액이 52% 상승함.

| 피보팅의 개념 | 기존 사업 모델로 지속해 오던 사업의 형태를 시대적 상황에 맞게 전환함으로써 소비자의 트렌드를 반영하고, 경쟁 기업과의 ( )를 꾀하는 것 |

원래 농구나 핸드볼 등에서 사용하던 '피벗'이라는 용어에서 기원했으며, 기업의 사업 모델의 ( )을 의미함.

V. 02 기업의 위기를 해결하는 피보팅 **169**

❸문단: 피보팅에는 여러 유형이 있다.☐ 핵심 역량 피보팅은 기술이나 운영 노하우 등 회사가 가지고 있는 역량을 중심으로 사업 모델을 전환하는 것이다.☐ 하드웨어 피보팅은 기업이 보유한 자산 중 시설 설비, 공간, 건물 등의 자원을 중심으로 사업 모델을 전환하는 것이다.☐ 타깃 피보팅은 기존에 구축된 고객과 이들에 대한 정보를 중심으로 그들의 수요에 신속히 대응함으로써 사업 모델을 전환하는 것이다.☐ 마지막으로 세일즈 피보팅은 상품 품목을 새로 기획하거나 판로를 새롭게 개척하여 사업 전환의 방법을 찾는 것이다.☐ 이처럼 피보팅은 회사가 보유하고 있는 제품이나 서비스를 바꾸는 것 외에 제조, 생산, 설비와 공간의 이용 방식을 바꾸는 것도 포함한다.☐

❸문단 중심 내용 피보팅의 ☐☐ – 핵심 역량 피보팅, 하드웨어 피보팅, 타깃 피보팅, 세일즈 피보팅

- **역량:** 어떤 일을 해낼 수 있는 힘.
- **노하우:** 어떤 일을 오래 함에 따라 자연스럽게 터득한 방법이나 요령.
- **자산:** 개인이나 법인이 소유하고 있는 경제적 가치가 있는 유형·무형의 재산.
- **설비:** 필요한 것을 베풀어서 갖춤. 또는 그런 시설.
- **타깃:** 어떤 일의 목표.
- **구축되다:** 체제, 체계 따위의 기초가 닦아져 세워지다.
- **수요:** 어떤 재화나 용역을 일정한 가격으로 사려고 하는 욕구.
- **세일즈:** 값을 받고 상품 따위를 파는 일.
- **판로:** 상품이 팔리는 방면이나 길.
- **제조:** 공장에서 큰 규모로 물건을 만듦.
- **생산:** 인간이 생활하는 데 필요한 각종 물건을 만들어 냄.

6 3문단을 읽고, ㉠~㉮ 중에서 **1**~**5**의 괄호 안에 들어갈 알맞은 기호를 찾아 쓰세요.

| ㉠ 설비 | ㉡ 제품 | ㉢ 타깃 피보팅 |
| ㉣ 세일즈 피보팅 | ㉤ 하드웨어 피보팅 | ㉥ 핵심 역량 피보팅 |

1 기술이나 운영 노하우 등 회사가 보유한 역량을 중심으로 사업 모델을 전환하는 것은 무엇인가요? (   )

2 기업이 보유한 자산 중 시설 설비, 공간, 건물 등의 자원을 중심으로 사업 모델을 전환하는 것은 무엇인가요? (   )

3 기존에 구축된 고객과 이들에 대한 정보를 바탕으로 사업 모델을 전환하는 것은 무엇인가요? (   )

4 상품 품목을 새로 기획하거나 판로를 새롭게 개척하여 사업 전환의 방법을 찾는 것은 무엇인가요? (   )

5

피보팅의 유형	
핵심 역량 피보팅	기술이나 운영 노하우 등 회사가 가지고 있는 역량을 중심으로 사업 모델을 전환하는 것
하드웨어 피보팅	기업이 보유한 자산 중 시설 설비, 공간, 건물 등의 자원을 중심으로 사업 모델을 전환하는 것
타깃 피보팅	기존에 구축된 고객과 이들에 대한 정보를 바탕으로 사업 모델을 전환하는 것
세일즈 피보팅	상품 품목을 새로 기획하거나 판로를 새롭게 개척하여 사업 전환의 방법을 찾는 것

피보팅은 회사가 보유하고 있는 (   )이나 서비스를 바꾸는 것 외에 제조, 생산, (   )와 공간의 이용 방식을 바꾸는 것도 포함함.

4문단 피보팅은 시장 상황이 예상과 다르거나 성과가 예상보다 저조할 때 또는 개발 일정이 지연될 때 주로 행해진다.☐ 이때 새로운 도전이 필요하므로 위험도가 큰 편이다.☐ 하지만 위험도가 큰 만큼 큰 성과를 얻을 수도 있다.☐ 최근에는 트렌드에 민감한 사회가 도래하면서 시장을 선점하기 위해서는 피보팅을 얼마나 빠르게 하는지가 기업의 생존을 결정지을 수 있다는 주장도 나온다.☐ 관점의 전환, 혁신을 통한 차별화가 기업의 위기를 해결하는 데 있어 중요한 화두가 된 것이다.☐

· **성과**: 이루어 낸 결실.
· **저조하다**: 능률이나 성적이 낮다.
· **지연되다**: 무슨 일이 더디게 끌어져 시간이 늦추어지다.
· **민감하다**: 자극에 빠르게 반응을 보이거나 쉽게 영향을 받는 데가 있다.
· **도래하다**: 어떤 시기나 기회가 닥쳐오다.
· **선점하다**: 남보다 앞서서 차지하다.
· **혁신**: 묵은 풍속, 관습, 조직, 방법 따위를 완전히 바꾸어서 새롭게 함.
· **화두**: 관심을 두어 중요하게 생각하거나 이야기할 만한 것.
· _____

4문단 중심 내용 피보팅의 기능과 효과
- 관점의 ☐☐과 혁신을 통한 ☐☐☐가 중요함.

7 4문단을 읽고, ㉠~㉤ 중에서 ❶~❹의 괄호 안에 들어갈 알맞은 기호를 찾아 쓰세요.

| ㉠ 생존 | ㉡ 성과 | ㉢ 혁신 |
| ㉣ 차별화 | ㉤ 시장 선점 | |

❶ 피보팅은 주로 어떤 경우에 행해지나요?

시장 상황이 예상과 다르거나 (   ) 가 예상보다 저조할 때, 개발 일정이 지연될 때

❷ 트렌드에 민감한 사회가 도래하면서 '이것'을 위해 피보팅을 빠르게 하는 경우가 많습니다. 기업의 생존과 연관된 '이것'은 무엇인가요?   (   )

❸ 피보팅의 목적은 관점의 전환과 혁신을 통해 한 기업이 다른 기업과의 무엇을 추구하는 것인가요?   (   )

❹ ┌─────────────────┐
   │ **피보팅의 기능과 효과** │
   └─────────────────┘

· 시장 상황이 예상과 다를 경우
· 성과가 예상보다 저조할 경우
· 개발 일정이 지연될 경우

↓

피보팅이 행해짐.

새로운 도전이 필요하므로 위험도가 크지만 그만큼 큰 성과를 얻을 수도 있음.

· 트렌드에 민감한 사회가 도래하면서 시장을 선점하기 위해서는 피보팅을 얼마나 빠르게 하는지가 기업의 (   ) 을 결정지을 수 있다는 주장이 나옴.
· 관점의 전환, (   ) 을 통한 차별화가 중요한 화두가 됨.

①문단 1984년 하버드 대학교의 마틴 와이츠먼 교수가 '공유 경제'라는 개념을 주창한 이 래로 ㉠공유 경제를 대표하는 기업들이 점차 늘어나고 있다. 공유 경제는 여럿이 재화를 공 유하여 사용하도록 하여 자원 활용을 극대화하는 경제 활동 방식이다. 목적지가 같은 사람 끼리 한 대의 차량에 탑승할 수 있도록 차량을 공유하는 서비스를 제공하는 승차 공유 플랫 폼 회사를 예로 들 수 있다. 이 회사는 최근 불필요한 소유를 줄이고 필요한 기능이나 서비 스의 공유를 통해 낭비를 줄이려는 사람들이 늘어나면서 사업이 지속적으로 성장하고 있었 다. 그런데 2019년 말 코로나 사태가 발생하면서 비대면이 일상의 키워드가 되었다. 그 결과 이 회사는 극심한 경영 적자를 겪게 되어 상당수의 직원을 해고하기에 이르렀다.

②문단 하지만 이 회사는 경영 적자 문제를 해결하기 위해 승차 공유 플랫폼의 규모를 줄 이고 ㉡음식 배달 플랫폼의 규모를 확장하여 한 분기 총매출액이 작년 대비 52% 상승하는 성과를 이루었다. 이는 일상생활 속에서 당연해진 비대면 상황에 맞게 사업 모델을 전환했 기에 가능했던 것이다. 이처럼 기존 사업 모델로 지속해 오던 사업의 형태를 시대적 상황에 맞게 전환함으로써 ㉢소비자의 트렌드를 반영하고, 경쟁 기업과의 차별화를 꾀하는 것을 '피보팅(pivoting)'이라고 한다. '피벗(pivot)'은 원래 농구나 핸드볼 등에서 사용하던 용어 로 방향 전환을 위해 몸의 중심을 한쪽 발에서 다른 쪽 발로 옮기는 것을 뜻하는데, 이러한 개념을 적용해 기업의 사업 모델의 전환을 의미하게 되었다.

③문단 피보팅에는 여러 유형이 있다. 핵심 역량 피보팅은 기술이나 운영 노하우 등 회사 가 가지고 있는 역량을 중심으로 사업 모델을 전환하는 것이다. 하드웨어 피보팅은 기업이 보유한 자산 중 시설 설비, 공간, 건물 등의 자원을 중심으로 사업 모델을 전환하는 것이다. 타깃 피보팅은 기존에 구축된 고객과 이들에 대한 정보를 중심으로 그들의 수요에 신속히 대응함으로써 사업 모델을 전환하는 것이다. 마지막으로 세일즈 피보팅은 상품 품목을 새 로 기획하거나 판로를 새롭게 개척하여 사업 전환의 방법을 찾는 것이다. 이처럼 피보팅은 회사가 보유하고 있는 제품이나 서비스를 바꾸는 것 외에 제조, 생산, ㉣설비와 공간의 이용 방식을 바꾸는 것도 포함한다.

④문단 피보팅은 시장 상황이 예상과 다르거나 성과가 예상보다 저조할 때 또는 ㉤개발 일정이 지연될 때 피보팅이 주로 행해진다. 이때 새로운 도전이 필요하므로 위험도가 큰 편 이다. 하지만 위험도가 큰 만큼 큰 성과를 얻을 수도 있다. 최근에는 트렌드에 민감한 사회 가 도래하면서 시장을 선점하기 위해서는 피보팅을 얼마나 빠르게 하는지가 기업의 생존을 결정지을 수 있다는 주장도 나온다. 관점의 전환, 혁신을 통한 차별화가 기업의 위기를 해결 하는 데 있어 중요한 화두가 된 것이다.

✚꿀팁
사업의 형태를 전환 하여 위기를 극복한 기업의 구체적인 사 례를 통해 피보팅이 라는 개념을 설명하 고 있는 글입니다. 1문단은 사례, 2문 단은 개념, 3문단은 유형, 4문단은 기능 과 효과를 설명하 고 있는데, 이 내용 을 기억하면 선지에 서 관련된 내용이 등장했을 때 지문의 어느 문단으로 가서 확인해야 하는지를 정확하게 알 수 있 어요!

8 윗글의 내용과 일치하지 <u>않는</u> 것은?

① 피보팅은 마틴 와이츠먼 교수가 주창한 공유 경제의 한 유형이다.

② 피보팅은 시장 상황이나 성과가 기업의 예상과 다를 때 주로 행해진다.

③ 피보팅이라는 말은 체육 분야에서 사용하던 '피벗'이라는 용어에서 유래하였다.

④ 피보팅은 위험도가 큰 도전이지만, 도전에 성공할 경우 큰 성과를 얻을 수도 있다.

⑤ 피보팅은 시대 상황에 맞게 사업의 형태를 전환함으로써 소비자의 트렌드를 반영한다.

9 윗글을 읽고, 보기 의 ㉠, ㉡의 사례를 분석한 내용으로 적절한 것은?

> **보기**
>
> ㉠ 텐트 제조를 오랜 기간 해 왔던 한 기업은 자신들이 지닌 압축 포장 기술을 이용하여 매트리스를 생산한 결과 큰 영업 이익을 얻을 수 있었다.
> ㉡ 한 항공사는 코로나 사태가 길어져 적자가 커지자 보유하고 있는 항공기를 활용하여 체험 비행 상품을 개발하였다. 해외여행을 원하던 소비자들은 이 상품을 애용하였고, 항공사의 수익은 증가하였다.

① ㉠은 타깃 피보팅의 사례이고, ㉡은 하드웨어 피보팅의 사례이다.

② ㉠은 하드웨어 피보팅의 사례이고, ㉡은 타깃 피보팅의 사례이다.

③ ㉠은 하드웨어 피보팅의 사례이고, ㉡은 세일즈 피보팅의 사례이다.

④ ㉠은 핵심 역량 피보팅의 사례이고, ㉡은 세일즈 피보팅의 사례이다.

⑤ ㉠은 핵심 역량 피보팅의 사례이고, ㉡은 하드웨어 피보팅의 사례이다.

10 ㉮~㉰에 대한 설명으로 적절하지 <u>않은</u> 것은?

① ㉮: 자신이 소유한 집을 다른 사람에게 단기간 대여할 수 있도록 하는 플랫폼을 제공하는 기업도 해당된다.

② ㉯: 소비자의 트렌드를 반영하여 피보팅을 한 사례에 해당한다.

③ ㉰: 코로나 사태에서는 비대면 방식을 선호하는 태도가 이에 해당한다.

④ ㉱: 운동복을 생산하여 판매하는 회사가 더 성능이 좋은 신제품을 개발하여 판매하는 경우가 이에 해당한다.

⑤ ㉲: 개발 일정이 지연될 경우 기업의 생존과 연관된 시장 선점의 가능성이 낮아지기 때문이다.

스스로
평가
1회독
2회독
3회독

경제
03 인플레이션의 문제와 해결

1회독 구조 읽기

1문단 어제는 한 개에 500원이던 달걀이 오늘은 700원으로 오를 수 있고, 오늘 한 개에 1,000원이던 사과가 내일은 800원으로 내릴 수 있다. 이처럼 어느 시점에서 어떤 상품은 가격이 오르고 어떤 상품은 가격이 내리기도 하는데, 이렇게 시장에서 거래되는 여러 상품의 가격을 종합해 평균을 낸 것을 물가라고 한다. 상품의 가격이 시시각각 변하므로, 물가 또한 시시각각 변한다. 물가의 변화는 가계의 소비 활동이나 기업의 생산 활동을 비롯한 국민 경제 전체에 영향을 미친다. 이에 정부에서는 물가의 움직임을 파악하여 적절한 경제 정책을 펼치기 위해 물가의 변동을 종합적으로 나타내는 물가 지수를 작성하고 있다.

도입

2문단 그런데 경제 상황에 따라 물가가 계속 오르는 현상이 나타나기도 하는데, 이 현상에는 여러 가지 원인이 있다. 수요가 크게 늘었으나 이에 맞추어 상품의 공급량이 늘지 않으면 물가가 계속 오른다. 버스 요금, 전기 요금과 같은 공공요금이 인상되거나 저생산성으로 인해 공급이 부족한 경우에도 물가가 계속 오른다. 또 임금이나 임대료, 원자재 가격 등의 상승으로 생산 비용이 오르면서 상품 가격이 함께 올랐을 때도 물가가 오른다. 이렇게 상품 가격이 오르면 상품값으로 내야 하는 돈의 양이 많아진다. 따라서 시중에 사용되는 돈의 양, 즉 통화량이 늘면서 화폐 가치는 떨어진다. 이때 통화량이 크게 늘어 화폐 가치가 떨어지고 물가는 계속해서 올라가는 현상이 나타나는데, 이를 인플레이션이라고 한다.

원인

3문단 인플레이션이 발생하면 화폐 가치는 떨어지나 건물이나 땅과 같은 재화의 가치는 오르는 문제가 생긴다. 이로 인해 일정한 임금이나 연금으로 생활하거나 은행에 예금을 한 사람들은 불리해지고 부동산을 가진 사람들은 유리해지므로, 사람들은 저축보다는 부동산 투기와 같은 불건전한 거래에 집중하게 된다. 이는 은행에 자본이 부족해지는 현상으로 이어져 은행 자본을 이용하는 기업의 활동도 위축되는 결과를 낳고, 결국 국민 경제가 성장하는 데 어려움을 겪게 된다. 한편, 인플레이션은 수출과 수입에도 영향을 준다. 물가 상승으로 우리나라 상품의 가격이 비싸 수출은 줄어들고, 대신에 상품 가격이 싼 외국 상품의 수입은 늘어나 무역에 불균형이 발생한다.

문제

4문단 이처럼 인플레이션은 국민의 경제생활에 바람직하지 못한 영향을 준다. 이에 경제 주체들은 시중에 나와 있는 돈의 양을 줄이는 방안이나 수요량과 공급량을 적절하게 조정하는 과정을 통해 인플레이션을 해결해 나간다. 정부는 지나치게 많은 재정 지출을 줄이며, 공공요금을 올리지 않는다. 통화 정책을 결정하는 중앙은행은 이자율을 높여 사람들이 저축을 많이 하고 가계의 소비를 줄이도록 유도한다. 한편, 기업과 근로자는 생산의 효율성을 높이고 생산 비용을 줄여 상품 가격이 오르는 것을 막고 공급량을 늘린다. 소비자는 과소비나 사재기를 하지 않고 합리적인 소비 생활을 하면서 물가가 안정되도록 힘쓴다.

해결

꿀팁
1회독에서는 지문의 전체 내용이 완벽하게 이해되지 않아도 괜찮아요!

1 윗글과 아래 대화를 읽고 여러분은 윗글의 내용 중 어떤 점에 흥미가 생겼는지 생각해 보세요.

아휴, 물가가 너무 올라서 시장에 가도 살 수 있는 게 없네. 전에는 삼만 원으로 어느 정도 반찬거리를 샀는데, 지금은 몇 개 사지를 못하니…….

맞아요. 저도 1,000원이었던 컵떡볶이가 1,500원으로 올라서, 학원 가기 전에 배고파도 사 먹을까 말까 고민하게 돼요.

그래? 그래도 학원 가기 전에 배고프면 사 먹어야지. 너무 배고프면 공부에 집중하기 힘들잖아.

그렇지만 간식 사 먹고 학용품 사고 하려면 용돈이 부족해요. 그래서 말인데, 용돈 좀 올려 주시면 안 돼요? 그러면 더 열심히 공부할 수 있을 것 같아요.

2 윗글에서 가장 중요한 내용이나 주제어를 아래 빈칸에 써 보세요.

□□□□□으로 인한 문제점과 □□□□

3 윗글을 아래와 같은 구조로 정리한다고 할 때 빈칸에 알맞은 말을 써 보세요.

물가의 개념과 물가의 변화

인플레이션의 개념과 발생 □□

인플레이션으로 인한 □□

→ 인플레이션을 해결할 방안

내용 읽기

❶ 각 문장을 읽고, 잘 이해했으면 □에 ✔처럼 체크해 보세요.
❷ 각 문장을 잘 이해하지 못했으면 점선을 따라 밑줄을 그어 보세요.

➜ 밑줄 그은 문장의 앞뒤 문장의 내용을 살펴보면서 다시 천천히 읽어 보세요.
또 문단별 중심 내용의 빈칸을 채워 보세요.

어휘 읽기

❶ 어려운 어휘는 날개에서 그 뜻을 밝혔어요.
❷ 어휘 이외에 잘 모르는 어휘는 스스로 어휘 표시하고 사전에서 뜻을 찾아 써 보세요.

➜ 어휘 뜻을 알고 문장을 다시 읽어 보세요.

1문단 어제는 한 개에 500원이던 달걀이 오늘은 700원으로 오를 수 있고, 오늘 한 개에 1,000원이던 사과가 내일은 800원으로 내릴 수 있다.□ 이처럼 어느 시점에서 어떤 상품은 가격이 오르고 어떤 상품은 가격이 내리기도 하는데, 이렇게 시장에서 거래되는 여러 상품의 가격을 종합해 평균을 낸 것을 물가라고 한다.□ 상품의 가격이 시시각각 변하므로, 물가 또한 시시각각 변한다.□ 물가의 변화는 가계의 소비 활동이나 기업의 생산 활동을 비롯한 국민 경제 전체에 영향을 미친다.□ 이에 정부에서는 물가의 움직임을 파악하여 적절한 경제 정책을 펼치기 위해 물가의 변동을 종합적으로 나타내는 물가 지수를 작성하고 있다.□

1문단 중심 내용 ☐☐의 개념과 물가의 변화가 미치는 영향

- **시점**: 시간의 흐름 가운데 어느 한 순간.
- **평균**: 여러 수나 같은 종류의 양의 중간값을 갖는 수.
- **시시각각**: 각각의 시각.
- **가계**: 소비의 주체로 '가정'을 이르는 말.
- **물가 지수**: 기준으로 잡는 해의 물가를 100으로 했을 때 비교할 연도의 물가 수준을 나타낸 지수이다. 물가 지수가 120이라면 기준 연도에 비해 물가가 20% 상승했다는 것을 뜻한다.

‍ **배경지식**

가격과 물가
개별 상품의 가치를 화폐 단위로 나타낸 것을 가격이라고 하고, 여러 상품의 가격을 종합하여 평균값으로 나타낸 것을 물가라고 한다.

---

4 1문단을 읽고, ㉠~㉯ 중에서 **1**~**5**의 괄호 안에 들어갈 알맞은 기호를 찾아 쓰세요.

㉠ 가계	㉡ 기업	㉢ 물가
㉣ 평균	㉤ 물가 지수	㉯ 상품의 가격

1 물가가 시시각각 변하는 것은 무엇이 시시각각 변하기 때문인가요? (   )

2 시장에서 거래되는 여러 상품의 가격을 종합해 평균을 낸 것을 무엇이라고 하나요? (   )

3 물가의 변화는 어디에 영향을 미치게 되나요?

물가의 변화는 (   )의 소비 활동, (   )의 생산 활동을 비롯해 국민 경제 전체에 영향을 미침.

4 물가의 움직임을 파악하여 적절한 경제 정책을 펼치기 위해 정부에서 작성하는 것은 무엇인가요? (   )

5 물가의 개념과 물가의 변화가 미치는 영향

물가의 개념	시장에서 거래되는 여러 상품의 가격을 종합해 ( )을 낸 것임.

물가의 변화가 미치는 영향

상품의 가격이 시시각각 변함.

⬇

상품 가격이 변함에 따라 물가도 시시각각 변함.

물가의 변화는 가계의 소비 활동, 기업의 생산 활동 등 국민 경제 전체에 영향을 미침.

- 정부는 물가의 움직임을 파악하여 적절한 경제 정책을 세우기 위해 물가 지수를 작성함.
- 물가 지수: 물가의 변동을 종합적으로 나타내는 지수

②문단 　그런데 경제 상황에 따라 물가가 계속 오르는 현상이 나타나기도 하는데, 이 현상에는 여러 가지 원인이 있다.☐ 수요가 크게 늘었으나 이에 맞추어 상품의 공급량이 늘지 않으면 물가가 계속 오른다.☐ 버스 요금, 전기 요금과 같은 공공 요금이 인상되거나 저생산성으로 인해 공급이 부족한 경우에도 물가가 계속 오른다.☐ 또 임금이나 임대료, 원자재 가격 등의 상승으로 생산 비용이 오르면서 상품 가격이 함께 올랐을 때도 물가가 오른다.☐ 이렇게 상품 가격이 오르면 상품값으로 내야 하는 돈의 양이 많아진다.☐ 따라서 시중에 사용되는 돈의 양, 즉 통화량이 늘면서 화폐 가치는 떨어진다.☐ 이때 통화량이 크게 늘어 화폐 가치가 떨어지고 물가는 계속해서 올라가는 현상이 나타나는데, 이를 인플레이션이라고 한다.☐

2문단 중심 내용 ☐☐☐☐☐의 개념과 발생 원인

- **수요**: 어떤 소비의 대상이 되는 상품에 대한 요구.
- **공급량**: 요구나 필요에 따라 물건이나 돈 등을 제공하는 공급의 크기를 나타내는 양.
- **공공요금**: 철도, 우편, 전신, 전화, 수도, 전기 따위의 공익사업에 대한 요금.
- **저생산성**: 토지, 자원, 노동력 같은 생산의 여러 요소를 투입한 양과 그에 따른 산출량의 비율이 낮음.
- **임금**: 근로자가 노동의 대가로 사용자에게 받는 보수.
- **임대료**: 남에게 물건이나 건물 따위를 빌려준 대가로 받는 돈.
- **원자재**: 공업 생산의 원료가 되는 자재. 기계로 물건을 만들어 내는 데 필요한 재료.
- **상승**: 낮은 데서 위로 올라감.
- **시중**: 사람들이 생활하는 공개된 공간을 비유적으로 이르는 말.
- **화폐 가치**: 화폐로 상품이나 노동력 등을 살 수 있는 능력.
- _____

정답과 해설 38쪽

5 　2문단을 읽고, ㉠~㉫ 중에서 **1**~**5**의 괄호 안에 들어갈 알맞은 기호를 찾아 쓰세요.

| ㉠ 공급량 | ㉡ 임대료 | ㉢ 통화량 |
| ㉣ 공공요금 | ㉤ 화폐 가치 | ㉥ 인플레이션 |

1 전기 요금 등의 공익 사업에 대한 요금은 무엇인가요?(　　)

2 생산 비용에 포함된 것으로, 이것들이 오를 때 상품 가격이 오르는 원인이 되는 것들에는 무엇이 있나요?

　　임금, (　　), 원자재 가격 등

3 시중에서 사용되는 돈의 양을 뜻하는 말로, 화폐 가치에 영향을 주는 것은 무엇인가요? 　　　　　　　　　　(　　)

4 통화량이 늘어 화폐 가치가 떨어지고 물가가 계속해서 올라가는 현상을 무엇이라고 하나요? 　　　　　　(　　)

5 　인플레이션의 개념과 발생 원인

　물가가 오르는 원인

- 수요가 크게 늘었으나 (　　) 이 이를 따라가지 못해 물가가 오름.
- 공공요금이 오르거나 저생산성으로 인해 공급이 부족해지는 경우 물가가 오름.
- 임금, 임대료, 원자재 가격 등의 상승으로 생산 비용이 오르면서 상품 가격이 오름.

　인플레이션이 발생하는 과정

| 상품 가격 상승 | → | 통화량 증가 | → | 화폐 가치 하락 | → | 물가 계속 상승 |

| 인플레이션 | 통화량이 크게 늘어 (　　) 가 떨어지고 물가는 계속 올라가는 현상 |

3 문단　인플레이션이 발생하면 화폐 가치는 떨어지나 건물이나 땅과 같은 재화의 가치는 오르는 문제가 생긴다.☐ 이로 인해 일정한 임금이나 연금으로 생활하거나 은행에 예금을 한 사람들은 불리해지고 부동산을 가진 사람들은 유리해지므로, 사람들은 저축보다는 부동산 투기와 같은 불건전한 거래에 집중하게 된다.☐ 이는 은행에 자본이 부족해지는 현상으로 이어져 은행 자본을 이용하는 기업의 활동도 위축되는 결과를 낳고, 결국 국민 경제가 성장하는 데 어려움을 겪게 된다.☐ 한편, 인플레이션은 수출과 수입에도 영향을 준다.☐ 물가 상승으로 우리나라 상품의 가격이 비싸 수출은 줄어들고, 대신에 상품 가격이 싼 외국 상품의 수입은 늘어나 무역에 불균형이 발생한다.☐

3문단 중심 내용　인플레이션으로 인한 ☐☐

- **재화**: 사람이 바라는 바를 충족시켜 주는 모든 물건.
- **연금**: 소득을 얻거나 경제적인 능력이 없어졌을 때 생활 보장을 위하여 정기적으로 지급되는 돈.
- **부동산**: 토지나 건물 등 움직여 옮길 수 없는 재산.
- **투기**: 가격 변화로 생기는 이익을 얻기 위해 돈을 투자하거나 물건을 사고파는 일.
- **자본**: 장사나 사업 따위의 기본이 되는 돈.
- **위축되다**: 어떤 힘에 눌려 졸아들고 기를 펴지 못하게 되다.
- **수출**: 국내의 상품이나 기술을 외국으로 팔아 내보냄.
- **수입**: 다른 나라로부터 상품이나 기술 따위를 국내로 사들임.
- **불균형**: 어느 편으로 치우쳐 고르지 아니함.

 배경지식

인플레이션으로 불리해지는 사람

인플레이션으로 유리해지는 사람

6 3문단을 읽고, ㉠~㉤ 중에서 **1**~**4**의 괄호 안에 들어갈 알맞은 기호를 찾아 쓰세요.

㉠ 수입	㉡ 수출	㉢ 재화
㉣ 화폐	㉤ 은행 자본	

1 인플레이션이 발생할 때 은행에 예금을 한 사람이 불리한 것은 무엇의 가치가 떨어졌기 때문인가요?　（　　）

2 인플레이션이 발생할 때 부동산을 가진 사람이 유리한 것은 무엇의 가치가 올랐기 때문인가요?

　인플레이션이 발생하면 건물이나 땅과 같은 （　　　）의 가치가 오름.

3 인플레이션으로 은행에 저축을 덜 하게 되면 감소하는 것으로, 기업 활동에 영향을 주는 것은 무엇인가요?　（　　）

4 ［인플레이션으로 인한 문제］

［국민 경제 생활에서의 문제］

- 화폐 가치 하락: 임금이나 연금으로 생활하는 사람, 은행에 예금을 한 사람은 불리함.
- 재화 가치 상승: 부동산을 가진 사람들이 유리함.

↓

저축을 꺼리므로 은행 자본이 부족해지고 기업 활동이 위축되어 경제 성장이 어려움.

［무역에서의 문제］

- （　　　） 감소: 우리나라 상품의 가격이 비쌈.
- （　　　） 증가: 외국 상품이 상대적으로 쌈.

↓

무역에서의 불균형이 발생함.

4 문단 이처럼 인플레이션은 국민의 경제생활에 바람직하지 못한 영향을 준다.□ 이에 경제 주체들은 시중에 나와 있는 돈의 양을 줄이는 방안이나 수요량과 공급량을 적절하게 조정하는 과정을 통해 인플레이션을 해결해 나간다.□ 정부는 지나치게 많은 재정 지출을 줄이며, 공공요금을 올리지 않는다.□ 통화 정책을 결정하는 중앙은행은 이자율을 높여 사람들이 저축을 많이 하고 가계의 소비를 줄이도록 유도한다.□ 한편, 기업과 근로자는 생산의 효율성을 높이고 생산 비용을 줄여 상품 가격이 오르는 것을 막고 공급량을 늘린다.□ 소비자는 과소비나 사재기를 하지 않고 합리적인 소비 생활을 하면서 물가가 안정되도록 힘쓴다.□

4문단 중심 내용 인플레이션을 [ ][ ]하기 위한 경제 주체들의 노력

- **경제 주체**: 경제 활동을 하는 단위. 가계, 기업, 정부 따위가 있다.
- **조정하다**: 어떤 기준이나 실정에 맞게 정돈하다.
- **재정 지출**: 국가나 공공 단체가 그 임무를 해내기 위하여 필요로 하는 경비.
- **중앙은행**: 한 나라의 금융과 통화 정책의 주체가 되는 은행. 은행권을 발행하고 국고의 출납을 다루며 금융 정책을 시행한다. 우리나라의 중앙은행은 한국은행이다.
- **이자율**: 원금에 대한 이자의 비율. 이자율이 높으면 은행에 원금을 넣어 높은 이자를 받으려고 하므로 저축을 유도하는 효과가 있다.
- **효율성**: 들인 노력과 얻은 결과의 비율이 높은 특성.
- **과소비**: 돈이나 물품 따위를 지나치게 많이 써서 없애는 일.
- **안정되다**: 바뀌어 달라지지 아니하고 일정한 상태가 유지되다.

정답과 해설 38쪽

7 4문단을 읽고, ㉠~㉤ 중에서 **1**~**5**의 괄호 안에 들어갈 알맞은 기호를 찾아 쓰세요.

| ㉠ 과소비 | ㉡ 이자율 | ㉢ 공공요금 |
| ㉣ 생산 비용 | ㉤ 재정 지출 | |

1 시중에 나와 있는 돈의 양을 줄이기 위해 정부는 무엇을 줄이는 방법을 사용하나요?　　　　　　　　　　　　(　)

2 인플레이션을 해결하기 위해 중앙은행에서는 무엇을 높여 사람들의 저축을 유도하나요?　　　　　　　　(　)

3 기업과 근로자는 생산의 효율성을 높임으로써 무엇을 줄여 상품 가격이 오르는 것을 막나요?　　　　　(　)

4 인플레이션이 일어나면 소비자는 어떤 태도를 가져야 하나요?

(　) 나 사재기를 하지 않고 합리적인 소비 생활을 함.

5 　　　　　**인플레이션의 해결**

인플레이션을 해결하는 방안

- 시중에 나와 있는 돈의 양을 줄임.
- 수요량과 공급량을 적절하게 조정함.

경제 주체별 해결 방법

정부	· 과도한 재정 지출을 줄임. · (　) 을 올리지 않음.
중앙 은행	이자율을 높여 사람들이 저축을 많이 하고 가계의 소비를 줄이도록 유도함.
기업과 근로자	생산의 효율성을 높이고 생산 비용을 줄여 상품 가격이 오르는 것을 막고 공급량을 늘림.
소비자	과소비를 하지 않고 합리적 소비를 함.

V. 03 인플레이션의 문제와 해결 **179**

①문단 어제는 한 개에 500원이던 달걀이 오늘은 700원으로 오를 수 있고, 오늘 한 개에 1,000원이던 사과가 내일은 800원으로 내릴 수 있다. 이처럼 어느 시점에서 어떤 상품은 가격이 오르고 어떤 상품은 가격이 내리기도 하는데, 이렇게 시장에서 거래되는 여러 상품의 가격을 종합해 평균을 낸 것을 물가라고 한다. 상품의 가격이 시시각각 변하므로, 물가 또한 시시각각 변한다. 물가의 변화는 가계의 소비 활동이나 기업의 생산 활동을 비롯한 국민 경제 전체에 영향을 미친다. 이에 정부에서는 물가의 움직임을 파악하여 적절한 경제 정책을 펼치기 위해 물가의 변동을 종합적으로 나타내는 물가 지수를 작성하고 있다.

②문단 그런데 경제 상황에 따라 물가가 계속 오르는 현상이 나타나기도 하는데, 이 현상에는 여러 가지 원인이 있다. 수요가 크게 늘었으나 이에 맞추어 상품의 공급량이 늘지 않으면 물가가 계속 오른다. 버스 요금, 전기 요금과 같은 공공요금이 인상되거나 저생산성으로 인해 공급이 부족한 경우에도 물가가 계속 오른다. 또 임금이나 임대료, 원자재 가격 등의 상승으로 생산 비용이 오르면서 상품 가격이 함께 올랐을 때도 물가가 오른다. 이렇게 상품 가격이 오르면 상품값으로 내야 하는 돈의 양이 많아진다. 따라서 시중에 사용되는 돈의 양, 즉 통화량이 늘면서 화폐 가치는 떨어진다. 이때 통화량이 크게 늘어 화폐 가치가 떨어지고 물가는 계속해서 올라가는 현상이 나타나는데, 이를 인플레이션이라고 한다.

③문단 인플레이션이 발생하면 화폐 가치는 떨어지나 건물이나 땅과 같은 재화의 가치는 오르는 문제가 생긴다. 이로 인해 일정한 임금이나 연금으로 생활하거나 은행에 예금을 한 사람들은 불리해지고 부동산을 가진 사람들은 유리해지므로, 사람들은 저축보다는 부동산 투기와 같은 불건전한 거래에 집중하게 된다. 이는 은행에 자본이 부족해지는 현상으로 이어져 은행 자본을 이용하는 기업의 활동도 위축되는 결과를 낳고, 결국 국민 경제가 성장하는 데 어려움을 겪게 된다. 한편, 인플레이션은 수출과 수입에도 영향을 준다. 물가 상승으로 우리나라 상품의 가격이 비싸 수출은 줄어들고, 대신에 상품 가격이 싼 외국 상품의 수입은 늘어나 무역에 불균형이 발생한다.

④문단 이처럼 인플레이션은 국민의 경제생활에 바람직하지 못한 영향을 준다. 이에 경제 주체들은 시중에 나와 있는 돈의 양을 줄이는 방안이나 수요량과 공급량을 적절하게 조정하는 과정을 통해 인플레이션을 해결해 나간다. 정부는 지나치게 많은 재정 지출을 줄이며, 공공요금을 올리지 않는다. 통화 정책을 결정하는 중앙은행은 이자율을 높여 사람들이 저축을 많이 하고 가계의 소비를 줄이도록 유도한다. 한편, 기업과 근로자는 생산의 효율성을 높이고 생산 비용을 줄여 상품 가격이 오르는 것을 막고 공급량을 늘린다. 소비자는 과소비나 사재기를 하지 않고 합리적인 소비 생활을 하면서 물가가 안정되도록 힘쓴다.

✦꿀팁
이 글은 인플레이션이 발행하는 원인과 그로 인한 문제, 해결 방안을 서술하고 있어요. 인플레이션이 왜 발생하는지 그 원인을 알고 나면, 해결 방안을 연결해서 이해할 수 있어요. 지문에 나오는 주요 개념이 오를 때와 내릴 때 어떻게 되는지 주목하면서 읽어야 해요. 또한 <보기>에 그래프가 등장한다고 해서 반드시 어려운 문제는 아니니 천천히 해결해 보세요!

8 윗글을 통해 알 수 있는 사실이 <u>아닌</u> 것은?

① 인플레이션이 일어났을 때, 공공요금을 올리게 되면 인플레이션이 더욱 심화될 수 있다.

② 과소비나 사재기 등과 같은 비합리적인 소비 생활이 물가 안정을 해치는 원인이 될 수 있다.

③ 생산 비용이 많이 늘어나거나 생산의 효율성이 떨어지는 것은 기업의 공급량에 영향을 줄 수 있다.

④ 인플레이션 상황에서 물가를 안정시키려면 재화 가치를 올리고 화폐 가치를 낮추는 대책을 펼쳐야 한다.

⑤ 물가는 고정되어 있는 것이 아니므로 정부는 물가의 변화를 잘 파악해야 상황에 맞는 경제 정책을 마련할 수 있다.

9 윗글을 참고할 때, 선생님의 질문에 대한 대답으로 적절하지 <u>않은</u> 것은?

선생님: 물가 지수는 어느 해의 물가 수준을 기준으로 잡아 100으로 하고, 비교할 다른 해의 물가 수준을 나타낸 수치입니다. 이 물가 지수를 통해 물가 상승률을 알 수 있습니다. 예를 들어, 2015년의 물가 수준을 기준으로 잡아 100으로 놓았을 때 2016년의 물가 지수가 101이라고 하면, 2016년도는 2015년도에 비해 물가가 1% 올랐음을 나타냅니다. 이러한 물가 상승률이 0보다 큰

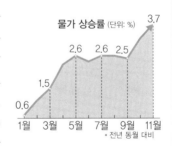

물가 상승률 (단위: %)

상태에서 계속 오르는 현상이 인플레이션입니다. 위 그래프는 올해 물가 상승률을 보여 주는 자료입니다. <u>이 그래프에 반영된 현상이 계속될 경우 어떤 일이 일어나게 될까요?</u>

① 시중에 거래되는 돈의 양이 늘어나서 화폐의 가치가 계속 떨어지게 될 것입니다.

② 중앙은행에서는 물가 상승률을 낮추기 위해서 이자율을 높이는 방안을 내놓을 것입니다.

③ 은행에 예금하려는 사람들보다는 부동산에 투자하려는 사람들이 더 늘어나게 될 것입니다.

④ 매달 정해진 임금을 받는 근로자보다는 땅이나 건물을 가지고 있는 사람이 더 유리해질 것입니다.

⑤ 수출업자들은 외국에 팔 상품의 공급량을 늘리려고 하고, 수입업자들은 가격이 싼 외국 상품을 계속 들여오려고 할 것입니다.

스스로
평가
1회독
2회독
3회독

미세 플라스틱과 ESG 경영

1회독 구조 읽기

1문단 2019년 국제적인 환경 보전 기구의 발표에 따르면, 현대인은 일주일에 신용 카드 한 장 분량의 미세 플라스틱을 섭취하고 있다고 한다. 성인이 일상생활을 하면서 일주일 동안 약 2,000개의 미세 플라스틱을 섭취하는데, 이를 무게로 환산하면 약 5그램에 해당한다는 것이다. 미세 플라스틱은 크기 5mm 이하의 작은 플라스틱 입자로, 처음부터 미세한 알갱이로 만들어지기도 하지만 대부분은 버려진 플라스틱 덩어리가 잘게 부서지면서 만들어진다. 해양, 토양, 대기 등 거의 모든 곳에서 미세 플라스틱이 발견되고 있는데, 특히 전 세계의 바다에는 최소 5조 개에서 최대 50조 개의 미세 플라스틱이 떠다니는 것으로 추정된다.

문제

2문단 바다를 떠다니는 미세 플라스틱은 크기가 매우 작아 해양 생물들이 미생물 먹이로 착각하고 먹는 경우가 많다. 이 때문에 해양 생물들 체내에 미세 플라스틱이 축적되고, 먹이 사슬에 따라 상위 포식자에게 옮겨지면서 최종적으로 해산물을 먹는 사람들의 몸에 축적된다. 동시에 비닐이나 스티로폼을 포함하는 플라스틱은 자연스럽게 분해되지 않아 환경을 오염시킨다. 이런 일이 반복되면 생태계 질서가 교란되고, 우리의 건강도 위협받을 수밖에 없다. 미세 플라스틱이 건강에 좋지 않을 것은 충분히 짐작할 수 있기 때문이다. 이런 문제는 모두 폐플라스틱에서 비롯된 것이다. 그런데 폐플라스틱은 안전하게 처리하기가 매우 어렵다. 땅에 묻으면 토양을 오염시키고, 불에 태우면 건강에 좋지 않은 물질이 배출되며, 그대로 두면 미세 플라스틱으로 변하기 때문이다.

문제

3문단 미세 플라스틱으로 인한 환경 오염을 해결하려면 플라스틱의 생산과 소비를 줄여야 한다. 최근에는 기업들도 플라스틱 퇴출 운동에 적극적으로 나서고 있다. 예를 들어 전 세계에서 커피 매장을 운영하는 기업이 일회용 플라스틱 빨대를 종이 빨대로 대체하거나, 패션 기업이 폐페트병으로 만든 섬유로 옷이나 가방을 생산하기도 한다. 제품 포장재에 비닐이나 스티로폼 사용을 최소화하는 것도 마찬가지이다. ESG 경영이란 환경과 사회를 생각하는 경영 방식을 말한다. 즉 기업이 제품의 생산과 유통 과정에서 발생하는 환경 파괴를 최소화하고, 보다 나은 세상을 만드는 데 공헌할 수 있는 윤리적인 경영을 하는 것이다.

해결

4문단 이익 추구를 목적으로 하는 기업이 미세 플라스틱 같은 환경 문제까지 신경 쓰는 것은 윤리적인 소비자들 때문이다. 플라스틱으로 인한 오염이 전 인류를 위협하는 문제임을 인식한 소비자들이 스스로 플라스틱 사용을 줄이는 친환경적인 소비를 하는 동시에, 기업에도 플라스틱 사용을 최소화하기를 요구하는 것이다. 만약 기업이 이런 요구를 거부한다면 소비자에게 환경 보존에 역행하는 기업으로 인식될 것이고, 이는 기업의 이익 추구에도 부정적인 영향을 미치게 될 것이다. 이런 점 때문에 기업은 환경 문제를 보다 적극적으로 고민하고, 나아가 세상을 개선하는 데 도움이 되는 ESG 경영 방식을 도입하게 된 것이다.

해결

+꿀팁
1회독에서는 지문의 전체 내용이 완벽하게 이해되지 않아도 괜찮아요!

1 윗글과 아래 대화를 읽고 여러분은 윗글의 내용 중 어떤 점에 흥미가 생겼는지 생각해 보세요.

우리가 의식하지 못하는 사이에 이렇게 많은 미세 플라스틱을 먹고 있다니, 놀랍지 않니? 게다가 난 해산물을 엄청 좋아하는데 어떡하지?

당장 어떤 문제가 생기지는 않을 거야. 그러나 미세 플라스틱이 더 늘어나면 건강을 위협할 수 있어. 그러니 모두가 힘을 모아 예방해야지.

그래서 전 세계적으로 비닐 사용을 줄이게 하고, 일회용 플라스틱 빨대 같은 것을 사용하지 못하도록 하는 것이구나. 그러면 플라스틱으로 인한 환경 오염을 줄일 수 있겠네.

그렇지. 그리고 이런 움직임이 이익을 목적으로 하는 기업에도 영향을 미쳐서 기업이 환경과 사회를 생각하는 윤리적 경영을 하도록 만들고 있어.

2 윗글에서 가장 중요한 내용이나 주제어를 아래 빈칸에 써 보세요.

☐☐☐☐☐☐ 문제와 ESG 경영

3 윗글을 아래와 같은 구조로 정리한다고 할 때 빈칸에 알맞은 말을 써 보세요.

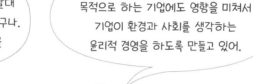

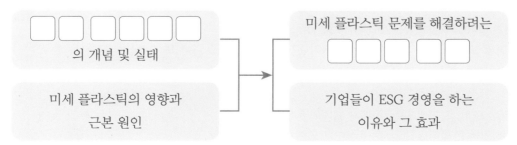

☐☐☐☐☐☐ 의 개념 및 실태

미세 플라스틱의 영향과 근본 원인

미세 플라스틱 문제를 해결하려는 ☐☐☐☐☐

기업들이 ESG 경영을 하는 이유와 그 효과

내용 읽기

① 각 문장을 읽고, 잘 이해했으면 ☐에 ✔처럼 체크해 보세요.
② 각 문장을 잘 이해하지 못했으면 점선을 따라 밑줄을 그어 보세요.

➡ 밑줄 그은 문장의 앞뒤 문장의 내용을 살펴보면서 다시 천천히 읽어 보세요.
또 문단별 중심 내용의 빈칸을 채워 보세요.

어휘 읽기

① 어려운 어휘는 날개에서 그 뜻을 밝혔어요.
② 어휘 이외에 잘 모르는 어휘는 스스로 어휘 표시하고 사전에서 뜻을 찾아 써 보세요.

➡ 어휘 뜻을 알고 문장을 다시 읽어 보세요.

①문단 2019년 국제적인 환경 보전 기구의 발표에 따르면, 현대인은 일주일에 신용 카드 한 장 분량의 미세 플라스틱을 섭취하고 있다고 한다.☐ 성인이 일상생활을 하면서 일주일 동안 약 2,000개의 미세 플라스틱을 섭취하는데, 이를 무게로 환산하면 약 5그램에 해당한다는 것이다.☐ 미세 플라스틱은 크기 5mm 이하의 작은 플라스틱 입자로, 처음부터 미세한 알갱이로 만들어지기도 하지만 대부분은 버려진 플라스틱 덩어리가 잘게 부서지면서 만들어진다.☐ 해양, 토양, 대기 등 거의 모든 곳에서 미세 플라스틱이 발견되고 있는데, 특히 전 세계의 바다에는 최소 5조 개에서 최대 50조 개의 미세 플라스틱이 떠다니는 것으로 추정된다.☐

1 문단 중심 내용 ☐☐☐☐☐☐의 개념 및 실태

- **섭취하다**: 생물체가 양분 따위를 몸속에 빨아들이다.
- **미세**: 분간하기 어려울 정도로 아주 작음.
- **환산하다**: 어떤 단위나 척도로 된 것을 다른 단위나 척도로 고쳐서 헤아리다.
- **입자**: 물질의 일부로서, 구성하는 물질과 같은 종류의 매우 작은 물체.
- **해양**: 넓고 큰 바다.
- **토양**: 흙.
- **대기**: '공기'를 달리 이르는 말.
- **추정되다**: 미루어져 생각되어 판정되다.
- _____

---

4 1문단을 읽고, ㉠~㉤ 중에서 **1**~**4**의 괄호 안에 들어갈 알맞은 기호를 찾아 쓰세요.

> ㉠ 5그램 ㉡ 일주일 ㉢ 2,000개
> ㉣ 50조 개 ㉤ 미세 플라스틱

1 2019 환경 보전 기구의 발표에 따르면, 현대인이 일주일에 섭취하는 미세 플라스틱의 무게는 약 몇 그램인가요? (   )

2 현대인은 일주일에 약 몇 개의 미세 플라스틱을 섭취하고 있나요? (   )

3 해양, 토양, 대기 등 거의 모든 곳에서 발견되고 있는, 크기 5mm 이하의 작은 플라스틱 입자는 무엇인가요? (   )

4 **미세 플라스틱의 개념 및 실태**

문제 상황	현대인은 ( )에 신용 카드 한 장 분량의 미세 플라스틱을 섭취하고 있다는 발표가 있었음.
미세 플라스틱의 개념	• 크기 5mm 이하의 작은 플라스틱 입자를 미세 플라스틱이라고 함. • 처음부터 미세한 알갱이로 만들어지기도 하지만 대부분 버려진 플라스틱이 잘게 부서지면서 만들어짐.
실태	전 세계의 바다를 떠다니는 미세 플라스틱이 최소 5조 개에서 최대 ( )에 이르는 것으로 추정됨.

2문단 바다를 떠다니는 미세 플라스틱은 크기가 매우 작아 해양 생물들이 미생물 먹이로 착각하고 먹는 경우가 많다.□ 이 때문에 해양 생물들 체내에 미세 플라스틱이 축적되고, 먹이 사슬에 따라 상위 포식자에게 옮겨지면서 최종적으로 해산물을 먹는 사람들의 몸에 축적된다.□ 동시에 비닐이나 스티로폼을 포함하는 플라스틱은 자연스럽게 분해되지 않아 환경을 오염시킨다.□ 이런 일이 반복되면 생태계 질서가 교란되고, 우리의 건강도 위협받을 수밖에 없다.□ 미세 플라스틱이 건강에 좋지 않을 것은 충분히 짐작할 수 있기 때문이다.□ 이런 문제는 모두 폐플라스틱에서 비롯된 것이다.□ 그런데 폐플라스틱은 안전하게 처리하기가 매우 어렵다.□ 땅에 묻으면 토양을 오염시키고, 불에 태우면 건강에 좋지 않은 물질이 배출되며, 그대로 두면 미세 플라스틱으로 변하기 때문이다.□

2문단 중심 내용 미세 플라스틱의 □□과 근본 원인
- 자연 생태계와 인간의 □□을 위협함.

- **축적되다**: 지식, 경험, 자금 따위가 모여서 쌓이다.
- **먹이 사슬**: 생태계에서 먹이를 중심으로 이어진 생물 간의 관계.
- **포식자**: 다른 동물을 먹이로 하는 동물.
- **최종적**: 맨 나중의.
- **분해되다**: 한 종류의 화합물이 두 가지 이상의 간단한 화합물로 변화되다.
- **교란되다**: 마음이나 상황 따위가 뒤흔들려서 어지럽고 혼란스럽게 되다.
- **폐플라스틱**: 못 쓰게 된 플라스틱.
- **배출되다**: 안에서 밖으로 밀려 내보내지다.
- _____

5 2문단을 읽고, ㉠~㉤ 중에서 **1**~**5**의 괄호 안에 들어갈 알맞은 기호를 찾아 쓰세요.

| ㉠ 먹이 사슬 | ㉡ 폐플라스틱 | ㉢ 미생물 먹이 |
| ㉣ 생태계 질서 | ㉤ 해양 생물들 | |

1 크기가 매우 작은 미세 플라스틱의 특징 때문에 해양 생물들이 이를 무엇으로 착각하고 먹는 경우가 많나요? ( )

2 해양 생물들의 체내에 미세 플라스틱이 축적된 후 무엇에 따라 상위 포식자에게 옮겨지게 되나요? ( )

3 미세 플라스틱은 환경과 인간에게 어떤 영향을 미치나요?

미세 플라스틱이 환경을 오염시키는 일이 반복되면 ( )가 교란되고, 인간의 건강도 위협받게 됨.

4 미세 플라스틱을 만들어 내는, 버려진 플라스틱을 무엇이라고 하나요? ( )

5 **미세 플라스틱의 영향과 근본 원인**

미세 플라스틱이 환경과 인간에 미치는 영향

환경	( )이 바다에 떠다니는 미세 플라스틱을 먹음. ⇨ 생태계 질서 교란
인간	해양 생물들이 먹은 미세 플라스틱이 먹이 사슬에 따라 최종적으로 사람들의 몸에 축적됨. ⇨ 건강 위협
근본 원인	미세 플라스틱을 만들어 내는 폐플라스틱에서 비롯됨.

폐플라스틱 처리의 어려움

- 땅에 묻음. → 토양을 오염시킴.
- 불에 태움. → 건강에 좋지 않은 물질을 배출함.
- 그냥 둠. → 미세 플라스틱이 됨.

3 문단 미세 플라스틱으로 인한 환경 오염을 해결하려면 플라스틱의 생산과 소비를 줄여야 한다.□ 최근에는 기업들도 플라스틱 퇴출 운동에 적극적으로 나서고 있다.□ 예를 들어 전 세계에서 커피 매장을 운영하는 기업이 일회용 플라스틱 빨대를 종이 빨대로 대체하거나, 패션 기업이 폐페트병으로 만든 섬유로 옷이나 가방을 생산하기도 한다.□ 제품 포장재에 비닐이나 스티로폼 사용을 최소화하는 것도 마찬가지이다.□ ESG 경영이란 환경과 사회를 생각하는 경영 방식을 말한다.□ 즉 기업이 제품의 생산과 유통 과정에서 발생하는 환경 파괴를 최소화하고, 보다 나은 세상을 만드는 데 공헌할 수 있는 윤리적인 경영을 하는 것이다.□

3문단 중심 내용 미세 플라스틱 문제를 해결하려는 □□□ 경영

- **퇴출**: 물러나서 나감.
- **운영하다**: 조직이나 기구, 사업체 따위를 관리하고 이끌어 나가다.
- **대체하다**: 다른 것으로 대신하다.
- **폐페트병**: 못 쓰게 된 페트병.
- **포장재**: 공업 제품이나 농산물 따위를 포장하는 데 쓰는 재료.
- **최소화하다**: 가장 작게 하다.
- **공헌하다**: 힘을 써 이바지하다.
- **윤리적**: 사람으로서 마땅히 행하거나 지켜야 할 도리인 윤리에 관련되거나 윤리를 따르는 것.

ESG 경영

'Environment', 'Social', 'Governance'의 앞 글자를 따서 만든 말로, 지속 가능한 발전을 위해 기업이 환경보호, 사회 공헌, 법과 윤리를 철저히 지키는 투명한 경영 활동 세 가지를 고려해야 한다는 가치를 담고 있다. ESG를 등급은 국내 상장 회사의 지속 가능한 경영 수준을 평가하여 구분한 단계를 뜻하는데, 환경 및 사회에의 기여, 기업 지배 구조의 투명성 부문을 평가하여 등급이 부여된다.

---

6 3문단을 읽고, ㉠~㉤ 중에서 **1**~**5**의 괄호 안에 들어갈 알맞은 기호를 찾아 쓰세요.

㉠ 종이 빨대	㉡ 환경 파괴	㉢ 옷이나 가방
㉣ ESG 경영	㉤ 플라스틱 퇴출 운동	

1 미세 플라스틱 문제를 해결하기 위해 전 세계적인 커피 매장 기업에서 플라스틱 빨대를 무엇으로 바꾸었나요? (   )

2 미세 플라스틱 문제를 해결하기 위해 기업이 플라스틱의 생산과 소비를 줄이는 운동은 무엇인가요? (   )

3 환경과 사회를 생각하는 기업의 경영 방식을 무엇이라고 하나요? (   )

4 버려지는 페트병을 이용해서 만든 섬유로 제작할 수 있는 것은 무엇인가요? (   )

5

미세 플라스틱 문제와 ESG 경영

플라스틱의 생산과 소비를 줄여야 미세 플라스틱으로 인한 환경 오염을 해결할 수 있음.

↓

기업들의 플라스틱 퇴출 운동

- 전 세계적인 커피 매장 기업이 일회용 플라스틱 빨대를 종이 빨대로 대체함.
- 패션 기업이 폐페트병으로 만든 섬유로 옷이나 가방을 생산함.
- 제품 포장재에 비닐, 플라스틱 사용을 최소화함.

ESG 경영

- 환경과 사회를 생각하는 경영 방식을 말함.
- 제품의 생산·유통 과정에서 (   )를 최소화하고 윤리적 경영을 하는 것임.

④문단 이익 추구를 목적으로 하는 기업이 미세 플라스틱 같은 환경 문제까지 신경 쓰는 것은 윤리적인 소비자들 때문이다.■ 플라스틱으로 인한 오염이 전 인류를 위협하는 문제임을 인식한 소비자들이 스스로 플라스틱 사용을 줄이는 친환경적인 소비를 하는 동시에, 기업에도 플라스틱 사용을 최소화하기를 요구하는 것이다.■ 만약 기업이 이런 요구를 거부한다면 소비자에게 환경 보존에 역행하는 기업으로 인식될 것이고, 이는 기업의 이익 추구에도 부정적인 영향을 미치게 될 것이다.■ 이런 점 때문에 기업은 환경 문제를 보다 적극적으로 고민하고, 나아가 세상을 개선하는 데 도움이 되는 ESG 경영 방식을 도입하게 된 것이다.■

4문단 중심 내용 ☐☐들이 ESG 경영을 하는 이유와 그 효과

- **위협하다**: 힘으로 으르고 협박하다.
- **인식하다**: 사물을 분별하고 판단하여 알다.
- **친환경적**: 자연환경을 오염하지 않고 자연 그대로의 환경과 잘 어울리는 것.
- **역행하다**: 보통의 방향과 반대 방향으로 거슬러 나아가다.
- **추구**: 목적을 이룰 때까지 뒤좇아 구함.
- **개선하다**: 잘못된 것이나 부족한 것, 나쁜 것 따위를 고쳐 더 좋게 만들다.
- **도입하다**: 기술, 방법, 물자 따위를 끌어 들이다.
- _____

 **배경지식**
일상생활에서 플라스틱을 줄이는 8가지 방법

정답과 해설 40쪽

7 4문단을 읽고, ㉠~㉤ 중에서 ❶~❺의 괄호 안에 들어갈 알맞은 기호를 찾아 쓰세요.

㉠ 이익 추구	㉡ 환경 보존	㉢ ESG 경영
㉣ 윤리적 소비자	㉤ 친환경적 소비	

❶ 기업이 플라스틱 사용을 줄이도록 만든 경제 주체는 누구인가요? ( )
❷ 윤리적인 소비자들은 기업에 플라스틱 사용을 최소화하기를 요구하는 동시에 스스로는 어떤 소비를 하나요? ( )
❸ 미세 플라스틱을 줄이려는 움직임의 최종 목표는 무엇인가요? ( )
❹ 세상을 개선하는 데 도움이 되는 기업의 경영 방식을 무엇이라고 하나요? ( )

❺ **기업들이 ESG 경영을 하는 이유와 그 효과**

윤리적 소비자의 요구	• 스스로 플라스틱 사용을 줄이는 친환경적인 소비를 함. • 기업에 제품의 생산 단계나 유통 단계에서 플라스틱 사용을 최소화하기를 요구함.
기업이 거부할 경우	• 환경 보존에 역행하는 기업으로 인식됨. • 기업의 ( ) 에도 부정적 영향을 미침.
효과	• 기업은 환경 문제를 보다 적극적으로 고민하게 됨. • 세상을 개선하는 데 도움이 되는 ESG 경영 방식을 도입하게 됨.

1 문단 2019년 국제적인 환경 보전 기구의 발표에 따르면, 현대인은 일주일에 신용 카드 한 장 분량의 미세 플라스틱을 섭취하고 있다고 한다. 성인이 일상생활을 하면서 일주일 동안 약 2,000개의 미세 플라스틱을 섭취하는데, 이를 무게로 환산하면 약 5그램에 해당한다는 것이다. 미세 플라스틱은 크기 5mm 이하의 작은 플라스틱 입자로, 처음부터 미세한 알갱이로 만들어지기도 하지만 대부분은 버려진 플라스틱 덩어리가 잘게 부서지면서 만들어진다. 해양, 토양, 대기 등 거의 모든 곳에서 미세 플라스틱이 발견되고 있는데, 특히 전 세계의 바다에는 최소 5조 개에서 최대 50조 개의 미세 플라스틱이 떠다니는 것으로 추정된다.

2 문단 바다를 떠다니는 미세 플라스틱은 크기가 매우 작아 해양 생물들이 미생물 먹이로 착각하고 먹는 경우가 많다. 이 때문에 해양 생물들 체내에 미세 플라스틱이 축적되고, 먹이 사슬에 따라 상위 포식자에게 옮겨지면서 최종적으로 해산물을 먹는 사람들의 몸에 축적된다. 동시에 비닐이나 스티로폼을 포함하는 플라스틱은 자연스럽게 분해되지 않아 환경을 오염시킨다. 이런 일이 반복되면 생태계 질서가 교란되고, 우리의 건강도 위협받을 수밖에 없다. 미세 플라스틱이 건강에 좋지 않을 것은 충분히 짐작할 수 있기 때문이다. 이런 문제는 모두 폐플라스틱에서 비롯된 것이다. 그런데 폐플라스틱은 안전하게 처리하기가 매우 어렵다. 땅에 묻으면 토양을 오염시키고, 불에 태우면 건강에 좋지 않은 물질이 배출되며, 그대로 두면 미세 플라스틱으로 변하기 때문이다.

3 문단 미세 플라스틱으로 인한 환경 오염을 해결하려면 플라스틱의 생산과 소비를 줄여야 한다. 최근에는 기업들도 플라스틱 퇴출 운동에 적극적으로 나서고 있다. 예를 들어 전 세계에서 커피 매장을 운영하는 기업이 일회용 플라스틱 빨대를 종이 빨대로 대체하거나, 패션 기업이 폐페트병으로 만든 섬유로 옷이나 가방을 생산하기도 한다. 제품 포장재에 비닐이나 스티로폼 사용을 최소화하는 것도 마찬가지이다. ESG 경영이란 환경과 사회를 생각하는 경영 방식을 말한다. 즉 기업이 제품의 생산과 유통 과정에서 발생하는 환경 파괴를 최소화하고, 보다 나은 세상을 만드는 데 공헌할 수 있는 윤리적인 경영을 하는 것이다.

4 문단 이익 추구를 목적으로 하는 기업이 미세 플라스틱 같은 환경 문제까지 신경 쓰는 것은 윤리적인 소비자들 때문이다. 플라스틱으로 인한 오염이 전 인류를 위협하는 문제임을 인식한 소비자들이 스스로 플라스틱 사용을 줄이는 친환경적인 소비를 하는 동시에, 기업에도 플라스틱 사용을 최소화하기를 요구하는 것이다. 만약 기업이 이런 요구를 거부한다면 소비자에게 환경 보존에 역행하는 기업으로 인식될 것이고, 이는 기업의 이익 추구에도 부정적인 영향을 미치게 될 것이다. 이런 점 때문에 기업은 환경 문제를 보다 적극적으로 고민하고, 나아가 세상을 개선하는 데 도움이 되는 ESG 경영 방식을 도입하게 된 것이다.

+ 꿀팁
1, 2문단에서 미세 플라스틱 문제의 상황과 문제점을 제시하고, 3, 4문단에서 그에 대한 해결책을 제시하고 있어요. 지문의 세부적인 내용을 묻는 문제는 선지의 내용이 언급된 문단으로 가서 둘을 비교하면서 파악해야 해요. 미세 플라스틱의 문제가 나타난 다른 분야를 다룬 <보기>는, 문제의 원인이 같다는 점을 생각하면서 지문을 정확하게 적용하는 것이 중요해요.

8 윗글에서 알 수 있는 내용으로 적절하지 <u>않은</u> 것은?

① 미세 플라스틱의 대부분은 버려진 플라스틱이 잘게 부서지면서 만들어진다.

② 전 세계의 바다를 떠다니는 미세 플라스틱이 인간의 건강을 해칠 수도 있다.

③ 기업의 ESG 경영은 소비자들의 적극적인 행동과 요구로 인해 나타난 것이다.

④ 일부 기업은 미세 플라스틱을 제거할 수 있는 기술을 개발하여 사용하고 있다.

⑤ 플라스틱을 소비하고 난 후에 버려지는 폐플라스틱은 안전하게 처리하기 어렵다.

9 윗글을 참고하여 보기 를 이해한 내용으로 적절하지 <u>않은</u> 것은?

> **보기**
>
> ### 토양을 오염시키는 미세 플라스틱
>
>
>
> 유엔 식량 농업 기구가 농업에 사용되는 플라스틱이 식품 안전을 위협하고 있다고 경고했다. 잡초가 자라는 것을 억제하고 일정한 온도를 유지하기 위해 밭에 덮는 비닐, 작물을 지탱해 주는 플라스틱 지지대, 작물을 보호하기 위한 그물 등 농업에는 많은 양의 플라스틱이 사용된다. 그러나 사용 후 그대로 버려지거나 함부로 소각되어 토양 오염을 일으키는 경우가 많다.
>
> 유엔 식량 농업 기구의 보고서에서 토양은 바다보다 더 많은 양의 미세 플라스틱을 함유하고 있음을 지적하며, 이것이 인간의 건강을 위협하는 또 다른 문제가 될 수 있다고 말하고 있다. 그리고 농업 플라스틱 오염 문제를 해결하기 위해 농민을 비롯하여 개인과 기업 모두가 힘을 모아야 한다고 강조하고 있다.
>
> - ○○ 신문, 2022. xx. xx.

① 플라스틱을 재활용하여 만든 제품을 많이 소비하면 토양을 오염시키는 미세 플라스틱의 양을 줄이는 데 도움이 되겠군.

② 토양을 오염시키는 미세 플라스틱은 사람들이 쓰고 나서 함부로 버린 플라스틱이 잘게 부서지면서 만들어진 것이 많겠군.

③ 토양 속에 들어 있는 미세 플라스틱은 생태계의 먹이 사슬을 거치면서 결국에는 사람의 몸속에 들어올 가능성이 크겠군.

④ 개인적인 노력만으로는 토양을 오염시키는 미세 플라스틱의 양을 줄이는 데 한계가 있으므로 기업들도 함께 노력해야겠군.

⑤ 토양 오염을 줄이려면 도시 사람들에게 시골의 힘겨운 사정을 알려서 더 많은 농작물을 소비하도록 유도할 필요가 있겠군.

스스로 평가
1회독 ☺ ☹
2회독 ☺ ☹
3회독 ☺ ☹

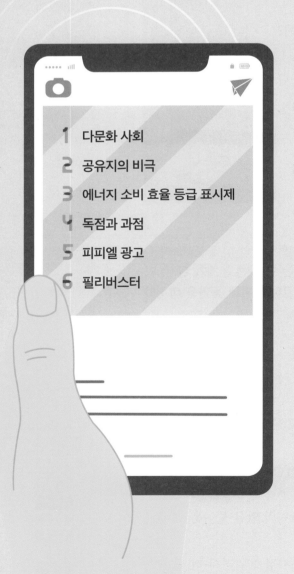

1 다문화 사회

다문화 사회는 이질적인 여러 문화가 섞여 있는 사회입니다. 한 국가 내에서 여러 민족과 인종이 모여 사는 사회를 말합니다. 우리나라도 2000년대부터 취업, 결혼, 유학 등을 목적으로 우리나라에 거주하는 외국인의 비중이 커지면서 다문화 사회로 변화하고 있습니다. 그러면서 언어 차이로 인한 의사소통 장애, 문화 차이로 인한 갈등, 이주민에 대한 편견과 차별 등의 문제점이 나타나기도 하였습니다. 다문화 사회에서는 민족이나 인종, 문화적 소수자들의 권리를 인정해 주고 공존의 중요성을 인식하면서 그들을 사회의 구성원으로서 존중해 주어야 합니다. 이러한 인식을 바탕으로 서로의 문화적 격차를 좁혀 나가는 한편 발생한 문제를 해결하기 위한 정책적 노력이 뒷받침되어야 합니다.

2 공유지의 비극

공유지의 비극은 남을 희생시켜서라도 자기의 이익과 권리를 극대화하려 할 경우, 결과적으로 자신을 포함한 공동체 전부가 피해를 보게 되는 현상입니다. 1968년 미국의 생물학자 가레트 하딘이 발표한 논문에 제시한 개념입니다. 가축을 방목할 수 있는 풀이 자라고 있는 공동의 목초지를 이용하는 것은 비용이 들지 않았습니다. 그래서 주민들은 많은 양들을 방목했습니다. 그 결과 풀이 자라는 속도보다 양들이 풀을 뜯어 먹는 속도가 더 빨라져 결국 목초지가 황폐화된다는 것입니다. 공동체적 가치의 중요성이나 이기주의를 비판할 때 자주 사용되는 개념입니다.

3 에너지 소비 효율 등급 표시제

에너지 소비 효율 등급 표시제는 전기나 석유 등 에너지로 작동하는 제품의 에너지 효율을 여러 등급으로 나누고 그것을 제품에 표시하도록 한 제도입니다. 우리가 접하는 대부분의 가전제품에는 숫자가 표시된 스티커가 붙어 있습니다. 이는 에너지 소비 효율 등급 표시제에 따른 것입니다. 제품의 에너지 효율을 5개 등급으로 나누고 제품에 해당되는 등급을 표시하도록 하였습니다. 정부는 기업에게 1등급에 가까운 에너지 효율이 높은 제품을 생산하도록 촉구하는 동시에 소비자에게도 그런 제품의 사용을 유도하기 위해 이 제도를 법령으로 의무화하였습니다.

4 독점과 과점

독점은 개인이나 하나의 단체가 다른 경쟁자를 배제하고 생산과 시장을 지배하여 이익을 독차지하는 경제 현상입니다. 즉 특정 자본이 시장을 지배하고 있는 상태를 말합니다. 어떤 제품을 만드는 기술을 독점적으로 가지고 있는 기업의 경우, 제품을 만드는 원자재를 독점적으로 가지고 있는 경우, 정부가 비용 절감 차원에서 하나의 기업에게만 제품을 생산하도록 허용한 경우 등에 시장을 독점하게 됩니다. 어느 한 기업이 시장을 독점할 경우, 가격과 공급을 스스로 정할 수 있습니다. 따라서 소비자는 기업이 정한 비싼 가격에 제품을 구매하게 되고 다른 선택을 할 수 없기 때문에 독점에 대한 사회적 인식은 부정적입니다.

과점은 두 개 이상의 몇몇 기업이 어떤 상품 시장의 대부분을 지배하는 상태입니다. 소수의 큰 기업이 시장 대부분을 차지하는 형태를 말합니다. 이때 과점 기업 간에는 서로 의존하는 관계가 만들어져 생산량과 가격을 정하는 담합 행위가 일어날 수 있습니다. 이렇게 협정을 맺어서 같은 움직임을 보이는 공급자들을 카르텔(cartel)이라고 합니다.

5 피피엘(PPL) 광고

피피엘 광고는 영화나 드라마의 소품으로 특정 제품을 노출하여 홍보 효과를 노리는 광고입니다. 엔터테인먼트 콘텐츠 속에 기업의 제품을 배경이나 소품 등으로 등장시켜 소비자들에게 직간접적으로 제품을 광고하는 마케팅 기법을 말합니다. 방송법 시행령 제59조 3(간접 광고) 내용을 보면 피피엘 광고를 규정하고 있습니다. 먼저 오락과 교양 분야 프로그램에 한하여 피피엘 광고를 할 수 있습니다. 어린이 대상 프로그램, 보도, 시사, 논평 등 객관성이 요구되는 프로그램에서는 피피엘 광고를 할 수 없습니다. 또한 노출되는 상표나 로고 등이 노출되는 시간이 방송 프로그램 전체 시간에서 100분의 5를 넘을 수 없고, 상표나 로고의 크기가 화면 전체 크기의 1/4를 초과할 수 없습니다. 그리고 반드시 해당 프로그램에 피피엘 광고가 포함되어 있음을 자막으로 표기해야 합니다.

6 필리버스터(filibuster)

필리버스터는 의회 안에서 합법적인 수단을 이용하여 의사 진행을 고의로 저지하는 행위입니다. 의회 안에서 다수파가 독주하거나 다수당이 횡포를 부리는 것을 막기 위해 이루어지는 합법적인 의사 진행 방해 행위입니다. 필리버스터는 장시간에 걸친 연설이나 출석 거부, 동의안이나 수정안을 연속적으로 내놓는 행동 등 여러 가지 방법으로 이루어집니다. 우리나라를 비롯하여 미국, 영국, 캐나다, 프랑스 등 다수의 국가에서 이 제도를 시행하고 있습니다.

자료 출처

본책

셔터스톡

Ⅰ 나열 구조

17쪽(게리맨더링), 33쪽(누리 소통망), 34쪽(걸어가는 사람들), 46쪽(수갑과 법봉),
47쪽(엠제트 세대, 피로 사회)

Ⅱ 비교·대조 구조

57쪽(아보카도), 82쪽(님비, 디지털 유목민)

Ⅲ 사례 구조

89쪽(굴절 버스), 98쪽(아랍 에미리트 국기), 99쪽(사리), 101쪽(사장, 사원 1, 사원 2,
사원 3, 사원 4), 118쪽(메타버스), 119쪽(햄버거, 레드 오션과 블루 오션)

Ⅳ 과정 구조

127쪽(바지, 운동화, 휴대폰), 135쪽(국민 투표), 137쪽(배경색 종이), 142쪽,
145쪽(흰 종이), 155쪽(오티티, 국내 총생산)

Ⅴ 문제 해결 구조

186쪽(ESG), 189쪽(비닐 하우스), 190쪽(다문화 사회), 191쪽(TV 광고)

국어사전 찾는법

193쪽(책)

공유 마당

66쪽, 71쪽, 72쪽(CCL 이용 허락 조건 기본 원칙), 73쪽(CCL 6가지 이용 허락 라이선스)

위키피디아

65쪽(독서율)

* 출처 표시를 하지 않은 삽화는 저작사 및 발행사에서 저작권을 가지고 있는 경우임.

일3공
국어사전 찾는 법

국어사전을 찾는 습관을 들이면 어떤 점이 좋을까요?

우리는 평소 담임 선생님이 어떤 것을 설명하면 어렵지 않게 알아들을 수 있어요. 그런데 텔레비전에서 대학교수 같은 전문가가 어떤 것을 설명하는 말은 이해하기 어려울 때가 있어요. 심지어 담임 선생님과 똑같은 것을 설명할 때도 마찬가지예요. 왜 그럴까요? 그건 대학교수가 담임 선생님보다 어려운 단어를 쓰기 때문이에요. 이는 다시 말하면 대학교수가 쓰는 일부 단어를 우리가 이해하지 못하기 때문이라고도 할 수 있어요. 말은 단어로 이루어져 있으므로 대학생 수준의 단어를 쓰는 대학교수의 설명을 우리가 이해하기 어려운 것이죠. 그러면 어떻게 해야 할까요? 해결 방법은 간단해요. 그 대학교수에게 쉬운 말로 설명해 달라고 요구하거나 자신이 모르는 단어를 찾아보는 거죠. 아니면 대학교수의 말을 이해한 사람에게 자기가 알아들을 수 있도록 다시 설명해 달라고 해야겠지요.

이런 상황은 글을 읽을 때도 마찬가지랍니다. 글 속에 나오는 단어의 뜻을 제대로 알지 못하면 그 글의 내용을 이해하기 어려워요. 그런데 글을 읽을 때는 글쓴이에게 쉬운 단어를 사용해 달라고 요구할 수 없어요. 글이 이미 인쇄되어 나왔기 때문이에요. 그렇다고 모르는 단어가 나올 때마다 다른 사람에게 물어보기도 힘들어요. 그러니 결국 모르는 단어를 직접 찾아볼 수밖에 없어요. 그런데 사실 이 방법이 가장 좋아요. 모르는 단어를 직접 찾아보아서 어휘력을 높이면 그만큼 다른 사람의 말이나 글을 더 잘 이해할 수 있고, 우리의 지식도 그만큼 늘어날 수 있기 때문이에요. 국어사전은 국어 공부를 할 때에만 사용되는 것이 아니에요. 사회나 도덕, 과학 등을 비롯하여 음악과 미술 같은 과목에 나오는 단어들도 실려 있답니다. 다양한 분야의 글을 읽으면서 모르는 단어가 나올 때마다 국어사전에서 그 뜻을 바로 찾아보고 익히는 습관을 들이면 모든 과목의 학습에 큰 도움이 돼요.

국어사전에는 종이 사전과 온라인 국어사전이 있어요. 가능하면 종이로 된 사전을 직접 찾아보는 것이 더 좋아요. 온라인 국어사전을 이용하면 원하는 단어를 쉽고 빠르게 찾을 수 있지만 그만큼 기억에서 빨리 사라질 가능성이 높아요. 이와 달리 종이 사전은 단어를 찾는 데 상대적으로 시간이 오래 걸리고, 단어를 찾는 법도 익혀야 하죠. 그러나 그런 수고를 한 만큼 더 오랫동안 기억할 수 있어요. 그러니 집에서 책을 읽을 때라도 종이 사전을 찾는 습관을 들이는 게 좋아요. 그렇지만 시간이 없을 때는 스마트폰이나 컴퓨터를 이용하여 온라인 국어사전에서라도 직접 그 뜻을 확인할 필요가 있어요. 궁금증이 생긴 그 순간에 찾지 않으면 나중에 다시 찾아보기 어렵기 때문이죠. 글을 읽을 때 모르는 단어가 나오면 직접 사전에서 단어를 찾아 뜻을 확인하는 것을 추천해요. 처음에는 조금 귀찮더라도 꾸준히 하다 보면 어느새 어휘력이 늘어 어려운 글도 쉽게 읽고 이해할 수 있게 돼요.

1 국어사전에 나오는 단어를 찾는 법 - 국어사전의 단어 배열 순서

(1) 첫 자음자의 배열 순서

우리말 단어는 첫소리와 가운뎃소리, 끝소리로 구성되어 있어요. 끝소리는 받침이라고도 하는데, 없는 경우도 있지요. 그리고 국어사전에 실린 단어는 가나다라 순서로 나옵니다. 좀 더 자세히 말하면 '자음 순 → 모음 순 → 자음(받침) 순'이에요. 그러니 자음이 제시되는 순서부터 알아야 해요. 먼저, 국어사전에 나오는 홀자음 14자의 순서는 다음과 같아요.

ㄱ, ㄴ, ㄷ, ㄹ, ㅁ, ㅂ, ㅅ, ㅇ, ㅈ, ㅊ, ㅋ, ㅌ, ㅍ, ㅎ

여기에 모음 '아'를 붙여 '가, 나, 다, 라, 마, 바, 사, 아, 자, 차, 카, 타, 파, 하'로 발음하면 되고, 네 글자와 세 글자를 끊어서 '가나다라, 마바사, 아자차카, 타파하'로 외우면 더 쉬워요. 그리고 여기에 같은 자음이 반복되는 쌍자음 'ㄲ, ㄸ, ㅃ, ㅆ, ㅉ'이 추가되는데, 이 다섯 자음은 국어사전에서 해당하는 각 홀자음의 다음에 위치해요. 예를 들어 'ㄲ'은 'ㄱ'과 'ㄴ' 사이에 있으니 'ㄱ'으로 시작하는 단어가 모두 나온 뒤에 'ㄲ'으로 시작하는 단어가 나와요. 물론 'ㄲ'으로 시작되는 단어가 끝나면 'ㄴ'으로 시작되는 단어가 이어진답니다. 그러면 첫소리 **자음 19자의 배열 순서**는 다음과 같이 되겠네요.

ㄱ, ㄲ, ㄴ, ㄷ, ㄸ, ㄹ, ㅁ, ㅂ, ㅃ, ㅅ, ㅆ, ㅇ, ㅈ, ㅉ, ㅊ, ㅋ, ㅌ, ㅍ, ㅎ

'역습'이라는 단어로 예를 들어 볼까요? 사전에서 '역습'의 뜻을 찾으려면 먼저 사전의 'ㅇ' 부분을 찾아야 합니다. 이는 종이 사전의 옆면에 찾기 쉽게 표시되어 있을 거예요. 그리고 'ㅇ' 부분에서 모음 'ㅕ'가 나오는 부분을 찾으면 '여'가 돼요. '여' 부분에서 다시 끝소리(받침)가 'ㄱ'인 단어를 찾으면 '역'이 되고, '역'으로 시작되는 단어가 나오는 부분에서 앞의 방법을 사용하여 '습'을 찾으면 '상대편의 공격을 받고 있던 쪽에서 거꾸로 기회를 보아 급히 공격함.'이라는 뜻을 확인할 수 있어요.

생각보다 매우 쉽죠? 그렇다면 '말, 발, 알' 중에서 국어사전에서 가장 먼저 나오는 단어와 가장 나중에 나오는 단어는 각각 어떤 것일까요? 네, 그래요. 셋 중에서 '말'이 먼저 나오고, 그다음에 '발'이, 그리고 '알'이 가장 나중에 나옵니다. 한 번 더 확인해 볼게요. '밤, 방, 밥'의 순서는 어떻게 될까요? 첫소리 자음과 가운뎃소리 모음이 모두 같으므로 받침, 즉 끝소리 자음으로 순서를 따지면 되겠네요. 그러면 '밤 → 밥 → 방'의 순서가 되지요.

(2) 모음자의 배열 순서

다음은 모음의 순서입니다. 모음은 자음보다 더 복잡하답니다. 일단, 'ㅏ, ㅑ, ㅓ, ㅕ, ㅗ, ㅛ, ㅜ, ㅠ, ㅡ, ㅣ'의 10개 모음은 무조건 외워야 해요. 모음마다 'ㅇ'을 앞에 붙여서 발음하면 '아, 야, 어, 여, 오, 요, 우, 유, 으, 이'가 되죠. 이때 'ㅇ'은 실제 소리가 아니라 그냥 형식적으로 넣은 거예요. 그리고 '아야어여, 오요우유, 으이'로 쪼개서 외우면 보다 쉽게 외울 수 있어요. '아↗야↘어↗여↘, 오↗요↘우↗유↘, 으↘이↗'처럼 억양을 넣어서 읽으면 더 좋아요. 물론 억양은 자기가 붙이고 싶은 대로 붙이면 된답니다.

사전에서 모음의 순서는 이 10개를 기본으로 합니다. 그리고 이 10개 이외에 'ㅐ, ㅒ, ㅔ, ㅖ, ㅘ, ㅙ, ㅚ, ㅝ, ㅞ, ㅟ, ㅢ' 같은 11개의 모음도 있는데요. 이런 모음은 모두 앞의 10개 모음으로 나누어서 그 순서대로 찾으면 돼요. 즉, 'ㅐ'는 'ㅏ+ㅣ', 'ㅒ'는 'ㅑ+ㅣ', 'ㅔ'는 'ㅓ+ㅣ', 'ㅖ'는 'ㅕ+ㅣ', 'ㅘ'는 'ㅗ+ㅏ', 'ㅙ'는 'ㅗ+ㅐ(→ㅏ+ㅣ)', 'ㅚ'는 'ㅗ+ㅣ', 'ㅝ'는 'ㅜ+ㅓ', 'ㅞ'는 'ㅜ+ㅔ(→ㅓ+ㅣ)', 'ㅟ'는 'ㅜ+ㅣ', 'ㅢ'는 'ㅡ+ㅣ'로 나누는 것이죠. 이때 'ㅙ'는 실제로 'ㅗ+ㅏ+ㅣ'의 세 개로 나뉘고, 'ㅞ'는 'ㅜ+ㅓ+ㅣ'의 세 개로 나뉘어요. 'ㅙ'를 이루는 'ㅐ'와, 'ㅞ'를 이루는 'ㅔ'가 다시 각각 ㅏ+ㅣ와 ㅓ+ㅣ로 나뉘기 때문이에요. 이렇게 두 개나 세 개로 나눈 뒤에 그것의 첫 번째 모음, 두 번째 모음, 세 번째 모음 순서대로 찾으면 돼요.

예를 들어 '왜곡'이라는 단어를 찾아볼까요? '왜곡'은 'ㅇ, ㅙ, ㄱ, ㅗ, ㄱ'으로 나뉘는데, 이 중에서 'ㅙ'는 다시 'ㅗ'와 'ㅐ'로 나뉘고, 또 이 중에서 'ㅐ'는 'ㅏ'와 'ㅣ'로 나뉘어요. 결국 '왜곡'은 'ㅇ, ㅗ, ㅏ, ㅣ, ㄱ, ㅗ, ㄱ'으로 나누어져요. 따라서 국어사전에서 자음으로 'ㅇ' 부분을 먼저 찾고(❶), 'ㅇ' 부분 중에서 'ㅗ' 부분을 찾은 다음(❷), 다시 그 부분 중에서 'ㅏ'와 'ㅣ'를 순서대로 찾으면(❸, ❹) '왜'가 들어가는 단어들이 나와요. '왜'로 시작하는 단어들이 있는 부분에서 왜 다음에 'ㄱ'이 이어지는 부분을 찾고(❺), 그 부분 중에서 다시 'ㅗ'가 이어지는 부분을 찾고(❻), 다시 'ㄱ'으로 끝나는 단어를 찾으면(❼) '왜곡'이 나와요.

이런 순서는 사전에 실려 있는 단어를 보아도 되지만, 대부분의 사전은 맨 윗부분에 그 쪽의 첫 번째 단어와 마지막 단어가 적혀 있으니 그것을 보고 찾아도 돼요.

사전에 나오는 **모음 21자의 배열 순서**를 정리하면 다음과 같아요.

❶왜곡 → ❷왜곡 → ❸왜곡 →
❹왜곡 → ❺왜곡 → ❻왜곡 →
❼왜곡

ㄱ 가_가결	가계_가깝다 ㄱ
가 경계에 가까운 바깥쪽 부분. 가결 회의에서, 제출된 의안을 합당하다고 결정함.	가계 집안 살림을 꾸려 나가는 방도나 형편. 가깝다 어느 한 곳에서 다른 곳까지의 거리가 짧다.

ㅏ, ㅐ, ㅑ, ㅒ, ㅓ, ㅔ, ㅕ, ㅖ, ㅗ, ㅘ, ㅙ, ㅚ, ㅛ, ㅜ, ㅝ, ㅞ, ㅟ, ㅠ, ㅡ, ㅢ, ㅣ

(3) 받침의 배열 순서

'받침'은 앞에서 설명한 자음 19자 중에서 ㄸ, ㅃ, ㅉ를 제외한 16자와 'ㄳ, ㄵ, ㄶ, ㄺ, ㄻ, ㄼ, ㄽ, ㄾ, ㄿ, ㅀ, ㅄ'의 11자의 겹받침이 있어요. 각각 '몫, 앉다, 많다, 맑다, 앎, 넓다, 곬, 훑다, 읊다, 옳다, 값'처럼 쓰여요. 받침으로 쓰이는 글자가 많지만 사전에서 찾는 방법은 앞에서 설명한 자음자 배열 순서와 같아요. 쌍받침인 'ㄲ', 'ㅆ'은 문자 하나로 인정되므로 받침 'ㄱ', 'ㅅ' 다음에 모양 그대로 나와요. 그런데 겹받침은 문자 두 개로 인정되므로 앞의 받침을 먼저 찾은 뒤에 이어서 뒤의 받침을 찾아야 해요. 예를 들어, '밖'은 'ㅂ → ㅏ → ㄲ'의 순서로 찾으면 되고, '흙'은 'ㅎ → ㅡ → ㄹ → ㄱ'의 순서로 찾으면 돼요.

ㄱ, ㄲ, ㄳ, ㄴ, ㄵ, ㄶ, ㄷ, ㄹ, ㄺ, ㄻ, ㄼ, ㄽ, ㄾ, ㄿ, ㅀ, ㅁ, ㅂ, ㅄ, ㅅ, ㅆ, ㅇ, ㅈ, ㅊ, ㅋ, ㅌ, ㅍ, ㅎ

(1) 형태가 바뀌는 단어: 기본형으로 찾기

 글에는 분명히 나오는데 국어사전에는 나오지 않는 단어들이 있어요. 예를 들어 '하늘', '시나브로' 같은 단어는 사전에 나오는데, '아름답게'나 '읽고' 같은 단어는 나오지 않아요. 왜 그럴까요? 그건 쓰이는 상황이나 목적에 따라 모양을 달리하는 단어가 있기 때문이에요. 동사나 형용사가 이런 단어에 해당해요. 예를 들어 **'읽어, 읽으니, 읽고, 읽는, 읽지'** 등은 모두 같은 단어랍니다. 이럴 때는 대개 뒤에 '-다'를 붙여 보면 사전에 나오는 형태가 됩니다. 앞의 말은 모두 **'읽다'라는 하나의 단어가 모양을 달리한 것**이에요. 마치 한 사람이 장소에 따라 옷을 다르게 입고 나타나는 것과 같아요. 옷이 달라진다고 해서 다른 사람이 되는 것은 아니잖아요? 동사나 형용사라고 불리는 단어도 이와 같아요. 이런 단어는 바뀌는 모양을 모두 사전에 싣는 것이 어려우므로 해당 단어 중에서 모양이 바뀌지 않는 부분 뒤에 '-다'를 붙인 꼴만 사전에 올려서 그 뜻을 풀이해 둬요. 이를 **'기본형'**이라고 해요. 끝부분이 '-다'로 끝나는 단어는 대부분 기본형이랍니다.

표준국어대사전	읽다	찾기

⊞확대하기 ⊟축소하기 ⊡인쇄하기

읽다

발음 [익따 🔊]

활용 읽어[일거 🔊], 읽으니[일그니 🔊], 읽고[일꼬 🔊], 읽는 [잉는 🔊], 읽지[익찌 🔊]

→ 온라인 '표준국어대사전(https://stdict.korean.go.kr)'에서 '읽다'를 검색한 결과의 일부.
  '읽다'가 '읽어, 읽으니, 읽고, 읽는, 읽지' 등과 같이 형태가 변하는 것과 각각의 발음을 확인할 수 있다.

 그런데 기본형을 어떻게 찾느냐고요? 그리 어렵지 않아요. 낱말이 형태가 바뀔 때에는 **형태가 바뀌지 않는 부분에 '-다'를 붙여 기본형을 만들어요.** 이와 관련된 재미있는 방법을 한 가지 알려 드릴게요. 모양이 바뀌는 단어에 '-지롱'을 붙여 보세요. 이때 '-지롱'이 자연스럽게 결합하는 부분이 바로 모양이 변하지 않는 부분이에요. 그리고 여기에 '-다'를 붙이면 된답니다. 연습을 해 볼까요? '아름답게, 아름다워, 아름다우니, 아름답구나'의 기본형을 찾아보죠. 일단 '-지롱'을 붙여 보면 '아름답지롱'이 가장 자연스러워요. 그러면 '아름답-'이 모양이 변하지 않는 부분이고, 여기에 '-다'를 붙인 '아름답다'가 기본형이 돼요. 사전에는 '아름답다'만 나와요. '읽고'나 '읽으니'는 '읽지롱'이 되니 '읽다'가 기본형이 되겠죠. 그러나 굳이 이렇게 하지 않아도 앞에서 배운 것처럼 국어사전에서 한 글자씩 순서대로 찾아가다 보면 앞부분이 같으면서 뒤에 '다'라고 붙은 단어가 나올 거예요. 가령 '읽고'를 사전에서 찾으면, 'ㅇ → ㅣ → ㄹ → ㄱ'의 순서대로 찾아가면 '읽다'라는 단어가 나와요.

 글을 읽을 때 뜻을 모르는 형태가 바뀌는 단어인 경우에, 단어의 기본형을 먼저 찾아야 해요. 그리고 기본형의 짜임에 따라 국어사전에서 뜻을 찾으면 됩니다. 국어사전에 형태가 바뀐 단어를 모두 실으면 양이 너무 많아져서 기본형만 싣게 된 것이라는 점을 알아 두어요. 이렇게 **형태가 바뀌는 단어는 움직임을 나타내는 동사와 상태를 나타내는 형용사**입니다.

(2) 사투리나 신조어: '우리말샘'에서 찾기

동사나 형용사처럼 모양이 바뀐 단어가 아닌데도 국어사전에 나오지 않는 경우가 있어요. 그럴 때는 그 단어가 아마 '사투리(방언)'이거나, 사람들 사이에서 새로 만들어진 말일 수 있어요. **어느 한 지방에서만 쓰는 말을 사투리라고 하고 새로 만들어진 말을 신조어**라고 해요. 사전에는 사람들이 오랫동안 사용해서 그 뜻이 널리 알려져 표준어로 인정된 단어만 싣기 때문에 사투리나 신조어는 나오지 않아요.

예를 들어 '가장자리'의 사투리인 '가생이'나, 널리 알려진 신조어이지만 아직 표준어로 인정되지 않은 '먹방'은 '표준국어대사전'에 나오지 않아요. 그럴 때는 종이 사전 말고 온라인 사전인 '우리말샘'에서 찾아보면 나올 가능성이 높아요. 그러나 '우리말샘'에는 표준어가 아닌 단어도 섞여 있다는 것을 알아야 해요.

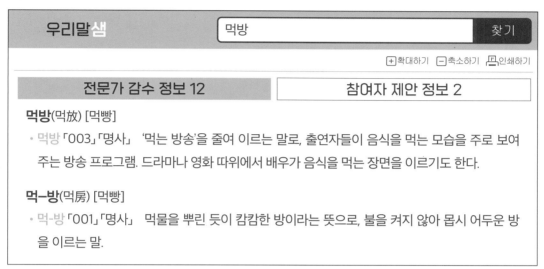

→ '우리말샘(https://opendict.korean.go.k)'에서 '먹방'을 검색한 결과.
　우리가 흔히 사용하는 '먹방'('003」)의 뜻이 나온다.
　표준국어대사전에는 그림 아래쪽에 제시된 '먹방'('001」)만 나온다.

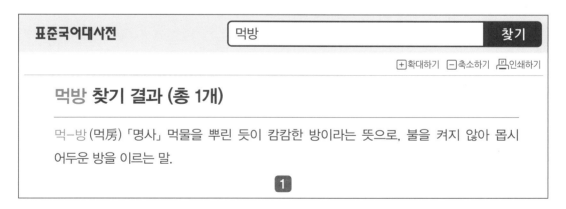

'우리말샘'이란?
　일반 사용자가 어휘를 등록하고 편집할 수 있는 사용자 참여형 온라인 국어사전. 일반어, 북한어, 신조어, 방언, 옛말 등이 등재되어 있다. 국립 국어원에서 2016년 10월 5일에 개통하여 시범 운영 중이다. 우리말의 쓰임이 궁금하여 국어사전을 찾을 때 그동안 간행된 사전들은 여러 가지 제약이 있어 정보를 압축하여 제한적으로 수록하였기 때문에 사전을 찾아도 정보가 없어서 아쉬움을 느낄 때가 있다. 이러한 문제점을 극복하고자 하는 의도로 만들어졌고, 한국어를 사용하는 우리 모두가 주체가 되어 예전에 사용되었거나 현재 사용되고 있는 어휘를 더욱 다양하고 알기 쉽게 수록하고자 하였다.

3 같은 형태나 뜻이 많은 단어 중에서 찾는 법

(1) 동음이의어 중에서 필요한 단어 찾기

모르는 단어를 사전에서 찾았는데 **형태가 똑같은 단어가 여러 개 있는 경우**도 있어요. '아르바이트 자리는 구인 광고지나 아르바이트 구인 사이트 등을 통해 알아볼 수 있다.'라는 문장을 읽다가 '구인'이라는 단어의 뜻이 궁금해서 온라인 사전인 표준국어대사전에서 '구인'을 검색해 보는 경우를 가정해 볼게요. 종이 사전에서는 'ㄱ → ㅜ → ㅇ → ㅣ → ㄴ'의 순서로 찾아가야 하는 것을 알고 있지요? 그런데 '구인¹'부터 '구인¹⁴'까지, '구인'이라는 단어가 무려 14개나 나와요. 다음은 그 일부예요.

→ 온라인 '표준국어대사전'에서 '구인'을 검색한 결과의 일부.
 '구인'이라는 형태가 같은 단어 14개가 제시되고 있음을 알 수 있다.

종이 사전은 모든 단어를 다 실을 수 없기 때문에 대부분 이보다 적게 나오겠지만 적어도 2개 이상은 나올 거예요. 왜 이런 일이 일어났을까요? 그것은 우리말에는 **뜻이 다른 데도 우연히 소리가 같아진 말**이 있기 때문이에요. 이런 말을 **'동음이의어'**라고 해요. 이렇게 같은 단어가 여러 개 나올 때는 그 단어가 사용된 문장이나, 그 문장의 앞뒤 내용에 어울리는 것을 찾으면 돼요. '아르바이트 자리는 구인 광고지나 아르바이트 구인 사이트 등을 통해 알아볼 수 있다.'라는 문장은 아르바이트 자리를 찾는다는 내용이니, 이와 가장 관련이 깊은 것은 구인³의 '일할 사람을 구함.'이네요. 이 뜻을 넣어 보니 '구인 광고지'는 '일할 사람을 구하는 광고지'라는 뜻이고, '아르바이트 구인 사이트'는 '임시로 일을 할 사람을 구하는 사이트'라는 뜻이라는 것을 알 수 있어요. 그리고 구인¹이나 구인², 구인⁴ 등은 모두 아르바이트라는 것과 아무런 상관이 없는 것들임을 알 수 있어요. 이렇게 **앞뒤 내용을 통해 단어의 뜻을 파악하는 것**을 '문맥'에 따라 찾는다고 한답니다.

이처럼 동음이의어가 생기는 이유는 대부분 한자어 때문이에요. 즉 한자어는 다른데 우리말로 소리가 똑같이 나는 것이 많기 때문이죠. '구인'도 찾기 결과의 단어 옆을 자세히 보면 한자가 적혀 있는데, 이 한자가 모두 다르다는 것을 알 수 있어요. 여러 동음이의어 중에서 문맥에 맞는 단어를 찾았으면 그 단어의 한자도 함께 보는 것이 좋아요. 우리말의 단어 중 많은 부분이 한자어이므로 이런 방법으로 한자어를 익히면 국어 공부에 큰 도움이 됩니다.

(2) 다의어 중에서 정확한 뜻 찾기

동음이의어와 달리 **하나의 단어에 뜻이 여러 개인 경우**도 있어요. '할 일이 산더미 같은데 손이 너무 부족해서 걱정이다.'라는 문장의 '손'을 찾아볼까요? 일단 동음이의어가 여러 개 나올 거예요. 그런데 각 단어의 첫 번째 뜻을 살펴보면 손¹이 문맥에 어울리는 단어라는 것을 어렵지 않게 알 수 있어요. 그런데 손¹을 보니 뜻이 여섯 개나 돼요.

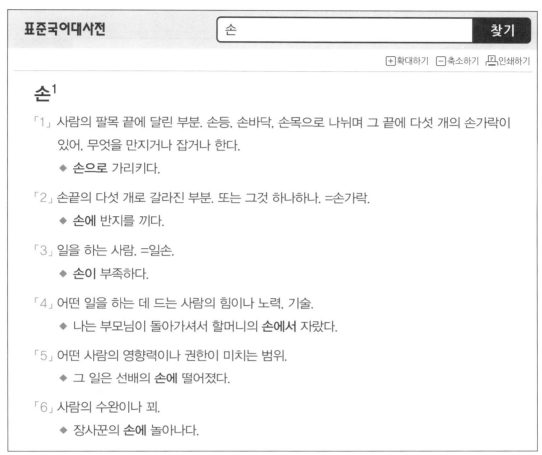

→ 온라인 '표준국어대사전'에서 '손¹'을 검색한 결과의 일부.
'손¹'의 6가지 뜻이 나타나 있고, 각 뜻 아래에 예문이 제시되어 있다.

동음이의어는 소리는 같으나 뜻이 다른 단어를 말하는 것이구나.

다의어는 두 가지 이상의 뜻을 가진 단어를 말하는 것이구나.

위의 내용은 온라인 '표준국어대사전' 기준이고, 종이 사전의 경우 사전에 따라 뜻의 개수가 더 적을 수도 있어요. 그리고 뜻풀이 앞에 붙은 「1」 기호도 사전 별로 '1' 이나 '①'과 같이 다르게 표시될 수 있는데, 이런 내용은 사전 맨 앞에 나오는 '일러두기'라는 부분을 읽으면 알 수 있어요.

이렇게 뜻이 여러 개인 단어를 **다의어**라고 해요. 다의어도 동음이의어와 마찬가지로 단어가 사용된 문맥을 통해 가장 적절한 뜻을 찾아내야 해요. '할 일이 많은데 손이 너무 부족해서 걱정이다.'에서 할 일이 많은데 손이 부족하다고 하였으므로, 문맥상 '손'이 「3」 일을 하는 사람.'이라는 뜻으로 사용되었다는 것을 알 수 있어요. 이를 '**문맥적 의미**'라고 해요. 그리고 어떤 단어의 문맥적 의미는 국어사전에 뜻별로 제시된 **예문을 통해서도 짐작할** 수 있어요. 이처럼 여러 가지 뜻 중에서 자신이 찾는 단어의 문맥적 의미를 골라내는 연습을 계속하면 단어를 정확하게 사용하여 자신의 생각을 더 잘 밝힐 수 있어요.

4 국어사전 활용법

국어사전은 단어의 뜻만 알려주는 것은 아니에요. 뜻과 함께 그 **단어와 관련된 여러 가지 정보를 제공**하고 있어요. '길짐승'이라는 단어를 한번 살펴볼까요? 아래에서는 국립 국어원의 온라인 '표준국어대사전'을 예로 들었지만 대부분의 종이 사전도 비슷한 구성을 지니고 있어요.

ⓐ : '길짐승'이 '길'과 '짐승'이라는 두 단어를 합쳐서 만들어진 것임을 알려 줘요. 만약 한자어라면, 한자도 알려 줘요.

ⓑ : '길짐승'의 발음이 [길찜승]임을 알려 줘요.

ⓒ : '길짐승'이 '날짐승'과 관련이 있는 단어임을 알려 줘요. 참고로, '날짐승'은 '길짐승'과 반대되는 뜻을 지닌 단어입니다.

ⓓ : '길짐승'이 형태가 변하지 않으며 사물의 이름을 나타내는 단어(명사)임을 알려 줘요.

ⓔ : '길짐승'의 뜻을 자세하게 알려 줘요.

ⓕ : '길짐승'과 아주 비슷한 뜻을 지닌 단어를 알려 줘요. 다만, 비슷한 뜻을 지닌 단어가 없으면 나타나지 않아요.

ⓖ : '길짐승'이 어떤 식으로 사용되는지를 예문을 통해 알려 줘요.

이 외에도 모양이 바뀌는 단어는 바뀌는 모양을 제시하기도 하고, 단어를 사용할 때 필요한 조건을 제시하기도 하며, 비슷한 말이나 해당 단어가 들어가는 속담, 관용구 등을 알려 주기도 해요. 그러니 사전만 제대로 활용해도 단어와 관련된 정보를 많이 알 수 있어요. 그런 것을 함께 배우면 자신이 찾아본 단어를 더 정확하게 사용할 수 있으므로 자신이 말을 하거나 글을 쓸 때에도 상대방에게 전달하고자 하는 내용을 더 잘 표현할 수 있겠죠?

국어사전은 이처럼 여러 가지 정보를 가지고 있는 보물창고랍니다. 그러니 국어사전을 여러분의 친구로 여기고 궁금한 단어가 있을 때마다 바로바로 찾아보는 습관을 기르도록 해요.

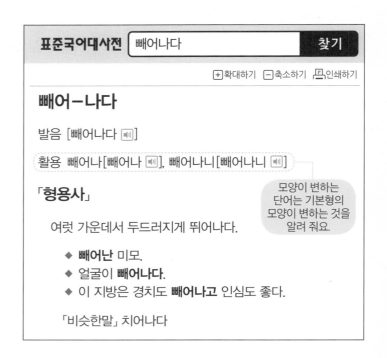

초등 문해력

일3공

문해력

최상위 비문학

상위
일프로 **3**회독 **공**부법

사회·문화 편
초등 5, 6학년~
예비 중학 추천 과정

정답과 해설

빠른 정답 체크

I 나열 구조

01 공정한 선거를 위한 제도와 기관
2 공정한 선거
3 선거 관리 위원회

1문단 보통 / 평등 / 직접 / 비밀
4 ①㉠ ②㉣ ③㉢ ④㉡ ⑤㉤
2문단 선거구 법정주의
5 ①㉢ ②㉡ ③㉣ / ㉠
3문단 선거 공영제
6 ①㉢ ②㉡ ③㉣ ④㉠ / ㉡
4문단 선거 관리 위원회
7 ①㉢ ②㉠ ③㉡ ④㉣ / ㉤

8 ③ 9 ③

02 자산 관리 방법
2 자산 관리
3 주식 / 보험

1문단 자산 관리
4 ①㉢ ②㉠ / ㉡ ③㉣ ④㉤
2문단 예적금
5 ①㉡ ②㉠ ③㉣ ④㉢ ⑤㉤
3문단 주식 / 펀드
6 ①㉢ ②㉥ ③㉡ ④㉣ ⑤㉠ / ㉦
4문단 보험 / 연금
7 ①㉡ ②㉤ ③㉢ ④㉣ / ㉠

8 ② 9 ① 10 ④

03 사이버 공간의 특성과 문제
2 사이버 공간
3 사생활 침해

1문단 개방성 / 자율성 / 익명성
4 ①㉡ ②㉣ ③㉢ ④㉠ / ㉤
2문단 사생활 침해
5 ①㉣ ②㉠ ③㉡ ④㉢ ⑤㉤
3문단 인터넷 중독
6 ①㉥ ②㉢ ③㉣ ④㉠ ⑤㉢ / ㉡
4문단 사이버 폭력
7 ①㉢ ②㉡ ③㉣ ④㉤ ⑤㉠ / ㉥

8 ③ 9 ⑤

04 헌법이 보장하는 기본권
2 기본권
3 자유 / 청구

1문단 기본권
4 ①㉠ ②㉡ ③㉢ ④㉤ ⑤㉣
2문단 평등권 **3문단** 자유권
5 ①㉡ ②㉢ ③㉣ ④㉥ ⑤㉡ / ㉤
4문단 참정권 **5문단** 청구권
6 ①㉢ ②㉡ ③㉣ ④㉤ ⑤㉠
6문단 사회권 **7문단** 제한
7 ①㉢ ②㉤ ③㉣ ④㉡ / ㉠

8 ⑤ 9 ⑤ 10 ③

II 비교·대조 구조

01 합리적 소비와 윤리적 소비
2 합리적 소비 / 윤리적 소비
3 비용 / 환경

1문단 소비
4 ①㉠ ②㉡ ③㉣ ④㉢ / ㉤
2문단 합리적 소비
5 ①㉢ ②㉣ ③㉡ / ㉠ ④㉤
3문단 윤리적 소비
6 ①㉠ ②㉢ ③㉡ ④㉤
4문단 필요성
7 ①㉠ ②㉢ ③㉡ ④㉣ / ㉤

8 ② 9 ④

02 집단 사고와 집단 지성
2 집단 사고 / 집단 지성
3 개방성 / 방식

1문단 집단 사고 / 집단 지성
4 ①㉣ ②㉠ ③㉢ ④㉡ / ㉤
2문단 집단 사고 / 집단 지성
5 ①㉢ ②㉠ ③㉡ ④㉣ ⑤㉤
3문단 집단 사고
6 ①㉡ ②㉣ / ㉢ ㉥ ④㉤ / ㉠
4문단 집단 지성
7 ①㉥ ②㉡ ③㉠ ④㉢ / ㉣

8 ① 9 ①

03 카피라이트와 카피레프트
2 카피라이트 / 카피레프트
3 저작권법 / 공유

1문단 저작권
4 ①㉠ ②㉤ ③㉢ ④㉡ / ㉣
2문단 저작권법
5 ①㉡ ②㉢ ③㉥ ④㉦ ⑤㉠ / ㉣
3문단 공유
6 ①㉢ ②㉡ ③㉠ ④㉣ / ㉤
4문단 기본 원칙
7 ①㉠ ②㉣ ③㉤ ④㉡ ⑤㉢ / ㉣

8 ② 9 ①

04 수요와 공급에 따른 가격 결정
2 수요 / 공급
3 수요 / 공급

1문단 수요 / 공급
4 ①㉠ ②㉢ ③㉡ ④㉣ ⑤㉤
2문단 초과 수요
5 ①㉠ ②㉢ ③㉡ / ㉣ ④
3문단 초과 공급
6 ①㉢ ②㉡ ③㉠ ④㉣
4문단 균형 가격
7 ①㉡ ②㉠ ③㉣ ④㉢ ⑤㉤

8 ③ 9 ①

III 사례 구조

01 살기 좋은 도시로의 변화
2 도시 / 노력
3 쿠리치바 / 순천시

1문단 도시
4 ①㉠ ②㉤ ③㉣ ④㉢ ⑤㉡
2문단 쿠리치바
5 ①㉠ ②㉡ ③㉥ ④㉣ ⑤㉢
3문단 채터누가
6 ①㉠ ②㉣ ③㉢ ④㉤ ⑤㉡
4문단 순천시
7 ①㉡ / ㉠ ③㉣ ④㉥ ⑤㉤

8 ② 9 ④ 10 ①

02 문화 차이를 고려한 판매 전략
2 문화 차이
3 실패 / 실패 / 성공

1문단 문화 / 판매 전략
4 ①㉡ ②㉣ ③㉢ / ㉠ ④ / ㉢
2문단 패스트푸드
5 ①㉢ ②㉠ ③㉣ ④㉣ / ㉡
3문단 스포츠용품
6 ①㉢ ②㉡ ③㉠ ④㉣ / ㉤
4문단 인형
7 ①㉢ ②㉡ ③㉢ ④㉣ / ㉠

8 ⑤ 9 ③

03 재판의 이해
2 재판
3 민사 재판 / 형사 재판

1문단 민사 / 형사
4 ①㉢ ②㉡ ③㉥ ④㉡ ⑤㉣
2문단 민사 재판
5 ①㉡ ②㉣ ③㉣ ④㉢ ⑤㉤
3문단 형사 재판
6 ①㉡ ②㉣ ③㉢ ④㉥ ⑤㉠ / ㉣
4문단 재판 / 종류
7 ①㉢ ②㉡ ③㉠ ④㉣ ⑤㉤

8 ⑤ 9 ⑤ 10 ②

04 뉴미디어가 대중문화에 미친 영향
2 뉴 미디어
3 스낵 컬처 / 덕후

1문단 대중문화
4 ①㉣ ②㉠ ③㉢ ④㉡ / ㉤
2문단 뉴 미디어
5 ①㉢ ②㉡ ③㉠ ④㉣ / ㉡
3문단 스낵 컬처
6 ①㉢ ②㉡ ③㉣ ④㉤ ⑤㉠ / ㉡
4문단 덕후
7 ①㉡ ②㉠ ③㉣ ④㉢ / ㉠

8 ④ 9 ③ 10 ①

초등 **일3공**
문해력
최상위 비문학

상위
일프로 **3**회독 공부법

사회·문화 편

I 01 공정한 선거를 위한 제도와 기관

1 예시답안 저는 이 글의 내용 중 선거 관리 위원회에서 선거에 관한 다양한 홍보 활동을 한다는 부분이 가장 흥미로웠습니다. (※글에 등장한 내용을 언급한 경우는 모두 정답입니다.)

2 공 정 한 선 거

3

공정한
선거를 위한
제도와 기관

— 선거구 법정주의

— 선거 공영제

— 선 거 관 리
위 원 회

1문단 중심 내용 보통 / 평등 / 직접 / 비밀

4 1 ㉠

2 ㉣

3 ㉢

4 ㉤

5 ㉥

2문단 중심 내용 선거구 법정주의

5 1 ㉢

2 ㉡

3 ㉤

4 ㉣ / ㉠

3문단 중심 내용 선거 공영제

6 1 ㉤

2 ㉣

3 ㉢

4 ㉠ / ㉡

4문단 중심 내용 선거 관리 위원회

7 1 ㉤

2 ㉢

3 ㉡

4 ㉠ / ㉣

8 ③

정답 해설

③ 3문단에서 후보자들에게 경제력과 관계없이 선거 운동의 기회를 보장할 수 있도록 하는 것이 선거 공영제라고 하였다. 따라서 후보자들의 경제력은 당락에 영향을 미치지 않아야 하는 것이며, 이를 위해 선거 비용의 일부를 지원하는 선거 공영제가 필요한 것임을 알 수 있다.

오답 해설

① 1문단에서 선거를 민주적으로 치르기 위해서는 보통 선거, 평등 선거, 직접 선거, 비밀 선거의 원칙을 지키는 것이 중요하다고 하였다. 따라서 네 가지 원칙은 민주적 선거가 갖추어야 할 기본 원칙에 해당한다.

② 2문단에서는 선거구 법정주의를 설명하고 있다. 누군가의 마음대로 선거구를 바꿀 수 있다면 특정 후보에게 유리할 수도 있고, 불리할 수도 있다고 하면서 선거구 법정주의의 필요성을 설명하였다. 이를 통해 특정 개인이 선거구를 나누었을 때 공정한 선거가 이루어지지 않을 수 있음을 알 수 있다.

④ 3문단에서는 선거 공영제를 설명하고 있다. 후보자에게 선거 비용을 지원하는 비율에서 득표율이 10% 이상 15% 미만인 경우 선거 비용의 절반을 지원한다고 하였다. 이는 당선인과 낙선인을 고려하지 않고 득표율로만 판단한다고 하였으므로 득표율이 13%인 낙선인에게 선거 비용의 절반을 지원한다.

⑤ 2문단에서 선거구는 일반적으로 인구수와 행정 구역, 지리적 조건 등에 따라 나눈다고 하였다. 또한 선거구 법정주의는 국회에서 미리 정한 법률에 따라 선거구를 정하는 것이라고 하였다. 따라서 지역 상황을 고려하여 국회에서 미리 정한 법률에 따라 선거구를 나누는 것이 선거구 법정주의임을 알 수 있다.

9 ③

정답 해설

③ ⓒ은 유권자에게 특정 후보를 뽑아 달라고 하는 행동이다. [A]에 따르면 선거 관리 위원회는 정치적 중립을 유지해야 하므로 특정 후보를 뽑아 달라고 하는 행동을 해서는 안 된다. 따라서 투표에 참여하지 않는 유권자에게 특정 후보에게 투표할 것을 호소하는 것은 선거 관리 위원회의 역할로 적절하지 않다.

오답 해설

① [A]에서 선거 관리 위원회는 선거 운동 등을 포함한 선거 전체 과정에서 선거에 관한 법률을 어기거나 선거의 공정성을 해치는 행위를 단속한다고 하였다. ㉠은 선거의 공정성을 해치는 행위에 대해 감시하고 단속을 펼치는 것이므로, 선거 관리 위원회의 역할로 적절하다.

② [A]에서 선거 관리 위원회는 후보자 등록, 투표 및 개표 등 선거 전체를 공정하게 진행하는 역할을 한다고 하였다. ㉡은 후보자 등록, 투표 및 개표 과정 등 선거를 진행해 당선인을 결정하는 것이므로, 선거 관리 위원회의 역할로 적절하다.

④ [A]에서 선거 관리 위원회는 선거 정보를 전달하는 역할을 한다고 하였다. ㉣은 유권자에게 후보자의 공약 등 선거 정보를 전달하고 후보자 토론회를 개최하는 것이므로, 선거 관리 위원회의 역할로 적절하다.

⑤ [A]에서 선거 관리 위원회는 유권자들이 선거에 참여하도록 하는 다양한 홍보 활동을 통해 선거에 대한 올바른 인식을 심어 준다고 하였다. ㉤은 유권자가 보다 적극적으로 투표할 수 있도록 다양한 방법으로 홍보 활동을 하는 것이므로, 선거 관리 위원회의 역할로 적절하다.

I 02 자산 관리 방법

1회독 [1~3]

1 예시 답안 저는 이 글의 내용 중 주식과 펀드의 차이점을 설명하는 부분이 가장 흥미로웠습니다.

2 자 산 관 리

3

자산 관리 방법
- 예적금
- 주 식 , 펀드
- 보 험 , 연금

2회독 [4~7]

1문단 중심 내용 자산 관리

4 1 ㉡
2 ㉠ / ㉡
3 ㉢
4 ㉣

2문단 중심 내용 예적금

5 1 ㉡
2 ㉠
3 ㉣
4 ㉣
5 ㉢

3문단 중심 내용 주식 / 펀드

6 1 ㉢
2 ㉣
3 ㉡
4 ㉣
5 ㉠ / ㉤

4문단 중심 내용 보험 / 연금

7 1 ㉡
2 ㉣
3 ㉢
4 ㉣ / ㉠

3회독 [8~10]

8 ②

정답 해설

② 3문단에서 주식은 투자자가 회사의 주식을 직접 구매하여 주주가 된 후에, 배당금과 주식 가격 상승을 통해 이익을 얻는 것이라고 하였다. 따라서 주주가 구매한 주식 가격의 상승과 배당금을 통해 이익을 얻기를 기대한다는 설명은 적절하다.

오답 해설

① 1문단에서 자산 관리는 저축이나 투자에 대한 계획을 세우고 행하는 것이라고 하였다. 생애 동안 소득과 소비가 일정하지 않다는 것은 자산 관리의 필요성이다. 그러나 소비를 줄이는 것은 이 글에서 설명하고 있는 자산 관리와 관련이 없다. 따라서 자산 관리가 개인의 소비를 합리적으로 줄이면서 자산을 늘리는 것이라는 설명은 적절하지 않다.

③ 3문단에서 펀드는 자산 운용사가 투자자로부터 모은 큰 규모의 자금을 주식 등에 투자하는 것이라고 하였다. 따라서 투자자가 자산 운용사로부터

자금을 모아 투자하는 것이라는 설명은 적절하지 않다.

④ 4문단에서 보험은 사고에 따른 경제적 손해를 피하고자 하는 사람들이 보험 회사의 보험에 가입하여 미리 일정한 돈을 적립해 두고 사고가 일어났을 때 일정 금액을 받는 것이라고 하였다. 이는 가입자에게 사고가 일어날 경우 경제적 손해에 대비하는 것이다. 따라서 보험 상품에 가입하면 재해나 사고가 일어나는 것을 막을 수 있다는 설명은 적절하지 않다.

⑤ 4문단에서 연금은 노후의 안정적인 생활을 위해 청년기나 중년기에 번 소득의 일부를 미리 저축하고 노후에 정해진 돈을 받는 것이라고 하였다. 따라서 연금은 청년기나 중년기에 가입하는 것이므로 노후가 되어야 가입할 수 있다는 설명은 적절하지 않다.

9 ①

정답 해설

① <보기>에서 안전성은 원금을 잃지 않는 정도라고 하였다. [A]에서 정기 예금은 예금자가 일정한 기간 동안 돈을 찾아 쓰지 않겠다고 약속하며 원금을 맡기는 것인데, 일정 기간이 지난 다음에 원금과 약속된 이자를 돌려받는다고 하였다. 따라서 정기 예금은 원금을 잃지 않으므로 안전성이 높다.

오답 해설

② <보기>에서 유동성은 필요할 때 쉽게 현금으로 바꿀 수 있는 정도라고 하였다. [A]에서 요구불 예금은 예금자가 은행에 맡긴 돈 전체를 언제든지 찾아 쓸 수 있는 예금이라고 하였으므로 유동성이 높다.

③ <보기>에서 유동성은 필요할 때 쉽게 현금으로 바꿀 수 있는 정도라고 하였다. [A]에서 정기 예금은 예금자가 일정한 기간 동안 돈을 찾아 쓰지 않겠다고 약속하며 원금을 맡기는 것이고, 정기 적금은 일정한 기간 동안 돈을 찾아 쓰지 않겠다고 약속하며 일정 금액씩 정기적으로 돈을 맡기는 것이라고 하였다. 따라서 두 상품은 필요할

때 쉽게 현금으로 바꿀 수 있는 유동성이 낮다.

④ <보기>에서 안전성은 원금을 잃지 않는 정도라고 하였다. [A]에서 요구불 예금은 예금자가 은행에 맡긴 돈 전체를 언제든지 찾아 쓸 수 있는 예금이라고 했는데, 여기서 돈 전체는 원금 전체를 의미한다. 정기 적금도 정기적으로 맡긴 돈에 대해 일정 기간이 지나면 원금과 약속된 이자를 돌려받는다고 하였다. 이를 통해 요구불 예금과 정기 적금은 원금을 잃지 않는다는 것을 알 수 있다. 따라서 두 상품 모두 안전성이 높다.

⑤ <보기>에서 수익성은 수익을 거둘 수 있는 정도라고 하였다. [A]에서 정기 적금은 요구불 예금에 비해 이자율이 높은 편이라고 하였다. 이자율은 은행이 돈을 맡긴 예금자에게 지불해야 하는 이자의 비율이므로 이자율이 높다는 것은 수익성이 높다는 뜻이다. 따라서 정기 적금이 요구불 예금에 비해 수익성이 높다는 설명은 적절하다.

10 ④

정답 해설

④ ㉣ '간접적'의 사전적 의미는 '중간에 매개가 되는 사람이나 사물 따위를 통하여 연결되는 것.'이다. '실제적이고 세밀한 부분까지 담고 있는 것.'은 '구체적'의 사전적 의미이다.

오답 해설

① ㉠ '합리적'의 사전적 의미는 '이론이나 이치에 합당한(꼭 알맞은) 것.'이다.

② ㉡ '대표적'의 사전적 의미는 '어떤 분야에서 무엇을 대표할 만큼 전형적이거나 특징적인 것.'이다.

③ ㉢ '정기적'의 사전적 의미는 '기한이나 기간이 일정하게 정하여져 있는 것.'이다.

⑤ ㉤ '안정적'의 사전적 의미는 '바뀌어 달라지지 아니하고 일정한 상태를 유지하게 되는 것.'이다.

I 03 사이버 공간의 특성과 문제

1회독 [1~3]

1 **예시 답안** 저는 이 글의 내용 중 사이버 공간에 몰입하는 시간이 점점 길어지거나 더 자극적인 것을 찾게 되는 것이 내성이라는 부분이 가장 흥미로웠습니다.

2 사 이 버 공 간

3

사이버 공간의 특성과 문제 ─┬─ 사 생 활 침 해
　　　　　　　　　　　├─ 인터넷 중독
　　　　　　　　　　　└─ 사이버 폭력

2회독 [4~7]

1문단 중심 내용 개방성 / 자율성 / 익명성

4 **1** ㉡
　2 ㉣
　3 ㉢
　4 ㉠ / ㉤

2문단 중심 내용 사생활 침해

5 **1** ㉣
　2 ㉠
　3 ㉡
　4 ㉢
　5 ㉤

3문단 중심 내용 인터넷 중독

6 **1** ㉯
　2 ㉤
　3 ㉣
　4 ㉠
　5 ㉢ / ㉡

4문단 중심 내용 사이버 폭력

7 **1** ㉣
　2 ㉡
　3 ㉲
　4 ㉢
　5 ㉠ / ㉯

8 ③

정답 해설

③ 1문단에 따르면 사이버 공간의 특성 중 자신이 어떤 정보를 어떻게 활용할 것인지를 자유롭게 선택할 수 있는 것은 개방성이 아니라 자율성이다. 개방성은 누구에게나 차별 없이 열려 있고 동등한 입장에서 정보를 주고받거나 공유할 수 있는 것이다.

오답 해설

① 2문단에서 개인 정보는 이름, 주민 등록 번호, 직업, 주소, 전화번호 등 개인에 대해 알 수 있는 모든 정보를 뜻한다고 하였다. 또한 사이버 공간에 공개된 개인 정보가 잘못 활용되면 범죄에 악용될 수도 있다고 하였다.

② 4문단에서 사이버 공간에서는 다른 사람에 대해 비방하거나 잘못된 정보를 퍼뜨리면 순식간에 공유되어 퍼지기도 하고 오래도록 남기도 한다고 하였다.

④ 4문단에서는 사이버 폭력의 대표적인 예로 언어폭력을 설명하고 있다. 언어폭력은 상대방에게 욕설이나 인신공격적인 말을 하는 것이라고 하였다.

⑤ 3문단에서 인터넷 중독은 주로 누리 소통망이나 게임을 하고자 하는 마음을 절제하지 못하여 집착하는 것으로 나타난다고 하였다. 이 때문에 현실을 소홀히 하거나 일상생활에 영향을 받는 병적 상태가 되는 것이 인터넷 중독이라고 하였다.

9 ⑤

정답 해설

⑤ [가]는 A가 누리 소통망(SNS)에 올린 사진을 '누군가'가 인터넷상에서 몰래 사용하고, 이름과 신상 정보 등의 개인 정보도 함께 퍼뜨려 A가 피해를 입게 되었다는 내용으로, 이는 누리 소통망에 올린 정보가 인터넷상에 퍼져 피해를 본 사례인 사생활 침해에 해당한다. 그런데 [나]는 B가 누리 소통망을 하는 시간이 계속 늘면서 내성과 금단 증상까지 보이게 된 인터넷 중독 사례로, 누리 소통망에 올린 정보가 인터넷상에 퍼져 피해를 본 사례에는 해당하지 않는다.

오답 해설

① [가]에서 ○○ 학교의 인터넷 게시판에 '누군가'는 A의 사진과 개인 정보를 퍼뜨렸고, '일부 학생들'은 특정 학생에 대한 욕설의 글을 올렸다. 1문단에서 사이버 공간의 익명성은 자신의 신분이나 정체성을 밝히지 않고 활동할 수 있는 것이라고 하였는데, ○○ 학교의 인터넷 게시판 또한 자기 이름을 밝히지 않고 소통하는 익명성이 있는 공간이다. 따라서 '누군가'나 '일부 학생들'의 행위는 익명성을 악용한 사례로 볼 수 있다.

② 4문단에서 단체 대화방에서 여러 친구가 한 친구에게 끊임없이 욕설이나 인신공격적인 말을 하는 것은 언어폭력, 한 친구만 따로 떼어 멀리하는 것은 사이버 따돌림이라고 하였다. 또한 사이버 공간에서 다른 사람에 대해 비방하는 것은 명예 훼손으로 이들 모두 사이버 폭력에 해당한다고 하였다. [가]에서 A의 외모를 평가하거나 조롱하는 댓글에는 언어폭력과 명예 훼손이 나타나고, 특정 학생에 대해 욕설을 한 글에는 언어폭력과 사이버 따돌림이 나타난다.

③ 3문단에서 사이버 공간에 몰입하는 시간이 점점 길어지는 것을 내성이라고 한다고 하였다. 따라서 [나]에서 B가 누리 소통망을 하며 인터넷을 사용하는 시간이 점점 길어지며 식사를 거르게 된 것은, 인터넷을 더 오래 해야 만족하게 되는 내성이 생겼기 때문이라고 볼 수 있다.

④ 3문단에서 인터넷을 하지 않을 때 우울하거나 초조하다가 인터넷을 하게 되었을 때 그러한 현상이 사라지는 것을 금단 증상이라고 한다고 하였다. [나]에서 B가 누리 소통망을 하지 않으면 마음이 불안해져 신경질적으로 행동하는 것은 금단 증상으로 볼 수 있다. 금단 증상은 인터넷 중독에 포함된다.

Ⅰ 04 헌법이 보장하는 기본권

1 **예시 답안** 저는 이 글의 내용 중에서 국가에 인간다운 생활을 요구할 수 있는 권리인 사회권에 대한 내용이 가장 흥미로웠습니다.

2 기 본 권

3

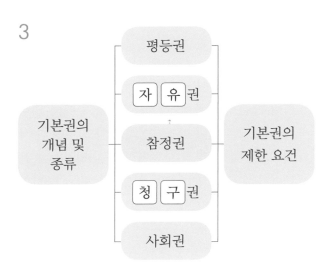

1문단 중심 내용 기본권

4 1 ㉠

  2 ㉡

  3 ㉢

  4 ㉤

  5 ㉣

2문단 중심 내용 평등권
3문단 중심 내용 자유권

5 1 ㉣

  2 ㉠

  3 ㉢

  4 ㉃

  5 ㉡ / ㉤

4문단 중심 내용 참정권
5문단 중심 내용 청구권

6 1 ㉢

  2 ㉃

  3 ㉣

  4 ㉤

  5 ㉡ / ㉠

6문단 중심 내용 사회권
7문단 중심 내용 제한

7 1 ㉢

  2 ㉤

  3 ㉣

  4 ㉡ / ㉠

8 ⑤

정답 해설

⑤ 7문단에 따르면, 국민의 기본권은 국가 안전 보장, 질서 유지, 공공복리를 위해 필요한 경우에만 법률로써 제한할 수 있다. 따라서 질서 유지를 위해 기본권을 제한할 수는 있지만 이 경우에도 법률에 의해서만 제한할 수 있다. 따라서 공무원이 질서 유지를 위해서라도 법률 없이 국민의 기본권을 제한할 수는 없다.

오답 해설

① 1문단에서 기본권은 헌법에 규정하여 보장하고 있다고 설명하였다. 그리고 4문단에 따르면, 국민의 대표를 뽑는 선거권은 기본권 중의 하나인 참정권에 해당하는 권리이다. 따라서 선거권은 헌법에 규정되어 있다는 것을 알 수 있다.

② 6문단에서 쾌적한 환경에서 생활할 권리는 사회권에 해당한다고 설명하였다. 사회권은 헌법에 규정되어 있는 기본권의 하나이므로 우리나라 국민 모두가 지니고 있는 권리이다. 깨끗한 공기를 마실 수 있는 권리는 쾌적한 환경에서 생활할 권리라고 할 수 있으므로 우리나라 국민은 모두 이런 권리를 지니고 있음을 알 수 있다.

③ 1문단에서 인간이면 누구나 당연히 누려야 할 권리를 인권이라고 하고, 헌법이 보장하는 기본적 인권을 기본권이라고 한다고 설명하였다. 따라서 인권이 기본권보다 넓은 개념임을 알 수 있다.

④ 3문단에서 우리나라 국민은 법률에 의하지 않고는 체포당하거나 구속당하지 않을 권리인 신체의 자유가 있다고 설명하였다. 이 신체의 자유는 기본권의 하나인 자유권에 해당한다. 따라서 법률에 의해서만 체포할 수 있도록 규정한 것은 자유권을 보장하기 위해서임을 알 수 있다.

9 ⑤

정답 해설

⑤ 제31조 ①의 '모든 국민은 능력에 따라 균등하게 교육을 받을 권리를 가진다.'는 교육을 받을 권

리를 말한다. 6문단에서 사회권은 국가에 인간다운 생활을 요구할 수 있는 권리를 말하고, 교육받을 권리는 사회권에 해당한다고 설명하였다. 따라서 제31조는 기본권 중에서 사회권에 해당한다.

10 ③

정답 해설

③ ㉠은 대표를 뽑는 투표를 하러 가는 상황이므로 선거권에 해당하는 사례이다. 4문단에 따르면 대표를 뽑는 선거권은 참정권에 속하는 권리이다.

㉡은 옆집 개에게 물린 것에 대한 치료비를 달라는 손해 배상 재판을 청구하는 상황이다. 5문단에 따르면 재판을 청구할 권리는 청구권에 해당하는 권리이다.

㉢은 웹툰 작가가 요리사라는 직업도 가지고 있는 상황으로, 직업 선택의 자유에 해당하는 사례이다. 3문단에 따르면 직업 선택의 자유는 자유권에 속하는 권리이다.

㉣은 경제적으로 어려운 처지에 있는 노인에게 국가가 최저 생계비를 지원하는 상황이므로, 가난한 사람들에게 최소한의 인간다운 삶에 필요한 것을 지원하는 사회 보장을 받을 권리에 해당하는 사례이다. 6문단에 따르면 사회 보장을 받을 권리는 사회권에 속하는 권리이다.

II 01 합리적 소비와 윤리적 소비

1 **예시 답안** 저는 이 글의 내용 중 소비 활동을 할 때에 사회나 환경에 미칠 영향까지 생각해야 한다는 부분이 가장 흥미로웠습니다. (※글에 등장한 내용을 언급한 경우는 모두 정답입니다.)

2 합리적 소비 /
  윤리적 소비

3

소비의 개념과
소비에서 선택의 문제

비용과 편익을
고려한 합리적 소비

환경이나 사회를
고려한 윤리적 소비

윤리적 소비의
한계와 필요성

1문단 중심 내용 소비

4 ① ㉠
  ② ㉡
  ③ ㉣
  ④ ㉢ / ㉤

2문단 중심 내용 합리적 소비

5 ① ㉢
  ② ㉣
  ③ ㉡ / ㉠
  ④ ㉤

3문단 중심 내용 윤리적 소비

6 ① ㉥
  ② ㉠ / ㉢
  ③ ㉡ / ㉣
  ④ ㉤

4문단 중심 내용 필요성

7 ① ㉠
  ② ㉤
  ③ ㉡
  ④ ㉣ / ㉢

8 ②

정답 해설

② 2문단에서 상품의 비용이 같다면 편익이 큰 쪽을, 편익이 같다면 비용이 낮은 쪽을 선택해야 합리적 소비라고 하였다. 비용이 같은 짜장면과 짬뽕 중에서 짜장면을 선택했다면 짜장면이 짬뽕보다 편익이 컸기 때문이라고 볼 수 있다. 편익은 어떤 것을 선택할 때 얻는 이익이나 만족감을 뜻한다. 따라서 가격이 같은 둘 중 짜장면을 선택했다면 편익을 고려한 것이라고 할 수 있다.

오답 해설

① 1문단에서 교통, 의료, 교육, 문화 등은 서비스라고 하였으므로, 병원에서 진료를 받고 진료비를 낸 것은 재화가 아닌 서비스를 사서 이용한 것에 해당한다. 재화는 구체적인 물건을 가리키는 말로, 진료를 받는 것은 재화에 해당하지 않는다.

③ 2문단에서 기회비용은 어떤 하나를 선택함으로써 포기해야 하는 다른 것이 지닌 가치라고 하였다. 치킨과 피자 중 포기한 것은 피자이므로, 치킨이 아닌 피자가 주는 만족감이 기회비용이 된다.

④ 3문단에서 싼값의 질 좋은 물건을 사는 것은 합리적 소비이고, 환경을 파괴하는 기업의 문제 등을 막기 위해 윤리적 소비가 등장했다고 하였다. 폐수를 몰래 버리는 회사의 물건을 구매하지 않는 선택을 하는 것은 환경을 고려하는 소비에 해당하므로, 이는 합리적 소비를 실천하는 것이 아니라 윤리적 소비를 실천하는 것이다.

⑤ 4문단을 통해 윤리적 가치가 실현된 사회는 사회나 환경 등을 고려하는 윤리적 소비를 통해 이룬 사회임을 알 수 있다. 이러한 사회를 바란다면 보통의 상품이 아닌 친환경 상품을 사려는 노력이 있어야 한다.

9 ④

정답 해설

④ 3문단에서 윤리적 소비는 환경이나 사회 등을 생각하며 소비를 실천하는 것이라고 하였다.

<보기>에서 아보카도를 많이 사 먹으면 생산 지역 주민들이 현재 겪고 있는 물 부족 문제를 더 심각하게 겪게 될 것임을 알 수 있다. 그러나 아보카도가 많이 판매되었을 때 지역 주민들에게 도움이 된다는 내용은 나타나 있지 않다. 아보카도 생산 지역의 주민들이 겪는 물 부족 문제를 고려하여 아보카도를 덜 사거나 아예 사지 않는 것이 ⓒ의 윤리적 소비 입장에서 보일 수 있는 반응일 것이다.

오답 해설

① 2문단에서 상품의 편익이 같다면 비용이 낮은 쪽을 선택하는 것이 합리적 소비라고 하였다. 만족감이 비슷한 다른 과일에 비해 가격이 합리적인지 판단해 보는 것은, 편익이 같을 때 비용이 낮은지를 고려하는 것이므로 ㉠의 합리적 소비 입장에서 보일 수 있는 반응으로 적절하다.

② 2문단에서 상품의 비용이 같다면 편익이 큰 쪽을 선택하는 것이 합리적 소비라고 하였다. <보기>에서는 아보카도가 다양한 영양소를 지니고 있으며, 각종 질병을 예방해 주는 효과가 있다고 하였다. 이러한 아보카도의 편익이 비슷한 가격의 다른 과일에 비해 높은지를 고려해서 구매를 결정하는 것은 ㉠의 합리적 소비 입장에서 보일 수 있는 반응으로 적절하다.

③ 3문단에서 윤리적 소비란 환경이나 사회에 미치게 될 영향까지 고려하여 소비를 실천하는 것이라고 하였다. 환경적인 면을 고려해서 아보카도를 소비하는 것이 바람직한지 생각해야 한다는 것은 ⓒ의 윤리적 소비 입장에서 보일 수 있는 반응으로 적절하다.

⑤ 4문단에서 현재의 윤리적 소비가 앞으로 살아갈 미래 세대의 세상을 결정짓게 될 것이라고 하였다. <보기>에서는 아보카도가 생산 및 유통 과정에서 지구 온난화의 원인인 이산화 탄소를 많이 발생시켜 환경 문제를 일으키고 있다고 하였다. 이러한 미래 세대와 환경 문제를 고려해야 한다는 반응은 ⓒ의 윤리적 소비 입장에서 보일 수 있는 반응으로 적절하다.

1 **예시 답안** 저는 이 글의 내용 중 집단 사고와 집단 지성의 차이점이 무엇인지 언급한 부분이 인상적이었습니다.

2 집 단 사 고 / 집 단 지 성

(순서는 관계 없음.)

3

공동의 의사 결정 과정에서 나타나는 집단 사고와 집단 지성

집단 사고는 잘못된 의사 결정을 일으킬 가능성이 큼.

집단 지성은 집단 구성원의 전문 분야가 다양하고, 개 방 성 이 높음.

집단 사고를 방지하고 집단 지성을 이루려면 의사소통 방 식 을 바꾸는 것이 방법이 될 수 있음.

1문단 중심 내용 집단 사고 / 집단 지성

4 ❶ ㄹ

❷ ㅁ

❸ ㄴ

❹ ㄱ / ㄷ

2문단 중심 내용 집단 사고 / 집단 지성

5 ❶ ㄹ

❷ ㄴ

❸ ㅁ

❹ ㄷ / ㄱ

3문단 중심 내용 집단 사고

6 ❶ ㄴ

❷ ㄹ / ㄷ

❸ ㅂ

❹ ㄱ / ㅁ

4문단 중심 내용 집단 지성

7 ❶ ㅁ

❷ ㄴ

❸ ㄱ

❹ ㄷ / ㄹ

8 ①

정답 해설

① 1문단에서 응집력이 강한 집단의 구성원들이 집단 사고를 하는 경향이 있다고 하였다. 따라서 응집력이 강한 집단의 구성원들이 의사 결정을 하게 되면 집단 사고를 할 가능성이 높으므로 집단 사고를 피할 가능성이 높다는 것은 이 글의 내용과 일치하지 않는다.

오답 해설

② 2문단에서 사소한 의사 결정의 경우에는 집단 사고가 시간을 절약하는 효과를 지닌다고 하였으므로 이 글의 내용과 일치한다.

③ 2문단에서 국가 정책과 같이 중대한 의사 결정을 할 때 집단 사고에 빠지면 사회에 큰 손실을 입히게 된다고 하였으므로 이 글의 내용과 일치한다.

④ 3문단에서 집단 지성을 발휘하는 집단의 경우 의사 결정에 참여하는 구성원들의 전문 분야가 각기 다르거나, 집단의 개방성이 높은 편이라고 하였으므로 이 글의 내용과 일치한다.

⑤ 1문단에서 집단 사고와 집단 지성은 모두 개인이 아닌 집단이 공동으로 의사를 결정해야 하는 상황에서 나타나는 현상이라고 하였으므로 이 글의 내용과 일치한다.

9 ①

정답 해설

① <보기>의 위키피디아 항목을 보면 '현재 이 문서는 특정 국가나 지역에 한정된 내용만을 다루고 있습니다. 다른 국가·지역에 대한 내용을 보충하여 문서의 균형을 맞추어 주세요.'라는 내용이 있다. 따라서 작성에 참여할 수 있는 국가와 지역을 한정하여 정보의 범위를 제한하였다는 이해는 적절하지 않다. 또한 이는 3문단에 제시된 위키피디아가 인터넷을 사용하는 사람이라면 누구나 항목 작성에 참여할 수 있고, 수정할 수 있다는 내용에도 어긋난다.

오답 해설

② 3문단에서 위키피디아의 정보는 누구나 수정할 수 있다고 하였으므로, 최후로 수정한 사람의 기록이 남는다. 위키피디아의 항목 하단을 보면 '마지막으로 편집'된 시점이 제시되어 있어 이 정보가 어느 시점의 정보인지를 확인할 수 있다.

③ 3문단에서 위키피디아는 인터넷을 사용하는 사람이라면 누구나 항목 작성에 참여할 수 있고, 수정할 수 있다고 하였다. 따라서 위키피디아에 제시된 '출처'로 찾아가 정보의 신뢰성을 확인해 보고, 정보의 신뢰성이 떨어지거나 거짓인 경우에는 내용을 수정할 수 있다.

④ 위키피디아에는 '내용에 대한 의견이 있으시면 토론 문서에서 나누어 주세요.'라고 언급되어 있다. 이는 3문단에 제시된 집단 구성원들의 전문 분야가 각기 다르거나 집단의 개방성이 높을 때와 같은 집단 지성의 효과를 지닌다고 할 수 있다. 따라서 위키피디아에 서로 견해가 다른 사람들 사이의 생각이 반영될 수도 있다는 설명은 적절하다.

⑤ 3문단에서 위키피디아는 인터넷을 사용하는 사람이라면 누구나 항목 작성에 참여할 수 있고, 수정할 수 있다고 하였다. 제시된 항목을 보면 누구나 [편집] 버튼을 누르고 내용을 편집하거나 보충할 수 있다는 것을 알 수 있다. 따라서 항목 작성에 참여하는 구성원의 성격이 폐쇄적이지 않음을 알 수 있다.

Ⅱ03 카피라이트와 카피레프트

1 **예시 답안** 저는 이 글의 내용 중 이용 허락 조건에 따라 이용자가 자유롭게 이용할 수 있는 자유 이용 허락 표시 저작물이 있다는 부분이 가장 흥미로웠습니다.

2 카 피 라 이 트 / 카 피 레 프 트

3

```
카피라이트          카피레프트
- 저작권의 개념       - 저작물을 공 유
                     해야 한다는 입장

저 작 권 법 의      자유 이용 허락 표시
구분                   저작물의
                     이용 허락 조건
```

1문단 중심 내용 저작권

4 **1** ㉠
  2 ㉢
  3 ㉡
  4 ㉢ / ㉣

2문단 중심 내용 저작권법

5 **1** ㉡
  2 ㉢
  3 ㉢
  4 ㉂
  5 ㉠ / ㉣

3문단 중심 내용 공유

6 **1** ㉢
  2 ㉡
  3 ㉢
  4 ㉠ / ㉣

4문단 중심 내용 기본 원칙

7 **1** ㉂
  2 ㉣
  3 ㉡
  4 ㉠
  5 ㉢ / ㉢

8 ②

정답 해설

② 1문단에서 저작권은 시, 음악, 미술 등과 같은 저작물을 창작한 사람의 권리라고 하였다. 이 권리는 저작자가 자신의 저작물을 일정한 방식으로 스스로 이용하거나 다른 사람들이 이용하는 것을 허락할 수 있는 권리이다.

오답 해설

① 2문단에서 저작 인격권은 저작자 자신에 관해 전속되는 권리이기 때문에 양도할 수 없고 저작자가 죽으면 사라진다고 하였다. 저작자가 살아 있는 동안과 사망 후 70년간 유지되는 권리는 저작 재산권이다. 따라서 저작 인격권이 사망 후 70년간 유지된다는 설명은 적절하지 않다.

③ 1문단에서 저작권은 누구에게나 주장할 수 있는 독점적 성격이 있으며 법으로 규정되어 있다고 하였다. 이는 저작권에 자유로운 사람은 없다는 의미이다. 따라서 저작권법에 저작권을 주장할 수 있는 사람과 저작권에 자유로운 사람이 규정되어 있다는 설명은 적절하지 않다.

④ 3문단에서 저작물의 공유 캠페인인 카피레프트를 주장하는 이들의 저작권에 대한 생각을 확인할 수 있다. 이들은 기본적으로 자신과 다른 사람의 저작권을 존중한다고 하였다. 따라서 모든 사람이 저작권을 동시에 소유해야 한다는 것은 그들의 생각과 일치하지 않는다.

⑤ 2문단에서 저작 재산권은 저작자의 저작물에 대한 모든 재산적 이익을 보호하는 권리라고 하였다. 또 다른 사람이 저작자의 저작물에 대해 복제, 공연, 공중 송신, 전시, 배포, 대여, 이차적 저작물 작성을 하려면 저작자의 허락을 받고 저작권료를 지불해야 한다고 하였다. 저작 재산권에 위배되지 않고 이차적 저작물을 작성하려면 저작자의 허락을 받아야 한다. 따라서 저작권료를 지불하면 저작자가 허락하지 않아도 저작 재산권에 위배되지 않는다는 설명은 적절하지 않다.

9 ①

정답 해설

① [A]에서 자유 이용 허락 표시 저작물을 사용하기 위해서는 이용 허락 조건에 따라 이용해야 한다고 하였다. <보기 1>의 라이선스와 이용 조건에서 확인할 수 있듯이 6가지 이용 허락 조건 모두 '저작권 정보 표시'를 포함하고 있다. 그러므로 모든 CCL 저작물 이용자는 저작물명, 저작자명, 출처, CCL 조건의 저작권 정보를 표시하고 이용해야 한다. 또한 <보기 2>의 [상황]에서 영희가 공유마당에서 다운받은 징글 벨(Jingle Bell) 악보에 '비영리'만 표시되어 있다고 하였다. [A]에 따르면 '비영리'는 재산상의 이익을 꾀하는 영리 목적으로 사용할 수 없다는 것이다. 철수는 악보를 연주 목적으로만 사용하기로 하였으므로, '비영리' 조건만 표시된 'CC BY NC'로 문자 표기를 표시해야 한다.

1회독 [1~3]

1 **예시 답안** 저는 이 글의 내용 중 수요와 공급
에 따라 가격이 결정된다는 부분이 가장 흥미로
웠습니다.

2 수 요 / 공 급

3

가격을 결정하는
수요와 공급의 개념

초과 수 요 에 따른
가격 변동과
거래량의 변화

초과 공 급 에 따른
가격 변동과
거래량의 변화

균형 가격과
균형 거래량

2회독 [4~7]

1문단 중심 내용 수요 / 공급

4 **1** ㉠

 2 ㉢

 3 ㉡

 4 ㉣

 5 ㉤

2문단 중심 내용 초과 수요

5 **1** ㉣

 2 ㉠

 3 ㉡ / ㉢

 4 ㉤

3문단 중심 내용 초과 공급

6 **1** ㉣

 2 ㉠

 3 ㉡

 4 ㉢ / ㉤

4문단 중심 내용 균형 가격

7 **1** ㉡

 2 ㉠

 3 ㉢

 4 ㉣

 5 ㉤

3회독 [8~9]

8 ③

정답 해설

③ 4문단에서 초과 수요가 발생하면 초과 수요가
없어질 때까지 상품 가격이 올라가고, 초과 공급
이 발생하면 초과 공급이 없어질 때까지 가격이
내려가면서, 수요량과 공급량이 조정된다고 하였
다. 따라서 초과 수요가 발생하면 가격이 올라가
면서 수요량과 공급량이 조정되지만, 초과 공급
이 발생하면 가격이 내려가면서 수요량과 공급
량이 조정되므로 둘 다 가격이 올라간다고 짐작
한 내용은 적절하지 않다.

오답 해설

① 2문단에서 배춧값이 오르면 공급자는 이윤을 얻
으려 공급량을 늘린다고 하였고, 3문단에서 배
춧값이 하락하면 공급자는 손해를 덜 보기 위해
공급량을 줄인다고 하였다. 이를 통해 공급자는
자신이 얻게 될 이윤이나 손해를 고려해서 공급
량을 조절한다는 것을 짐작할 수 있다.

② 1문단에서 시장에서의 가격은 상품을 만든 사람
이나 상품을 사고 싶어 하는 사람 각자가 원하는

대로 결정되는 것이 아니라고 하였다. 이는 수요와 공급에 따라 결정된 균형 가격이 공급자나 수요자가 원했던 가격이 아닐 수도 있음을 뜻한다. 따라서 균형 가격에서 거래가 이루어져도 공급자나 수요자가 그 가격에 만족하지 않는 상황도 있을 수 있음을 짐작할 수 있다.

④ 2문단에서 수요 곡선과 공급 곡선을 설명하면서 일반적으로 사람들은 상품의 가격이 낮으면 그 상품을 많이 사려고 하고, 상품의 가격이 높으면 덜 사려고 한다고 하였다. 또 3문단에서 가격이 오르면 공급량이 늘고 가격이 내려가면 공급량이 줄어든다고 하였다. 이를 바탕으로 상품의 가격이 오르면 수요가 줄고 공급이 늘 것임을 짐작할 수 있다.

⑤ 2문단에서 초과 수요가 발생하면 수요자들은 돈을 더 내서라도 배추를 사려고 경쟁하고, 그 결과 C의 배춧값이 계속 오르게 된다고 하였다. 또 3문단에서 초과 공급이 발생하면 공급자들은 가격을 낮춰서라도 남은 배추를 팔려고 경쟁을 하고, 그 결과 A의 배춧값이 계속 하락한다고 하였다. 이로 보아 수요자 간의 경쟁이나 공급자 간의 경쟁이 상품 가격의 변동에 영향을 줄 수 있음을 알 수 있다.

9 ③

정답 해설

③ 배춧값이 1,000원일 때, 공급량(②)은 20포기이고 수요량(⑩)은 100포기이므로 초과 수요가 발생한다. 2문단에서 시장에서 파는 배추의 양보다 배추를 사려는 사람의 수가 더 많아지면 수요자들은 돈을 더 내서라도 배추를 사려고 경쟁하고, 그 결과 C의 배춧값이 계속 오르게 된다고 하였다. 이러한 상황에서 공급자들은 이윤을 얻으려 공급량을 늘린다고 하였다. 따라서 배추를 사려는 수요자들이 늘어나 배춧값이 상승했을 때 공급자들이 ②보다 공급량을 줄일 것이라는 설명은 적절하지 않다.

오답 해설

① 3문단에서 수요량보다 공급량이 많아지면 초과 공급이 발생한다는 것과 <그림>의 초과 공급을 나타내는 선을 통해 초과 공급의 양은 공급량에서 수요량을 뺀 만큼임을 알 수 있다. 이는 <보기>에서 배춧값이 8,000원일 때, ⓒ의 수량(100포기)에서 ⓐ의 수량(20포기)을 뺀 만큼으로 80포기가 초과 공급의 양이다. 한편, 2문단에서 수요량이 공급량보다 많아지면 초과 수요가 발생한다는 것과 <그림>의 초과 수요를 나타내는 선을 통해 초과 수요의 양은 수요량에서 공급량을 뺀 만큼임을 알 수 있다. 이는 <보기>에서 배춧값이 1,000원일 때, ⑩의 수량(100포기)에서 ②의 수량(20포기)을 뺀 만큼으로 80포기가 초과 수요의 양이다.

② 배춧값이 8,000원일 때는 초과 공급이 발생한다. 3문단에서 초과 공급이 발생하면 공급자들은 가격을 낮춰서라도 남은 배추를 팔려고 경쟁을 하고, 그 결과 A의 배춧값이 계속 하락한다고 하였다. 따라서 가격을 낮춰서라도 배추를 팔려는 공급자들이 나타나 경쟁하면 배춧값은 ⓒ에서보다 하락할 것임을 알 수 있다.

④ 4문단에서 수요량과 공급량이 일치하는 지점, 즉 수요 곡선과 공급 곡선이 만나는 지점에서 거래되는 양을 균형 거래량이라 한다고 하였다. <보기>에서 ⓒ은 수요량과 공급량이 일치하는, 지점, 즉 수요 곡선과 공급 곡선이 만나는 지점이므로, ⓒ에서 거래되는 양이 균형 거래량이 된다.

⑤ 4문단에서 초과 수요가 발생하면 초과 수요가 없어질 때까지 상품 가격이 올라가고, 초과 공급이 발생하면 초과 공급이 없어질 때까지 가격이 내려간다고 하였다. 또 수요량과 공급량이 조정되고 수요량과 공급량이 일치하는 지점에서 균형 가격이 결정된다고 하였다. 따라서 <보기> 그래프에서 초과 공급이 발생한 ⓐ, ⓒ과 초과 수요가 발생한 ②, ⑩은 수요량과 공급량이 조정되는 과정을 통해 수요량과 공급량이 일치하는 ⓒ의 균형 가격에 이르게 됨을 알 수 있다.

01 살기 좋은 도시로의 변화

1 **예시 답안** 저는 이 글의 내용 중 브라질의 쿠리치바에서는 재활용 쓰레기를 가져오면 버스 승차권이나 먹을거리로 바꾸어 준다는 부분이 가장 흥미로웠습니다. (※글에 등장한 내용을 언급한 경우는 모두 정답입니다.)

2 도 시 / 노 력

3

살기 좋은 도시로 만들기 위한 노력

— 브라질의 쿠 리 치 바

— 미국의 채터누가

— 우리나라의 순 천 시

1문단 중심 내용 도시

4 ❶ ㉠
  ❷ ㉢
  ❸ ㉣
  ❹ ㉡
  ❺ ㉤

2문단 중심 내용 쿠리치바

5 ❶ ㉠
  ❷ ㉤

❸ ㉢
❹ ㉣
❺ ㉡

3문단 중심 내용 채터누가

6 ❶ ㉤
  ❷ ㉡
  ❸ ㉠
  ❹ ㉣
  ❺ ㉢

4문단 중심 내용 순천시

7 ❶ ㉢
  ❷ ㉡ / ㉠
  ❸ ㉣
  ❹ ㉥
  ❺ ㉤

8 ②

정답 해설

② 쿠리치바, 채터누가, 순천시의 사례에 살기 좋은 도시의 다양한 조건이 나타나 있지만, 이 글에서 세 도시의 전쟁이나 범죄율 등의 안전과 관련된 내용은 다루고 있지 않다. 따라서 살기 좋은 도시의 조건 중 ⓑ는 이 글에 나타나 있지 않다.

오답 해설

① 2문단의 쿠리치바 사례에서 재활용 센터의 쓰레기를 분류하는 일에 기초 생활 수급자를 고용함으로써 그들에게 일자리를 제공해 주고 자기 힘으로 살아갈 수 있도록 도움을 주었다고 하였다. 이는 사회적 소외 계층이 생활하기 편리하다는 것과 관련이 있다. 따라서 ⓐ는 이 글에 나타나 있는 살기 좋은 도시의 조건이다.

③ 2문단의 쿠리치바 사례에서 버스 전용 차로, 굴절 버스, 원통형 버스 정류장 등을 만들어 교통 문제를 해결하였음을 확인할 수 있다. 이는 교통 시설 등의 도시 기반 시설의 확충과 관련이 있다. 따라서 ⓒ는 이 글에 나타나 있는 살기 좋은 도시의 조건이다.

④ 3문단의 채터누가 사례에서 대기 오염 문제 해결과 경제 발전을 동시에 이루었다고 하였다. 또한 4문단의 순천시 사례에서 생태 관광지로 변화하는 과정 중에 일자리가 늘어나고 지역 경제가 활기를 띠게 되었다고 하였다. 따라서 ⓓ는 이 글에 나타나 있는 살기 좋은 도시의 조건이다.

⑤ 4문단의 순천시 사례에서 습지, 갯벌, 갈대밭 등이 아름다운 경관을 이루는 순천만을 이용한 정원으로의 개발 계획을 설명하고 있다. 이는 아름다운 자연환경을 갖추는 것이면서, 녹지로 개발하는 것이다. 따라서 ⓔ는 이 글에 나타나 있는 살기 좋은 도시의 조건이다.

9 ④

정답 해설

④ 4문단에서 ⓒ이 환경과 경제를 모두 생각하는 방향으로 개발된 것을 확인할 수 있다. 그러나 3문단에서 ⓒ도 환경 문제 해결과 경제 발전을 동시에 이룬 도시로 인정받게 되었다고 하였다. 따라서 ⓒ 역시 ⓒ과 마찬가지로 환경과 경제를 모두 고려하는 방향으로 개발되었으므로, ⓒ이 ⓒ과 다르다는 것은 적절하지 않은 설명이다.

오답 해설

① 2문단에서 ㉠에서는 버스 전용 차로를 만들고, 굴절 버스, 원통형 버스 정류장 등을 도입하였다고 하였다. 차량 3칸을 이어 많은 시민이 버스를 동시에 이용하면서도 출입문 5개를 두어 시민들이 빠르게 승하차를 할 수 있도록 하여 공회전을 줄이도록 한 것이다. 이를 통해 교통 문제를 친환경적으로 해결하였으므로 ㉠에 관한 적절한 설명이다.

② 3문단에서 ⓒ에서는 대기 오염을 해결하기 위해 공장에 배기가스를 줄이는 장치를 의무적으로 설치하게 하고, 시민들은 대중교통을 이용해 출

퇴근하게 하였다고 하였다. 이는 대기 오염을 줄이기 위해 공장과 시민들에게 일정하게 지켜야 하는 의무를 지게 하는 것이다. 따라서 ⓒ에 관한 적절한 설명이다.

③ 4문단에서 ⓒ에서는 순천만의 아름다운 경관을 활용하여 생태와 문화를 도시의 가치 기준으로 삼고 순천만을 이용한 개발 계획을 세웠다고 하였다. 이는 기존 자연환경의 장점을 이용하여 생태 관광지를 조성한 것이다. 따라서 ⓒ에 관한 적절한 설명이다.

⑤ ㉠은 교통 문제와 쓰레기 문제를 해결하는 과정에서 교통 시스템을 획기적으로 바꾸고 쓰레기의 처리 시스템을 바꾸면서 친환경적이고 살기 좋은 도시가 되었다. ⓒ은 대기 오염 문제를 해결하는 과정에서 공장과 시민들에게 의무를 지게 하고, 처리 방식 등을 바꾸면서 환경을 개선하고 경제가 발전한 도시가 되었다. ⓒ은 낙후된 도시 문제를 해결하기 위해 도시 개발 계획을 진행하는 과정에서 생태 관광지로 만들어 자연과 인간이 공존하는 삶의 질이 높은 도시가 되었다. 따라서 ㉠, ⓒ, ⓒ은 모두 도시에서 나타난 문제들을 해결하기 위한 정책을 펼쳐 살기 좋은 도시로 거듭난 사례로 볼 수 있다.

10 ①

정답 해설

① '도시에서의 삶의 질이 떨어지게 된다.'의 '떨어지다'는 '값, 기온, 수준, 형세 따위가 낮아지거나 내려가다.'의 의미이다. '갈수록 성적이 떨어져서 큰일이다.'의 '떨어지다' 역시 이와 같은 의미이다.

오답 해설

② '달렸거나 붙었던 것이 갈라지거나 떼어지다.'의 의미이다.

③ '병이나 습관 따위가 없어지다.'의 의미이다.

④ '해, 달이 서쪽으로 지다.'의 의미이다.

⑤ '시험, 선거, 선발 따위에 응하여 뽑히지 못하다.'의 의미이다.

1회독 [1~3]

1 <예시 답안> 저는 이 글의 내용 중 기업이 문화 차이를 고려하여 판매 전략을 마련한다는 점이 인상적이었습니다.

2 [문][화][차][이]

3

문화 차이를 고려한
판매 전략

판매 [실][패] 사례 ①
- 미국 패스트푸드
  회사의 브라질 진출

판매 [실][패] 사례 ②
- 독일 스포츠용품
  회사의 아랍
  에미리트 진출

판매 [성][공] 사례
- 미국 인형 회사의
  인도 진출

2회독 [4~7]

[1문단 중심 내용] 문화 / 판매 전략

4 ❶ ㉡
　❷ ㉣
　❸ ㉤
　❹ ㉠ / ㉢

[2문단 중심 내용] 패스트푸드

5 ❶ ㉤
　❷ ㉢
　❸ ㉣
　❹ ㉠ / ㉡

[3문단 중심 내용] 스포츠용품

6 ❶ ㉤
　❷ ㉢
　❸ ㉣
　❹ ㉡ / ㉠

[4문단 중심 내용] 인형

7 ❶ ㉤
　❷ ㉡
　❸ ㉢
　❹ ㉣ / ㉠

8 ⑤

정답 해설

⑤ 1문단에서 제품의 성공적 판매를 위해서는 현지의 자연환경과 사회·문화적 환경을 분석하여 판매 전략을 세워야 한다고 설명하였다. 그러나 자연환경과 사회·문화적 환경 중 어느 것을 더 중요하게 고려해야 한다는 내용은 제시되어 있지 않고 둘 다 문화이므로 중요하게 고려해야 한다. 따라서 자연환경보다는 사회·문화적 환경을 더욱 중요하게 고려해야 한다는 진술은 적절하지 않다.

오답 해설

① 1문단에서 문화는 사람들의 구매 행위에 큰 영향을 미친다고 하였다.

② 3문단에서 독일의 한 스포츠용품 회사가 아랍 에미리트에 진출할 때 이슬람교의 영향이 큰 국가라는 사실을 파악하지 못해 판매 부진을 겪었다고 하였다.

③ 2문단에서 미국의 한 패스트푸드 회사가 브라질의 식습관 문화와 식당 문화를 고려하지 않아 판매 부진을 겪었다고 하였다.

④ 4문단에서 미국의 한 인형 회사가 인형의 이목구비를 뚜렷하게 하고 피부색을 햇볕에 그을린 듯한 색으로 하여 인도인과 비슷하게 바꾸고, 인도의 전통 의상인 사리를 입혀 판매 성공을 이루었다고 하였다.

9 ③

정답 해설

③ 사원 2는 중국인들이 빨간색을 좋은 색으로 여기는 전통을 고려하여 피자 포장 상자의 색을 붉은색 계열로 하자는 의견을 밝히고 있다. 이는 중국의 풍습을 고려한 것이므로 경제 수준에서 비롯된 문화를 고려하여 판매 전략을 세우고 있다는 설명은 적절하지 않다.

오답 해설

① 사장은 세계 각국에서 제품을 성공적으로 판매

하려면 어떤 점을 고려해야 할지 이야기해 보자고 하였으므로, 제품을 기획하는 단계에서 각 나라의 문화를 고려하려는 태도를 지니고 있음을 알 수 있다.

② 사원 1은 인도인들이 종교적인 이유로 소고기를 먹지 않는다는 점을 고려하고 있으므로, 인도의 종교적 특성에 따른 문화를 고려하여 판매 전략을 세우고 있음을 알 수 있다.

④ 사원 3은 베트남에서는 밀이 자라지 못하는 기후 때문에 쌀이 주로 소비된다는 점을 언급하고 있으므로, 베트남의 기후에 따라 발달한 식재료 문화를 고려하여 판매 전략을 세우고 있음을 알 수 있다.

⑤ 사원 4는 오스트레일리아에 캥거루가 많이 산다는 자연환경과 사람들이 캥거루 고기를 즐겨 먹는다는 사회·문화적 환경을 모두 고려하고 있으므로, 오스트레일리아의 자연환경과 사회·문화적 환경을 모두 고려하여 판매 전략을 세우고 있음을 알 수 있다.

1 **예시 답안** 저는 이 글의 내용 중 민사 재판, 형사 재판 이외에도 가사 재판, 행정 재판, 선거 재판 등 재판의 종류가 다양하다는 점이 가장 흥미로웠습니다.

2 재 판 의 개념과 사례

3

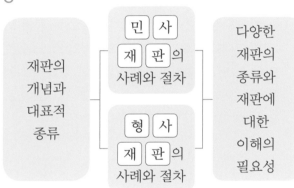

재판의 개념과 대표적 종류

민 사 재 판 의 사례와 절차

형 사 재 판 의 사례와 절차

다양한 재판의 종류와 재판에 대한 이해의 필요성

1문단 중심 내용 민사 / 형사

4 1 ㉢
2 ㉣
3 ㉤
4 ㉡
5 ㉠

2문단 중심 내용 민사 재판

5 1 ㉡
2 ㉣
3 ㉠
4 ㉢
5 ㉤

3문단 중심 내용 형사 재판

6 1 ㉡
2 ㉤
3 ㉢
4 ㉥
5 ㉠ / ㉣

4문단 중심 내용 재판 / 종류

7 1 ㉢
2 ㉤
3 ㉣
4 ㉡
5 ㉠

8 ⑤

정답 해설

⑤ 1문단에서 민사 재판은 개인과 개인 간의 생활에서 발생하는 법률 관계에 대한 다툼을 해결하는 재판이라고 하였다. 대화와 타협을 통해서 갈등을 해결하는 것이 가장 바람직하지만, 그것이 어려운 상황에 부닥쳤을 때 재판을 하는 것이다. 따라서 민사 재판이 대화와 타협을 통해 해결하도록 하는 재판이라는 설명은 적절하지 않다.

오답 해설

① 4문단에서 가사 재판은 가족이나 친족 간의 다툼을 해결하는 재판이라고 하였다.

② 4문단에서 선거 재판은 선거와 당선의 효력에 대한 다툼을 해결하는 재판이라고 하였다.

③ 4문단에서 행정 재판은 행정 기관의 잘못으로 국민의 권리가 침해당했을 때 이를 해결하는 재판이라고 하였다.

④ 1문단에서 형사 재판은 폭행, 절도 등의 범죄가 발생하였을 때 국가가 범죄의 유무와 형벌의 정도를 결정하는 재판이라고 하였다.

9 ⑤

정답 해설

⑤ 3문단에서 절도죄와 같은 형사 사건의 경우 검사가 사건에 대해 수사한 후 범죄 혐의가 있는 피의자를 법원에 기소하면서 재판이 시작된다고 하였다. (나)에서 병은 절도죄를 저질렀으므로 형사 재판이 이루어진다. 따라서 검사가 병을 기소하는 과정이 이루어지므로 피해자 정이 피의자 병을 법원에 기소할 것이라는 설명은 적절하지 않다.

오답 해설

① (가)에서는 민사 재판이 이루어진다. 2문단에서 민사 재판에서는 소송을 제기하는 사람이 원고가 되고, 소송을 당한 사람이 피고가 된다고 하였다. 따라서 (가)에서는 소송을 제기하는 사람이 을이므로, 을이 민사 재판의 원고가 된다.

② 2문단에서 민사 재판은 원고가 법원에 소장을 제출하면 법원에서 피고에게 이 사실을 알리고 그에 대한 답변서를 받는다고 하였다. (가)에서는 민사 재판이 이루어지므로 법원이 피고 갑에게 소송을 당했다는 사실을 알리게 된다.

③ (나)에서는 형사 재판이 이루어진다. 3문단에서 형사 재판의 피해자는 재판의 당사자는 아니나, 재판의 증인으로 참여하기도 한다고 하였다. 따라서 (나)에서 범죄의 피해자인 정은 재판의 당사자는 아니나 증인으로 참여할 수도 있다.

④ 3문단에서 형사 재판의 피고인은 변호인과 함께 자신의 입장을 변론한다고 하였다. (나)에서는 형사 재판이 이루어지므로 범죄 혐의를 받는 피고인 병은 변호인과 함께 자신의 입장을 변론할 것임을 알 수 있다.

10 ②

정답 해설

② 왼쪽 그림은 민사 재판의 법정 모습이다. 2문단에서 소송을 제기하는 사람이 원고이고, 소송을 당한 사람이 피고라고 하였다. 또 법정에서 원고와 피고는 필요한 경우 소송 대리인인 변호사의 도움을 받아 증거를 제출하고 각자의 주장을 입증한다고 하였다. 왼쪽 그림에 원고는 이미 제시되어 있으므로 ㉠에는 '피고'가 들어가는 것이 적절함을 추측할 수 있다.

오른쪽 그림은 형사 재판의 법정 모습이다. 3문단에서 검사는 법정에서 증거를 제시하면서 피고인의 범죄 사실을 밝히고, 피고인은 변호인과 함께 자신의 입장을 변론한다고 하였다. 오른쪽 그림에 피고인과 변호인은 이미 제시되어 있으므로 ㉡에는 '검사'가 들어가는 것이 적절함을 추측할 수 있다.

Ⅲ 04 뉴 미디어가 대중문화에 미친 영향

1 회독 [1~3]

1 **예시 답안** 저는 이 글의 내용 중 매체의 변화가 문화에 미치는 영향이 크다는 점이 가장 흥미로웠습니다.

2 뉴 미 디 어

3

대중문화의
개념과 특성

뉴 미디어의
개념과 뉴 미디어가
대중문화에 미친 영향

스 낵 컬 처 가
확산됨.

덕 후 들이 콘텐츠의
생산자로 인정받게 됨.

2 회독 [4~7]

1문단 중심 내용 대중문화

4 ❶ ㄹ
❷ ㅁ
❸ ㄱ
❹ ㄴ / ㄷ

2문단 중심 내용 뉴 미디어

5 ❶ ㄷ
❷ ㅁ
❸ ㄹ
❹ ㄱ / ㄴ

3문단 중심 내용 스낵 컬처

6 ❶ ㄷ
❷ ㅁ
❸ ㄱ
❹ ㅂ
❺ ㄹ / ㄴ

4문단 중심 내용 덕후

7 ❶ ㄴ
❷ ㄱ
❸ ㅁ
❹ ㄷ / ㄹ

8 ④

정답 해설

④ 4문단에서 뉴 미디어의 등장 이후 덕후에 대한 긍정적 인식이 확산되었다고 하였다. 취미 생활에 빠져 본업에 충실하지 못한 존재라는 편견은 뉴 미디어 등장 이전 과거의 인식이다. 따라서 뉴 미디어 등장 이후에 덕후들에 대한 편견이 심화되었다는 설명은 적절하지 않다.

오답 해설

① 1문단에서 대중문화는 대중이 형성하는 문화이고, 대중문화는 대중 매체를 통해 형성된다고 하였다.

② 1문단에서 대중문화는 사람들에게 영향력을 행사한다고 하였다. 그중 사람들은 대중문화를 통해 삶의 활력을 얻고 즐거움을 얻을 수 있다고 설명하였다.

③ 2문단에서 뉴 미디어가 정보 통신 기술의 발전에 힘입어 새롭게 등장한 인터넷과 이를 기반으로 한 다양한 디지털 형식의 매체라는 점을 설명하면서 주로 스마트폰이나 컴퓨터를 전달 매체로 하는 경우가 많다고 하였다.

⑤ 3문단에서 스낵 컬처가 시간과 장소에 구애받지 않고 출퇴근 시간이나 점심시간 등 짧은 시간 동안 간편하게 즐길 수 있는 문화라고 하였다. 이는 뉴 미디어의 등장으로 스마트 기기가 대중화되면서 활성화되었다고 설명하였다.

9 ⑤

정답 해설

⑤ <보기>의 ㉠에 등장하는 콘텐츠는 뉴 미디어인 유튜브를 통해서, ㉡에 등장하는 콘텐츠는 온라인 패션 커뮤니티, 온라인 패션 웹진, 온라인 패션 스토어를 통해서 향유할 수 있는 것들이므로 기존의 대중 매체를 통해서도 향유할 수 있다는 이해는 적절하지 않다.

오답 해설

① <보기>의 ㉠에서 유튜버가 만든 10분 이내 시간

의 게임 관련 콘텐츠는 이 글의 3문단에서 설명한 짧은 시간 동안 간편하게 즐길 수 있는 문화인 스낵 컬처의 사례가 될 수 있다.

② 4문단에서 덕후들은 콘텐츠를 생산하는 생산자로 인정받는 동시에, 시장의 트렌드를 주도하는 주체로도 역할을 하게 되었다고 하였다. <보기>에서 ㉡의 대표는 자신이 몰두하던 분야를 바탕으로 회사를 만들어 의류 및 패션 전문 전자 상거래 업체로는 처음으로 기업 가치 1조 원 이상으로 인정받았다고 하였으므로 시장의 트렌드를 주도하고 있다고 볼 수 있다.

③ 4문단에서 덕후들이 자신의 취미 생활과 관련된 정보와 후기를 가치 있고 완성도 높은 콘텐츠로 제작하여 뉴 미디어를 통해 공유하면서 대중이 이를 인정하게 되었다고 하였다. <보기>에서 ㉠의 유튜버는 게임 콘텐츠를 만든다는 점에서, ㉡의 대표는 패션 웹진 등을 만든다는 점에서 콘텐츠의 생산자가 된 모습이 드러나 있다. 이를 통해 성공을 거두었으므로 적절한 이해로 볼 수 있다.

④ 2문단에서 뉴 미디어의 등장이 지식과 정보의 생산과 교환을 폭발적으로 증가시켰다고 하였다. <보기>의 ㉠, ㉡에 제시된 성공 역시 이와 관련된다. 이는 인터넷을 기반으로 한 컴퓨터나 스마트 기기가 대중화되었기 때문에 가능한 것이었다고 볼 수 있다.

10 ①

정답 해설

① 이 문맥에서의 ⓐ '수단'은 '일을 처리하여 나가는 솜씨와 꾀.'가 아니라, '어떤 목적을 이루기 위한 방법. 또는 그 도구.'를 의미한다. '일을 처리하여 나가는 솜씨와 꾀.'를 뜻하는 문장의 예로는 '형은 사람을 설득하는 수단이 뛰어났다.'와 같은 문장을 들 수 있다. 따라서 ⓐ의 의미가 '일을 처리하여 나가는 솜씨와 꾀.'라는 설명은 적절하지 않다.

IV 01

다국적 기업으로의 성장

1 회독 [1~3]

1 **예시 답안** 저는 이 글의 내용 중 일반 국내 기업이 성장하여 세계적인 다국적 기업이 된다는 부분이 가장 흥미로웠습니다. (※글에 등장한 내용을 언급한 경우는 모두 정답입니다.)

2 다 국 적 기 업

3

다국적 기업의 개념과 성장 배경

↓

국 내 시장에서의 성장

↓

해 외 시장에서의 성장

↓

다국적 기업의 사업 확장 및
다국적 기업이 진출 국가에 미치는 영향

2 회독 [4~7]

1문단 중심 내용 다국적 기업

4 **1** ㉢

2 ㉣

3 ㉠

4 ㉡ / ㉤

2문단 중심 내용 국내

5 **1** ㉠

2 ㉢

3 ㉣

4 ㉤ / ㉡

3문단 중심 내용 해외

6 **1** ㉠

2 ㉢

3 ㉡

4 ㉣

5 ㉠ / ㉤

4문단 중심 내용 확장 / 진출

7 **1** ㉠

2 ㉢

3 ㉣

4 ㉤

5 ㉠ / ㉡

3 회독 [8~9]

8 ⑤

정답 해설

⑤ 1문단에서 세계 무역 기구(WTO)가 등장한 이후 다국적 기업의 수가 늘고 있는데, 예전에는 제조업 위주였다면 최근에는 유통업, 금융업, 관광업 등 분야도 다양해지고 있다고 하였다. 예전에는 제조업 위주의 다국적 기업이 많았는데 현재는 그 분야가 넓어졌다는 것이다. 그러나 다양한 분야의 다국적 기업이 늘었다는 것일 뿐, 제조 분야의 다국적 기업의 수가 줄었다는 것을 의미하는 것은 아니다.

오답 해설

① 1문단에서 본사가 있는 국가를 포함하여 여러 국가에 회사나 공장을 세워 제품을 생산하고 판매하는 기업이 다국적 기업이라고 하였다. 3문단에서 다국적 기업은 해외로 진출하여 개발 도상국에 생산 공장을 세운다고 하였다. 1문단의 ○○ 인형이 이 사례에 해당한다. 이를 통해 다국적 기업의 제품 중에는 본사가 있는 국가에서 생산되지 않는 것도 있음을 알 수 있다.

② 1문단에서 다국적 기업은 본사가 있는 국가를 포함하여 여러 국가에 회사나 공장을 세워 제품을 생산한다고 하였다. 또 2문단에서 다국적 기업이 성장하는 과정을 설명하면서 국내 시장을 먼저 겨냥해 생산과 판매 활동이 이루어진다고 하였다. 따라서 다국적 기업은 해외 시장뿐만 아니라 국내 시장을 겨냥한 생산과 판매 활동도 한다는 것을 알 수 있다.

③ 4문단에서 다국적 기업의 진출로 생산 공장이 들어선 국가는 일자리가 늘어나는데, 다국적 기업이 생산 공장을 없애거나 철수할 경우에는 대규모 실업 문제가 일어날 수 있다고 하였다. 이를 통해 다국적 기업이 진출 지역에서 철수하면 그 지역에는 일자리가 감소하고 이로 인한 대규모 실업 문제가 발생하기도 한다는 것을 알 수 있다.

④ 4문단에서 다국적 기업이 진출한 국가에서는 다국적 기업과 비슷한 제품을 생산하는 국내 기업이 어려움을 겪기도 한다고 하였다. 이는 다국적 기업과 국내 기업이 비슷한 제품을 생산하는 데 있어 경쟁을 하는 것임을 알 수 있다. 이때 다국적 기업보다 국내 기업이 경쟁력이 약할 경우 어려움을 겪을 수 있다는 것이다.

9 ③

정답 해설

③ [가]의 ⓒ은 기업이 영업 대리점과 지사를 세우며 해외로 진출하는 단계이다. 3문단에서 기업은 진출하려는 국가에 제품을 홍보하고 판매하기 위한 영업 대리점을 먼저 설치한 후에 제품에 대한 현지의 반응이 좋으면 자회사 또는 지사를 설립한다고 하였다. 따라서 A 회사는 ⓒ의 단계에서 해외 지사를 먼저 설립한 후, 현지 반응에 따라 영업 대리점을 설치한 것이 아니라 영업 대리점을 먼저 설치한 후, 현지 반응에 따라 해외 지사를 설립했을 것으로 보아야 한다.

오답 해설

① [가]의 ㉠은 기업이 국내에서 본사와 단일 공장을 두고 사업을 시작하는 초창기 단계이다. 2문단에서 초창기에는 회사나 공장이 위치한 지역에서 주된 활동이 이루어진다고 하였다. [나]에서 A 회사는 하나의 공장으로 사업을 시작하였고, 본사는 ○○에 있다고 하였다. 따라서 A 회사는 ㉠의 단계에서 본사와 단일 공장이 있는 도시를 중심으로 성장하였을 것임을 짐작할 수 있다.

② [가]의 ⓛ은 기업이 국내에 여러 공장을 세우는 단계이다. 2문단에서 기업이 점점 성장하면서 사업 규모가 커지면, 국내의 다른 지역에 영업 지점이나 생산 공장을 더 늘리면서 전국으로 시장을 넓힌다고 하였다. [나]에서 A 회사는 국내 제일의 자동차 회사로 성장하였다고 하였다. 따라서 A 회사는 ⓛ의 단계에서 국내 여러 지역에 공장을 짓고 생산 능력을 키워 국내 제일의 자동차 회사로 성장했을 것으로 짐작할 수 있다.

④ [가]의 ㉣은 기업이 여러 국가에 생산 공장을 세우면서 다국적 기업으로서 자리를 잡는 단계이다. 3문단에서 기업에서는 생산비를 줄이기 위해 토지의 가격이 낮고 임금이 저렴한 개발 도상국에 생산 공장을 세운다고 하였다. [나]에서 A 회사는 주로 개발 도상국에 생산 공장을 두었다고 하였다. 따라서 A 회사는 ㉣의 단계에서 토지 가격이 낮고 노동자의 임금이 저렴한 개발 도상국에 생산 공장을 세움으로써 자동차의 생산비를 줄일 수 있었을 것임을 짐작할 수 있다.

⑤ 3문단에서 다국적 기업 중 일부 기업은 무역 장벽을 넘으려고 선진국에 공장을 두기도 한다고 하였다. [나]에서 A 회사는 선진국에 생산 공장을 일부 세웠다고 하였다. 따라서 A 회사가 ㉣의 단계에서 선진국에 일부 생산 공장을 세운 것은 자동차를 수출할 때 부딪히게 되는 무역 장벽을 넘기 위해서였을 것으로 짐작할 수 있다.

IV 02 민주 정치가 걸어온 길

1회독 [1~3]

1 예시 답안 저는 이 글의 내용 중 민주 정치가 고대에 존재했다가 사라진 이후 근대에 다시 등장했다는 내용이 흥미로웠습니다.

2 민 주 정 치

3 고 대 그리스 아테네의 민주 정치
↓
시 민 혁 명 을 통해 등장한 근대의 민주 정치
↓
근대 이후의 민주 정치
↓
현대의 민주 정치

2회독 [4~7]

1문단 중심 내용 그리스 아테네

4 1 ㉤
2 ㉠
3 ㉡
4 ㉣ / ㉢

2문단 중심 내용 근대

5 1 ㉥
2 ㉣
3 ㉤
4 ㉡
5 ㉠ / ㉢

3문단 중심 내용 보통 선거

6 1 ㉢
2 ㉣
3 ㉡
4 ㉠ / ㉤

4문단 중심 내용 현대

7 1 ㉢
2 ㉤
3 ㉣
4 ㉠ / ㉡

8 ④

정답 해설

④ 3문단에서 정치에 참여할 수 없었던 노동자, 여성, 흑인 등은 영국 노동자들이 선거권 획득을 위해 펼친 운동인 차티스트 운동, 여성 참정권 운동, 흑인 민권 운동 등을 통해 선거권의 범위를 점차 확대해 나갔다고 하였다. 그 결과 보통 선거 제도가 확립되었다고 하였으므로 차티스트 운동, 여성 참정권 운동이 보통 선거 제도를 확립하는 데 기여했다는 것은 적절한 설명이다.

오답 해설

① 4문단에서 현대 민주 정치는 대의 민주제를 기본으로 하고 있다고 하였으므로 직접 민주제의 경향이 강하다는 것은 적절하지 않은 설명이다.

② 1문단에서 고대 그리스 아테네에서는 성인 남성만이 정치에 참여할 수 있는 권리인 참정권을 가졌고 여성, 노예, 외국인 등은 참정권을 가지지 못했다고 하였으므로 적절하지 않은 설명이다.

③ 1문단에서 민주주의는 권력을 지닌 소수가 아닌 다수의 시민에 의해 국가가 통치되는 정치 형태라고 하였다. 따라서 민주주의가 권력을 지닌 소수에 의해 국가가 통치되는 정치 형태라는 것은 적절하지 않은 설명이다.

⑤ 2문단에서 민주 정치는 고대 그리스 아테네 이후 사라졌다가 근대의 시민 혁명을 통해 다시 등장하였다고 하였다. 따라서 민주 정치가 고대 그리스 아테네 이후 현대에 이르기까지 지속적으로 이루어졌다는 것은 적절하지 않은 설명이다.

9 ⑤

정답 해설

⑤ 제4조는 모든 시민은 직접 민주제 또는 대의 민주제의 권리를 지닌다는 내용을 담고 있다. 두 가지 중 한 가지를 통해 정치에 참여할 권리가 보장되어야 한다는 것이다. 그러나 직접 민주제와 대의 민주제 중 어떤 형태가 더 가치 있는지에 대한 언급은 없으므로 대의 민주제가 직접 민주제보다 더 가치 있는 정치 형태라는 설명은 적절하지 않다.

오답 해설

① 제1조에서는 인간이 지니는 선천적인 평등권을 언급하고 있는데, 이는 정치에 참여할 수 있는 권리 또한 평등하다는 것을 포함한다. 따라서 다수의 시민에 의해 국가가 통치되는 민주 정치의 근거가 될 수 있다.

② 2문단에서 근대에는 도시의 상공업자들만이 시민의 자격을 얻을 수 있었다고 하였다. 즉 시민의 자격을 제한한 것이다. 이는 제1조에 나타난 평등한 권리를 온전히 실현하지 못한 것이고, 민주주의 정신을 온전히 실현했다고 보기 어렵다.

③ 제2조에는 국가가 보장하는 국민의 권리인 자유, 재산, 안전, 그리고 억압에 대한 저항이 나열되어 있다. 이는 누구도 침해할 수 없는, 재산·신분·성별·교육 정도와 관계없이 누구나 동일하게 보장받는 권리이다.

④ 2문단에서 군주가 절대적 권한을 가지는 정치 체제가 절대 군주제라고 하였다. 제3조의 내용은 모든 주권이 국민에게 있다는 내용이므로, 이에 동의하는 사람은 절대 군주제를 지지할 수 없을 것이다.

10 ②

정답 해설

② '민주 정치는 민주주의에 근본을 둔 정치이다.'에서의 '기원'은 '바라는 일이 이루어지기를 빎.'이 아니라, '어떤 사건이나 원인의 처음.'을 의미한다. 따라서 적절하지 않다.

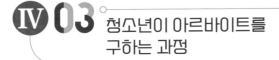

Ⅳ 03 청소년이 아르바이트를 구하는 과정

1 회독   [1~3]

1 **예시 답안** 저는 이 글의 내용 중에서 청소년이 아르바이트를 할 때 하루에 7시간, 일주일에 35시간을 초과해서 일할 수 없다는 내용이 가장 흥미로웠습니다.

2 아 르 바 이 트

3
청소년이 아르바이트를 구하는 과정 ①
- 근로 가능 나 이 확인

↓

청소년이 아르바이트를 구하는 과정 ②
- 청소년 고용 금지 업종 확인

↓

청소년이 아르바이트를 구하는 과정 ③
- 동의서와 가족 관계 증명서 제출

↓

청소년이 아르바이트를 구하는 과정 ④
- 근 로 계 약 서 작성

2 회독   [4~7]

1문단 중심 내용 나이

4 1 ⓓ
   2 ⓒ
   3 ⓑ
   4 ⓐ / ⓔ

2문단 중심 내용 업종

5 1 ⓓ
   2 ⓒ / ⓔ
   3 ⓐ
   4 ⓑ

3문단 중심 내용 동의서

6 1 ⓑ
   2 ⓓ
   3 ⓔ
   4 ⓒ
   5 ⓐ

4문단 중심 내용 근로 계약서

7 1 ⓓ
   2 ⓑ
   3 ⓔ
   4 ⓐ
   5 ⓒ

8 ①

정답 해설

① 3문단에 따르면, 가족 관계 증명서는 구청이나 동 주민 센터 등에서 발급받아야 한다. 아르바이트를 하려는 청소년의 부모가 가족 관계 증명서를 작성해서는 안 된다. 부모가 작성하는 서류는 해당 청소년의 근로에 동의하는 서류, 즉 친권자 동의서이다.

오답 해설

② 2문단에서 위험하거나 유해한 업종에서는 만 18세 미만의 청소년을 고용하지 못하도록 법에 규정되어 있다고 하였다. 그리고 피시방이나 노래방, 만화방, 술을 파는 카페 같은 곳에서도 일할 수 없다고 하였다. 따라서 만 18세 미만의 청소년은 피시방이나 노래방에서 아르바이트를 할 수 없다.

③ 4문단에서 근로 계약서는 일을 시작하기 전에 작성하여 고용자와 근로자가 각각 한 부씩 나눠 가져야 한다고 하였다. 따라서 근로 계약서는 2부를 작성하여 고용자와 근로자가 1부씩 나눠 가져야 한다.

④ 1문단에서 원칙적으로 만 15세 이상부터 임금을 받는 일을 할 수 있다고 하였다. 그리고 나이를 계산할 때는 우리나라에서 흔히 사용하는 세는 나이는 인정하지 않으며, 반드시 만 나이로만 계산해야 한다고 하였다. 세는나이로 열여섯 살이라고 하더라도 만 나이로는 열다섯 살이 되지 않을 수도 있으므로 이 경우에는 원칙적으로 아르바이트를 할 수 없다.

⑤ 3문단에서 만 18세 미만은 친권자나 법정 후견인의 동의서와 가족 관계 증명서를 제출해야 하며, 고용자는 이 서류를 일하는 곳에 갖추어 두어야 한다고 하였다. 따라서 고용자는 근로 기준법에 따라 자신이 아는 청소년을 고용하더라도 반드시 관련 서류를 받아 보관해야 한다.

9 ③

정답 해설

③ 4문단에 따르면, 근로자의 임금은 법에 규정된 최저 임금 이상이 되어야 하며, 어떤 이유로도 이보다 적은 임금을 주거나 약속된 임금을 깎아서는 안 된다. 근로자가 초보자라는 이유로 첫 이틀간의 시급을 최저 임금보다 적게 준다고 하는 것은 법에 어긋나는 일이다. 따라서 근로자인 성춘향이 이를 감수할 수밖에 없다는 내용은 적절하지 않다.

오답 해설

① 4문단에서 근로 기준법에 따르면, 반드시 고용자와 근로자가 직접 근로 계약서를 작성해야 한다고 하였다. 또한 근로 계약서에는 업무 내용, 근로 시간, 휴게 시간, 임금 등 주요 근로 조건들이 명시되어야 한다고 하였다. 변학도와 성춘향이 직접 작성한 계약서에 '3. 업무 내용', '4. 근로 시간(휴게 시간)', '6. 임금' 등이 제시되어 있으므로 주요 근로 조건들이 명시되어 있음을 알 수 있다.

② 3문단에 따르면, 만 18세 미만의 청소년이 아르바이트를 하기 위해서는 고용자에게 친권자나 법정 후견인의 동의서와 가족 관계 증명서를 제출해야 한다. 따라서 성춘향도 근로 계약서를 쓰기 전에 고용자인 변학도에게 이 두 가지 서류를 제출하였을 것이다.

④ 4문단에 따르면, 근로자에게는 어떤 이유로도 법에 규정된 최저 임금보다 적은 임금을 주거나 약속된 임금을 깎아서는 안 된다. 따라서 성춘향이 근무 도중에 집기나 상품을 훼손하였다고 하더라도 이를 약속된 임금에서 일방적으로 차감하는 것은 옳지 않다.

⑤ 4문단에 따르면, 한두 시간만 일하기로 했더라도 반드시 근로 계약서를 작성해야 한다. 따라서 성춘향이 '변씨네 식빵'에서 단 하루만 일하기로 했더라도 근로 계약서를 작성했을 것이다.

Ⅳ 04 e스포츠의 발전 과정

1 회독 [1~3]

1 **예시 답안** 저는 이 글의 내용 중에서 제가 경험해 보지 못한 전자오락실에 대한 내용이 가장 흥미로웠습니다.

2 | e | 스 | 포 | 츠 |

3

e스포츠의 개념

↓

e스포츠 발전 과정 ①
- | 1 | 9 | 7 | 0 |년대 말 ~ 1980년대 말

↓

e스포츠 발전 과정 ②
- | 1 | 9 | 9 | 0 |년대 ~ 2000년대 초

↓

e스포츠 발전 과정 ③
- | 2 | 0 | 1 | 0 |년대 이후 ~ 현재

2 회독 [4~7]

1문단 중심 내용 e스포츠

4 **1** ㉢
　2 ㉲
　3 ㉳
　4 ㉠ / ㉡

2문단 중심 내용 컴퓨터 게임

5 **1** ㉢
　2 ㉺
　3 ㉡
　4 ㉱
　5 ㉳ / ㉠

3문단 중심 내용 온라인 게임

6 **1** ㉡
　2 ㉠
　3 ㉺
　4 ㉳
　5 ㉱ / ㉢

4문단 중심 내용 e스포츠

7 **1** ㉠
　2 ㉢
　3 ㉡
　4 ㉳
　5 ㉺ / ㉱

8 ③

정답 해설

③ 3문단에서 2000년대 초에 다양한 게임의 전국 대회와 세계 대회들이 개최되기 시작했다고 하였다. 그러나 이 게임 대회들 때문에 청소년들이 집에서 컴퓨터 게임을 즐기기 시작한 것은 아니다. 2문단에 따르면, 전자오락실을 주로 이용하던 청소년들이 집에서 컴퓨터 게임을 즐기기 시작한 것은 피시가 대중화되면서부터이다.

오답 해설

① 1문단의 한국 콘텐츠 진흥원의 2020년 자료에 따르면, 10세부터 65세까지의 일반인 중 70.5%가 컴퓨터 게임을 즐기고 있다는 내용에서 절반 이상이 즐기고 있음을 확인할 수 있다.

② 4문단의 2012년에 e스포츠를 진흥시키고 전문 인력을 양성하는 것을 목적으로 하는 법률이 제정되어 공식적으로 정부의 지원을 받을 수 있게 되었다는 내용에서 확인할 수 있다.

④ 3문단의 1998년에 국민 게임이라고 불리던 스타크래프트가 출시되면서 청소년들만이 아니라 성인들도 점점 온라인 게임을 즐기기 시작하였다는 내용에서 확인할 수 있다.

⑤ 4문단의 e스포츠가 2018년 자카르타-팔렘방 아시안 게임에서 시범 종목으로 채택되었고, 2023년 항저우 아시안 게임에서는 정식 종목으로 채택되었다는 내용에서 확인할 수 있다.

9 ④

정답 해설

④ 3문단에 따르면, 청소년들이 프로 게이머를 선망하게 된 것은 e스포츠의 인기가 높아지면서부터이다. 그런데 2문단에 따르면, <보기>에 제시된 1980년대 초는 아직 e스포츠가 성행하지 않았고 이 시기의 컴퓨터 게임은 네트워크가 되지 않아 e스포츠라고 하기 어렵다고 하였다. 따라서 <보기>의 시기에 많은 청소년이 프로 게이머가 되기를 꿈꾸었다고 보기는 어렵다.

오답 해설

① 2문단에서 1970년대 말부터 1980년대 말까지 컴퓨터 게임은 청소년들에게 한정된 놀이였다고 하였고, 3문단에서 1998년에 국민 게임이라고 불리던 스타크래프트가 출시되면서 청소년들만이 아니라 성인들도 점점 온라인 게임을 즐기기 시작하였다고 하였다. 따라서 <보기>의 시기에 전자오락실에서 컴퓨터 게임을 하는 사람들은 대개 청소년들이었을 것이다.

② 2문단에서 1980년대 말까지의 게임은 네트워크가 되지 않아 e스포츠라고 하기 어려웠다고 하였다. 1문단에서 e스포츠는 컴퓨터 및 네트워크, 기타 영상 장비 등을 이용하여 승부를 겨루는 스포츠라고 하였는데, <보기>의 시기는 1980년대 초이므로 아직 네트워크가 지원되지 않았을 것이다.

③ 3문단에서 1990년대에 들어 피시를 이용한 컴퓨터 게임이 활성화되기 시작하였고, 1990년대 말부터 피시방이 급증하고 초고속 인터넷이 보급되면서 온라인 게임이 폭발적인 인기를 끌었다고 하였다. 따라서 <보기>의 시기가 지나면 전자오락실이 아니라 피시방에서 게임을 하는 경우가 많아졌을 것이다.

⑤ 2문단에 따르면, <보기>의 시기에 전자오락실은 불량 청소년의 탈선이 이루어지는 곳으로 인식되기도 했다고 하였다. 따라서 자녀가 전자오락실에 가는 것을 좋지 않게 여긴 부모들이 있었을 것이다.

저출생에 따른 인구 문제

1 회독 [1~3]

1 **예시 답안** 저는 이 글의 내용 중 우리나라가 초저출생 국가에 속한다는 부분이 가장 흥미로웠습니다. (※글에 등장한 내용을 언급한 경우는 모두 정답입니다.)

2 저 출 생 / 해 결 방 안

3

우리나라의
저출생 상황

저출생 현상이
일어나는 원 인

저출생으로 인한
문 제

저출생 문제의
해 결 방 안

2 회독 [4~7]

1문단 중심 내용 합계 출산율

4 ① ⓒ
② ⓛ
③ ⓒ
④ ㄹ
⑤ ㅂ / ㄱ

2문단 중심 내용 원인

5 ① ⓒ
② ㄹ
③ ㄱ
④ ⓛ / ⓒ

3문단 중심 내용 문제

6 ① ⓒ
② ㄹ
③ ⓛ
④ ⓒ
⑤ ㄱ

4문단 중심 내용 해결

7 ① ㄱ
② ⓛ
③ ㄹ
④ ⓒ / ⓒ

8 ②

정답 해설

② 2문단에서 남녀의 결혼 연령이 높아지면서 첫째 아이의 출산이 늦어지고 있는데, 이는 낮은 출생률로 이어진다고 하였다. 이를 통해 남녀의 결혼이 늦어지는 현상이 일어나면 출생률이 낮아지는 결과가 나타남을 알 수 있다.

오답 해설

① 3문단에서 고령화와 저출생으로 인해 인구 절벽 현상이 나타나고 있다고 하였다. 출생률을 높이면 젊은 층의 인구가 늘어나므로 전체 인구 중에서 노인 인구가 차지하는 비율은 줄게 된다. 이를 통해 저출생 문제를 해결하면 고령화 문제 해결에도 어느 정도 도움이 될 것임을 짐작할 수 있다. 그러나 고령화 문제를 해결한다고 해서 저출생 문제가 해결되는 것은 아니다. 따라서 저출생 문제를 해결하기 위해서 고령화 문제를 먼저 해결해야 한다는 것은 적절하지 않다.

③ 1문단에서 우리나라는 2001년에 합계 출산율이 1.3명 이하인 초저출생 국가에 들어섰으며, 1.0명 아래로 떨어진 것은 2018년이라고 하였다. 따라서 2001년부터 합계 출산율이 1.0명 아래로 떨어졌다는 것은 적절하지 않다.

④ 3문단에서 우리나라의 65세 이상 고령 인구 비율은 2021년에 전체 인구의 16.5%로, 노인 인구가 20%를 넘는 초고령 사회를 향해 가고 있다고 하였다. 따라서 2021년에 초고령 사회에 진입하였다는 것은 적절하지 않다.

⑤ 3문단에서 저출생과 고령화가 계속되면 경제 활동이 가능한 젊은 층의 인구가 줄어 젊은 노동력이 부족해지고, 노년층 부양에 필요한 비용에 대한 젊은 층의 부담이 늘어나는 문제가 발생할 수 있다고 하였다. 따라서 저출생과 고령화가 계속되면 경제 활동이 가능한 인구가 늘어난다는 것은 적절하지 않다.

9 ①

정답 해설

① 시민 1은 저출생의 원인으로 주거 환경과 관련한 문제를 말하고 있다. 이는 2문단에서 저출생의 원인으로 제시한 주택 마련 비용에 대한 경제적 부담과 관련된다. 따라서 이 문제를 해결하기 위해서는 집값이 안정되게 하여 내 집 마련이 쉽게 하는 방법을 써야 한다. 그런데 ㉠은 아이를 출산하고 양육하는 데 드는 돈을 지원해 주는 정책이다. 집을 마련하는 데 필요한 비용을 지원하는 정책이 아니므로 시민 1이 말한 문제를 해결하기 위한 대책으로 적절하지 않다.

오답 해설

② 시민 2는 육아 휴직 제도가 있어도 이를 제대로 쓰기 어려우며, 육아로 인해 경력이 단절되면 일자리를 얻기 어려운 문제를 말하고 있다. 따라서 ㉡과 같이 육아를 하면서 일도 병행할 수 있는 제도의 실제 효과, 즉 실효성을 높여야겠다는 대책은 적절하다.

③ 시민 3은 아이를 키우고 교육하는 데 비용이 많이 드는 문제와 아이 돌봄 서비스나 보육 시설이 부족한 문제를 말하고 있다. 따라서 이러한 문제를 해결하기 위해서 ㉢을 통해 아이 돌봄 서비스와 보육 시설을 늘리겠다는 대책은 적절하다. 또한 ㉠을 통해 양육 등에 관한 비용을 지원해 주는 것도 필요하다.

④ 시민 4는 아이가 없어도 된다고 생각하고 있으므로, 이러한 생각이 변화되어야만 저출생 문제가 해결될 수 있다. 따라서 ㉣과 같이 결혼, 자녀, 가족에 대한 인식의 변화를 끌어낼 수 있는 대책을 마련해야겠다는 대책은 적절하다.

⑤ 시민 5는 국가 전체적으로 경제가 안정되고 일자리가 많아져야 저출생 문제를 해결할 수 있다고 말하고 있다. 이를 해결하기 위해 ㉤과 같이 아이를 낳고 기를 수 있는 사회적 환경과 여건을 만들어야 한다는 대책은 적절하다.

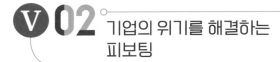

02 기업의 위기를 해결하는 피보팅

1 예시 답안 저는 이 글의 내용 중 기업이 사업의 형태를 전환하는 피보팅의 유형이 다양하다는 것이 인상적이었습니다.

2 피 보 팅

3

외부 상황의 변화로 어려움에 처한 기업

— 기업의 위기를 해결하는 피 보 팅

— 피보팅의 유 형

— 피보팅의 기능과 효과

1문단 중심 내용 공유 경제

4 **1** ㉣

  2 ㉢

  3 ㉠

  4 ㉤ / ㉡

2문단 중심 내용 피보팅

5 **1** ㉤

  2 ㉣

  3 ㉡

  4 ㉢ / ㉠

3문단 중심 내용 유형

6 **1** ㉥

  2 ㉤

  3 ㉢

  4 ㉣

  5 ㉡ / ㉠

4문단 중심 내용 전환 / 차별화

7 **1** ㉡

  2 ㉤

  3 ㉣

  4 ㉠ / ㉢

8 ①

정답 해설

① 피보팅은 기존 사업 모델로 지속해 오던 사업의 형태를 시대적 상황에 맞게 전환하는 것이지, 공유 경제의 한 유형이 아니다. 1문단에서는 공유 경제 기업의 사례를 통해 피보팅이 필요한 상황을 설명하고 있는 것이다.

오답 해설

② 4문단에서 피보팅은 시장 상황이 예상과 다르거나 성과가 예상보다 저조할 때 주로 행해지는 것이라고 했으므로 일치하는 내용이다.

③ 2문단에서 '피보팅'은 농구나 핸드볼 등에서 방향 전환을 위해 몸의 중심을 한쪽 발에서 다른쪽 발로 옮기는 것을 뜻하는 용어인 '피벗'이 경제에 적용된 것이라고 하였으므로 일치하는 내용이다.

④ 4문단에서 피보팅은 새로운 도전이 필요하므로 위험도가 크지만 위험도가 큰 만큼 큰 성과를 얻을 수도 있다고 하였으므로 일치하는 내용이다.

⑤ 2문단에서 피보팅은 사업의 형태를 시대적 상황에 맞게 전환함으로써 소비자의 트렌드를 반영하는 것이라고 하였으므로 일치하는 내용이다.

9 ⑤

정답 해설

⑤ <보기>의 ㉠은 텐트 제조를 하던 기업이 자신들의 기술인 압축 포장 기술을 이용하여 매트리스를 생산한 것이므로, 회사가 가지고 있는 기술이나 운영 노하우 같은 역량을 중심으로 사업 모델을 전환한 핵심 역량 피보팅 사례에 해당한다.
<보기>의 ㉡은 항공사가 보유하고 있던 설비에 해당하는 항공기를 활용하여 사업 모델을 전환한 것이므로 기업이 보유한 자산 중 시설 설비, 공간, 건물 등의 자원을 중심으로 사업 모델을 전환하는 하드웨어 피보팅 사례에 해당한다.

10 ④

정답 해설

④ 운동복을 생산하여 판매하는 회사가 더 성능이 좋은 신제품을 개발하여 판매하는 것은 사업 모델을 전환한 경우라고 보기는 어렵다. 따라서 피보팅의 사례에 해당하지 않으며, 설비와 공간의 이용 방식을 바꾸었다고도 할 수 없으므로 ㉣에 대한 설명으로 적절하지 않다.

오답 해설

① 자신이 소유한 집을 다른 사람에게 단기간 대여할 수 있도록 하는 플랫폼을 제공하는 기업은 집을 공유하게 한다는 점에서 공유 경제 기업이라고 할 수 있다. 따라서 ㉮에 대한 설명으로 적절하다.

② 음식 배달 플랫폼의 규모를 확장한 것은 비대면이라는 소비자의 트렌드를 반영하여 피보팅을 한 사례에 해당하므로 ㉯에 대한 설명으로 적절하다.

③ 1문단에서 코로나 사태에서는 비대면이 일상의 키워드이고 소비자의 트렌드임을 알 수 있으므로 ㉰에 대한 설명으로 적절하다.

⑤ 4문단에서 기업이 생존하기 위해서는 시장을 선점하는 것이 중요하다고 하였는데, 개발 일정이 지연될 경우 시장을 선점할 가능성이 낮아진다. 따라서 ㉱에 대한 설명으로 적절하다.

1 회독 [1~3]

1 **예시 답안** 저는 이 글의 내용 중 인플레이션이 발생하면 화폐 가치가 떨어진다는 부분이 가장 흥미로웠습니다.

2 인 플 레 이 션 / 해 결 방 안

3

물가의 개념과 물가의 변화
인플레이션의 개념과 발생 원 인
인플레이션으로 인한 문 제

→ 인플레이션을 해결할 방안

2 회독 [4~7]

1문단 중심 내용 물가

4 ① ⓗ
　② ⓒ
　③ ⓐ / ⓑ
　④ ⓓ
　⑤ ⓔ

2문단 중심 내용 인플레이션

5 ① ⓔ
　② ⓑ
　③ ⓒ
　④ ⓗ
　⑤ ⓐ / ⓓ

3문단 중심 내용 문제

6 ① ⓔ
　② ⓒ
　③ ⓓ
　④ ⓑ / ⓐ

4문단 중심 내용 해결

7 ① ⓓ
　② ⓑ
　③ ⓔ
　④ ⓐ
　⑤ ⓒ

8 ④

정답 해설

④ 3문단에서 인플레이션이 발생하면 화폐 가치는 떨어지나 건물이나 땅과 같은 재화의 가치는 오른다고 하였다. 인플레이션 상황에서 재화 가치를 올리고 화폐 가치를 낮추는 대책을 사용하면 인플레이션은 더욱 심화될 수밖에 없다. 따라서 이러한 대책은 적절하지 않고 4문단에 제시된 돈의 양을 줄이는 방안과 상품 가격이 오르는 것을 막는 대책을 펼쳐야 한다.

오답 해설

① 2문단에서 인플레이션이 일어나는 원인 중에 하나로 공공요금이 인상되는 것을 들었다. 따라서 인플레이션이 발생한 상황에서 공공요금을 올리면 인플레이션이 더욱 심화될 수 있다.

② 4문단에서 소비자는 과소비나 사재기를 하지 않고 합리적인 소비 생활을 해야 물가 안정에 도움이 된다고 하였다. 이를 통해 과소비나 사재기 등과 같은 비합리적인 소비 생활이 물가 안정을 해치는 원인이 될 수 있음을 짐작할 수 있다.

③ 2문단에서 저생산성으로 인해 공급이 부족해지면 물가가 오르는 경우가 있다고 하였고, 4문단에서 기업과 근로자는 생산의 효율성을 높이고 생산 비용을 줄여 상품 가격이 오르는 것을 막고 공급량을 늘린다고 하였다. 이를 통해 생산 비용이 늘어나거나 생산의 효율성이 떨어지는 것은 기업의 공급량에 영향을 줄 수 있음을 짐작할 수 있다.

⑤ 1문단에서 물가는 시시각각 변한다고 하였으므로, 물가가 고정되어 있지 않음을 알 수 있다. 또한 정부는 물가의 움직임, 즉 물가의 변화를 파악하여 적절한 경제 정책을 펼치기 위해 물가 지수를 작성한다고 하였으므로, 정부가 물가의 변화를 잘 파악해야 상황에 맞는 경제 정책을 마련할 수 있음을 알 수 있다.

9 ⑤

정답 해설

⑤ 그래프는 물가가 지속적으로 올라가고 있는 상황을 보여 주고 있으므로, 물가가 계속 오르는 인플레이션 상황임을 알 수 있다. 3문단에서 인플레이션이 발생하면 우리나라 상품의 가격이 비싸 수출은 줄어들고, 대신에 상품 가격이 싼 외국 상품의 수입은 늘어난다고 하였다. 이에 따르면 수입업자들에게는 유리해지므로 가격이 싼 외국 상품을 계속 들여오려고 할 것임을 알 수 있다. 그러나 인플레이션 상황에서 우리나라 상품의 가격이 비싸 수출을 하는 사람에게는 불리해지므로, 수출업자들은 공급량을 줄이려고 할 것이다. 따라서 수출업자들이 외국에 팔 상품의 공급량을 늘리려 할 것이라는 대답은 적절하지 않다.

오답 해설

① 2문단에서 인플레이션이 발생했을 때 시중에 사용되는 돈의 양, 즉 통화량이 늘면서 화폐 가치는 떨어진다고 하였으므로, 적절한 대답이다.

② 4문단에서 인플레이션을 해결하기 위해 중앙은행은 이자율을 높여 사람들이 저축을 많이 하고 가계의 소비를 줄이도록 유도한다고 하였으므로, 적절한 대답이다.

③ 3문단에서 인플레이션 상황에서는 화폐 가치가 떨어지고 재화 가치가 오르므로, 은행에 예금한 사람들보다 부동산을 가진 사람이 더 유리하다고 하였다. 그러면서 인플레이션이 계속되면 저축보다는 부동산 투기와 같은 불건전한 거래에 집중하게 된다고 하였으므로, 적절한 대답이다.

④ 3문단에서 인플레이션이 발생하면 일정한 임금이나 연금으로 생활하는 사람은 불리해지고, 건물이나 땅과 같은 재화의 가치는 올라 부동산을 가진 사람은 유리해진다고 하였으므로, 적절한 대답이다.

V 04 미세 플라스틱과 ESG 경영

1 회독 [1~3]

1 **예시 답안** 저는 이 글의 내용 중에서 기업이 환경 문제를 해결하는 데에도 관심을 가진다는 내용이 가장 흥미로웠습니다.

2 미 세 플 라 스 틱

3

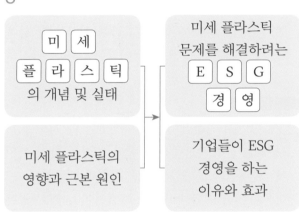

미 세
플 라 스 틱
의 개념 및 실태

미세 플라스틱
문제를 해결하려는
E S G
경 영

미세 플라스틱의
영향과 근본 원인

기업들이 ESG
경영을 하는
이유와 효과

2 회독 [4~7]

1문단 중심 내용 미세 플라스틱

4 ❶ ㉠
　❷ ㉢
　❸ ㉤
　❹ ㉡ / ㉣

2문단 중심 내용 영향 / 건강

5 ❶ ㉢
　❷ ㉠
　❸ ㉣
　❹ ㉡
　❺ ㉤

3문단 중심 내용 ESG

6 ❶ ㉠
　❷ ㉤
　❸ ㉣
　❹ ㉢
　❺ ㉡

4문단 중심 내용 기업

7 ❶ ㉣
　❷ ㉤
　❸ ㉡
　❹ ㉢
　❺ ㉠

8 ④

정답 해설

④ 3문단에서 기업들도 미세 플라스틱 문제를 해결하기 위하여 적극적으로 나서고 있음을 알 수 있다. 그런데 플라스틱의 소비를 줄이거나 재활용하여 버려지는 플라스틱의 양을 줄이는 방법을 사용하고 있음을 예로 들고 있을 뿐이지, 미세 플라스틱을 제거할 수 있는 기술을 개발하여 사용하고 있다는 내용은 이 글에 나타나 있지 않다.

오답 해설

① 1문단에서 미세 플라스틱은 처음부터 미세한 알갱이로 만들어지기도 하지만 대부분은 버려진 플라스틱 덩어리가 잘게 부서지면서 만들어진다고 하였다.

② 1문단에서 전 세계의 바다에는 최소 5조 개에서 최대 50조 개의 미세 플라스틱이 떠다니는 것으로 추정된다고 하였다. 그리고 2문단에서 이런 미세 플라스틱은 먹이 사슬의 단계에 따라 사람들의 몸에 축적되면서, 우리의 건강을 위협할 수 있다고 하였다. 따라서 전 세계의 바다를 떠다니는 미세 플라스틱이 인간의 건강을 해칠 수도 있다.

③ 4문단에서 기업이 미세 플라스틱 같은 환경 문제까지 신경 쓰는 것은 윤리적인 소비자들 때문이라고 하였다. 소비자들이 기업에 플라스틱 사용을 최소화하기를 요구하고, 기업이 이를 거부한다면 이익 추구에 부정적인 영향을 받게 될 수 있다고 하였다. 따라서 기업의 ESG 경영은 소비자들의 적극적인 행동과 요구로 인해 나타난 것이다.

⑤ 2문단에서 미세 플라스틱의 근본 원인으로 플라스틱을 소비하고 난 후에 버려지는 폐플라스틱을 들고 있다. 폐플라스틱은 땅에 묻으면 토양을 오염시키고, 불에 태우면 건강에 좋지 않은 물질이 배출되며, 그대로 두면 미세 플라스틱으로 변한다고 하면서, 폐플라스틱을 안전하게 처리하기가 매우 어렵다고 하였다.

9 ⑤

정답 해설

⑤ 농작물을 더 많이 소비한다고 해서 토양을 오염시키는 미세 플라스틱의 양이 줄어들지는 않는다. 해산물을 더 많이 먹는다고 해서 해양 미세 플라스틱이 줄어들지 않는 것과 같다. 3문단에서 미세 플라스틱으로 인한 환경 오염을 줄이려면 플라스틱의 생산과 소비를 줄여야 한다고 하였다.

오답 해설

① 3문단에서 폐페트병으로 만든 섬유로 옷이나 가방을 생산하는 것도 미세 플라스틱 문제를 해결하는 활동 중의 하나라고 하였다. 재활용한 만큼 버려지는 플라스틱의 양을 줄일 수 있기 때문이다. 이를 통해 플라스틱을 재활용하여 만든 제품을 많이 소비하면 <보기>의 토양을 오염시키는 미세 플라스틱의 양을 줄이는 데에도 도움이 될 것임을 알 수 있다.

② 1문단에서 대부분의 미세 플라스틱은 버려진 플라스틱 덩어리가 잘게 부서지면서 만들어진다고 하였다. 따라서 <보기>에서 토양을 오염시키는 미세 플라스틱도 마찬가지일 것임을 알 수 있다.

③ 2문단에서 해양 미세 플라스틱은 먹이 사슬에 따라 상위 포식자에게 옮겨지면서 최종적으로 해산물을 먹는 사람들의 몸에 축적되며, 이는 사람의 건강에 좋지 않을 것이라고 하였다. <보기>에서 토양에 함유된 미세 플라스틱이 인간의 건강을 위협할 수 있다고 하였다. 따라서 토양 속 미세 플라스틱도 생태계의 먹이 사슬에 따라 결국 사람의 몸속에 들어올 가능성이 클 것임을 알 수 있다.

④ 3문단과 4문단에서 해양 미세 플라스틱 문제를 해결하기 위해 기업들도 ESG 경영을 통해 노력하고 있다고 하였다. 그리고 <보기>에서도 농업 플라스틱 오염 문제를 해결하기 위해 농민을 비롯하여 개인과 기업 모두가 힘을 모아야 함을 제시하고 있다. 따라서 토양을 오염시키는 미세 플라스틱의 양을 줄이기 위해서는 개인들과 기업이 함께 노력해야 함을 알 수 있다.

특강

일3공

개념어

복습

각 단원에 제시된 주요 개념어들은
사회·문화 영역에서 기본이 되는 중요한 내용입니다.
또한 알아두면 일상생활에서 도움이 되는 배경지식입니다.

이러한 주요 개념어들을 복습할 수 있도록
선 긋기 확인 문제로 제시하였습니다.
지문 내용과 어휘를 다시 한번 떠올리면서 점검해 봅시다.
일프로 개념어들을 온전히 자신의 것으로 만들어 보세요!

I 01 공정한 선거를 위한 제도와 기관

| 선거 | • | • | 선거권을 가진 사람이 공직에 임할 사람 또는 집단의 대표를 투표로 뽑는 일. |

| 선거 공영제 | • | • | 국회에서 미리 정한 법률에 따라 선거구를 정하는 제도. |

| 선거구 법정주의 | • | • | 선거에 필요한 비용의 일부를 국가나 지방 자치 단체에서 부담하고 이를 관리하는 제도. |

| 선거 관리 위원회 | • | • | 선거와 국민 투표를 공정하게 관리하고 정당에 관한 일을 처리하는 독립 기관. |

I 02 자산 관리 방법

| 소비 | • | • | 일정 금액을 일정 기간 동안 금융 기관에 맡기고 정한 기한 안에는 찾지 아니하겠다는 약속으로 하는 예금. |

| 자산 | • | • | 돈이나 물자, 시간, 노력 따위를 들이거나 써서 없앰. |

| 정기 예금 | • | • | 각종 금융 기관에서 취급하는 적금과 예금을 비롯하여 기타 틀이 정해져 있는 상품. |

| 금융 상품 | • | • | 현금, 예금, 부동산 등 개인이나 단체가 가지고 있는 경제적 가치가 있는 모든 재산. |

I 03 사이버 공간의 특성과 문제

| 익명성 | • | • | 이름, 주민 등록 번호, 직업, 주소, 전화번호 등 개인에 대해 알 수 있는 모든 정보. |

| 개인 정보 | • | • | 누리 소통망이나 게임 등을 하고자 하는 마음을 절제하지 못하여 집착하는 것으로, 이로 인해 일상생활에 영향을 받는 병적 상태가 되는 것. |

| 사이버 공간 | • | • | 어떤 행위를 한 사람이 누구인지 드러나지 않는 특성. |

| 인터넷 중독 | • | • | 컴퓨터에서, 실제 세계와 비슷하게 가상적으로 구축한 환경. 정보 통신망을 통해 많은 정보를 교환하고 공유하는 가상 공간. |

I 04 헌법이 보장하는 기본권

| 인권 | • | • | 기본권 중 하나로, 기본권이 침해되거나 침해당할 우려가 있을 때 국가에 대하여 특정한 행위를 요구할 수 있는 권리. |

| 청구권 | • | • | 출산, 양육, 실업 등과 같은 사회적 위험으로부터 국민을 보호하고 국민의 삶의 질을 유지, 향상하는 데 필요한 소득과 서비스를 국가가 보장하는 일. |

| 자유권 | • | • | 기본권 중 하나로, 국가 권력의 부당한 간섭을 받지 않고 자유롭게 생활할 권리. |

| 사회 보장 | • | • | 인간이면 누구나 당연히 누려야 할 권리로, 인간다운 삶을 보장받기 위한 것. |

Ⅱ 01 합리적 소비와 윤리적 소비

기회비용 •

동물 복지 •

윤리적 소비 •

합리적 소비 •

• 최소의 비용으로 최대의 편익을 얻는 합리적 선택이 이루어지는 소비.

• 한 품목의 생산이 다른 품목의 생산 기회를 놓치게 한다는 관점에서, 어떤 품목의 생산 비용을 그것 때문에 생산을 포기한 품목의 가격으로 계산한 것.

• 동물이 배고픔이나 질병 따위에 시달리지 않고 행복한 상태에서 살아갈 수 있도록 만든 정책이나 시설.

• 자신을 넘어 환경이나 사회에 미치게 될 영향까지 고려하여 소비를 실천하는 것.

Ⅱ 02 집단 사고와 집단 지성

개방성 •

의사소통 •

집단 사고 •

집단 지성 •

• 태도나 생각 따위가 거리낌 없고 열려 있는 상태나 성질.

• 응집력이 강한 집단의 구성원들이 어떤 현실적인 판단을 내릴 때 만장일치를 이루려고 하는 사고의 경향.

• 다수의 개체들이 서로 협력하거나 경쟁하는 과정을 통해 얻게 된 집단의 지적 능력.

• 가지고 있는 생각이나 뜻이 서로 통함.

Ⅱ 03 카피라이트와 카피레프트

저작권법 •

카피레프트 •

저작 인격권 •

저작 재산권 •

• 저작자의 저작물에 대한 모든 재산적 이익을 보호하는 권리.

• 저작자가 저작물을 통해서 가지는 명예나 인격적 이익을 보호하는 권리.

• 저작물을 공유해야 한다는 입장으로, 저작자들이 자신의 저작물에 이용 허락 조건을 표시해서 무료로 개방하는 캠페인을 벌이는 것.

• 저작자의 권리와 이에 인접하는 권리를 보호하고 저작물의 공정한 이용을 도모함으로써 관련 산업의 발전에 도움이 되게 하고자 제정한 법.

Ⅱ 04 수요와 공급에 따른 가격 결정

공급 •

수요 •

균형 가격 •

균형 거래량 •

• 어떤 상품을 일정한 가격에 사고 싶어 하는 욕구.

• 어떤 상품을 일정한 가격에 팔고 싶어 하는 욕구.

• 수요량과 공급량이 일치하는 지점에서 거래되는 양.

• 시장에서 수요량과 공급량이 일치하는 선에서 성립하는 가격.

Ⅲ 01 살기 좋은 도시로의 변화

도시화 •	• 살아가는 것으로부터 얻어지는 가치, 의미, 만족의 정도.
삶의 질 •	• 도시의 문화 형태가 도시 이외의 지역으로 발전·확대됨. 또는 그렇게 만듦.
친환경적 •	• 도시 생활에 필수적인 시설. 도로, 전기, 전화, 주택, 상하수도 따위를 말하며 병원, 학교 등을 포함하기도 함.
도시 기반 시설 •	• 자연환경을 오염하지 않고 자연 그대로의 환경과 잘 어울리는.

Ⅲ 02 문화 차이를 고려한 판매 전략

문화 •	• 옷과 음식과 집을 통틀어 이르는 말.
독립 •	• 한 나라가 정치적으로 완전한 주권을 행사함.
의식주 •	• 사회 구성원 전체의 공통적인 생활 양식을 학습에 따라 후천적으로 습득하여 반복적으로 하는 일이나, 세련되고 교양 있다고 받아들이는 행동.
문화적 행위 •	• 사회 구성원에 의하여 습득, 공유, 전달되는 행동 양식. 의식주를 비롯하여 언어, 풍습, 종교, 학문, 예술 제도 따위를 모두 포함함.

Ⅲ 03 재판의 이해

소송 •	• 폭행, 절도 등의 범죄가 발생하였을 때 국가가 범죄의 유무와 형벌의 정도를 결정하는 재판.
피의자 •	• 재판에 의하여 원고와 피고 사이의 권리나 의무 따위의 법률관계를 확정하여 줄 것을 법원에 요구함. 또는 그런 절차.
민사 재판 •	• 개인과 개인 간의 생활에서 발생하는 법률관계에 대한 다툼을 해결하는 재판.
형사 재판 •	• 범죄의 혐의가 있어서 정식으로 입건되었으나, 아직 공소 제기가 되지 아니한 사람.

Ⅲ 04 뉴 미디어가 대중문화에 미친 영향

콘텐츠 •	• 정보 통신 발전에 힘입어 새롭게 등장한 인터넷과 이를 기반으로 한 다양한 디지털 형식의 매체.
대중문화 •	• 인터넷이나 컴퓨터 통신 등을 통하여 제공되는 각종 정보나 그 내용물.
뉴 미디어 •	• 대중 매체를 통해 형성되는, 대중이 형성하는 문화.
스낵 컬처 •	• 시간과 장소에 구애받지 않고 언제 어디서나 간편하게 즐길 수 있는 문화. 웹툰, 웹 소설 등이 있음.

Ⅳ 01 다국적 기업으로의 성장

지사 •

다국적 •

경기 침체 •

개발 도상국 •

• 여러 나라가 참여하거나 여러 나라의 것이 섞여 있음. 또는 그런 것.

• 산업의 근대화와 경제 개발이 선진국에 비하여 뒤떨어진 나라.

• 본사에서 갈려 나가, 본사의 관할 아래 일정한 지역에서 본사의 일을 대신 맡아 하는 곳.

• 매매나 거래 따위가 활발하게 이루어지지 못하고 제자리에 머무름.

Ⅳ 02 민주 정치가 걸어온 길

민주주의 •

절대 군주제 •

대의 민주제 •

다수결의 원칙 •

• 권력을 지닌 소수가 아닌 다수의 시민에 의해 국가가 통치되는 정치 형태. 국민이 권력을 가지고 그 권력을 스스로 행사하는 것.

• 유권자가 뽑은 대의원을 통하여 국민이 간접적으로 정치에 참여하는 민주 정치 제도.

• 단체나 기관에서 의사 결정을 할 때, 다수의 의견을 따르는 방법. 의사를 통일하는 민주주의의 기본 원칙 가운데 하나.

• 군주가 어떠한 법률이나 기관에도 구속받지 않는 절대적 권한을 가지는 정치 체제.

Ⅳ 03 청소년이 아르바이트를 구하는 과정

최저 임금 •

법정 후견인 •

근로 계약서 •

근로 기준법 •

• 법률의 규정에 따라 친권자가 없는 미성년자의 법률 행위를 대리하는 후견인이 되는 사람.

• 근로자에게 그 아래로 지급하여서는 안 된다고 정한 임금의 액수.

• 근로자와 고용자 사이에 계약이 성립되었음을 증명하기 위하여 작성하는 서류.

• 헌법에 의거하여 근로 조건의 기준을 정하여 놓은 법률.

Ⅳ 04 e스포츠의 발전 과정

대중성 •

네트워크 •

e스포츠 •

프로 게이머 •

• 랜(LAN)이나 모뎀 따위의 통신 설비를 갖춘 컴퓨터를 이용하여 서로 연결시켜 주는 조직이나 체계.

• 컴퓨터 및 네트워크, 기타 영상 장비 등을 이용하여 승부를 겨루는 스포츠.

• 네트워크상에서 벌어지는 게임 대회에 출전하는 직업 선수.

• 일반 대중이 친숙하게 느끼고 즐기며 좋아할 수 있는 성질.

※ 다음 개념어와 설명이 적절하게 연결되도록 선을 그어 보세요.

Ⓥ 01 저출생에 따른 인구 문제

양육	•	•	여성 한 명이 가임 기간에 낳을 것으로 예상되는 평균 자녀 수.
인구 절벽	•	•	한 나라의 유무형의 자산을 증대할 수 있는 전체적인 경쟁력.
합계 출산율	•	•	아이를 보살펴서 자라게 함.
국가 경쟁력	•	•	생산 활동이 가능한 15~64세에 해당하는 인구인 생산 가능 인구가 급격하게 줄어드는 현상.

Ⓥ 02 기업의 위기를 해결하는 피보팅

공유	•	•	두 사람 이상이 한 물건을 공동으로 소유함.
혁신	•	•	묵은 풍속, 관습, 조직, 방법 따위를 완전히 바꾸어서 새롭게 함.
플랫폼	•	•	기존 사업 모델로 지속해 오던 사업의 형태를 시대적 상황에 맞게 전환함으로써 소비자의 트렌드를 반영하고, 경쟁 기업과의 차별화를 꾀하는 것.
피보팅	•	•	정보 시스템 환경을 구축하고 개방하여 누구나 다양하고 방대한 정보를 쉽게 활용할 수 있도록 제공하는 기반 서비스.

Ⓥ 03 인플레이션의 문제와 해결

물가	•	•	다른 나라로부터 상품이나 기술 따위를 국내로 사들임.
수입	•	•	시장에서 거래되는 여러 상품의 가격을 종합해 평균을 낸 것.
화폐 가치	•	•	통화량이 팽창하여 화폐 가치가 떨어지고 물가가 계속적으로 올라 일반 대중의 실질적 소득이 감소하는 현상.
인플레이션	•	•	화폐가 지니는 구매력. 화폐로 상품이나 노동력 등을 살 수 있는 능력.

Ⓥ 04 미세 플라스틱과 ESG 경영

포장재	•	•	공업 제품이나 농산물 따위를 포장하는 데 쓰는 재료.
먹이 사슬	•	•	생태계에서 먹이를 중심으로 이어진 생물 간의 관계.
ESG 경영	•	•	크기 5mm 이하의 작은 플라스틱 입자.
미세 플라스틱	•	•	환경과 사회를 생각하는 기업의 경영 방식. 기업이 제품의 생산과 유통 과정에서 발생하는 환경 파괴를 최소화하는 등 윤리적인 경영을 하는 것.

정답

	01	02	03	04
Ⅰ	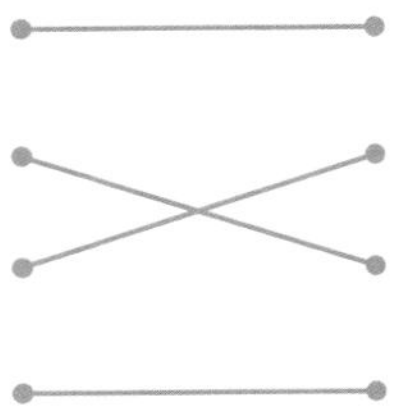	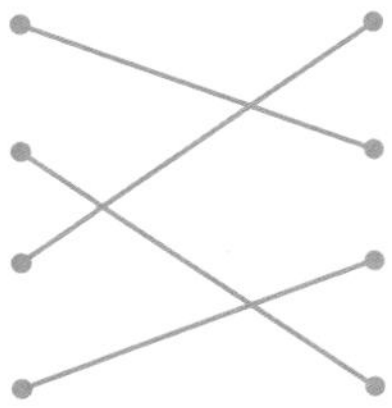	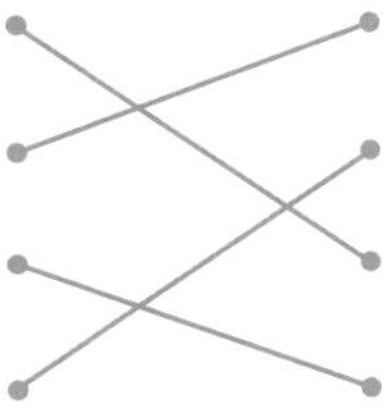	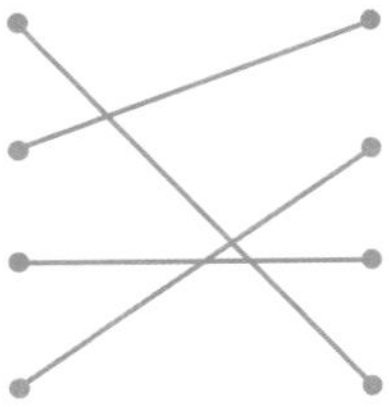
Ⅱ	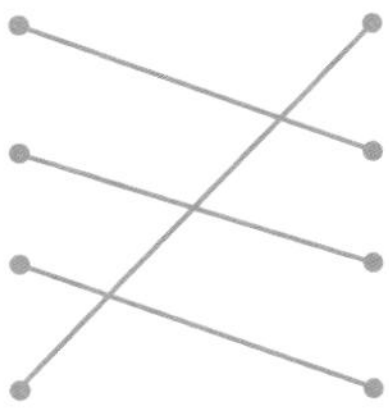	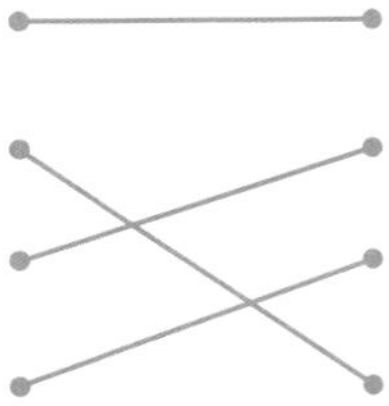	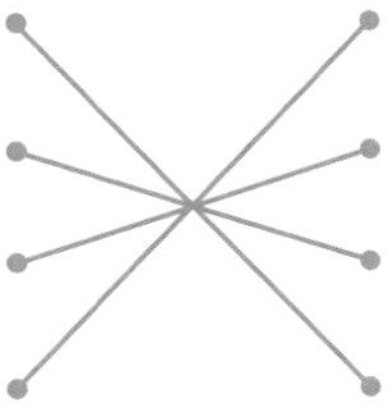	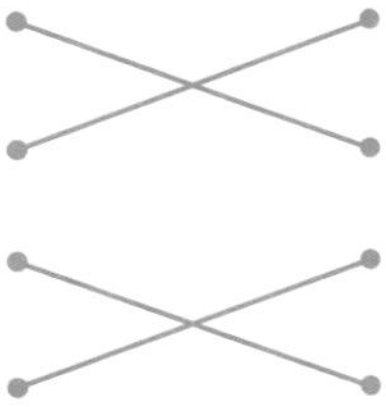
Ⅲ	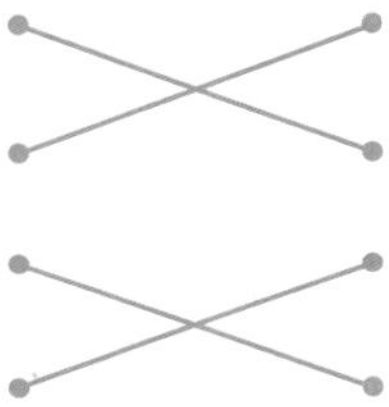	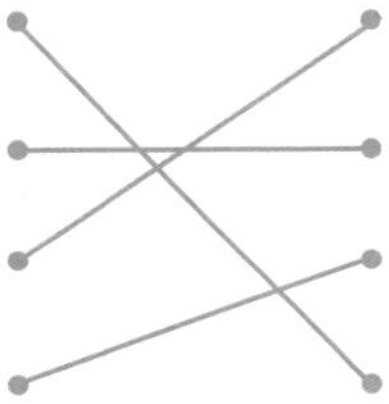	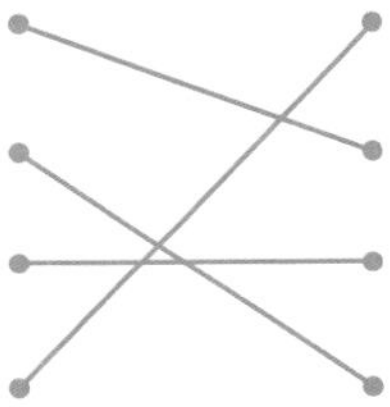	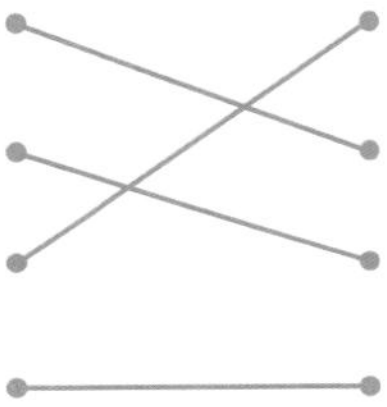
Ⅳ	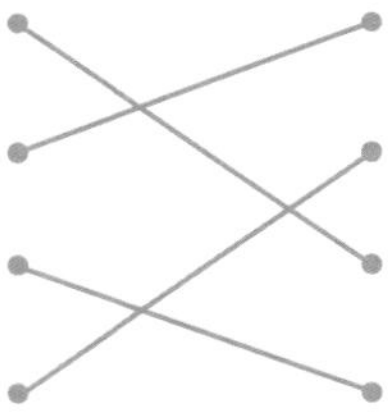	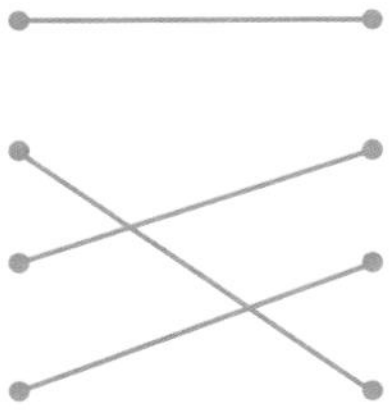	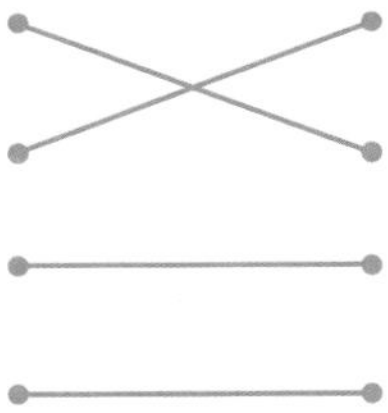	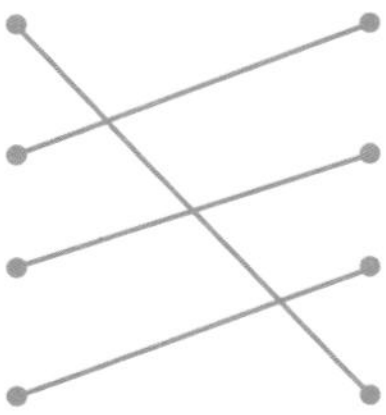
Ⅴ	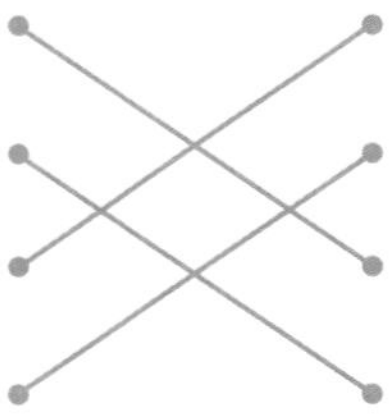	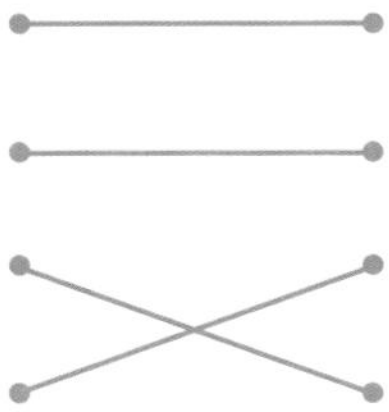	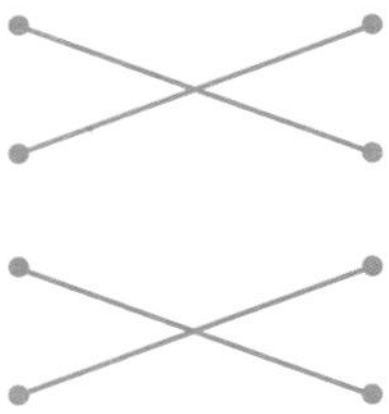	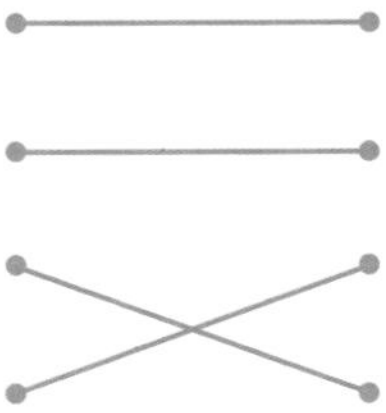

초등부터 대비하는 첫 수능 독해

초등 문해력 최상위 비문학 일3공

사회·문화 편

교육 R&D에 앞서가는

키출판사

공/부/력을 KEY우는
문/해/력 프로그램

1 초등 문해력 + 공부력 [입문] 프로그램

전 12권 구성

전 6권 구성

2 초등 문해력 + 공부력 [심화] 프로그램

전 3권 구성
[사회·문화 편, 과학·기술 편 출간 /
인문·예술 편 출간 예정]

전 2권 구성

전 2권 구성
[1권 출간 /
2권 출간 예정]

실/전/력을 KEY우는
독/해/력 프로그램

1 중학 **실전력 + 독해력** 입문 프로그램

 +

2 중고등 **실전력 + 독해력** 기본 프로그램

 +